Weder Demokratie noch Freiheit.

Weder Demokratie noch Freiheit.

Zur Herrschaft des ›Guten‹ in Deutschland

Bernd Estel

EDITION OCTOPUS

Bernd Estel,
»Weder Demokratie noch Freiheit. Zur Herrschaft des ›Guten‹ in Deutschland«

Edition Octopus im Verlagshaus Monsenstein und Vannerdat OHG Münster.
www.edition-octopus.de

Satz und Umschlaggestaltung: MV-Verlag, Thorsten Hartmann
Druck und Einband: MV-Verlag

ISBN 978-3-95645-264-2

Inhalt

Vorwort

Die wichtigste Aussage dieses Buchs findet sich bereits in seinem Titel: Auf der *gesamt*staatlichen Ebene ist bzw. besitzt Deutschland *keine* Demokratie, das heißt *Volks*herrschaft. Und zwar gilt dies gerade dann, wenn man – wie in anderen westlichen Ländern allgemein üblich – unter ihr eine Herrschaftsform versteht, in der das Staatsvolk als Inhaber der *Souveränität*, d. h. der *obersten* Staatsgewalt, sich in doppelter Weise *selbst bestimmt*. Nämlich einmal durch *Wahlen* seiner unmittelbaren Vertreter (Abgeordnete), erst recht aber der Inhaber derjenigen hohen Staatsämter, mit denen, wie etwa überwiegend beim Amt des Staatspräsidenten, ein Maximum an (Entscheidungs-)Macht verbunden ist. Die andere, direkte Grundform kollektiver Selbstbestimmung besteht in Volks*entscheiden*, also in nach dem Willen des Souveräns anberaumten Abstimmungen der Gesamtheit der Staatsbürger. Und zwar Abstimmungen über bestimmte Gesetzesvorlagen, doch auch politische Fragen teils grundsätzlichen, teils sehr spezifischen Charakters. Nun kennt selbst die gegenwärtige, 1949 geschaffene deutsche Verfassung »Wahlen und Abstimmungen«, durch die das Volk die »Staatsgewalt« ausübe (Art. 20, Abs. 2). Doch diejenigen Abstimmungen, die – nach einer Entscheidung des Bundesverfassungsgerichts schon Anfang der Fünfzigerjahre und *entgegen* dem Normalsinn dieser Formulierung! – wenigstens grundsätzlich *zulässig* sind, betreffen einzig und allein die (gewünschte) Zugehörigkeit von Teilen der Bevölkerung zu diesem oder jenem Bundesland sowie Zusammenschlüsse bisher selbstständiger Bundesländer. Bei den Wahlen der Volksvertreter aber, d. h. des Bundestags, wählt das »Deutsche Volk« höchstens die *Hälfte* der Abgeordneten im üblichen Sinne, nämlich durch die Abgabe der sogenannten *Erst*stimme für einen der Kandidaten in den jeweiligen Wahlkreisen. Die Anzahl der den einzelnen, zur Wahl angetretenen *Parteien* gegebenen *Zweit*stimmen entscheidet dagegen darüber, wie viele der jeweiligen (faktisch von den Angehörigen der fraglichen Partei*elite* bestimmten!) Parteikandidaten für diese zweite Parlamentshälfte, d. h. für die eben *indirekt* vergebenen Abgeordnetenmandate dann auch wirklich in den Bundestag einziehen. Im Übrigen aber gilt: Kein hohes Amt wird durch Volkswahl besetzt! Nicht einmal das des Bundespräsidenten, der, anders als Präsidenten in anderen westlichen Ländern, über fast keine wirkliche Macht verfügt.

In Verbindung mit einer Reihe anderer, mit dem Grundgesetz – über das die betroffene deutsche Bevölkerung nie abstimmen durfte! – gegebener, *massiver* Einschränkungen der kollektiven Selbstbestimmung erweist sich so das deutsche politische System gerade nicht als moderne Demokratie westlichen Musters und auch nicht als bloßer Verfassungsstaat. Sondern als *weltliche* Spielart der Theokratie, der »Herrschaft Gottes«, gewöhnlich also der Herrschaft seines Worts, wie es in heiligen Schriften oder von ihm selbst stammenden Gebotstafeln o. Ä. überliefert ist. Weltlich ist diese deutsche Spielart schon deshalb, weil selbst öffentlich immer noch gilt, dass das Grundgesetz von 1949 ein Werk von Menschenhand ist. Gleichwohl sind die quasi-religiösen Parallelen beider Herrschaftstypen verblüffend: So, wie nach der moslemischen Tradition der Erzengel Gabriel das Heiligste der Kaaba in Mekka, nämlich den Schwarzen Stein, dem jüdischen Stammvater Abraham als Geschenk vor die Füße fallen ließ, so ist die Menschenwürde des Grundgesetzes vom modernen Wertehimmel der (politisch korrekt gesprochen) »Verfassungsmütter und -väter« als gleichsam Heiligstes, was die profane Welt zu bieten hat, den Deutschen vor – oder sollte man sagen: auf? – die Füße gefallen. Der quasi-sakrale Charakter und zugleich *oberste* politisch-staatliche *Rang* dieser abrupt und begründungslos eingeführten, im Grundgesetz nirgendwo definierten, gleichwohl aber »unantastbaren« Würde ist bereits Artikel 1 des Grundgesetzes zu entnehmen. Denn erstens ist, in politisch-materieller Hinsicht, »alle staatliche Gewalt« darauf verpflichtet, »sie zu achten und zu schützen« (Abs. 1) – und ihr bzw. ihren Belangen damit eindeutig *untergeordnet*. Zweitens »bekennt sich« das »Deutsche Volk« »darum«, also *nur* darum zu »unverletzlichen und unveräußerlichen« Menschen*rechten*, weil es diese Würde und ihre Unantastbarkeit gibt (Art. 1, Abs. 2). Anders als noch bei der von der UNO 1948 proklamierten »Allgemeinen Erklärung der Menschenrechte«, in der zum ersten Mal die Menschenwürde als ihnen annähernd gleichrangig auftaucht, erfolgt hier also auch *ihre* Unterordnung unter diese Würde. Außerdem werden sie, die im Wesentlichen ja personale *Freiheits*- und Abwehrrechte gegen jede Obrigkeit, also auch gegen die mögliche Willkürherrschaft von demokratischen Regierungen sind, bereits unmittelbar nach ihrem Auftauchen in der Verfassung zu *staatstragenden* »Grundrechten« (Art. 1, Abs. 3) umfunktioniert. Also zu Rechten, die hinsichtlich ihrer Geltung hier fast ausnahmslos von hohen und höchsten Gütern (wie insbesondere der »freiheitlichen demokratischen Grundordnung«!) geradezu umstellt sind, durch welche die scheinbar großzügig gewährten Freiheiten der Person überwiegend auf Kümmerformen davon beschränkt werden.

Um den *Charakter* dieser Verfassung unter den beiden Gesichtspunkten kollektiver Selbstbestimmung und personaler Freiheiten herauszuarbeiten, muss man übrigens nicht Spezialist für Verfassungsrecht sein. Man sollte nur den Willen dazu aufbringen, den Text des Grundgesetzes, vor allem der Präambel sowie der »Kapitel« I und II (Art. 1 bis 39) unter diesen Gesichtspunkten ohne die durch die öffentliche Meinung suggerierte Ehrfurchtshaltung, sondern vielmehr mit *nüchternen Augen* zu lesen. Und außerdem den Willen zur Beachtung von zwei allgemeinen Strategien, die ein besseres Verständnis des Gelesenen erlauben. Nämlich einmal des hermeneutischen Grundprinzips, dass bei (längeren) Texten die verschiedenen *Teile* – bis hin zur einzelnen Äußerung, dem einzelnen Wort – vom Sinn des *Ganzen*, dieses Ganze aber seinerseits vom Sinn der einzelnen Teile her zu verstehen sei. Dann aber auch der Strategie des *Vergleichs*, nach der man das Grundgesetz gerade an den jeweils wichtigen bzw. kritischen Stellen mit anderen westlichen Verfassungstexten vergleichen und sich die jeweiligen Unterschiede zwischen ihm und ihnen klarmachen sollte. Schließlich sollte man sich nicht zu schade dafür sein, eine Reihe von selbst höchst einfachen Rechenoperationen durchzuführen, wenn davon ein zusätzlicher Erkenntnisgewinn zu erwarten ist.

Nun können allerdings weder die heiligen Überlieferungen der traditionellen Theokratie noch die Wissensbestände, die eine moderne, weltliche Spielart von ihr ausmachen (sollen), in einem strikteren Sinn herrschen, sondern wesentlich nur Bereiche des Alltagslebens *regeln*, deren Gesetze und Ordnungen eben aus diesen Beständen abgeleitet sind. Denn bereits die Antwort auf die Frage, ob eine bestimmte, politische oder ähnliche Handlung einen illegitimen Akt oder eine Innovation darstellt, die nach Lage der Dinge sich mit Recht über bestimmte Traditionen hinweggesetzt hat, kann oft genug weder Gottes Wort noch dem Grundgesetz einfach entnommen werden. Und das gilt noch weit mehr für politische *Entscheidungen* im engeren Sinne, für die – neu, wie sie womöglich sind – die hohen Texte oft keine Lösungen, sondern, und zwar günstigenfalls, lediglich Entscheidungsgesichtspunkte bereithalten. In beiden dieser wiederkehrenden Situationen muss es daher Leute geben, welche die jeweils in Frage kommenden Auskünfte der hohen Texte nicht nur irgendwie, sondern für Politik und Gesellschaft *verbindlich interpretieren*. Und zwar *Fach*leute, die nach ihrem persönlichen Werdegang entsprechend aus- und fortgebildet sind und die, jedenfalls in den traditionellen Theokratien, außerdem den »richtigen« familiären oder ethnischen Hintergrund besitzen sollten. In diesem Fall sind das also Angehörige der hohen, ja höchsten Geistlichkeit des Landes, im Fall des Grundgesetzes aber die Mitglieder des Bundesverfassungsgerichts. – Im Deutschland der Nachkriegszeit ist so bereits 1949 die Souveränität, die es in der zentralen, staats*internen* Hinsicht offiziell nach wie vor nicht gibt (!), zum Besitz des seit 1951 existierenden *Verfassungsgerichts* geworden, von dem dessen Angehörige seit Jahrzehnten zunehmend expansiv Gebrauch machen. Dabei liegt auf der Hand, dass auch in ihre Interpretationen, d. h. Urteile nicht nur juristisch-sachliche Gesichtspunkte, sondern mit einiger Regelmäßigkeit auch Interessen der so oder anders Betroffenen sowie spezifisch politische Ziele und mit ihnen verbundene Neigungen dieser Richter selbst einfließen.

Wie jedoch schon angeklungen, bildet das politische System mit seinen zahlreichen Institutionen nur die *eine* Seite der Medaille, ihre nichtmaterielle Kehrseite aber die *Politische Korrektheit* (PK) in ihrer besonderen deutschen Ausprägung. Denn zu jeder politischen bzw. staatlichen Herrschaft, die mehr als nur ein (vorübergehendes) Gewaltverhältnis sein möchte, gehört auch eine ideelle Seite, deren Kern ihre *offizielle* und damit öffentliche *Rechtfertigung* bildet. Sie soll also bei den Beherrschten den Glauben erwecken oder verstärken, dass die bestehende Herrschaft rechtens, d. h. *legitim* sei – und damit ihre Bereitschaft zu gehorchen fördern. Zumindest in europäisch-westlichen Gesellschaften sollte und soll das normalerweise dadurch erreicht werden, dass die angegebenen offiziellen Herrschaftsziele entweder a) im Einklang mit bestimmten göttlichen Geboten (oder der natürlichen Ordnung) stehen. Oder dass sie b) den gesellschaftlichen *Allgemein-* oder doch Mehrheitsinteressen dienen oder c) – und gerade in der Gegenwart – der innerstaatlichen Durchsetzung hoher und höchster *Werte* verpflichtet sind. – Die *Ideologie*problematik beginnt nun damit, dass nicht nur Einzelne, sondern womöglich wichtige gesellschaftliche Zirkel bzw. Gruppen unter den Beherrschten ernste und sich radikalisierende Zweifel an dieser höheren Verankerung des herrschaftlichen Tuns entwickeln. Beherrschte, die damit zunehmend zu der Auffassung neigen, dass die Rechtfertigungen lediglich unwahre öffentliche Schleier darstellen, welche die *wirklichen* Beweggründe der Herrschaft und ihres Treibens verdecken sollen. Nämlich, so der klassische Verdacht, die überwiegende, wenn nicht ausschließliche Orientierung an dem bloßen *Eigen*interesse, vor allem also an weiter steigenden Einkünften, Machtzuwachs nach innen und (über die Vermehrung des Militärs) nach außen, der Vergrößerung des eigenen Gebiets sowie an Geltungsgewinn im Kreis der übrigen bedeutsamen Mächte. Aufschlussreich ist hier immer noch die von französischen Aufklärern des 18. Jahrhunderts entwickelte Formel vom »Pfaffen- und Herrentrug«. Das Wort »Trug« steht eben für die Grundannahme, dass es sich bei Ideologien im Wesentlichen nur um ein von der Obrigkeit oder in ihrem Dienste entwickeltes und verbreitetes Wissen – im weiten, Unwahres einschließenden Sinn! – handelt, das überwiegend aus teils plumpen, teils raffinierteren *Lügen* bestehe, aber nicht so selten auch das Produkt von Wunschdenken und damit verbundener *Selbsttäuschung* sei.

So sicher die politische Korrektheit, wie andere Ideologien, schon hinsichtlich ihrer Plausibilität für ihr Zielpublikum nicht ganz ohne Wahrheit auskommt, so ist sie überwiegend doch Trug in diesem Sinne. Denn die sozio-politische Durchsetzung ihrer aktuellen Behauptungen und längerfristigen Ziele ist ja nicht ohne das Ignorieren, Verschweigen oder Verfälschen entgegenstehender Sachverhalte und eine publikumswirksame Tabuisierung ganzer Denkrichtungen, doch oft auch schon von naheliegenden Einwänden zu haben. Allerdings geht es bei ihr weniger um die Durchsetzung klassischer Eigeninteressen einer von der sonstigen Gesellschaft gut abgrenzbaren Herrschaftsschicht als um die faktische *Beherrschung* der insbesondere deutschen Bevölkerung durch eine politische Klasse, deren Machtelite recht eng mit den großen, staatstragenden *Medien* und, teilweise, den bürokratischen Spitzen der weiterführenden *Schulen* sowie anderen kulturellen Institutionen verbunden ist. Die Angehörigen dieser Elite aber fühlen sich überwiegend entweder dem »Guten« (wie es von der PK propagiert wird) verpflichtet oder sind doch bereit, es aufgrund seiner sozio-politischen sowie der Nützlichkeit für die eigene Klientel, die eigene Person zu unterstützen. Ein beträchtlicher Teil, wenn nicht die Mehrheit von ihnen dürfte also die PK sehr wohl als nach ihrem Kern demokratiefeindliche Ideologie verstehen, für die jedoch der Satz »Der Zweck heiligt die Mittel« gelte. Denn anders als andere Völker sei das deutsche nicht fähig, sich auf »die richtige« oder auf »vernünftige« Weise selbst zu regieren, oder habe gar wegen »unserer Geschichte« das Recht auf *kollektive Selbst*bestimmung dauerhaft verwirkt. Klar ist allerdings auch, dass schon infolge der weiterziehenden Zeit beide Begründungen immer unwahrer und für die Bevölkerungsmehrheit immer unattraktiver, ja ärgerlicher werden.

Mit der Grundabsicht der politisch-staatlichen Beherrschung der deutschen Bevölkerung durch eine am »Guten« orientierte Elite gehen nun noch eine Reihe weiterer (Teil-)Ziele der PK und der ihr verpflichteten Institutionen einher. Auf der Ebene der Person entsprechen ihr die vor allem medialen sowie schulischen Versuche, den durch »unsere Geschichte« – *und* die westalliierten Reaktionen auf sie nach 1945 – entstandenen Glauben an die eigene *kollektive Minderwertigkeit*, jedenfalls der deutschen Männer (!) zu erhalten und zu verfestigen. Denn wenn Menschen von dieser Minderwertigkeit überzeugt sind, erleichtert das ihre allgemeine politische *Lenkung* wie die aus ihr folgenden obrigkeitlichen *Gängelungen* im wie außerhalb des Alltags (»Wir haben es ja auch nicht besser verdient«). Doch wird dieser Glaube auch von wenigstens drei Teilzielen der PK und von an ihnen orientierten Bemühungen der ihr verpflichteten Institutionen gefördert. Nämlich (1) die – allerdings noch weit mehr propagierte als faktisch betriebene – Versittlichung vor allem der jüngeren deutschen Männer, auf die das treffende, in der Öffentlichkeit jedoch inzwischen ausgemerzte Schlagwort des »Gutmenschentums« in erster Linie berechnet war. Ferner (2) das insbesondere von den Unterhaltungssendungen (Filmen usw.) der visuellen Medien vermittelte *Bild* von der eindeutigen, sich im Zuge der weiteren Emanzipation noch steigernden Überlegenheit der Frauen, an dem gemessen die Männer eher nur Missratene verschiedener Ausprägungen sind. Außerdem fördert diesen Glauben (3) die auch durch Strafgesetze gestützte, wiederum vor allem öffentlich betriebene *Aufwertung* der Ausländer als »uns Deutschen« in vielen oder doch entscheidenden Hinsichten überlegen. Selbst Ausländer, die nach den nicht nur in westlichen Ländern üblichen Beurteilungskriterien schlecht abschneiden, sind so wenigstens durch ihre »Menschlichkeit«, d. h. bestimmte positive Charakterzüge bzw. Verhaltensweisen überlegen.

Schließlich zu dem, was dieses Buch ist und in auch praktischer Hinsicht will. Einerseits ist es eine wissenschaftliche Arbeit, die allerdings – und zwar vor allem aus Gründen ihrer Umfangsbeschränkung und damit auch Lesbarkeit – verschiedentlich auf sonst übliche, *nähere* Begründungen des Gesagten verzichtet. Doch nirgendwo bei den im Text vorgetragenen Sachverhalten oder Argumentationen hat der Verfasser die einschlägigen erfahrungswissenschaftlichen Standards wissentlich verletzt oder absichtlich preisgegeben. Es handelt sich also um ein auf empirisch fundierte Erkenntnis gerichtetes Buch, das durch die Bemühung um seine allgemeine Verständlichkeit auch populärwissenschaftliche Züge angenommen hat. Übrigens: Geben Sie bitte, geneigte Leserin und lieber Leser, nicht einfach auf, wenn Sie manche Textstellen nicht gleich verstehen. Gehen Sie vielmehr zurück, nämlich an den Anfang der Unverständlichkeit, und lesen Sie dann, in Ruhe und mit einiger Konzentration, die fraglichen Sätze noch einmal und vielleicht noch ein paar dazu. Denn nicht selten wird durch Wiederholung oder auch das unmittelbar danach Gesagte klar, was an der fraglichen Stelle gemeint war. Kommt es jedoch gar zu dick, verlassen Sie den betreffenden Teilabschnitt und, möglicherweise, noch weitere. Manchmal macht es nämlich durchaus Sinn, mit dem gesamten Abschnitt zugunsten des nächsten, durch eine eigene Überschrift ausgewiesenen aufzuhören, die unverstandenen Stellen aber erst später wieder aufzugreifen.

Das Buch ist jedoch nicht nur populärwissenschaftliches Sachbuch, sondern auch *Streitschrift* in praktischer Absicht. Nämlich der Absicht, einen Beitrag zur Entstehung einer sozialen Bewegung zu leisten, die auf der *gesamt*staatlichen Ebene Deutschlands endlich Demokratie durchsetzen und die bestehende Herrschaft des »Guten« beseitigen will. Erfreulich wäre es daher, wenn diese Schrift eine Diskussion unter *Demokraten* darüber anstoßen würde, inwieweit die hier gegebene Diagnose zutrifft oder nicht zutrifft, sie insgesamt nur wenig korrigiert oder in vielem neu bearbeitet werden muss. Und wenn in diesem Zusammenhang, doch auch losgelöst davon die Frage zum Thema würde, welche *politisch-praktischen Konsequenzen* aus der (bisherigen) Diskussion gezogen werden sollten.

Damit sind bereits Hoffnungen und Gesichtspunkte berührt, von denen am Schluß dieses Buchs einige zumindest skizzenhaft aufgegriffen werden. Hier jedoch bleibt dem Verfasser nur noch die angenehme Pflicht, Personen zu erwähnen, die bei der Abfassung des Manuskripts geholfen haben. Zuerst ist dabei sein Doktorvater Prof. Dr. Hans Braun (Trier) zu nennen, der – wieder einmal – zentrale Teile des Manuskripts gründlich gelesen und einige Vorschläge zur Verbesserung der Argumentation gemacht hat, die mehrheitlich auch aufgegriffen wurden. Zu erwähnen sind ferner die Herren Dr. Klaus Heß (Stuttgart) sowie Dipl. -Kfm. Dominik Ohly (Tübingen): Hat der Erstere das ganze Manuskript nicht nur, doch vor allem hinsichtlich sprachlich-stilistischer Schwächen korrigiert und damit nicht wenig zur größeren Klarheit und besseren Lesbarkeit des Texts beigetragen, so hat der Letztere eine Reihe von primär empirischen Aussagen bzw. Argumentationen überprüft und dabei eigene, auch aufwendigere Recherchen nicht gescheut. Allen drei sei auch an dieser Stelle herzlich gedankt! Trotz dieser Hilfen dürfte eine Reihe von Schwächen der Arbeit verblieben sein, die im Wesentlichen dem Verfasser selbst zuzurechnen sind. Doch sollte ihn das daran hindern, allen Lesern eine als lohnend erfahrene Lektüre zu wünschen, die hin und wieder auch schlichtes Vergnügen bereitet?

Tübingen, im Dezember 2013 Bernd Estel

I. Sozio-politische Grundmerkmale der Politischen Korrektheit

1. Annäherung: Über Sagensollen und Nichtsagendürfen in Gesellschaften überhaupt

Nicht erst das Handeln der Menschen, sondern schon ihr Reden unterliegt spätestens dann der *sozialen* Normierung, wenn es in einer Gesellschaft Herrschaft und von ihr geprägte Öffentlichkeit gibt. So kennen auch modern-westliche Gesellschaften Dinge, die man zumindest in bestimmten öffentlichen Situationen sagen *soll*. Doch mehr noch solche, die man am besten gar nicht, jedenfalls aber in gerade diesen Situationen *nicht* sagen soll. Dabei beziehen sich die offenen oder versteckt-tatsächlichen Schweigegebote bezeichnenderweise kaum jemals auf als falsch geltende Bemerkungen als solche, sondern fast immer auf deren »Ungehörigkeit« bzw. *Anstößigkeit*, die eben auch im Fall ihrer sachlichen Richtigkeit gegeben sei. Also auf Äußerungen, die gegen Heiliges und sonstiges *Erhabenes* – wie vor allem gesellschaftlich hoch im Kurs stehende Überzeugungen und Werte oder die formell auf ihnen beruhende sozio-politische Ordnung – sowie die institutionellen und personalen Repräsentanten des Erhabenen gerichtet sind oder doch scheinen. Und die damit Äußerungen darstellen, die infolge dieses negierenden Charakters als schamlos, ja »unerträglich« gelten und damit die Personen, von denen sie stammen, als ihrerseits schamlos, verkommen oder ähnlich kompromittieren. Obwohl nun auch in den herrschaftlich verfassten Gesellschaften Europas ungehöriges Schweigen und anstößiges Reden schon immer auf diese oder jene Weise sanktioniert wurden, sind sie zum praktischen, große Bevölkerungsteile erfassenden Problem hier erst durch die modernen Diktaturen des 20. Jahrhunderts geworden. Wie oft haben, um nur an einen extremen Fall zu erinnern, im stalinistischen Russland ruchbar gewordene anstößige Bemerkungen schwere Sanktionen gegen die betreffende Person wie Verschickung nach Sibirien zur Zwangsarbeit, Verhängung langjähriger Haftstrafen, ja ihre Hinrichtung nach sich gezogen!

Seit etwa vier Jahrzehnten tauchen nun innerhalb der europäisch-westlichen Gesellschaften die Phänomene des anstößigen Redens und deren Sanktionierung in einer neuen Ausprägung auf. Nämlich als Folge der Ideologie und Praxis der (wieder einmal in den USA entstandenen) »political correctness«, bei deren deutscher Ausprägung es dann naheliegt, sie als *politische Korrektheit* oder abgekürzt: *PK* zu bezeichnen[1]. Eine eigene Bezeichnung verdient sie jedoch auch deshalb, weil sie – von ideell-normativen Entwicklungen in den USA zwar fast immer beeinflusst – einen relativ eigenständigen Kern aufweist, der hauptsächlich von teils unmittelbaren, teils späteren deutschen Reaktionen (ideeller wie praktischer Art) auf das Wirken Hitlers bzw. den Ausgang des Zweiten Weltkriegs gebildet wird. Dieser grundlegende Sachverhalt begünstigt es auch, dass im Folgenden fast ausschließlich von *ihr* die Rede ist.

Ein erwähnenswerter Nachteil dieser Bezeichnung liegt allerdings darin, dass mit ihr, der Lage im Englischen faktisch folgend, die in der deutschen Sprache gegen Ende des 19. Jahrhunderts gewonnene Differenzierung zwischen »richtig« und »korrekt« eingeebnet wird. Bis dahin war der auch hochsprachliche Inhaltsumfang von »richtig« so umfassend, wie dies heute noch für die Volkssprache gilt (die erst jetzt anfängt, »korrekt« als aus dem Englischen stammendes Wort jedenfalls zur Kenntnis zu nehmen). Mit der Durchsetzung dieser Differenzierung wurde »richtig« in seinem Bedeutungsumfang dann eingeschränkt: Es meint zwar noch immer, dass

1 Der Einfachheit halber wird dieser Ausdruck auch zur Bezeichnung von anderen, also *nicht*deutschen Ausprägungen der Korrektheit verwendet (Ausnahme: USA). Außerdem dann, wenn von politischen Korrektheiten bzw. ihren einzelnen nationalen Varianten *insgesamt* die Rede ist.

eine Annahme o. Ä. *sachlich*, und dabei insbesondere: empirisch *zutrifft* oder dass es das Richtige oder »Wahre« in einer bestimmten normativen, vor allem ethischen oder politischen Hinsicht sei. An »korrekt« übergegangen ist aber die Bedeutungsvariante, dass sich etwas, und zwar besonders ein Verhalten, *im Einklang* mit bestimmten, vorgegebenen *Regeln* befindet. So hat z. B. ein Beamter in einer bestimmten Angelegenheit korrekt, d. h. nach den für solche Fälle geltenden Vorschriften gehandelt, und ein Vertreter pflegt bei seinen Firmenkunden dadurch zu »punkten«, dass »sein Äußeres« stets korrekt ist. – Da jedoch die ideellen bzw. die Wissensbestände der PK überhaupt regelmäßig den Anspruch auf Richtigkeit und eben kaum einmal auf bloße Korrektheit erheben, müsste es im Deutschen eigentlich »politische Richtigkeit« heißen. Doch wer wollte schon so reden, nämlich etwas hölzern und überdies (aufgrund dieser Wortverbindung) wenig glaubwürdig?

2. PK als Volkspädagogik

Nun zur Sache selbst: Politische Korrektheit ist nicht einfach die personale und womöglich öffentlich bekundete Bejahung des offiziell Richtigen und Guten. Sondern das nach seinem Grundcharakter stets unabgeschlossene Produkt eines sozio-kulturellen Spannungsverhältnisses, das sich aus den sozio-politischen bzw. staatlichen Bemühungen ergibt, bei der Bevölkerung – um nicht zu sagen: dem *Volk*[2] – kognitiv-mentale, aber auch Verhaltensänderungen zu errei-

2 Dem Volk, wie es hier verstanden wird, entspricht im Wesentlichen die alte Nebenbedeutung dieses Begriffs als »der gemeine Haufen«, freilich unter Beibehaltung der ethnischen Komponente (relative Zeugungsgemeinschaft sowie gemeinsame Kultur). Das Volk sind also im Wesentlichen »Biodeutsche« (so der hübsche Ausdruck in der Jugendszene), darunter jedoch *nicht* die Angehörigen der Oberschicht (der alten und neuen Bourgeoisie) bzw. der verschiedenen gesellschaftlichen Eliten sowie der oberen Mittelschicht (mit ihrem Kern des Bildungsbürgertums und der Akademiker überhaupt). Umgekehrt besteht der harte *Kern* des Volks aus Arbeitern, Bauern (ohne die großen und größeren Grundbesitzer), dem Gros der Handwerker sowie aus kleinen und der Mehrheit der mittleren Angestellten und Beamten – mit fließenden Übergängen zu benachbarten sozio-ökonomischen bzw. sozio-kulturellen

chen. Diese vor allem von der politischen *Elite* und den ihr verbundenen Massenmedien getragenen Tendenzen zielen in erster Linie darauf ab, bestimmte, von ihnen als *anstößig* bestimmte, in der Bevölkerung aber durchaus verbreitete, ja dominierende Meinungen zugunsten der allgemeinen Akzeptanz *ihrer* Definitionen von richtig und gut zu beseitigen. Oder, und weitaus häufiger, diese Meinungen wenigstens in die Sphäre des Unanständigen – am besten des Rechtsradikalismus, doch auch schwächerer Formen personaler Missratenheit (wie vor allem ausgemachter »Spießigkeit«) zu drängen, wenn die Bemühungen um Beseitigung einen nur sehr mäßigen Erfolg versprechen. Dabei ist, gerade für Deutschland, Folgendes festzustellen: Anders als bei den früheren Volksaufklärern seit dem 18. Jh. geht es trotz gelegentlicher gegenteiliger Beteuerungen nicht wirklich darum, an die Stelle von Unwissenheit und Irrtümern sachlich *richtige* Kenntnisse zu setzen. Sondern eben darum, im Jedermannbewusstsein diese Auswechslung von anrüchig-unanständigen und damit, wie suggeriert wird, auch sachlich falschen Urteilen zugunsten von neuen, ethisch »korrekten« und damit. wie wiederum bloß suggeriert wird, objektiv richtigen zu erreichen. Damit verknüpft sich dann, besonders bei den politisch korrekten Medien die Hoffnung, dass solche Auswechslungen (jedenfalls in Verbindung mit dem Sanktionspotential einschlägige Institutionen) auch zu entsprechenden *Verhaltens*änderungen der Bevölkerung führen werden. Demgegenüber werden Veränderungen bei Institutionen, Verhältnissen und vor allem Menschen, die *Gegenstand* dieser anstößigen Beurteilungen sind, höchstens dann und insoweit angestrebt, als sie für die Glaubwürdigkeit der neuen, der korrekten und sozio-politisch erwünschten Beurteilungen geboten erscheinen und der finanzielle Aufwand dafür als nicht zu hoch beurteilt wird. Ansonsten geht es eigentlich nur um *kosmetische* Veränderungen bei diesen Objekten. Und zwar oft genug in der Form bloßer sprachlicher *Umbenennungen* (durch die z. B. aus Arbeitsämtern Jobcenter

Gruppen. Das Volk umfaßt also keineswegs nur die Bildzeitungsleser (die den »Gebildeten« immer noch gern zur sich selbst erhöhenden Abgrenzung nach »unten« dienen), sondern die eindeutige *Mehrheit* der Bevölkerung.

geworden sind), gerade bei menschlichen Gruppen aber auch durch neue *mediale* Darstellungen, die sie im jeweils gewünschten Licht erscheinen lassen sollen.

Dazu doch ein wichtiges Beispiel, nämlich die Darstellung von Frauen im deutschen Fernsehen, die übrigens zumindest in den Unterhaltungssendungen im engeren Sinne – wie Filmen und Filmserien sowie der Werbung – die Männer nach der Häufigkeit und der durchschnittlichen Länge ihres Auftretens inzwischen klar übertreffen. Nach den hier ausgestrahlten Botschaften sind die Frauen nicht nur, was ihnen schon die hohe Tradition zugestand – nämlich das schönere, nach dem Reichtum seiner Gefühle sowie der Neigung und Fähigkeit zur selbstlosen Güte überlegene Geschlecht. Vielmehr sind sie, wenn nicht in beruflicher, dann zumindest in alltags*praktischer* Hinsicht auch tüchtiger, innovativer und überdies durchsetzungsfähiger als die Männer, die zunehmend als (so oder anders missratene) Trottel dargestellt werden. Weitgehend verschwunden sind dagegen alte weibliche Untugenden wie gesteigerte Eitelkeit, Neigung zu Klatsch und, damit zusammenhängend, zur *Personalisierung* von Verhältnissen bzw. Institutionen sowie rasche Verzagtheit angesichts auftretender Schwierigkeiten.

3. Soziale Verortung, Zielobjekte und Kampffelder der Politischen Korrektheit

Der hauptsächliche soziale Ort dieser Korrektheit ist in Deutschland ohne Zweifel die Sphäre der *öffentlichen Meinung* sowie die sie dominierenden, staatstragenden Medien alter und neuer Prägung. Obwohl es die politische Elite ist, die für die näheren Inhalte der PK und, über die Gesetzgebung, für die harten Sanktionen zu ihrer sozialen Durchsetzung den Ausschlag gibt, sind daher für ihre alltägliche Propagierung *andere* Gruppen bzw. Institutionen wichtiger. Nämlich die öffentlichen Bildungseinrichtungen (darunter besonders die weiterführenden Schulen, doch auch die Universitäten) und damit die höhere Kultus- bzw. Wissenschaftsbürokratie, die – soweit ihre Verbindung zu den entscheidenden Positionen der Politik eng ausfällt – diese Einrichtungen hinsichtlich ihres offenen wie »heimlichen« Lehrplans fach*unspezifisch*-korrekter Inhalte stark beeinflusst, wenn nicht geradezu steuert. Doch mehr eben noch die Massenmedien in der Form von (größeren) Zeitungen, und, wichtiger noch, von Fernsehsendern, die ja – als öffentlich-rechtliche Anstalten – nach ihren personellen Spitzen von der politischen Elite z. T. schon formell abhängig, weit häufiger aber ihr informell verbunden sind[3]. Und diese Grundkonstellation erfährt auch dadurch keine wesentlichen Änderungen, dass es innerhalb dieser Elite durchaus Differenzen im genaueren Inhalt wie der Intensität der Bejahung dieser Korrektheit gibt. So ist die Machtelite der CSU nur relativ schwach und mit bezeichnenden sachlichen Ausnahmen (wie der kollektiven Selbsteinschätzung) von ihr erfaßt, während die gehobenen Grünen derzeit in beiden Hinsichten ihre Speerspitze darstellen.

Doch für wen genau soll die politische Korrektheit eigentlich gelten? Auch, wenngleich bis in die jüngste Vergangenheit nur vorsichtig gefordert und faktisch kaum betrieben, für jedenfalls diejenigen Ausländer bzw. Migranten hierzulande, deren eigentliche oder alte Heimat außerhalb des europäisch-westlichen Kulturkreises liegt. Es scheint allerdings, dass inzwischen gerade Thilo Sarrazin mit seinem Bestseller »Deutschland schafft sich ab« (2010) und entsprechendem öffentlichem Auftreten hier wenigstens teilweise und unterschwellig zu einem Schub in die Richtung höherer und mit Sanktionsdrohungen bekräftigter Erwartungen geführt hat. Doch vor allem soll

3 Trotz der verbreiteten informellen bzw. indirekten Abhängigkeiten agieren jedoch die Medien hinsichtlich der gesellschaftlichen Durchsetzung der PK in vielem selbstständig. Oft sind daher sie es, die öffentlich als Schritt- und Scharfmacher bei der korrekten Entrüstung über entsprechende, »empörende« Vorfälle und Missstände (von bzw. bei Deutschen, versteht sich) in Erscheinung treten und so denn auch immer wieder die einschlägigen Politiker zu publikumswirksamen Gesten der eigenen Betroffenheit und des ausgeprägten Willens zu entschlossenem Handeln nötigen. Dafür, dass bei der politischen Elite bzw. der jeweiligen Regierung hier gleichwohl die Dominanz liegt, spricht u. a. ihre gewöhnlich erfolgreiche Einschwörung der Medien auf bestimmte Muster der Information bzw. Nichtinformation gerade auch bei massiveren »Verstößen« gegen die PK, die *ihr* wirklich wichtig sind.

die PK, und zwar in grundsätzlich vollem Umfang, für die Deutschen gelten, d. h. jedenfalls offiziell: *alle* Deutschen. Faktisch gibt sich die politische Elite, geben sich die ihr verbundenen Institutionen jedoch auch hier mit Geringerem, nämlich der unangefochtenen *öffentlichen* Geltung der PK zufrieden: Abweichende Meinungen, die explizite und implizite Verstöße gegen sie enthalten, werden in der Privatsphäre, im Kreis der Arbeitskollegen, der Familie und Freunde normalerweise geduldet. Allerdings ist schon hinsichtlich derjenigen Ebene, auf der für viele Öffentlichkeit anfängt und nicht selten endet, nämlich des traditionellen Wirtshauses oder neuerer Spielarten davon, die Tendenz zu beobachten, durch denunziatorische Abwertung seiner Besucher die Freimütigkeit der Äußerungen selbst zu treffen. Denn wie wäre sonst das in der medialen Öffentlichkeit (und bei der Mehrheit gerade der staatstragenden, oft besonders korrekten Halbintellektuellen) immer noch beliebte Eindreschen auf die »deutschen Stammtische« zu deuten, in denen – ganz anders als in den Lokalen anderer Länder – ein borniert-spießiger, wenn nicht sogar bösartiger Stumpfsinn herrsche[4]?

4 Typisch dafür ist die argumentative Verschiebung, die I. Mangold als »ZEIT«-Rezensent(in) des Buchs »In Anführungszeichen« von M. Dusini und T. Edlinger (2012) an einer Stelle vornimmt. Unter dem Stichwort »Meinungsterror« machen sich da die österreichischen Autoren über gewisse »Kämpfer« gegen die Korrektheit in ihrer Heimat lustig: »In den Kellern der PC-Folterer stöhnen die Widerstandskämpfer für Meinungsfreiheit und Tabubrüche. Die Parole der meist älteren Herren, die es trotz Zensur und stalinistischen Säuberungsmethoden in den Universitäten, Theatern und Massenmedien ebenda in die Spitzenpositionen geschafft haben, lautet: ›Das wird man ja noch sagen dürfen‹« (a. a. O., 283f.). Diese Bemerkung wird von Mangold, hier vergleichsweise schöpferisch, im Hinblick auf die deutschen (welche denn sonst?!) Stammtische folgendermaßen umgeschrieben: »Dabei nehmen sie (die Verfasser – B. E.) den moralischen Grundimpuls von PC ernst und verteidigen ihn klug gegen jene Sofahelden, die ihre xenophoben Stammtisch-Brutalitäten adeln, indem sie sich selbst zu Märtyrern der öffentlichen Meinung stilisieren: ›Das wird man ja wohl noch sagen dürfen‹« (»DIE ZEIT« Nr. 36 vom 30. 8. 12, S. 56). – Die inzwischen ganz typische öffentliche Diffamierung dieser Bemerkung selbst, die für sich genommen ja eine nur verständliche, doch eher hilflose *Abwehrreaktion* der Person auf die Versuche der PK darstellt, über sprachliche Säuberungen auch das Denken in die Richtung seiner Korrektheit zu verändern, macht eines unübersehbar: Dass nämlich, zumindest nach den entschiedenen PK-Verfechtern, der weiteren Ausdehnung der Herrschaft des »Guten« auch die Meinungsfreiheit schlicht zu weichen hat.

Strikt gilt demgegenüber das Gebot politischer Korrektheit für alle diejenigen, die auch öffentlich und womöglich auf *gesamt*staatlicher Ebene wirken wollen und dazu entsprechende Ämter anstreben, darunter insbesondere jüngere Leute mit weitergehendem Ehrgeiz sowie dem auch uneingestandenen Wunsch, ihrerseits zur politischen Elite zu gehören. Wer von ihnen nicht fähig und bereit ist, schon früh eine hochmoralische Gesinnung, die sich nicht etwa nur dem eigenen Land, sondern der *ganzen*, und hier vor allem den Ländern der »dritten« Welt verpflichtet weiß, zur Schau zu tragen, wer nicht die (Betroffenheits)Phrasen der PK – wie etwa: »Angesichts dieser bestürzenden Vorgänge hat unser Bundespräsident in seiner jüngsten, mit großem innerem Ernst vorgetragenen Rede die universale Geltung der Menschenwürde gerade auch bei uns selbst, und zwar ganz konkret vor Ort angemahnt« – beherrscht und sie je nach Situation und Adressat entrüstet, ausgewogen oder speichelleckerisch zu gebrauchen versteht, wer es nicht rechtzeitig lernt, öffentlich anders zu denken und zu sprechen als in den eigenen vier Wänden, wird sich mit der Karriere schwertun: Strauß oder Schmidt (»Schmidt-Schnauze«!) kämen so, wie sie damals waren, heute nicht mehr in den Bundestag.

Schließlich zu den Phänomenen und Phänomenbereichen, auf die sich die Bemühungen dieser Korrektheit um die Änderung von Meinungen und Einstellungen vor allem richten. Zwar eröffnen die ranghöchsten ideellen Gehalte der PK, wie insbesondere die »Unantastbarkeit der Menschenwürde«, ein riesiges, nach ihrer inneren Tendenz *keine Grenzen* mehr kennendes Betätigungsfeld für ihre Verfechter, das es diesen grundsätzlich erlaubt, in praktisch allen Daseinsbereichen immer neue anstößige Phänomene zu identifizieren, anzuprangern und so (unter dafür günstigen Umständen) auch zu ihrer Sanktionierung beizutragen. Der tatsächliche Kampf gegen die Inkorrektheit erstreckt sich im Wesentlichen jedoch, nicht nur in Deutschland, lediglich auf bestimmte Ausschnitte von ihr, und hier vor allem auf aktuell für wichtig gehaltene bzw. politisch *opportune* Aspekte bei den faktisch aufgegriffenen Phänomenen. Es gibt so immer nur eine begrenzte Reihe solcher Phänomene bzw. Aspekte von ihnen, auf die sich die (quasi)öffentlichen Bemühungen um die allgemeine Durchsetzung des Guten konzentrieren. Und auch die Praxis der Bekämpfung (im engeren Sinne) wird, jedenfalls bisher, ganz überwiegend nicht durch Versuche einer systematischen Erfassung und Sanktionierung der Bösewichter, sondern weit mehr durch das Statuieren von Exempeln in als strategisch bedeutsam angesehenen oder, typischer noch, in für publikumswirksam gehaltenen Fällen bestimmt.

Die einschlägigen inkorrekten Phänomene selbst aber sind nicht nur den Eliten und den Angehörigen der oberen Schichten, sondern auch dem Volk jeweils recht gut bekannt – ihm allerdings eher nur in praktischer Hinsicht, nämlich als Dinge, die »man nicht mehr tun« oder, eben noch häufiger, *»nicht mehr sagen darf*«. Für die Bundesrepublik lassen sich aktuell wenigstens sechs solcher Gebiete (sub-)gesellschaftlichen Wissens angeben, in denen die verbreitete Anstößigkeit des Meinens und Verhaltens der Korrektheit weichen sollte. Und zwar Gebiete, die – teils wegen ihrer großen Bedeutung für die PK, teils infolge passiven Widerstands, doch gelegentlich auch offen aufflackernder Widersetzlichkeit von (bisher freilich nur geringen) Teilen der Bevölkerung – die eigentlichen *Kampffelder* der PK-Verfechter und der sie tragenden Institutionen bilden. In Übernahme ihrer *korrekten* Bezeichnungen handelt es sich dabei um (1) *Fremdenfeindlichkeit*, (2) *Frauenfeindlichkeit* (darunter, von den Medien so gern aufgegriffen, *Sexismus*), (3) *Antisemitismus*, (4) *Rassismus* (d. h., inzwischen, negative Beurteilungen von nichtdeutschen *Gruppen* bzw. deren Angehörigen anhand *irgendwelcher*, also keineswegs nur »rassischer« Merkmale), (5) *Demokratiefeindlichkeit* (als Merkmal eigentlich nur des *Rechts*radikalismus und des islamischen *Fundamentalismus*) sowie um (6) *Populismus* (als vor allem bei Politikern, doch auch bei anderen Leuten mit Einfluss nicht hinnehmbare Neigung, dem *Mehrheits*willen der *Bevölkerung* politische Geltung zu verschaffen). Anhand von wenigstens einem dieser Felder, nämlich der Fremdenfeindlichkeit, soll hier eine Reihe von näheren Wissensinhalten der PK und ihre typische öffentliche Verwendung vorgestellt werden. Zuvor aber geht es um die Korrektheit als eine Spielart der *Ideologien* sowie einige ihrer spezifischen Merkmale und damit verbundene politische Stoßrichtungen.

II. Die Politische Korrektheit als ideologisches Wissensgebilde

1. Die beiden Grundtypen des Wissens

Der Begriff des Wissens, wie er hier verwendet wird, ist in einem *weiten* Sinn zu verstehen, schließt also entgegen dem Satz »Glauben heißt nicht Wissen« auch sämtliche Irrtümer, »Wahnvorstellungen« o. Ä. sowie Lügen ein, sofern sie von – irgendwelchen – Menschen als *wahr* geglaubt werden oder wurden. Bei dem so verstandenen Wissen sind (wenigstens) *zwei Grundtypen* zu unterscheiden. Nämlich erstens das aus der Erfahrung, letztlich also durch den Gebrauch der fünf Sinne des Menschen gewonnene oder doch auf ihn zurückführbare *empirische Wissen*, zu dem auch das *praktische* Wissen (im Sinne des auf die möglichst reibungslose Bewältigung des Alltags bezogenen »Gewusst, wie«) sowie das immer gewichtigere erfahrungs*wissenschaftliche* Wissen gehören. Und zweitens das *nomische* (von altgriechisch »nomos« = Sitte, Ordnung) oder *Bedeutungs*wissen, das traditionell von der Religion, der Philosophie und Ethik, in der Gegenwart aber oft besonders eindringlich von den Ideologien verkörpert wird.

Es ist das nomische Wissen, das den Menschen angibt, was das jeweils Gegebene, d. h. Dinge, Ereignisse, und insbesondere menschliche Handlungen sowie damit verbundene Ziele der Person in Wahrheit *bedeuten* – und damit gerade nicht, wie sie *empirisch* beschaffen und nach Herkunft und objektiv feststellbaren Wirkungen zu erklären sind. Denn diese Bedeutungen beziehen sich auf zwei, dem empirischen Wissen eben fremde Aspekte, die jedoch nach dem Selbstverständnis des nomischen Wissens die für die Menschen bzw.

bestimmte Kategorien von ihnen eigentlich wichtigen sind. Nämlich einmal auf den mit den »*wesentlichen*« Merkmalen des je Gegebenen verbundenen Platz und *Rang*, der ihm zukommt in der großen, vielfach gegliederten *Ordnung des Seins* und Werdens *überhaupt*. Im Jedermannbewusstsein ist solches Rangwissen allerdings eher selten als komplexere Argumentationen vorhanden, sondern meistens nur in der Form von positiven oder negativen *(Be-)Wertungen* wie »heilig«, »böse«, »schweinisch« oder »fortschrittlich«. Zum anderen beziehen sich solche Bedeutungen auf das nach dieser Ordnung jeweils *angemessene Verhalten*, das die Menschen insgesamt oder lediglich Teile davon (wie etwa die Angehörigen bestimmter Alters- oder Berufsgruppen) gegenüber den Gegebenheiten jedenfalls »ihrer« Welt beachten sollten, und zwar vor allem hinsichtlich der Grundpolarität *bejahen/erstreben* vs. *verneinen/meiden*. – Über beide Aspekte geben neben den überkommenen Glaubenssystemen und gleichsam zum Privatbesitz gewordenen Weltanschauungen eben vorrangig Ideologien ihre unterschiedlichen Auskünfte, die hinsichtlich ihrer personalen wie öffentlichen Geltung mehrheitlich, doch keineswegs immer miteinander konkurrieren.

Auf die Frage nach dem genaueren Charakter dieser beiden Wissenstypen sei anhand ihrer sachlichen *Verknüpfungen* doch näher eingegangen. Allgemein gilt: Das rein *empirisch* Gegebene gibt, wie viel von ihm auch hinsichtlich seiner objektiven Beschaffenheit, seinen kausalen Zusammenhängen und Funktionen zu erkennen ist, seine überempirische *Bedeutung* eben nicht her. Sie kann vielmehr nur durch nomisches Wissen gewonnen werden, welches das Objekt der Beurteilung, d. h. dessen wesentlichen oder doch gewichtigeren Seins- und Verhaltensmerkmale anhand seiner *eigenen*, ihrerseits von allgemeineren bzw. grundlegenden nomischen Vorgaben bestimmten Bestände *identifiziert*, nach den in den Vorgaben stets auch enthaltenen Maßstäben *beurteilt* bzw. bewertet und diesem Objekt so Ort und *Rang* in der fraglichen (Teil)Ordnung des Seins zuweist. – Der sachlich entscheidende Urteilsvorgang besteht dabei in der gedanklichen *Verknüpfung* von durchaus *empirischen* Merkmalen mit *nomischen* Qualitäten. Und zwar mit eher kostbaren, d. h. in der

Ordnung des Seins insgesamt oben angesiedelten oder, umgekehrt, mit *minder*wertigen, ja in den Regionen der Nichtswürdigkeit oder gar des schlechthin Verworfenen beheimateten Qualitäten, die dann zusammen, wenn auch nach ihrem jeweiligen Gewicht gewöhnlich ungleich, über den Seinsort und -rang des fraglichen Urteilsobjekts entscheiden (vgl. Estel 1983: 264ff.). Um es im Hinblick auf *kollektive Fremd-* und *Selbst*beurteilungen jedoch hinzuzufügen: In den Zeiten starker ideeller Polarisierung von Gesellschaften nach verschiedenen Ausprägungen des Bedeutungswissens, die einander in wichtigen Punkten vor allem negieren, gewinnen einzelne der durch sie gestifteten Hauptmerkmale eine derart gesteigerte Bedeutung, dass die jeweiligen Urteile sich tendenziell nur noch auf ein solches, doch als *entscheidend* angesehenes Merkmal stützen. Und zwar ein Merkmal, durch das die Beurteilten dann etwa zu »Rechtgläubigen« (vs. »Ungläubige« bzw. »Ketzer«), zu »Demokraten« (vs. »Reaktionäre« oder »Neonazis«), zu »Westlern« (vs. »Islamisten« oder noch Schlimmerem) werden. So rückt ein, streng genommen, bloßes Teilurteil zum psycho-logischen *Gesamt*urteil auf, das nach seiner vermeintlichen objektiven Geltung sich auf tendenziell *alle* Verhaltensbereiche der Beurteilten erstreckt oder doch auf sie abfärbt. Gerade dieses zugespitzte Phänomen zeigt eindrücklich, dass es die einschlägigen *nomischen* Bestände und nicht die empirischen Merkmale selbst sind, die generell über die »wahre« Bedeutung und damit den Seinsrang von Urteilsobjekten entscheiden.

Hinsichtlich der näheren Verknüpfung von Empirischem und Nomischem lassen sich nun mehrere wichtige Prozesse unterscheiden. Nämlich einmal die *Zuweisung* des empirisch Gegebenen zu einem (Teil)Bereich des nomischen Wissens wie etwa bestimmten Varianten sexueller »Perversion« oder den »höheren« Stufen des Vegetariertums, in dem dann seine weitere kognitive Bearbeitung erfolgen kann. Dabei ist klar, dass eine solche Zuweisung eine jedenfalls nach ihren Grundzügen bereits vorhandene *nomische Gliederung des Seienden* überhaupt voraussetzt; denn ohne sie würden die Gesichtspunkte fehlen, anhand derer das Gegebene eben erst zugewiesen bzw. in einen solchen Bereich eingeordnet werden kann. Ferner gehören hierher Verknüpfungen im *engeren* Sinn, d. h. von (bestimmten) empirischen Merkmalen mit (bestimmten) nomischen Qualitäten, bei denen zumindest *induktive* von deduktiven Vorgehensweisen zu unterscheiden sind. Begegnet man z. B. in einer womöglich einsamen Gegend einem Mann, angetan mit grüner Hose, grünem Wams und einem Hut (an dem »wie höhnisch« eine lange, rote Feder wippt), und der, wie bei genauerer Beobachtung auch zu bemerken ist, das linke, zumindest unten bedeckt gehaltene Bein beim Gehen etwas nachzieht – so handelt es sich nach dem Volksglauben früherer Jahrhunderte um den Teufel. Die einzelnen, zu ihm gehörenden und ihn »verratenden« Merkmale sind allesamt empirisch, erlauben zugleich aber Enthüllungen von auch höchstem nomischem Gewicht. Denn zumindest bei ihrem kombinierten Auftreten lassen sie auf die wahre Natur des Urteilsobjekts, eben den Leibhaftigen, und hier wieder: seine konzentrierte nomische Qualität als oberster Gegenspieler Gottes sowie Versucher und Verderber der Menschen schließen.

Beim *deduktiven* Vorgehen wird dagegen von der schon bekannten nomischen *Grund*- oder Gesamtqualität auf *einzelne* Qualitäten geschlossen, die mit bestimmten empirischen Merkmalen unmittelbar verbunden sind. Hierher gehören etwa die nach dem europäischen Jedermannbewusstsein dem Löwen eigene »edle Haltung« oder sein »Furcht und Zittern« erregendes Gebrüll, die beide Ausdruck seiner »erhabenen tierischen Majestät« sind, aber auch die »tückische Mordlust« der sich »hinterhältig« tarnenden, in der Ordnung des Seins »weit unten« angesiedelten Sandviper[5]. Und wiederum versteht sich, dass auch bei gleichen empirischen Merkmalen bzw. gleichem menschlichem Handeln unterschiedliche nomische Gebilde,

5 Wie übrigens gerade anhand des Löwenbeispiels vermutet werden kann, ist für die deduktive Spielart eine direkte *Verquickung* beider Wissensarten in dem Sinne charakteristisch, dass »eigentlich« eindeutig *empirische* Gegebenheiten *nomisiert*, also mit »höherer Bedeutung« gleichsam aufgeladen werden: Das Gebrüll des Löwen zeigt so nicht nur die ihm von Natur aus innewohnende Majestät empirisch an, sondern stellt auch eine ihrer unmittelbaren Erscheinungsformen dar. Ein anderes Beispiel der Nomisierung bietet eine Frau, welche die in der Tat schwer übersehbaren Trinkneigungen ihres neuen Liebhabers schon bald als Ausdruck seiner moralischen Verkommenheit überhaupt verstehen zu müssen glaubt – eine Deutung, die sie, typischerweise und recht rasch, dafür noch eine Reihe weiterer Anzeichen in anderen Bereichen auffinden lässt.

d.h. ihre Grundannahmen und/oder besonderen Ausprägungen dazu führen, dem Urteilsobjekt sehr unterschiedliche Bedeutungen zuzuschreiben: Was für die einen, nämlich die Sympathisanten, die »reine revolutionäre Leidenschaft von Freiheitskämpfern« sein mag, ist für andere, etwa die Regierung des fraglichen Landes, das »blutige und schlechthin inhumane Spiel terroristischer Verbrecher«. Die jeweils vorgenommenen nomischen Verknüpfungen können ja allenfalls dann als *zwingend* gelten, wenn als legitime Grundlage für sie immer nur das annähernd selbe nomische Wissen in allgemeiner Geltung ist und bleibt. Ist das aber nicht bzw. nicht länger der Fall, kann der Grundsachverhalt nicht mehr (voll) verdeckt werden, dass dieselben empirischen Merkmale in nomischer Hinsicht ganz unterschiedlich gedeutet werden können. Und dass diese Möglichkeit innergesellschaftlich dahingehend zur Wirklichkeit wird, dass jetzt zwei, doch bald schon noch weitere Spielarten des Bedeutungswissens miteinander offen oder auch uneingestanden konkurrieren. Solche Konkurrenzsituationen ändern freilich, für sich genommen, nicht notwendig etwas daran, dass gerade sozio-politisch *herrschende* nomische Wissenssysteme regelmäßig beanspruchen, »allein seligmachend«, also – weltlicher gesprochen – als einzige wahr zu sein. Mehrheitlich bleibt es jedoch nicht bei diesem bloßen Anspruch. Vielmehr suchen sie, werden sie von anderen Wissensgebilden nach ihren Inhalten und deren (allgemeiner) Geltung ernsthaft herausgefordert, diesen Konkurrenten den öffentlichen Wahrheitskredit möglichst zu nehmen. Dazu aber greifen sie nicht selten auch zu den sonst gern entrüstet abgelehnten Mitteln (halb)krimineller Ausübung politischer und sonstiger Macht.

2. Merkmale und argumentative Stoßrichtungen der PK als Ideologie

Ideologien überhaupt sind Wissensgebilde, die sich nach ihrem Kern dem – wenn nicht direkt *lügenhaften*, dann zumindest *sich selbst täuschenden* – Bemühen von *sozialen* (Quasi)*Gruppen* verdanken, *ihre* Interessen, vor allem ihre wirtschaftlichen sowie Status- und Machtinteressen, als *Allgemein-* oder wenigstens *Mehrheits*interessen eines bestimmten Landes hinzustellen, um sie so besser *rechtfertigen* und damit sozio-politisch leichter durchsetzen zu können. Im Besonderen ist hier ein Wissen gemeint, das dazu von der betreffenden Regierung bzw. der *politischen Elite* und/oder mit ihr verbundenen Gruppen verbreitet wird. Seine klassische Formulierung hat dieses engere Ideologieverständnis in dem Kampfbegriff vom »Pfaffen- und Herrentrug« der antiklerikal, ja antichristlich gesonnenen französischen Aufklärer (d'Holbach, Hélvetius u. a.) im 18. Jahrhundert gefunden. Bereits hier wird unter diesem »Trug« auch die Tendenz verstanden, die Verwirklichung solcher Interessen und davon abgeleiteter politischer Ziele als nicht nur im erwähnten Sinne *nützlich*, sondern sie außerdem als kollektive, durch Gott oder auch die wahre natürliche Ordnung gebotene *Pflicht* öffentlich zu propagieren. Bei den modern-westlichen Gesellschaften der Gegenwart sind allerdings diese klassischen pflichtbezogenen Begründungen fast ganz verschwunden. An ihre Stelle sind, hier wie bei sonstigen Gruppen, vor allem Versuche getreten, die Durchsetzung der eigenen Interessen mit der Verwirklichung hoher und höchster *Werte* – wie dem technischen Fortschritt, der sozialen Gerechtigkeit oder dem Weltfrieden – zu legitimieren, die dadurch erreicht werde.

Was nun die PK nicht nur mit anderen Ideologien, sondern auch dem größten Teil des Alltagswissens der Menschen gemeinsam hat, ist die enge kognitive und sprachliche *Verquickung* der auf die einzelnen Urteilsobjekte bezogenen empirischen oder *Sach*informationen (die freilich auch fast völlig fehlen können) mit den sozusagen immer schon mitgelieferten und auf sie ebenfalls bezogenen *Deu-*

tungen, die nach ihrem praktisch wichtigsten Aspekt positiv oder negativ ausfallende *Wertungen* darstellen. Solche Deutungen steuern nämlich die im schließlichen »Text« mitgeteilten Sachinformationen auf wenigstens dreifache Weise: Erstens entscheiden primär sie über die (Nicht-)Aufnahme bereits vorhandener Informationen in den Text. Zweitens sind vor allem sie für die faktische *Wertakzentuierung* der dann noch zu beschaffenden Informationen verantwortlich und beeinflussen dazu nicht selten schon deren genauere inhaltliche Ausprägung. Und drittens erlauben in erster Linie sie es, die für diese Aufnahme dann insgesamt vorgesehenen Informationen unter bestimmten nomischen Gesichtspunkten sinnhaft zu vereinheitlichen. – Sachinformationen nehmen also innerhalb der PK wie in anderen Ideologien grundsätzlich nur eine untergeordnete, eine *dienende* Rolle ein: Sie sollen die entscheidenden Botschaften dieser Wissensgebilde, eben die auf den »eigentlichen« Charakter, den »wahren« Wert und Rang der jeweils thematisierten (und stets *auch* nomischen!) Gegebenheiten gerichteten Aussagen »bestätigen«. Und zwar dadurch, daß sie – als ihnen unmittelbar entsprechende »harte Fakten« – die Aussagen gleichsam untermauern und damit deren *Plausibilität* bzw. Attraktivität bei ihren Adressaten fördern.

Dem Bemühen um gesteigerte Plausibilität und der Abwehr von sonst näher liegender Kritik dient auch ein weiteres Wissensmerkmal der PK, nämlich ihre teils eher unbewusste, teils absichtliche *Nichtberücksichtigung* der (jedenfalls relativen) *Eigenständigkeit* der verschiedenen Dimensionen oder Sphären des menschlichen Daseins. Zumindest für die europäisch-westlichen Länder sind ja seit dem Spätmittelalter innovative Schübe von teils realen, teils auch nur gedanklichen (Weiter-)Entwicklungen in einer ganzen Reihe von – vorher oft nur wenig entfalteten, ja fehlenden – Daseinsdimensionen wie z. B. der politischen Sphäre oder der Kultur charakteristisch, die damit in empirischer wie nomischer Hinsicht zunehmend ihrer *eigenen* Logik folgen oder doch zu folgen suchen. Gerade gegenüber den traditionell dominierenden Sphären des Übernatürlichen bzw. Heiligen sowie des ethisch Guten pochen gleichsam diese Dimensionen verstärkt auf ihre prinzipiell gegebene *Autonomie* (»Selbstgesetzgebung«), also innere Selbstständigkeit, mit der kaum noch verhohlenen Absicht, deren überkommene, doch »ungerechtfertigte« nomische Ansprüche auf vorrangige Geltung möglichst dauerhaft zurückzuweisen. Gleichzeitig verwehren oder erschweren sie – jedenfalls bei einiger gedanklicher Konsequenz – damit auch die Möglichkeit, das Verhältnis dieser Seinsdimensionen untereinander (noch immer) als von Gott gestiftete oder von Natur aus gegebene, eindeutige *Rang*ordnung zu verstehen.

Vor allem diese Autonomieansprüche, zum Teil jedoch auch die erwähnten Entwicklungen selbst werden nun in den Botschaften der politischen Korrektheit nicht nur ignoriert, sondern auch neu negiert. Vielmehr gibt es hier wieder eine klare Seinshierarchie, zumindest hinsichtlich deren Spitze: Ganz oben befindet sich eben das sittlich *Gute* als für den Wert des je Gegebenen (und insbesondere der Menschen) *entscheidende* Dimension. Und zwar entweder dadurch entscheidend, dass die jeweilige positive oder negative Ausprägung des Urteilsobjekts in *dieser* Hinsicht auch für dessen Wert bzw. Unwert in den *anderen* Dimensionen den Ausschlag gibt. Oder wenigstens insofern, als die ethische Ausprägung dieses Objekts so viel Gewicht besitzt, dass die zu ihr allzu widersprüchlich ausfallenden Teilurteile in den anderen Dimensionen für das Gesamturteil geflissentlich ignoriert werden oder ihre Bedeutung für es weitgehend, wenn nicht ganz heruntergespielt wird. So wird in diesen Urteilen teils aufgrund direkter Behauptungen, teils nur durch Suggestion dasjenige, was als *gut* gilt, zugleich zum sachlich *Zutreffenden* (d. h. zum Wahren auch im Sinn des *empirisch* Erfolgreichen), zum politisch *Gebotenen* (und nicht nur Wünschbaren) sowie, wenn auch meistens nur stillschweigend, zum *Gesunden* bzw. *Wohlgeratenen*, zum *Schönen* und selbst zum erotisch *Attraktiven*.

Diese Abhängigkeit der »nachrangigen« Daseinsdimensionen ist gewöhnlich dann am stärksten, wenn die ethische Beurteilung ihrerseits einen entschieden negativen Charakter aufweist. Um das am gewiss extremen Beispiel Hitlers zu illustrieren: In den korrekten medialen, politischen und anderen Verlautbarungen der Gegenwart fällt nicht nur das ethische Urteil über ihn vernichtend negativ aus, sondern durchgängig auch, und meistens kaum gemildert, die sonstigen ihm geltenden und typischerweise in großer Fülle vorgenommenen Wertungen. Schon dadurch begünstigt fehlen hier die sonst üblichen *Sach*informationen weitgehend; die noch vorhandenen aber stehen gewöhnlich, entsprechend zurechtgestutzt, ganz im Dienste einer bloßen Scheinbestätigung des ethischen Urteils auch in »ihren« Dimensionen[6]. Auf diese Weise wird Hitler zum Bösen schlechthin, das zugleich das ganz Unwahre, das politisch Verbrecherische, das durchgängig Missratene, schwer Kranke, vollendet Wahnhafte, das kaum mehr überbietbar Spießige und selbst das abschreckend Hässliche ist. Doch liegt auch auf der Hand, dass diese Darstellungsstrategie zwar allen möglichen guten Zwecken dienen mag, aber gewiss nicht der vom Altkommunarden Fritz Teufel in allerdings anderem Zusammenhang ins Spiel gebrachten »Wahrheitsfindung«. Denn wie könnte sie eine Erklärung für den gewaltigen Erfolg Hitlers und der von ihm geführten Massenbewegung erlauben, die wissenschaftlichen Standards genügen würde?

Andererseits wirkt die PK insofern durchaus modern, als die Beziehung zwischen ihren nomischen Inhalten und *materiellen* Interessen – bzw. Gesichtspunkten der bloßen Nützlichkeit überhaupt – insgesamt deutlich gelockert ist, wenn nicht sogar ganz zu fehlen scheint. Denn in den *modern-westlichen* Gesellschaften der Gegenwart ist ja ein fast allgemeiner *Rückgang* der Bindung gerade von massenwirksamen (und damit einflussreicheren) Ideologien an *bestimmte* materielle Interessen und die sie traditionell oder derzeit verfolgenden Gruppen festzustellen. Genauer gesagt, lockern sich diese Bindungen nicht nur, sondern sie werden auch flüchtiger und unbestimmter: Neben der häufiger gewordenen Hinwendung wirtschaftlicher und sozio-politischer Kollektive, wie Interessenverbände

6 Dementsprechend erstrecken sich die stets negativ ausfallenden Wertungen auf annähend alles und jedes bei Hitler, also auch die banalen Alltagsroutinen, und bestätigen so im Kleinen das Hauptурteil. Positive Wertungen, dazu geeignet, aus Hitler wieder einen *Menschen* zu machen, sind dementsprechend in den Botschaften der PK ähnlich selten wie in der Natur weiße Raben. Selbst das (widerwillig zugestandene) große rhetorische Talent, ohne dessen gelegentliche Erwähnung die Erfolge Hitlers *vollends* zum nicht verstehbaren Rätsel der Geschichte würden, war natürlich nur eine »demagogische«, also keine »richtige« Begabung.

oder selbst Parteien, zu anderen Ideologien ist ja ebenfalls zu beobachten, dass *neue* Ideologien von Anfang an auch für Angehörige von Gruppen bzw. Organisationen mit durchaus unterschiedlichen und selbst gegensätzlichen materiellen Interessen attraktiv sind. Allerdings fällt diese Attraktivität bei solchen Gruppen durchschnittlich ungefestigter aus und hält weniger lang vor.

In dieselbe Richtung eines solchen Rückgangs wirkt ferner der Sachverhalt, dass die nicht nur formelle, sondern auch faktische Bindung der Regierungen und der sie tragenden Teile der politischen Elite an die jedenfalls *empirisch* vorfindlichen Interessen der *Mehrheits*bevölkerung in wirklichen Demokratien von vornherein durchschnittlich stärker ausfällt als in vor- bzw. nichtdemokratischen Gesellschaften. Und zwar nicht nur, weil demokratische Regierungen gewöhnlich wiedergewählt werden wollen und dazu Mehrheiten gefallen sollten. Sondern auch, weil hier insbesondere über *Volks*abstimmungen, die sich tendenziell auf alle politischen Fragen erstrecken können, »die Mehrheit König ist« (wie ein altes Schweizer Sprichwort besagt), während in vor- oder lediglich pseudodemokratischen Gesellschaften die staatsoffizielle *Legitimität* von Interessen und entsprechenden Willensbekundungen sich eher nur ausnahmsweise nach der *Zahl* ihrer Träger bzw. Befürworter richtet. Der hier immer wieder auftretende Zwang, für die eigenen Ziele einschließlich der Erhaltung der eigenen privilegierten Positionen ideelle Fassaden in der Form von (womöglich als für jedermann verbindlich) erklärten sozio-politischen Doktrinen u. Ä. aufzubauen und sie um den Preis von auch grotesk anmutenden Tabuisierungen und Wirklichkeitsverzerrungen aufrechtzuerhalten, fällt daher in tatsächlichen Demokratien weit geringer aus.

Dass es jedoch auch bei der PK keinesfalls nur um die Durchsetzung des ethisch Guten, um die *Versittlichung* der Menschen geht, ist bereits der Tatsache zu entnehmen, dass sie nicht nur eine Ideologie unter anderen, sondern eine gesellschaftlich in besonderem Maß etablierte, eine *herrschende* Ideologie darstellt, deren Kernbestände sich weiter zunehmend im Recht niederschlagen und damit in ihrer Geltung auch durch Strafandrohungen geschützt werden. Solche Ideologien aber dienen regelmäßig dazu, die für den *Machterhalt* wichtigsten Interessen der *politischen Elite* bzw. deren herrschender Fraktion sowie eben die wichtigsten Interessen derjenigen gesellschaftlichen Gruppen zu fördern und dazu in ihrer Legitimität zu bekräftigen, die sie in erster Linie stützen. Es bedürfte jedoch einer eigenen Untersuchung, die Beziehungen zwischen dieser Elite, den voll etablierten Medien, den schon erwähnten Gruppen von Staatsdienern einschließlich der institutionellen Spitzen der Justiz sowie anderen Institutionen des kulturellen bzw. Bildungsbereichs unter *diesen* Gesichtspunkten zu klären. Aufgrund von Ereignisabläufen, wie sie 2010 im »Fall Sarrazin« (vgl. unten Kap. III, Exkurs 1) eindringlich zu beobachten waren und sich, weniger gut festzustellen, zwei Jahre später anhand des »Gedichts« von Günter Grass über deutsche U-Boot-Lieferungen nach Israel teilweise wiederholten, kann es gleichwohl als sicher gelten, dass die auf ähnlichen Interessen beruhenden Verbindungen sowie die eigentlichen Machtbeziehungen zumindest zwischen der politischen Elite und den öffentlich dominierenden Medien bzw. deren personellen Spitzen zum großen Teil sehr eng sind.

Ferner sprechen die bei der näheren Ausgestaltung der politischen Botschaften von Ideologien regelmäßig zum Zuge kommenden *argumentativen Grundstrategien* gegen ein rein ethisches Interesse auch der Agenten und Repräsentanten der PK. So neigt, erstens, jede entfaltetere und auf sozio-politischen Erfolg zielende Ideologie zu einer argumentativen *Überdehnung* ihrer propagierten Ziele. Und zwar schon in dem simplen Sinn, dass ihre führenden Repräsentanten bereits in materieller Hinsicht weit mehr zu versprechen pflegen, als sie selbst im Fall des Erfolgs halten und halten können. Mehr aber noch gilt das für die *nomische* Überhöhung der Ziele, die sich besonders dann aufdrängt, wenn es darum geht, große Massen von Menschen längerfristig für die sozio-politische Durchsetzung der Ideologie und die Bereitschaft zu gewinnen, dafür auch persönliche *Opfer* zu bringen Als Beispiel dieser Strategie, bei der die Zielbeschreibungen mehr und mehr zu Verkündigungen des nahenden Heils werden, sei nur an den Inhalt des wohl bekanntesten, auch heute noch gesungenen Lieds der deutschen Sozialdemokratie erinnert, nämlich von »Wann wir schreiten Seit' an Seit'«. So »hält« – nach dem Wortlaut seiner dritten und vierten Strophe – in der »neuen Zeit«, die eben mit den Sozialdemokraten »zieht«, nicht nur »die alte Mutter Erde« dem Menschen »die vollen Hände hin«, wodurch der Hunger und anderes materielle Elend ganz oder jedenfalls weitgehend verschwinden. Vielmehr werden auch, zumindest die Genossen selbst und ihre Frauen zu *neuen* Menschen in einem gewichtigen Sinne:

»Mann und Weib und Weib und Mann / sind nicht Wasser mehr und Feuer / Um die Leiber legt ein neuer / Frieden sich, wir blicken freier / Mann und Weib, uns fürder an / Mann und Weib uns fürder an«.

Eine zweite Strategie ist darauf gerichtet, die Ideologieadressaten von der Behauptung der *Machbarkeit* der Ziele sowie eben ihrer *bald* eintretenden Realisierung zu überzeugen. Einerseits werden hier diejenigen Sachverhalte bzw. Entwicklungen, die der Realisierung der Ziele günstig zu sein scheinen, hinsichtlich der Wahrscheinlichkeit ihrer positiven Auswirkungen wie deren objektivem Gewicht überbetont. Damit wird denn auch die Einschätzung der *Gesamt*konstellation, in der es – auch, doch eben nicht nur – diese Faktoren und ihre günstigen Wirkungen gibt, gedanklich in *positiver* Richtung verzerrt. Zugleich aber werden Widerstände und Prozesse, die für die Zielerreichung als negativ gelten, hinsichtlich ihrer quantitativen Aspekte (wie bereits dem Ausmaß ihrer Verbreitung) sowie dem Gewicht ihrer abträglichen Wirkungen argumentativ verkleinert. Beidem dienen schon das übliche schlichte *Ignorieren* und die bemühte *Verschleierung* der für die Attraktivität dieser Botschaften ungünstigen Fakten. Wie jedoch in Deutschland u. a. die regierungsoffiziellen und die große Mehrheit der medialen Darstellungen des *Kriegs* in Afghanistan über bald zehn Jahre geradezu bilderbuchmäßig gezeigt haben, ist der Weg von der Verschleierung zu direkten und selbst offensiven *Verfälschungen* solcher unerwünschter Wirklichkeitsaspekte und mithin zu *Lügen* gewöhnlich nur kurz. – Sieht man jedoch von den Verfälschungen ab, gehören beide Grundstrategien nicht nur zur Verbreitung von Ideologien, sondern auch von »aufrichtig«

gemeinten Utopien, ja zu jeder sozialen und ähnlichen Bewegung, deren geistigen Köpfe und politischen Führer von ihrer Sache überzeugt sind. Sie stellen also, der Flüssigkeit der jeweiligen Übergänge ungeachtet, keine Merkmale dar, die für Ideologien *spezifisch* wären.

Letzteres gilt dagegen, jedenfalls unter modern-westlichen Bedingungen, eindeutig für eine *dritte* Grundstrategie, die man als kognitive »*Schließung des Horizonts*« bezeichnen kann. Sie besteht, im Hinblick auf die PK formuliert, in dem ideellen »Nachweis«, dass es zu den Inhalten bzw. praktischen Konsequenzen der korrekten Botschaften keine wirklichen Alternativen gebe. Denn abgesehen von der mangelnden (technischen und ähnlichen) Machbarkeit sei, so wird suggeriert oder ausdrücklich gesagt, der Verzicht auf die Durchsetzung des Korrekten gleichbedeutend mit kollektiven Verlusten gerade immaterieller Art, insbesondere eben einer Preisgabe des sittlich und damit politisch Gebotenen. Schließung des Horizonts meint also nach ihrer Grundabsicht eine neue nomisch-ethische »Einhegung« des Menschen, eine *Negierung* der seit den Zeiten des Humanismus beschleunigten Entdeckung von vorher so nicht gekannten, *offenen* Horizonten auch in Fragen der Weltsicht und des entsprechenden praktischen Handelns.

Um den komplexen Charakter dieser Entdeckung, die ihre theoretische Fundierung in manchem bereits der Aufklärung, vor allem aber der Entwicklung der modernen Kulturwissenschaften im 19. und der ersten Hälfte des 20. Jahrhunderts verdankt, doch kurz zu umreißen: (1) Die in den menschlichen Gesellschaften der Vergangenheit und Gegenwart insgesamt auffindbaren Bestände an praxisbezogenem ethischem und ähnlichem Wissen sind überaus zahlreich, höchst unterschiedlich und nach ihren Intentionen sowie institutionellen Verfestigungen immer wieder direkt gegensätzlich. (2) Hinsichtlich der Frage ihrer besonderen menschlichen Angemessenheit, die womöglich durch die Seinsordnung selbst bekräftigt würde, entziehen sie sich einer wirklichen Überprüfung mit den Mitteln der *Erfahrungs*wissenschaften genauso wie die spezifisch religiösen Wissensbestände. (3) Sie sind vielmehr als *kulturelle* Entfaltungen mit jeweils *eigenem*, hinsichtlich seines Ranges jedoch nicht wirklich zu entscheidendem Daseinsrecht zu verstehen. Und zwar Entfaltungen (4) des seinerseits »nicht festgestellten Tiers« (Nietzsche) Mensch, das infolge seiner weitgehend embryonal-unspezialisierten biologischen Grundausstattung in seinem Verhalten eben kaum durch Instinkte o. Ä. bestimmt, sondern in mehrfacher Hinsicht *weltoffen* und *plastisch* ist – und damit hinsichtlich seines Handelns und den es bestimmenden Motiven in sehr unterschiedliche Richtungen geformt werden kann. Eines Wesens, das (5) allerdings überall darauf angewiesen ist, dass *irgendwelche* nomischen Bestände sein Handeln anleiten, es verstetigen und so dauerhaftes Zusammenleben, d. h. Gesellschaft möglich machen.

Genau diese aufeinander bezogenen Einsichten werden, inzwischen und nur konsequent, von der PK als in seinem Kern verfehlter und politisch-praktisch nicht länger hinnehmbarer kultureller Relativismus zurückgewiesen[7]. Stattdessen haben an die Stelle der von deutschen Obrigkeiten freilich noch nie geschätzten Aufforderung, ja Verheißung Hölderlins (»und der Mensch verstehe die Freiheit aufzubrechen, wohin er will«)[8] systematisch und mit längerem

7 Angesichts der faktischen wie der kognitiven Vereinheitlichungstendenzen, die – in vielem ja von den wichtigsten nationalen Spielarten politischer Korrektheit getragen – zunehmend nur noch die Existenzweise der Angehörigen der westlichen Kultur, um nicht zu sagen: der (weiblichen) Mittelschichtsangehörigen unter den *US-Amerikanern*, als vollwertig menschlich gelten lassen will, dürfte es nicht schaden, an eine von Arnold Gehlen stammende kurze Schilderung der weltweiten kulturellen Vielfalt noch um die Mitte des 20. Jahrhunderts zu erinnern: »Rechtliche, religiöse, ästhetische, politische und ähnliche Normen können bei einer Gesellschaft völlig von denen abweichen, die in einer anderen gelten. Es entsteht der Eindruck einer ganz weitgehenden Undeterminiertheit mindestens im Sinne der Unvoraussagbarkeit. So erscheint es mir auch kaum möglich, Begriffe wie ›Recht‹ oder ›Religion‹ derart zu definieren, dass sie alle bekannten und zwanglos so genannten Erscheinungen auch wirklich umfassen. … Die verschiedenen Kulturen unterscheiden sich in ihren Perspektiven und Aufbauelementen so radikal wie die Sprachen, deren unendliche, und zwar kategoriale Verschiedenheit auch für die anderen kulturellen Gebiete gilt, so für die Formen der Familie, des Eigentums, der Herrschaft usw.« (1961: 79).

8 Wie von einem protestantischen Mann Gottes ja kaum anders zu erwarten, reiht sich unser neuer Bundespräsident hier offensichtlich würdig ein: »Bundespräsident Joachim Gauck ruft dazu auf, die wirtschaftliche Freiheit wieder mit Verantwortung zu verbinden. ›Verantwortlich handeln heißt jetzt: aus Freiheit (! – B. E.) ein Freund von Grenzen zu sein‹, sagte er in einer Grundsatzrede über die Konsequenzen der Krise. ›Wenn sich einige wenige die Freiheit nehmen, für nichts Verantwortung zu tragen, zerstören sie die Voraussetzungen der Freiheit … die gerade die Wirtschaft braucht‹, betonte Gauck. Grenzenlosigkeit verschaffe den Wenigen vielleicht uner-

Atem betriebene Versuche zu treten, die neuen ethischen Gewissheiten und ihre Hintergrundannahmen, mögen sie zunächst auch recht willkürlich oder gewaltsam anmuten, zu verbreiten und soziopolitisch durchzusetzen. Kurz: So, wie im Mittelalter – freilich mehr nach noch immer verbreiteter Meinung als nach den Fakten – die religiösen Wissensbestände des Christentums als unbezweifelbar wahr galten und *nur* sie, so sollen jetzt die vergleichsweise säkularisierten Wissensbestände der PK zumindest nach ihren Grundannahmen ebenfalls den Status von auf *legitime* Weise nicht bezweifelbaren Gewissheiten erhalten.

Um dies zu erreichen und damit *anderem* politischem Denken und Handeln möglichst jeden Kredit im Bewusstsein von selbst Bevölkerungs*mehrheiten* zu nehmen, sehen sich die Agenten und sonstigen Befürworter der politischen Korrektheit immer wieder gezwungen, auch kollektive Alternativen, die selbst nach den von ihnen, jedenfalls offiziell bejahten Grundwerten zu wünschen sind (wie insbesondere die Verwirklichung gesamtstaatlicher Demokratie in Deutschland!), zu verschweigen, zu verdrängen, zu diffamieren sowie ihre praktische Realisierung für unmöglich zu erklären. Doch damit nicht genug: Die trotz vereinzelter gegenteiliger Tendenzen der jüngsten Zeit weiter zunehmende politisch-mediale Gängelung der deutschen Bevölkerung, ihre tatsächliche wie höchst offizielle *Entmündigung* bereits im Grundgesetz und seinen Fortbildungen soll nach dem Willen der PK von ihr nicht nur faktisch hingenommen, sondern womöglich noch mit dem Stolz eines geprügelten Hunds als »Verfassungspatriotismus« bejaht werden; eines Patriotismus von staatstragenden Professoren und (anderen) Intellektuellen, um den es in den letzten Jahren allerdings still geworden ist. Dass eine solche Einhegung, erst recht aber die ausgeprägte Gängelung des »Deutschen Volks« (so der verfassungsoffizielle Ausdruck) mitsamt den damit verbundenen Methoden der gelegentlich auch aggressiven öffentlichen *Desinformation* nach den überkommenen europäisch-westlichen Vorstellungen ihrerseits schlicht *unsittlich* sind, interes-

hörte Höhenflüge. Aber für viele andere schaffe sie nur eine Wüste« (Teletext ZDF, Tafel 134 vom 16. 11. 12).

siert die große Mehrheit der politischen Klasse wie ihrer medialen Zuarbeiter bzw. Verbündeten nicht. Polemisch, doch nicht unwahr gesprochen, handelt es sich ja in ihren Augen mehrheitlich »nur« um das eigene, politisch nach wie vor unreife, wenn nicht geradezu dumme und auch in anderen Hinsichten von größerer Bedeutung nicht achtenswerte Volk, das sich daher nicht wirklich selbst bestimmen sollte[9]. Sondern das dauerhaft von einer dem Guten (im primär moralischen Sinne!) verpflichteten »Elite« zu beherrschen und in wichtigen Hinsichten auch mit mehr oder minder sanfter Gewalt zu *erziehen* ist.

---

9 Ein bezeichnendes Beispiel für die Einschätzung des deutschen Volks hinsichtlich seines politischen Urteilsvermögens war am 13. 9. 12 einer Sendung von n-tv (mit dem Titel »Bei Brender«) zu entnehmen, in der sich unter einem Moderator dieses Namens vier politisch korrekte Journalisten und der CSU-Politiker Peter Gauweiler gegenüberstanden. Natürlich versuchten die vier, Gauweiler als in dieser und jener Hinsicht unglaubwürdig erscheinen zu lassen. Dies führte u. a. dazu, dass einer von ihnen, nämlich der Vertreter der »Bild«-Zeitung (!), sich geringschätzig über dieses Urteilsvermögen der Bevölkerung, d. h. der »Masse« von ihr äußerte. Als Gauweiler die Richtigkeit dieser Einschätzung bezweifelte, antwortete ihm dieser Vertreter so: »Überlegen Sie doch mal. Wenn man den Leuten sagen würde, die Politiker sollten die Renten verdoppeln, wären sie doch sofort einverstanden.« Dass fast allen, die nicht erst wenige Monate ihrer Arbeit als abhängig Beschäftigte nachgehen, bei diesem Vorschlag rasch einfiele, dass im Zweifelsfall *sie* diesen späten Segen mit vorher drastisch erhöhten Rentenbeiträgen, wenn nicht Schlimmerem zu bezahlen hätten, konnte sich der Journalist offensichtlich nicht vorstellen. – Bevor jedoch Gauweiler erneut antworten konnte, unterbrach Brender, der den Braten allzu ungenierter Offenheit wohl gerochen hatte, die brenzlig gewordene Situation mit einigen längeren Bemerkungen zur Regie der laufenden Veranstaltung, sodass anschließend von diesem Punkt nicht mehr die Rede war.

III. Fremdenfeindlichkeit und deutsche Selbstabwertung

1. Die Sicht der PK: »Menschlich hochstehende« Ausländer, »minderwertige« Deutsche

Der elementare Sinn von Fremdenfeindlichkeit liegt immer noch auf der Hand. Sie besteht in einer kaum verhohlenen Ablehnung bzw. Abwertung von (Orts- bzw. Herkunfts-)Fremden *als* Fremden durch die jeweils Einheimischen, die mithin ohne Ansehen der Person erfolgt und bis zu hasserfüllten, Leib und Leben der Fremden bedrohenden Handlungen gehen kann. Nun bedurfte es nicht erst der Entstehung der politischen Korrektheit, um eine solche Feindseligkeit abzulehnen und von sich und anderen eine offene Orientierung zu fordern, die das eigene Verhalten in erster Linie am *empirisch* festzustellenden Sein und mehr noch am *Tun* der Fremden ausrichtet. Die PK hat jedoch die nach ihrem Anspruch »richtige« Sicht und Behandlung der Fremden in gleich mehrfacher Hinsicht verschoben. So fällt bereits auf, dass bei ihr unter Fremden eigentlich nur noch *Ausländer* verstanden werden[10] – obwohl Fremdenfeindlichkeit bereits zwischen benachbarten deutschen Dörfern zwar insgesamt sicher stark zurückgegangen, doch nicht einfach verschwunden ist. Solche zwischen Deutschen auftretenden Herabsetzungen, böswilli-

10 Wenn im Folgenden von Ausländern die Rede ist, so sind zur sprachlichen Vereinfachung damit auch die früheren, nach Deutschland faktisch eingewanderten »Gastarbeiter« sowie deren Kinder und Kindeskinder gemeint. Genauer gesagt: Zu den »Ausländern« gehören hier alle Bewohner der Bundesrepublik, deren (ursprüngliches) Heimatland nicht Deutschland ist *und* die sich in ethnischer und/oder nationaler Hinsicht auch nicht primär von ihm her verstehen.

gen Verleumdungen und grundlosen Ablehnungen besitzen aber für die Medien so gut wie kein Gewicht und werden deshalb normalerweise auch schlicht ignoriert: Fremdenfeindlichkeit wird eben nur dann gebrandmarkt (und nach Strafen gerufen), wenn sie, von Deutschen ausgehend, sich gegen Ausländer richtet. Dementsprechend interessieren die PK auch weder Feindseligkeiten der umgekehrten Kausalrichtung noch solche *zwischen* verschiedenen Gruppen von Ausländern.

Dass es der politischen Korrektheit und den ihr verpflichteten Institutionen im Wesentlichen nur um *einen* Typus von Feindseligkeiten und deren Ächtung geht, ist übrigens auch einem anderen, politisch bezeichnenderweise nie thematisierten Sachverhalt zu entnehmen: Für die PK gibt es das schlichte logische Gegenstück zur Ausländerfeindlichkeit, nämlich die *Deutschen*feindlichkeit gar nicht. Und zwar schon nicht als Wort der öffentlichen Sprache. Doch auch nicht als spezifischer Fall für die Justiz, wie aus dem einschlägigen § 130 des Strafgesetzbuchs (»Volksverhetzung«) hervorgeht. Denn dieser Paragraph sucht zwar »nationale, rassische, religiöse oder durch ihr Volkstum bestimmte Gruppen« vor solcher Verhetzung, also Beschimpfungen, »böswilliger Verächtlichmachung« sowie Verleumdungen zu schützen – und dies selbst dann, wenn es sich um ausländische Minderheiten im *Ausland* handelt! Nicht aber umgekehrt die einheimischen Deutschen, die – jedenfalls als Gesamtheit – auch von in Deutschland ansässigen Ausländern sehr wohl »volksverhetzend« beurteilt werden können, ohne dass diese dafür Strafe befürchten müssten. Dementsprechend fällt die öffentliche Wahrnehmung[11] aus: Deutschfeindliches Verhalten, wie z. B. die provokative Beschimpfung von Passanten und Fahrgästen öffentli-

11 Bezeichnend für sie ist, dass bei spektakuläreren Straftaten wie Mord seit wenigstens zehn Jahren die ethnische Zugehörigkeit der Täter von den Medien gewöhnlich dann nicht mehr angegeben wird, wenn es sich bei ihnen um Ausländer handelt. Auch hier geht das »human« motivierte Bemühen der PK-Verfechter, nämlich den ohnehin vorhandenen »Vorurteilen« der Mehrheitsbevölkerung gegen Ausländer keine neue Nahrung zu geben, faktisch auf Kosten dieser Mehrheit. Denn bei ihr entsteht ja fast unvermeidbar der Eindruck, es handle sich bei den Schuldigen immer um Deutsche (vgl. Kap. 4, 1 unten). Doch diese Nebenwirkung ihrer Verschweigensstrategie ist den Verfechtern der PK durchaus erwünscht.

cher Verkehrsmittel als »Scheißdeutsche« durch türkische Jugendliche oder deren (gezieltes) Schlägertum gegen ihre in die Minderheit geratenen deutschen Klassenkameraden, wird öffentlich kaum einmal beim Namen genannt[12]. Erst recht erfährt es nie die hochsittliche Entrüstung von Politik und besonders der Medien, die im umgekehrten Fall immer wieder überschäumt, sondern allenfalls milden Tadel als »Dumme-Jungen-Streiche« oder Ähnlichem. Lässt sich jedoch der aggressive und häufig auch kalkuliert wirkende Ernst dieser Streiche nicht wegreden, gelten sie typischerweise noch immer als nur verständliche Reaktionen dieser Jugendlichen auf das Versagen der deutschen Schulen, der Unternehmen, der deutschen Polizei und natürlich der »Gesellschaft« – und nicht etwa als Folge der von den Tätern im Elternhaus genossenen Erziehung oder ihrer Zugehö-

12 Wie das Verhältnis zwischen deutschen Minderheits- und türkischen Mehrheitsschülern aussehen *kann*, war – trotz des auch hier spürbaren Einflusses der PK und ihrer Doktrinen – gut einem außergewöhnlichen Fernsehbericht der ARD (»Kampf im Klassenzimmer«) vom 22. 07. 10 über die interne Situation einer Abschlussklasse an einer Hauptschule in Duisburg zu entnehmen: Die deutschen Schüler werden – durchschnittlich – von den türkischen Mitschülern als *minderwertig* angesehen; als Jungen werden sie gern als Nazis beschimpft und die Mädchen unter ihnen gern als Huren. Damit geht eine bewusste und aktive Ausgrenzung dieser Schüler oder auch, die Ausgrenzung vorwegnehmend, deren freiwilliger sozialer Rückzug einher. Es bleibt jedoch nicht bei Beschimpfungen, bei immer wieder gezeigter Verachtung oder Ähnlichem. Denn jedenfalls die Jungen der deutschen Minderheit werden von der Gegenseite auch geschlagen, und dies besonders dann, wenn sie körperlich schwach sind bzw. sich nicht wehren oder gar im Geiste der PK »das Gespräch suchen«. Der Wortführer der türkischen Klassenmehrheit aber verhielt sich auch vor laufender Kamera mit seiner unverhüllten Behauptung der generellen Minderwertigkeit der Deutschen und, im Wesentlichen, auch ihrer Kultur, der Bejahung der von ihm und anderen ausgeteilten Prügel sowie seinem Anspruch auf kollektive, religiös begründete Überlegenheit seiner Volksgruppe ziemlich genau so, wie es die Medien sonst typischerweise hinsichtlich der Rechten, d. h. den »Rechtsradikalen« unter den deutschen Jugendlichen suggerieren, nämlich als – in einschlägiger Formulierung – *Neonazi*! Wie übrigens die Klassenlehrerin noch betonte, war diese herabsetzende Verachtung inzwischen auch bei den Eltern der türkischen Schüler festzustellen, und zwar vor allem gegenüber den deutschen Frauen. – Das übliche Verfahren der Verfechter der PK, diese Schulsituation zur bloßen Ausnahme zu erklären oder gleich ganz zu leugnen, kann nur Leute befriedigen, die – aus welchen Gründen auch immer – mit der Wahrnehmung sozialer Realität innerlich weitgehend abgeschlossen haben. Sonst aber liegt auf der Hand: Die wissenschaftlich interessante wie in politisch-praktischer Hinsicht wichtige Frage besteht hier in erster Linie darin, wie *verbreitet* diese Mentalität, diese und verwandte Verhaltensweisen gerade unter Jugendlichen türkischer und sonstiger muslimischer Herkunft sind und welche Auswirkungen personaler wie sozialer Art sie derzeit oder längerfristig mit sich bringen.

rigkeit zu ethnisch militanten und/oder (halb)kriminellen Subkulturen. – Dazu passt denn auch die übliche *kommunikative Strategie* der Medien angesichts von Feindseligkeiten zwischen Jugendlichen unterschiedlicher Nationalität: Auch schwere Auseinandersetzungen (»Ausschreitungen«) zwischen ihnen mit selbst tödlichem Ausgang pflegen die überlokalen Medien kaum zu interessieren, wenn an ihnen lediglich Ausländer beteiligt waren oder sie offensichtlich von diesen ausgegangen waren. Sondern nur solche Randale usw., an der die daran beteiligten Deutschen (zumindest zunächst) einmal mehr als die Schuldigen gesehen werden können, und die politisch korrekte Empörung so eine neue Gelegenheit findet, sich an der »dumpfen« Verkommenheit von – im Zweifelsfall rechtsradikalen – deutschen Jugendlichen wie an einem gefundenen Fressen gütlich zu tun. Umgekehrt heißt das aber auch, dass die Fälle solcher Feindseligkeit normalerweise fast so schnell wieder aus der medialen Berichterstattung verschwinden wie sie hineingekommen waren, *wenn* der aktuelle Stand der öffentlichen Information es nahelegt. Nämlich dann, wenn die Vorverurteilungen der deutschen Seite sich im Laufe der (polizeilichen) Ermittlungen nicht halten lassen, ja sich sachlich in ihr Gegenteil verkehren. Und wenn außerdem das öffentliche Interesse und die damit verbundene Entrüstung nicht schon zu weit gediehen sind, um noch ein abruptes und unmotiviert wirkendes Schweigen der Medien zu erlauben.

Im bisher spektakulärsten Fall, der medialen Behandlung des Tods des sechsjährigen Joseph, fehlte genau diese zweite Bedingung für einen unauffälligen medialen Rückzug. Um diesen, in verschiedenen Hinsichten aufschlussreichen Fall doch kurz zu schildern: Joseph, das Kind des arabischstämmigen Apothekers Abdulla und seiner deutschen Ehefrau Renate Kantelberg-Abdulla, kam am 13. 6. 97 im Schwimmbad von Sebnitz (in Sachsen) ums Leben, weil er nicht richtig schwimmen konnte und weil die Badeaufsicht aufgrund der vielen Besucher an diesem Tag sein Untergehen im Wasser nicht bemerkte. Der Mutter des Jungen, die von Anfang an ein »Mordkomplott« von »Neonazis« als Todesursache glauben und deshalb gegenüber Polizei und Justiz den Tod nicht hinnehmen wollte, gelang schließlich im Herbst 2000 der mediale Durchbruch: Angeführt von den Schlagzeilen der »Bild«-Titelseite vom 23. 11. 00 tauchten innerhalb der nächsten Tage in sämtlichen größeren deutschen Zeitungen Artikel zum »Mord« an dem Jungen auf. Um dazu einige Kostproben wenigstens der Schlagzeilen zu den entsprechenden Zeitungsartikeln hier doch wiederzugeben: »Der Kinder-Mord in Sebnitz – Ein Polizeiskandal mindestens« (Der Tagesspiegel, 24. 11.); »Badeunfall erweist sich als rassistischer Mord« (taz, 24. 11.); »Na, mach's endlich, schmeiß ihn schon rein'. Die ganze Gruppe lachte und guckte zu ...« (FAZ, 25. 11.). Ferner: »Ein Kind ertränkt wie eine Katze« (Süddeutsche Zeitung); »Und ein ganzes Dorf schaute weg« (General-Anzeiger, 25. 11.); »Rechtsextremismus: Rassistischer Mord vor Spaßpublikum – Haftbefehle gegen drei mutmaßliche Täter« und außerdem »Sebnitzer Mörderbande bedroht Mutter des Opfers – Nazimord an Sechsjährigem vertuscht?« (Neues Deutschland, 27. 11.). Schließlich die Bild-Zeitung selbst, eben vom 23. 11. 00: »Neonazis ertränken Kind ... im Schwimmbad. Keiner half«. In voller Übernahme der Behauptungen der Mutter, die für deren größere öffentliche Akzeptanz auch »Zeugen« bezahlte, heißt es hier:

> »Es passierte am helllichten Tag in einem belebten Freibad. 50 Neonazis überfielen den kleinen Joseph (6). Schlugen ihn, folterten ihn mit einem Elektroschocker, dann warfen sie ihn ins Schwimmbecken, ertränkten ihn (...)«.

Allerdings werden schon wenige Tage später in den genannten Zeitungen Zweifel an der Richtigkeit dieses »rassistischen Mords« laut, die gegen Ende November die Oberhand gewinnen und in eine, z. T. von Journalisten selbst stammende *Kritik an den Medien* (also nicht nur den Zeitungen!) umschlagen, die – von dem Besuch des damaligen Bundespräsidenten Rau in Sebnitz um den 19. 12. herum halb unterbrochen – bis über den Jahreswechsel 2000/01 anhält.

Ein weiteres, für die gegenwärtige Berichterstattung der Medien in solchen und ähnlichen Fällen typisches Beispiel sei noch angefügt. Am 10. 3. 2013 wurde in Kirchweyhe (Niedersachsen) der 25-jährige Daniel S. nach dem Aussteigen aus einem öffentlichen Bus von mehreren Türken angegriffen und, bereits auf dem Boden liegend, von dem Haupttäter mehrmals so auf den Kopf getreten, dass er ins Koma sank und vier Tage später infolge Hirntods starb[13]. Die lokale Medienreaktion beschränkte sich auf eine politisch sehr korrekte Polizeipressemitteilung, in der weder von Türken noch Deutschen die Rede war. Wäre die Regionalausgabe der Bild-Zeitung nicht der Sache nachgegangen, wäre es dabei wohl auch geblieben. So aber wurde dieser Mord dann doch noch von einigen der großen Medien wie immer kurz aufgegriffen, darunter auch vom Zweiten Deutschen Fernsehen. Die von ihm am 23. 3. 13 erfolgte Verlautbarung dazu fiel allerdings recht eigenwillig aus. Unter der Überschrift »*Mahnwache für getöteten Streitschlichter – Demo von Rechten*« hieß es nämlich:

»Mit einer Mahnwache haben knapp 1000 Menschen im niedersächsischen Kirchweyhe an den gewaltsamen Tod eines 25-jährigen Streitschlichters erinnert. Ein großes Polizeiaufgebot verhinderte Auseinandersetzungen mit rechten Demonstranten. Nachdem ein 20-Jähriger mit türkischem Migrationshintergrund als mutmaßlicher Täter verhaftet worden war, hatte die Partei ›Die Rechten‹ einen Aufmarsch angemeldet. Der 25-Jährige hatte vor zwei Wochen versucht, einen Streit zu schlichten und wurde daraufhin geschlagen. Er starb im Krankenhaus« (Teletext ZDF, T. 132 vom 23. 3.).

Man stelle sich versuchsweise vor, welche Wogen der Empörung sich hier wie in anderen deutschen Medien gefunden hätten, wäre das Opfer ein Türke und der Täter ein Deutscher gewesen! Hätte im Zentrum der Mitteilung dann auch diese Mahnwache sowie die wackere Polizei gestanden, die sozusagen für deren geordneten Ablauf sorgte und dazu, gottlob!, »Auseinandersetzungen mit rechten

13 Zumindest derzeit sind übrigens solche Fälle, in denen Türken die Täter und Deutsche die Opfer sind, um vieles häufiger als ihr Gegenteil. So gab es im Zeitraum von November 2011 bis März 2013 *keinen* bekannt gewordenen Fall, in dem Deutsche, wohl aber mindestens vier, in denen Türken mit der Folge von drei Toten die Täter waren. Dazu sollte auch bedacht werden, dass ein solcher, von Deutschen begangener Mord durchschnittlich begierig und mit großer Entrüstung von den Medien aufgegriffen und so allgemein bekannt gemacht wird, während – wovon gleich die Rede ist – Morde und ähnliche Delikte, die von Leuten »mit Migrationshintergrund« stammen, von den (überlokalen) Medien typischerweise entweder überhaupt oder davon wenigstens die ethnische bzw. nationale Zugehörigkeit der Täter verschwiegen wird. Schon deshalb ist zu vermuten, dass die entsprechende Dunkelziffer mindestens so hoch ist wie die Zahl der bekannt gewordenen Fälle.

Demonstranten« verhinderte? Wäre dann auch vom Opfer gesagt worden, dass es versucht hätte, »einen Streit zu schlichten«, und »daraufhin« von jemand »geschlagen« wurde (wie das bei jungen Leuten ja schon mal vorkommt)? Und dass es dann, welch merkwürdiger Zufall, einige Tage später »im Krankenhaus (starb)«?

Ganz anders fiel denn auch die ebenfalls nachträgliche Reaktion des »Focus« vom 15. 3. aus. Die Hauptschlagzeile seines fraglichen Online-Artikels lautete vielmehr »Brutale Schlägerbande prügelt 25-Jährigen in den Tod«, und es war auch zu erfahren, dass der Haupttäter mit seinen Tritten auf den Kopf des Opfers dessen Gehirn »völlig zerstört« hatte. Ein weiterer Unterschied zwischen beiden Meldungen verdient jedoch noch weit mehr Beachtung: »Focus« gab gerade nicht an, welche Nationalität die Angehörigen dieser Schlägerbande aufwiesen. Der Normalleser musste so, wieder einmal, den Eindruck gewinnen, diese brutale Bande sei aus Deutschen zusammengesetzt gewesen!

Die krassen Darstellungsunterschiede fügen sich jedoch durchaus in ein gemeinsames Bild. Denn das Verhaltens*muster*, das die Meldungen *beider* Medien bestimmte, ist *eines* und sieht zusammengefasst so aus: Werden Morde oder schwere und schwerste Körperverletzungen von Deutschen begangen, wird die Tat in schwärzesten Farben gemalt, damit die fällige öffentliche »Entrüstung« und »Empörung« umso glaubwürdiger wirken können. Stammen sie aber von Ausländern, gegenwärtig also im Wesentlichen von Türken, wird die Sache eben möglichst mit Stillschweigen übergangen. Ist das nicht möglich, verschweigt man tunlichst die *ethnische* bzw. nationale Angehörigkeit des oder der Täter und *suggeriert* damit, wieder einmal, dem deutschen Normalleser die Verkommenheit von nicht wenigen Deutschen. Ist auch das nach Lage der Dinge nicht machbar, verharmlost man – soweit es irgend geht – das Geschehene durch Weglassen oder Verfälschung von Tatsachen und die damit verbundene Irreführung des Publikums. – Gibt es, so die sich aufdrängende Frage, außer dem deutschen noch irgendeinen anderen, halbwegs intakten Staat auf der Erde, in dem die großen Medien und die hinter ihnen stehende politische Elite den Ruf ihrer *eigenen*, einheimischen Bevölkerung nicht nur versehentlich (oder gar infolge eigener Notlage) schädigen, sondern mit voller Absicht, wenn nicht Lust und gern auch pauschal? Und die ihre Bevölkerung in einem derart wichtigen Punkt wie Gewaltverbrechen schon allein deshalb bereitwillig gegenüber Ausländern und ihrem Nachwuchs *diskriminieren*, weil diese anderen eben *Ausländer* sind?

Alle diese Phänomene der »Fremdenfeindlichkeit« und des öffentlichen Umgangs mit ihr verweisen nun auch – wenigstens indirekt – auf einen *Grundzug* der von den Agenten der PK betriebenen kognitiven Zurichtung der für sie wichtigen Wirklichkeitsaspekte: Es sind nicht oder nur nachrangig *empirische* Fakten, die selbst in den eigentlich so gemeinten Beschreibungen personaler Auffälligkeiten und entsprechender Gruppenphänomene die Hauptmerkmale des von der PK jeweils gezeichneten Bilds bestimmen, sondern *ideologische*, d. h. »interessierte« geistige *Vor*annahmen (und damit verknüpfte Wertungen). Es sind daher auch nicht oder allenfalls nachrangig empirische Befunde, die zu der herrschenden Annahme einer generellen und damit auch unterschiedliche Bewertungen erfordernden *Asymmetrie* der an interethnischen Feindseligkeiten Beteiligten geführt haben. Sondern in erster Linie die für die PK charakteristische, öffentlich nie wirklich diskutierte und damit einen von Politikern und Medien ernst zu nehmenden Widerspruch nicht findende *Vor*annahme, dass die Ausländer – sofern das nicht bereits nach Abstammung[14] und Aussehen (»Hautfarbe«)[15]

14 Ja, auch nach der Abstammung, wie das folgende hübsche Beispiel der besonders im deutschen Bildungsbürgertum verbreiteten Anglophilie zu zeigen vermag: Als 2004 an der Universität Tübingen eine Ringvorlesung zu Ehren des 200. Todestags von Immanuel Kant abgehalten wurde, stellte ihr Veranstalter am Beginn seines einführenden Vortrags mit spürbarer Geringschätzung fest, dass Kants Vater Ostpreuße gewesen war – ein Makel freilich, der für ihn durch die Herkunft der Mutter, nämlich aus Nürnberg, merklich gemildert wurde. Umso mitfühlender fiel dann jedoch sein Bedauern darüber aus, dass die neuerdings aufgekommene Annahme, Kant habe auch schottische Vorfahren, sich empirisch nicht bestätigen lassen wolle!

15 Zur Überlegenheit von Leuten *nichtweißer* Hautfarbe bietet unter anderem die ARD mit ihrer samstäglichen Fußballberichterstattung über, vor allem, die erste und zweite Bundesliga immer neue und korrekten Grundsätzen folgende Beispiele. Um drei Aspekte dieser Berichterstattung doch aufzugreifen: a) Ausländische Spieler insge-

der Fall sei – nach ihrer Kultur bzw. dem dadurch bedingten persönlichen Auftreten den Deutschen überlegen sind. Sprechen jedoch in beiden Hinsichten die Fakten recht eindeutig gegen diese Annahmen, werden sie von Mittelschichtsangehörigen gern durch die Behauptung ersetzt, dass Ausländer – wie etwa ihre Spontaneität oder Gastfreundlichkeit zeige – jedenfalls in »menschlicher« Hinsicht und damit, eigentlich, auch ethisch gesehen, die *Besseren* seien[16].

Der politisch korrekten Grundannahme der Überlegenheit des Auslands und von Ausländern entspricht auf deutscher Seite die Überakzeptanz von beidem, die nach Stärke und Ausprägungen nur wenig Vergleichbares in anderen westlichen Ländern kennt. Um hier nur ein paar, aber symptomatische Beobachtungen wiederzugeben: Bei internationalen, doch in Deutschland stattfindenden Treffen (Konferenzen, Kongressen) auch höchst unterschiedlichen Inhalts fällt immer wieder eine sonst ungewohnte, sachlich kaum zu begründende Ergebenheit der deutschen Seite gegenüber den anwesenden Ausländern auf, die sich nicht so selten auch in unverhüllten Bekundungen der eigenen Inferiorität niederschlägt.

samt werden vermehrt, manchmal auch penetrant vermehrt erwähnt, wenn es bei der Spielkommentierung um »gutes Spiel« und, insbesondere, »schöne Tore« geht, während Kritik an ihnen viel seltener geübt wird als an deutschen Spielern. Doch gibt es b) auch unter ihnen eine deutliche Rangordnung: Farbige Spieler sind, so die durchschnittlichen Beurteilungen, weißen an fußballerischen Fähigkeiten überlegen. Hinsichtlich der Farbigen aber gilt c): Je dunkler und/oder exotischer das Aussehen, desto größer ihre Spielkunst, deren Gipfel daher schwarze Spieler aus dem Inneren Afrikas oder der Karibik bilden. – Dieses Verhalten der Kommentatoren, Zeitlupenaufbereiter sowie der sie anleitenden DFB-Funktionäre ist wohl als »*umgedrehter Rassismus*« zu bezeichnen. Wer wird aber gleich so hart urteilen wollen, wo sie doch sicher alle gute Menschen sind?

16 Dazu wiederum ein Beispiel aus dem Universitätsbereich, das trotz der in ihm aufscheinenden Koketterie aussagekräftiger als viele andere sein dürfte: Mit einem am 10. 11. 10 verteilten Flugblatt luden die »Jungen Europäischen Föderalisten« Tübingens zu einem »Moldauabend« am nächsten Tag ein und warben für ihn unter der Überschrift »Die JEF war in Moldau!« folgendermaßen: »Entdeckt, wo es in Europa noch ein Land gibt, das eigentlich gar nicht existiert, und warum uns Moldau in Sachen Internet viele Jahre voraus ist! Neugierig geworden?! Erfahre an unserem Moldauabend mehr über das Land, seine Eigenheiten, die politische Situation und die liebenswerten Menschen.« Wer von den Hunderttausenden deutscher Universitätsstudenten verfiele – selbst zu Werbungszwecken – wohl auf die Idee, das eigene Volk als liebenswert zu bezeichnen?

Solche Bekundungen sind besonders dann anzutreffen, wenn es sich um die »richtigen« Ausländer, nämlich (immer noch) um Angehörige der großen westlichen Siegermächte des Zweiten Weltkriegs handelt. Verallgemeinert gesagt ist gerade ihnen gegenüber immer wieder eine *Xenophilie* festzustellen, die oft wie selbstverständlich dazu bereit scheint, die Überlegenheit dieser Länder und Völker in fast jeder Hinsicht anzuerkennen. In ihrer häufigsten, gern etwas hemdsärmelig anmutenden Spielart bezieht sie sich auf die USA, doch sind in den gehobeneren deutschen Schichten auch die Anglo- und Frankophilie recht verbreitet.

Dementsprechend fehlt ein *kollektiv* gemeintes, also ein von Deutschen an Deutsche insgesamt erteiltes Lob öffentlich so gut wie ganz, findet sich jedoch –immer mal wieder und meistens ganz unbefangen – bei Ausländern bzw. ausländischen Institutionen. Erprobten PK-Verfechtern ist allerdings ein solches Lob eher nur peinlich und daher schnell zu vergessen; in sachlicher Hinsicht aber gilt es gewöhnlich als falsch, wenn nicht »natürlich« falsch. Auch im Folgenden Kurzbericht der Stuttgarter Zeitung vom 30. 5. 2012 zeigt diese »korrekte« Grundhaltung Wirkung:

»*Unerwartetes Lob für Berlin* (und nicht etwa die Deutschen – B. E.): ›Deutschland ist die am meisten bewunderte Nation in der EU und ihre Führer werden am meisten respektiert‹. Zu diesem Ergebnis kommt eine Umfrage des US-Meinungsinstituts Pew Research Center in acht europäischen Ländern sowie den USA. Die Deutschen würden am härtesten arbeiten und seien am wenigsten korrupt.

Als das krasse Gegenstück zu Deutschland gilt nach der Studie Griechenland. ›Keines der befragten EU-Länder sieht Griechenland im positiven Licht‹«. Die Griechen selbst sind die schärfsten Kritiker der Union. Und, das wiederum eher überraschend: »›Sie sehen sich selbst als die Europäer, die am härtesten arbeiten‹« (a. a. O. , S. 6).

Gemeinhin noch wichtiger aber ist die Beachtung des Gebots der PK, dass Ausländer von Deutschen (und deutschen Medien) nicht kritisiert werden dürfen, wenn es sich nicht gerade um geschworene Feinde der Demokratie und der Menschenrechte sowie Angehörige der Mafia oder Ähnlichem handelt. Dementsprechend fällt zwar der Teletext des ZDF vom 29. 5. 12 fast identisch (!) mit dem hier wiedergegebenen ersten Absatz aus; der oder ein ähnlicher zweiter Absatz fehlt jedoch ganz[17].

Mit dieser Sicht der Ausländer ist nun ein weiteres, gerade politisch-praktisch bedeutsames Merkmal ihres »korrekten« Verständnisses eng verbunden: Straffällig gewordene oder sonstwie negativ auffallende Ausländer sind zumindest dann in erster Linie als *Opfer* zu begreifen, wenn sie nicht aus den prosperierenden Ländern des Westens (West- und Nordeuropa, Nordamerika) stammen oder nicht gerade wohlhabend sind. Und zwar entweder *direkt*, d. h. durch vorausgegangenes übles Verhalten von Deutschen, also durch deren Provokationen, deren Aggressivität, deren Ausbeutungs- oder Betrugsabsichten. Oder *indirekt* dadurch, dass – erst – die deutsche »Gesellschaft« bzw. bestimmte ihrer Institutionen Ausländer krank und manchmal dann auch böse machten. Gerade diese letztere Auffassung hat für die PK den nicht hoch genug zu schätzenden Vorteil, dass bestimmte Fakten, die nicht zum Verständnis der Ausländer als den besseren Menschen passen wollen[18], dann

17 Ist es aber in der Tat nicht besser, dass der Mehrheit der Deutschen das »wiederum eher überraschende« Selbstverständnis der Griechen als härteste Arbeiter Europas verborgen bleibt? Denn kann ein Übermaß an Wissen bei den Menschen nicht auch unnütze, wenn nicht vorwitzige und dem Guten abträgliche Zweifel auslösen? Richtig bleibt jedenfalls, dass der Verfasser mit der Wiedergabe des zweiten Absatzes gegen diese Einsicht selbst verstoßen hat. Doch war und ist ihm die Verpflichtung höherrangig, auch auf diesem Wege »unsere griechischen Freunde« auf eine ernsthaft drohende, ja tendenziell tödliche Gefahr ihrer gewiss richtigen Selbsteinschätzung aufmerksam zu machen. Dass sie nämlich aufgrund ihres harten Arbeitens zunehmend, und womöglich gar in kollektivem Ausmaß, das Schicksal des deutschen Arbeiteraktivisten Adolf Hennecke erleiden, der im Oktober 1948 in einer Sonderschicht fast das Vierfache an Kohle gefördert hatte als die »Hauernorm« im sozialistisch gewordenen sächsischen Steinkohlenrevier verlangte. Bei einem späteren Versuch, diese Leistung zu wiederholen, ist Hennecke dann nämlich – wie Teile der Älteren unter uns sich noch gut erinnern werden – in seinem eigenen Schweiß ertrunken.

18 Dass diese Annahme sich zumindest in gewichtigen Hinsichten empirisch nicht halten lässt, ist bereits bestimmten Ergebnissen einer Reihe von Untersuchungen über die Situation und das Verhalten von *Migranten* in Deutschland (und zwar mit oder ohne deutschen Pass) zu entnehmen, die Hans-Ulrich Jörges in einem *Stern*-Artikel (in Heft 32/2008) überblicksweise vorgestellt hat. Um davon nur zwei einschlägige Befunde wiederzugeben: (1) Der *Migrantenanteil* bei Berliner Jugendlichen mit über *zehn* Straftaten liegt bei *79* Prozent. (2) Von den Kindern der *türkischen* Migranten in ganz Deutschland (Angaben zu Migrantenkindern überhaupt gab es leider

doch wieder »den« Deutschen als den »eigentlichen« Verursachern angelastet werden können. Ansonsten aber nötigt die so korrekte wie weltfremde (oder schlicht lügenhafte) Auffassung von der »tendenziell« durchgängigen Opferrolle der Ausländer zu immer neuen Leugnungen oder Verharmlosungen des dazu nicht passenden Verhaltens und entsprechend *einseitigen* Schuldzuweisungen, die allerdings schon infolge ihrer verzerrenden Übertreibungen und unübersehbaren Parteilichkeit auch auf die Bevölkerungsmehrheit unglaubwürdig wirken[19]. An die Stelle der Bemühung um Objektivität, um Anwendung grundsätzlich *gleicher* Maßstäbe bei der Beurteilung von Einheimischen und Ausländern ist so die öffentliche, politisch und juristisch immer wieder bekräftigte Suggestion eines vorgängigen quasi-*sittlichen* Oben und Unten getreten, bei dem angesichts interethnischer Feindseligkeiten die Schuld im Wesentlichen nur bei dem Unten, eben den Deutschen bzw. der deutschen Gesellschaft zu suchen ist. – Um übrigens eine verbreitete *Folge* dieser herrschenden Sicht wenigstens zu erwähnen: Gewitzte Ausländer, weit weniger naiv als die Mehrheit der Anhänger der PK, nützen – wie könnte es anders sein?! – diese Sicht immer wieder für ihre *eigenen* Zwecke aus. Und zwar dadurch, dass sie mithilfe des

nicht) leiden ca. 45 % unter »Misshandlungen und schweren Züchtigungen in den Familien«.

19 Als dafür typisch kann die folgende Passage aus einem offiziellen Programm der *Grünen* gelten, die durchschnittlich eben die entschiedensten politischen Verfechter der PK sind. Unter dem Titel »Aufstehen gegen Rechtsextremismus« heißt es in ihrem *Bundestagswahlprogramm* von 2009: »Die Zahl der rechtsextremistischen und rassistischen Delikte, insbesondere der Gewalttaten, steigt in erschreckendem Maße. Ganze Regionen sind zu Zonen der Angst geworden, in denen sich Menschen mit anderer Hautfarbe, anderer Sprache, Behinderungen oder auch nur anderer Frisur nicht mehr sicher bewegen können. Immer wieder rütteln brutale Überfälle durch Rechtsradikale die Öffentlichkeit auf, aber hunderte andere Gewalttaten im Jahr werden höchstens in einer Randnotiz in den Zeitungen erwähnt. Und braunes Gedankengut ist auch in der Mitte der Gesellschaft weit verbreitet. Das können wir als Gesellschaft nicht länger hinnehmen!« (Der grüne neue Gesellschaftsvertrag, Berlin 2009: 149f.). – Wie den beiden letzten Sätzen auch zu entnehmen ist, befürworten die Grünen durchaus weitere Einschränkungen der in Deutschland ohnehin nur begrenzt gegebenen Meinungsfreiheit. Ja, nach diesen Sätzen macht die Aussicht auf eine verstärkte Zurückdrängung »braunen Gedankenguts« – faktisch also: allen Denkens, das den unter Grünen dominierenden Auffassungen wirklich zuwiderläuft – und damit auf eine weitergehende sozio-politische Durchsetzung des »Richtigen« und »Guten«, wie sie es verstehen, selbst eine *Gesinnungs*diktatur für sie attraktiv.

Klischees von der eigenen Opferrolle und deren wohlüberlegter Betonung in bestimmten Situationen bei ihrer deutschen Umgebung ein schlechtes Gewissen zu erzeugen suchen, das den Widerstand der Einheimischen gegen die Gewährung auch illegitimer Vorteile ihnen gegenüber verschwinden lässt oder wenigstens abschwächt[20]. Die medialen und politischen Repräsentanten der PK aber ignorieren solche Vorgänge gewöhnlich geflissentlich, weil sie ja zum Bild des – »eigentlich« – besseren Ausländers nicht passen wollen[21].

Nun liegt jedoch auf der Hand, dass selbst eine nur auf die Öffentlichkeit beschränkte Geltung der Auffassung einer solchen Opferrolle ohne das seinerseits herrschende *negative deutsche Selbstverständnis* schwer möglich wäre oder längeren Bestand hätte. Wie erwähnt, sind die Hauptanhänger dieses Selbstverständnisses die Angehörigen der (oberen) Mittelschicht mit ihren, typischerweise, gehobenen Bildungsabschlüssen, in abgeschwächter Weise aber auch die Angehörigen der Oberschicht. Der hier anzutreffende, durch Politik und Medien immer neu bekräftigte Glaube an die eigene *gesamt*kollektive *Minderwertigkeit* läuft zumindest in stärkerer Ausprägung auf eine Haltung hinaus, die *kollektive Selbstachtung* in der Form des in ande-

20 Dazu ein eher harmloses, aber doch symptomatisches Beispiel. Vor über 20 Jahren wurde der Verfasser, als er mit seinem Auto gerade auf der »Hauptstraße« eines Dorfs unterwegs war, von einem Fahrzeug seitlich angefahren, das aus einer unübersichtlichen Einfahrt auf diese Straße einbiegen wollte. Als er nach einigem Hin und Her zu dem Halter dieses Fahrzeugs mit Nachdruck sagte, dass er auf der Bezahlung des ihm entstandenen Schadens bestehe und dazu jetzt die Polizei herbeiholen werde, zog der Unfallverursacher, ein Grieche, den gleichsam letzten Trumpf, über den er zu verfügen glaubte: Der Verfasser, so sagte er, würde ja nur deshalb auf dem von ihm behaupteten Recht bestehen, weil auch er nur zu bereit sei, ihn als ohnehin schlecht behandelten Ausländer zu diskriminieren. – Diese Äußerung nutzte dem Griechen nichts, brachte aber den Verfasser hinterher zum Nachdenken darüber, wie oft dieser Trumpf wohl schon gestochen hatte.

21 Es bleibt allerdings die *allgemeinere* Frage, ob angesichts jüngster, vermehrt jugendlichen Ausländern mit oder ohne deutschen Paß – im Wesentlichen also Türken – geschuldeten Morde sich hier nicht doch ein gewisser Wandel der auch *öffentlichen* Beurteilung vollzieht, sodass Ausländer und ihre (Kindes)Kinder nicht mehr und gleichsam automatisch als bessere Menschen bzw. unschuldige Opfer gesehen werden. Den Boden für einen Wandel in diese Richtung hat übrigens schon Sarrazins Buch über die Selbstabschaffung Deutschlands (2010) sowie manche seiner öffentlichen Auftritte gelockert, die zwar von den politischen und medialen Spitzen der Berliner Republik gebrandmarkt wurden (vgl. unten Kap. III, 2), bei der Bevölkerungs*mehrheit* jedoch Beifall fanden (»er hat recht!«).

ren Ländern üblichen Nationalstolzes *ausschließt*[22]. Dass dieser Befund regelmäßig auftritt, lässt sich einer nicht endenden Fülle personaler und kollektiver Phänomene entnehmen, von denen eine Reihe unten in Kap. VI, 3 behandelt wird.

Zunächst aber soll es anhand von Beispielen um einen anderen hier wichtigen Aspekt, nämlich den *instrumentellen* Umgang mit diesem Glauben (und den ihm entsprechenden Gefühlen) gehen. Und zwar einmal um einen Versuch, sich ihn für eigene materielle Zwecke, d. h. den *Geschäftserfolg* zunutze zu machen. Dann aber auch um zentrale Aspekte der *Strategie* sowie auf deren Erfolg gerichtete *Taktiken*, die ein deutscher Fernsehsender mit dem recht eindeutigen Ziel anzuwenden sucht, den herrschenden Glauben an die eigene kollektive Minderwertigkeit nicht nur zu erhalten, sondern zu *vertiefen*. In beiden Fällen wird übrigens der Mangel an kollektiver Selbstachtung als eine soziale *Tatsache* im Sinne des Soziologen Emile Durkheim verstanden, die man, so seine grundlegende Feststellung, zwar ver-, aber nicht einfach *weg*wünschen kann. Eine solche Tatsache ist also gleich einem »Ding« da und hat wie es *Wirkungen*, mit denen (gerade als Widerstände gegen den Erfolg des beabsichtigten eigenen Handelns) gerechnet werden *muss*, doch umgekehrt auch gerechnet werden *kann*. Nämlich als, in anderen Hinsichten, die Durchsetzung bestimmter eigener Ziele nicht behindernd, sondern sie fördernd.

Das erste, leicht grotesk anmutende Beispiel ist der Öffentlichkeitsarbeit des Fitnessunternehmens »easy sports« zu entnehmen, das vor allem in Baden-Württemberg, aber auch anderen Teilen Deutschlands vertreten ist: In der Ausgabe vom April 2011 behandelt seine Werbezeitung »Fitness to go« – unter der Überschrift »Dick, dicker, deutsch«! – hauptsächlich das am Bauch als typische personale Folge von Übergewicht auftretende »Schwimmring-Problem«,

---

22 Einen treffenden sprachlichen Niederschlag hat diese Grundsituation in dem negativ gemeinten Urteil »*typisch* deutsch« gefunden: Was an Verhältnissen, an Verhaltensweisen, Neigungen, Sicht- und Denkweisen der Person wenigstens halbwegs plausibel als deutsch gelten kann, *ist* – ganz überwiegend – eben *minderwertig*. Bezeichnenderweise hat denn auch »typisch deutsch« die noch vor dem 2. Weltkrieg verbreitete, positiv gemeinte Ausdrucksweise »echt deutsch« völlig verdrängt.

unter dem die Deutschen angeblich mehr als die übrigen Europäer leiden würden. Dieser Titel, der im dann folgenden Text auch nicht ironisch oder sonstwie relativiert wird, stellt nun zweifellos eine kollektive Herabsetzung, eine wie immer milde Beleidigung der meisten, nämlich deutschen Kunden von »easy sports« dar. Da diese Firma aber (wie sich dem Text auch entnehmen lässt) vor allem mit diesen Kunden Geld verdienen will, stellt sich die Frage, *warum* in ihren Augen eine solche Beleidigung geeignet ist, mehr von ihnen als bisher zu gewinnen bzw. die schon vorhandenen länger zu behalten. Nimmt man nun an, dass die Geschäftsführung um eine halbwegs *realistische* Abschätzung der Auswirkungen dieser Werbung auf die deutsche Zielgruppe bemüht war, stellt sich die Situation folgendermaßen dar. Die Verantwortlichen bei »easy sports« haben nicht nur angenommen, sondern konnten offensichtlich aufgrund bestimmter Erfahrungen sowie mit hoher *objektiver* Wahrscheinlichkeit annehmen, Umsatz und Gewinn gerade bei denjenigen zu steigern, die auf diese Weise herabgesetzt würden. Für das Zutreffen dieser Annahme müssten aber die folgenden Bedingungen gegeben sein. Dass nämlich, erstens, das deutsche Zielpublikum die in der Werbezeitung suggerierte kollektive Minderwertigkeit mehrheitlich als tatsächlich gegeben, sie also gerade nicht als unwahre Beleidigung ansah. Dass, zweitens, die behauptete kollektive »Schwimmring«-Minderwertigkeit bei einem nicht gar zu kleinen Teil der Leser als für die eigene Person mehr oder weniger vorhanden, doch zugleich als veränderbar angesehen wurde. Und dass, drittens, der Wunsch, als Deutsche(r) nicht zu den übrigen, mit einigem Recht herabgesetzten Deutschen gehören zu wollen, bei einem wiederum nicht zu kleinen Teil *dieser* Leser ein eigenes und bewusstes Motiv der (neuerlichen) Anmeldung bei diesem Fitnessstudio gewesen ist. Ob diese Reihe von Bedingungen wirklich gegeben war, hätte allerdings einer eigenen empirischen Untersuchung bedurft. Einen starken Hinweis darauf – oder auf das Gegenteil – könnten immerhin die einschlägigen Zahlen für die Umsatzentwicklung im Jahr 2010 liefern, sofern die fraglichen Geschäftsbücher von »easy sports« entsprechend geführt worden sind.

Das zweite, ausführlichere Beispiel bildet der Fernsehsender *n-tv* (»der Nachrichtensender«) nach zentralen Merkmalen seiner Berichterstattung. Zwei Aspekte dieses Senders fallen hier besonders auf. Nämlich einmal, und erstrangig, eine selbst für deutsche Verhältnisse ungewöhnliche Ergebenheit gegenüber den Vereinigten Staaten und deren Regierung: Die oberste Maxime dieses Senders besteht offensichtlich darin, die USA ausschließlich im günstigen Lichte, nämlich als so potente wie verantwortungsbewusste Weltführungsmacht erscheinen zu lassen, und deshalb *keinerlei wirkliche Kritik* an ihnen zu üben. Ausdrücklich oder auch nur implizit sind die USA hier eben das längst *weltweite* Vorbild an politisch-militärischer Macht, ökonomischer Potenz (die natürlich nur kurzfristig Einbrüche erfährt) und hinsichtlich der Alltagskultur (wie sie von Hollywood vor allem für die US-Mittelschichten gemalt wird). Mögen sich die Regierung und andere mächtige Kreise der USA gerade gegenüber dem Ausland von Zeit zu Zeit als noch so übel, d. h. die *eigenen* Interessen skrupellos durchsetzend, als mit Gewalt drohend und, wie ja immer wieder entsprechende de-facto-Kriege zeigen, auch gewalttätig erweisen – von n-tv ist darüber nur Verharmlosendes bzw. Irreführendes oder eben gar nichts zu erfahren[23].

Demgegenüber fällt das auf Deutschland bezogene Informationsverhalten von n-tv dem Kern nach direkt gegensätzlich aus. Sein hauptsächliches Ziel, das sich bis in die auf den ersten Blick technisch-neutrale Börsenberichterstattung verfolgen lässt, besteht offensichtlich darin, die deutsche Öffentlichkeit und die sie tragenden Institutionen bzw. Schichten in ihrem Bewusstsein kollektiver Minderwertigkeit festzuhalten, ja dieses Bewusstsein dadurch zu *vertiefen*, dass ihm mit entsprechenden »Nachrichten« immer neue

23 Dazu nur ein, allerdings gewichtiges Beispiel: Während immerhin die ARD (Teletext Tafel 115 vom 9. 12. 11) öffentlich machte, dass der US-Geheimdienst CIA als eine Reaktion auf die landesinternen Angriffe vom 11. 9. 2001 nicht nur *Foltergefängnisse* in Polen und Litauen, sondern wahrscheinlich auch eines in Rumänien einrichtete (und dieses dann bis 2006 betrieb), war das n-tv, das Deutschland sonst eine Fülle von auf die USA bezogenen Informationen nicht zuletzt läppischen Charakters zu bescheren pflegt, keine Nachricht wert. Dieser Fall zeigt übrigens gut, welche große Rolle für die manipulative Beeinflussung der Zuschauer eben bereits das gezielte *Ausblenden* »unpassender« Fakten spielt!

Nahrung gegeben wird. Von deutschen Stärken bzw. Vorzügen ist daher kaum einmal die Rede; und wenn doch, dann oft mit sich distanzierenden, ja hämischen Untertönen. Vielmehr beziehen sich die auf Deutschland gemünzten Informationen - vorzugsweise und in für die Berichterstattung über sonstige westliche Länder ganz ungewöhnlicher Häufigkeit - auf reale oder bloß behauptete deutsche Misserfolge und Schwächen, die unbefangenen Lesern den Schluss nahelegen, man sollte weder sich noch anderen Deutschen Überdurchschnittliches, gar etwas Großes zutrauen. Dabei wird auch gern, wenn nicht liebend gern, auf deutsche *Verfehlungen* (gar rechtsradikaler Natur) und wiederkehrende »Blamagen« in vor allem internationalen Zusammenhängen eingegangen[24]. Umgekehrt werden, wie besonders gut der Sportberichterstattung zu entnehmen ist, diejenigen deutschen Erfolge, die sich als Ansatzpunkte für eine auch die Mittelschichten erfassende Verbesserung des deutschen Selbstverständnisses, eine Zunahme kollektiver Selbstachtung eignen, immer wieder kleingeredet, moralisch so oder anders in Zweifel gezogen, nach ihrem *nationalen* Charakter verschleiert oder notfalls eben ignoriert (vgl. unten). - Die näheren Gründe für diese immer wieder aufscheinende, deutschfeindliche Informationspolitik von n-tv brauchen hier nicht zu interessieren. Eine damit verbundene *allgemeine* Absicht sei allerdings bereits erwähnt. Dass nämlich n-tv mit dieser Politik vor allem versucht, das Seine zu tun, um eine *selbstbewusstere* und insgesamt stärker an den *eigenen* Interessen orientierte deutsche Politik nach Möglichkeit zu verhindern[25].

24 Welche Blüten diese Suche nach »Blamagen« treiben kann, zeigt der folgende Fall: Der Fußballverein FC Chelsea, der Sieger der Champions League von 2012 verlor Anfang Dezember desselben Jahres das Spiel gegen den Tabellenletzten seiner Liga. Daran war laut n-tv jedoch offensichtlich nicht die schlecht spielende *Mannschaft* von Chelsea schuld, sondern ihre (wie es in diesem *negativen* Zusammenhang bezeichnenderweise hieß) »deutschen Nationalspieler« Mertesacker und Podolski, die sich mit ihr »bis auf die Knochen blamiert« hätten!

25 Dazu doch wenigstens *ein* brisantes Beispiel: Als 2010 die auch öffentlich nicht länger übersehbare Verschuldung Griechenlands das Stadium möglicher finanzieller Hilfen durch die Länder der Euro-Zone erreicht hatte, schlug sich n-tv ganz auf die Seite der griechischen Regierung: Als ohnehin größter Nettozahler der EU war Deutschland, einer entsprechenden Verbotsklausel des europäischen Währungsvertrags zum Trotz (!), »natürlich« weit mehr als andere in der Pflicht, bei griechischen

Nun zu einigen, den täglichen Teletexten von n-tv entnommenen Beispielen dieses Informationsverhaltens. Am 28. 5. 11 kündigte die *Übersichts*tafel 125 eine zu diesem Zeitpunkt beschlossene Maßnahme der holländischen Regierung mit den Worten »*Holland im Anti-Drogen-Kampf. Deutsche Kiffer fliegen raus*« an. Die nähere Schilderung dieses Kampfs lautete dann folgendermaßen:

»*Holland schmeißt deutsche Kiffer raus.* Ausländer dürfen künftig in den niederländischen Haschisch-Kneipen nicht mehr bedient werden. Damit will die konservative Regierung in Den Haag dem Drogentourismus das Wasser abgraben.

Für die anreisenden Kiffer – unter ihnen auch tausende Deutsche – gibt es allerdings noch eine ›Gnadenfrist‹: Mit der Umsetzung der jetzt im Kabinett beschlossenen Anti-Drogen-Maßnahmen soll erst nach dem Sommer begonnen werden« (a. a. O., T. 132).

Was soll nun den Lesern mit diesem Text und hier zunächst seiner Überschrift (bei deren Wahrnehmung es bei der durchschnittlichen Person ja oft genug bleibt!) vermittelt, d. h. suggeriert werden? Vor allem natürlich, dass Ihresgleichen, eben Deutsche, »rausgeschmissen« werden – und dies auch mit vollem Recht, weil es sich bei ihnen ja um minderwertige Elemente (»Kiffer«) handelt. Erst dem Text selbst ist dann zu entnehmen, dass die Überschrift eine grobe Ir-

Kreditwünschen zu helfen – und das jeweils gleich und ohne Wenn und Aber. Mit der Folge, dass bereits das Zögern der deutschen Regierung, wie es zumindest für den zweiten Milliardenkredit mehr als nahelag (Wie wahrscheinlich ist eigentlich die *Rückzahlung* einmal gegebener Kredite? Zu welchen *Eigen*leistungen ist dafür Griechenland seinerseits bereit?), als ethisch nicht mehr vertretbar dargestellt wurde. Und diese moralisch aufgeladene, in ihrer aggressiven Arroganz *nur* gegen Deutschland mögliche Parteinahme hielt bei n-tv bis zum Spätsommer 2011 an, d. h. bis zu einem Zeitpunkt, an dem die inzwischen erreichte Zuspitzung der Schuldenkrise innerhalb der europäischen Währungsunion eine neutralere Haltung bei Strafe des Verlusts der eigenen Glaubwürdigkeit erzwang. – Zwei Dinge seien aktuell (Juli 2013) noch hinzugefügt: a) Von den finanziellen Hilfen, die Griechenland von der EU derzeit schon erhalten hat oder die ihm bereits verbindlich zugesagt sind, nämlich insgesamt 145 Milliarden Euro, bringt Deutschland nicht nur seinen offiziellen EU-Anteil, nämlich 28 %, sondern die *Hälfte* auf. b) Entgegen den überwiegend optimistischen Verlautbarungen auch der deutschen Regierung über die griechischen Fortschritte im Kampf gegen die Verschuldung sprechen gegenwärtig der weitere Niedergang des griechischen Sozialprodukts und ein entsprechender Anstieg der Arbeitslosigkeit für eine andere Entwicklung. Ohne *drastische* Maßnahmen – wie die Erklärung des offiziellen Staatsbankrotts oder den Austritt aus der EU – dürfte Griechenland auf Jahrzehnte nicht ohne neue Schulden auskommen, um von einer auch nur gering ausfallenden Rückzahlung seiner bisher angehäuften zu schweigen.

reführung darstellt und allenfalls in der Form »Holland schmeißt *ausländische* Kiffer raus« verwendet werden dürfte. Denn zum einen gilt dieser Kampf ja nicht nur Deutschen, sondern Ausländern überhaupt, und außerdem ist deren Verweisung außer Landes (als dem Normalsinn der von n-tv benutzten Formulierung) gar nicht geplant. Dem politisch korrekten Sender dürfte diese immerhin halbwegs zutreffende Version jedoch zu verfänglich geklungen haben. Denn erstens könnte sie deutsche Leser auf den dummen Gedanken bringen, es den Holländern doch gleichzutun und ebenfalls bestimmte Kategorien von Ausländern einfach des Landes zu verweisen. Zweitens, und wichtiger: Diese Formulierung ist mit der sonst propagierten Vorstellung von den gerade menschlich überlegenen Ausländern nicht vereinbar – zu offensichtlich gibt es nach ihr auch minderwertige. Schließlich drittens, dazu nur scheinbar widersprüchlich: Die deutschen Kiffer würden plötzlich selbst in der Rolle von Ausländern und gleichsam Arm in Arm mit den übrigen erscheinen, wodurch die für die PK strategisch immens wichtige Grundunterscheidung nach »höherstehend« und »minderwertig« verwischt und in Zweifel gezogen würde. Die tatsächlich gewählte Formulierung bietet demgegenüber die Chance, dass viele Leser, wenn auch nur vor- oder halb bewusst, sich damit an ihre eigene kollektive Minderwertigkeit erinnert fühlen und außerdem daran, dass man sich – als relativ »anständige« Deutsche – wegen des Verhaltens von Landsleuten wieder einmal vor den Angehörigen anderer Völker zu schämen habe. – Es ist also kaum zu bezweifeln, dass bzw. wie sehr n-tv mit diesem kurzen und, sieht man von der Schlagzeile ab, unverfänglich wirkenden Text die Leser kognitiv und emotional zu lenken, das heißt: zu *manipulieren* sucht. Das allerdings führt bei den PK-Verfechtern in der Politik oder in sonstigen Medien zu keiner Entrüstung, wie sie in anderen Fällen so gern bekundet wird. Denn solche Manipulationen dienen eben einem »höheren« Ziel und sind daher nicht zu beanstanden.

Nun noch zur Sportberichterstattung durch n-tv. Große Erfolge bei den Fußballwelt- und Europameisterschaften sowie den Olympiaden sind so ziemlich die einzigen Ansatzpunkte, die auch in den Mittelschichten und insbesondere bei der Jugend das deutsche Selbstverständnis zugunsten einer gewissen Selbstachtung verbessern und so etwas wie Nationalstolz entstehen lassen können. Trifft die hier gemachte Annahme über die Deutschfeindlichkeit von n-tv zu, müssten sich gerade bei seiner Berichterstattung über solche Großereignisse Strategien und Taktiken der Information feststellen lassen, die diese Wirkungen deutscher Erfolge zu neutralisieren, ja in ihr Gegenteil zu verkehren suchen. Genau das aber war und ist reichlich der Fall.

Dazu wenigstens zwei, wiederum den Teletexten von n-tv entnommene Beispiele, die Teil seiner Berichterstattung über die Olympiade 2012 in London waren. Eine erste, allerdings nicht ganz einfache Strategie, die Wirkung von Erfolgen zu neutralisieren, besteht darin, die deutschen Teilnehmer möglichst früh als Leute zu diskreditieren, die aufgrund entsprechenden Benehmens bei einer solchen Veranstaltung negativ auffallen. Unter der Überschrift »*Keller empört die Griechen*« fand sich am 27. 7. 12 der folgende Text:

> »Unbekannte haben versucht, die deutsche Olympial-Fahnenträgerin Natascha Keller durch einen gefälschten Twitter-Eintrag mit Beschimpfungen in Misskredit zu bringen. ›Mit großem Unverständnis hat der DOSB auf Berichte reagiert, die (die – B. E.) deutsche Fahnenträgerin Natascha Keller mit einem gefälschten Twitter-Eintrag in Verbindung bringen. ›Darin werden Griechen beleidigt‹, hieß es in einer Erklärung des Deutschen Olympischen Sportbundes« a. a. O., T. 131).

Die hier zum Zug gekommene Hauptstrategie ist klar: Es geht darum, die Fahnenträgerin des deutschen Olympiaaufgebots und damit dieses selbst durch eine auch unverfrorene Lüge mit der Folge zu diskreditieren, dass die Identifikation eines Großteils der deutschen Leser bzw. Zuschauer mit ihm und indirekt auch dem eigenen Land geschwächt wird. Die lügenhafte Überschrift ist für diesen Zweck schon deshalb enorm wichtig, weil viele Leser von der ganzen »Nachricht« nur sie wirklich zur Kenntnis nehmen. Doch auch wenn der ganze Text gelesen wird, liegt es nahe, ihn nach dem lateinischen Sprichwort »semper aliquid haeret« (»Etwas bleibt immer hängen«) aufzunehmen und die Überschrift als jedenfalls nicht ganz falsch gelten zu lassen. Zugleich braucht n-tv naheliegende Vorwürfe wenig zu fürchten: Die Überschrift stellt dann ein höchst bedauerliches Versehen dar – und der Text selbst entspricht doch den Tatsachen. Immerhin: Von den zehn deutschen Fernsehsendern, die der Verfasser daraufhin überprüft hat, war n-tv der einzige, der diese »Information« verbreitete.

Das zweite Beispiel bezieht sich auf eine Strategie, die weniger die Identifikation der Deutschen mit ihrer gesamten Olympiamannschaft als mit den einzelnen Teilen davon zu schwächen sucht, die sich zwangsläufig aus der Aufteilung der Wettkämpfe nach den einzelnen, inzwischen ja zahlreich gewordenen Disziplinen ergeben. Eine einfache Ausprägung davon stellt der Versuch dar, solche Teilmannschaften bereits durch entsprechende Umbenennungen in eine vorher nicht gekannte *psychische* Distanz zum deutschen Publikum zu bringen. Ein symptomatisches Beispiel dafür war bei der Londoner Olympiade die von n-tv geübte Weigerung, das Flaggschiff des gesamten deutschen und internationalen Rudersports, den »Deutschland-Achter«, im Teletext weiterhin so zu bezeichnen. Zwar tauchte hier das Wort am Beginn der fraglichen Wettkämpfe noch einmal und wohl deshalb auf, um die deutschen Leser doch erkennen zu lassen, um wen oder was es sich überhaupt handelte, fand sich aber sonst zugunsten der Bezeichnung »DRV-Achter« verdrängt. Auf diese Weise wurde aus einer die deutsche *Nation* repräsentierenden Mannschaft eben lediglich die des »Deutschen Ruderverbands«, der, für sich genommen, ja vergleichsweise wenige Deutsche interessiert. – Eine raffiniertere Variante dieses, natürlich *nur* auf deutsche Mannschaften angewandten Vorgehens bestand darin, bei ihnen nicht bloß das Wort deutsch aus ihren Bezeichnungen zu verbannen, sondern auch die gewonenen Medaillen nicht mehr dem eigenen Land oder Volk, sondern dem fraglichen Verband zuzurechnen. So hat etwa »der Männer-Doppelvierer ... dem Deutschen Ruderverband (DRV) das zweite Olympia-Gold beschert« (n-tv, T. 131 vom 3. 8. 12) – und nicht etwa Deutschland die fünfte Goldmedaille! Oder, wenige Tage später: »Der umjubelte Favoritensieg (im Kampf um Platz 3 – B. E.) bescherte dem Deutschen Tischtennisbund (DTTB) die zweite Medaille in London« (n-tv, T. 131 vom 8. 8. 12). Über die Grundabsicht, der sich dieses Vorgehen von n-tv verdankt, kann es kaum Zweifel geben: Den *deutschen* Zuschauern bzw. Lesern soll die – bei anderen westlichen Ländern natürlich bejahte – nationale Identifikation mit ihren Sportlern (»es sind *unsere* Jungs, *unsere* Mädels, die hier gewonnen haben!«) möglichst erschwert oder genommen werden; eine verbesserte kollektive Selbsteinschätzung, gar Nationalstolz darf es bei Deutschen nicht geben! Dem diente denn auch die breite Darstellung der olympischen *Miss*erfolge deutscher Sportler sowie, als Kontrast, das immer wieder unterwürfig wirkende Herausstreichen der Erfolge der USA oder auch des Gastgebers Großbritannien – nicht aber Chinas.

2. Die Norm der Nichtkritisierbarkeit Nichtdeutscher: Charakter, ideeller Hintergrund, Folgen

Für die schroffe Ungleichheit in der nationalen bzw. ethnischen Verteilung von Lob und Tadel, für welche die Berichterstattung von n-tv ein zugespitztes Beispiel bietet, gibt es jedoch auch einen *unmittelbaren* Grund. Nämlich die jedenfalls *öffentliche*, vielfach aber auch private *Geltung* einer Norm, die schon deshalb Beachtung verdient, weil sie nach ihrer genaueren Ausprägung weltweit einzigartig sein dürfte. Gemeint ist die bisher bezeichnenderweise namenlos gebliebene *Norm der Nichtkritisierbarkeit* von *Nichtdeutschen* überhaupt, deren Kerninhalt sich so wiedergeben lässt: »Du darfst – und zwar ganz unabhängig vom möglichen Wahrheitsgehalt der entsprechenden Äußerungen – nichts wirklich Negatives über die Angehörigen *anderer* Völker sagen, einschließlich der bei ihnen vorhandenen Institutionen und sonstigen ihnen zurechenbaren Zuständen. Wenn du also, was ja oft naheliegt oder auch von höheren Instanzen erwünscht ist, den Schilderungen von Ausländern und dem Ausland *Bewertungen* hinzufügst, sollten sie positiv, mindestens aber nicht ersichtlich negativ ausfallen«[26].

Bei demjenigen Typ deutscher Ausländer- und Auslandsbeurteilungen, der vor allem von politisch korrekten Angehörigen der oberen Mittelschicht gepflegt wird, genügt jedoch ein auch dick aufgetragenes Lob der Nichtdeutschen meistens nicht. Vielmehr sollte, jedenfalls in (quasi)öffentlichen Situationen, gleichsam ein Übersoll davon durch entsprechende Kontrastbildung erreicht werden. Ein solches Lob wird deshalb oft erst dann ein »richtiges« Lob, wenn es zu seiner Verstärkung auch negative Bemerkungen über Deutschland und die Deutschen enthält. Dabei spielt es übrigens, um die gewünschte Kontrastwirkung zu erzielen, meistens eine nur untergeordnete Rolle, *was* genau an Negativem den Deutschen jeweils angelastet wird. In der öffentlichen Meinung finden jedenfalls solche Kritiken auch dann kaum einmal Widerspruch, wenn sie nach ihren Inhalten in schwer zu übersehendem Gegensatz zueinander stehen. Offensichtlich ist dafür der Glaube zu verbreitet bzw. zu stark, dass auf Deutsche überhaupt bezogene Kritik gewöhnlich schon *als solche* berechtigt sei. Und dass sie generell auch für die sie vorbringende Person spreche, ja geradezu eine Art Ausweis der geistig-sittlichen Wohlgeratenheit derjenigen darstelle, die sich in dieser Weise äußern. Dagegen kommt eben der umgekehrte Fall, dass die Deutschen als Gesamtheit (und nicht nur eng begrenzte Gruppen unter ihnen wie gelegentlich die Polizei) öffentlich gelobt werden, praktisch nicht vor. Und ganz »unmöglich« wäre es, ein solches Lob durch herabsetzende Äußerungen über Ausländer zu ergänzen und zu verstärken.

---

26 Eine gewisse Einschränkung dieser Norm ist bei der PK-korrekten Haltung zu den sogenannten *Schurkenstaaten* festzustellen, die als solche für westliche Länder ja regelmäßig von den USA vorgegeben werden. Hier darf, ja soll man gerade als Medienvertreter bzw. Person des öffentlichen Lebens die Missachtung der Menschenrechte seitens der fraglichen Obrigkeiten, deren Verkommenheit und natürlich den Mangel an Demokratie durchaus anprangern. Doch sollte sich die Kritik auf diese Regierungen und ihren Apparat beschränken. Denn die jeweiligen Völker selbst sind nach wie vor, so die korrekte Suggestion, in ihrer großen Mehrheit gute Menschen, die ihre Obrigkeit »eigentlich« schon jetzt zugunsten einer westlichen Demokratie loswerden wollen. Jedenfalls diese letzte Annahme dürfte – trotz der eher noch wachsenden Faszination, die von den USA, d. h. vor allem: ihren Medienprodukten ausgeht – mehrheitlich noch immer nicht zutreffen.

Gleichwohl ist seit einigen Jahren auch eine gegenläufige Tendenz festzustellen, durch welche die Norm der Nichtkritisierbarkeit gemildert und ein Stück weit aufgeweicht wird. Sie lässt sich nach ihrem Inhalt als folgender Zusatz zu der gerade gegebenen Charakterisierung umreißen: »Sagst du aber doch Schlechtes über Ausländer, ist dein Vorgehen dann hinnehmbar, wenn du möglichst sofort hinzufügst, dass wir Deutschen in der fraglichen oder einer vergleichbaren Hinsicht auch nicht besser, wenn nicht noch weit schlimmer als die Kritisierten sind«. Ja, angesichts jüngster Tendenzen, die im staatlichen Fernsehen bestimmten Äußerungen, etwa des Berliner Kabarettisten Kurt Krömer sowie selbst manchen Dialogen aktueller Filmserien entnommen werden können, scheinen weitere Aufweichungen durchaus möglich, durch die es in Deutschland zu einer Annäherung an diejenigen Beurteilungsgepflogenheiten kommt, die bei den *anderen* europäisch-westlichen Völkern hinsichtlich der Ausländer und des Auslands üblich sind.

Diese Tendenz ist jedoch nicht frei von Einschränkungen und es gibt umgekehrt zumindest partiell auch Normverschärfungen. So gilt die Nichtkritisierbarkeit weiterhin strikt, in den beiden letzten Jahrzehnten sogar eher noch verschärft gegenüber den Juden, die – nach ihrem Kern von Überlebenden in Deutschland seit der Nachkriegszeit wieder ansässig – keine Ausländer im üblichen Sinne, wohl aber eine gewisse Sondergruppe unter den Deutschen darstellen[27]. Darauf sei anhand des Skandals um Sarrazin im Sommer 2010 kurz näher eingegangen.

27 Hinsichtlich des dafür ausschlaggebenden Aspekts des jüdischen *Selbstverständnisses* lässt sich die entsprechende Frage in einiger Vereinfachung so stellen: Versteht sich die Mehrheit der (alteingesessenen) Juden als jüdische Deutsche oder lediglich als Juden in Deutschland? Oder, etwas genauer: Wann bzw. in welchen Hinsichten versteht sie sich primär als das eine und wann primär als das andere? Dass jedenfalls eine beträchtliche Distanz des heutigen mehrheitlichen Selbstverständnisses auch der alteingesessenen Juden zu einer einfachen Selbstidentifikation als Deutsche besteht, ist eigentlich schon dem Namen ihrer politisch zweifellos einflussreichsten Organisation, dem »Zentralrat der Juden in Deutschland«, zu entnehmen. Und zwar besonders dann, wenn man ihn dem dominierenden jüdischen Selbstverständnis gegen Ende des 19. Jahrhunderts gegenüberstellt, wie es u. a. dem offiziellem Jahresbericht der Vorgängerorganisation »Centralverein deutscher Staatsbürger jüdischen Glaubens« von 1894 zu entnehmen ist: »Wir sind nicht deutsche Juden, sondern deutsche Staatsbürger jüdischen Glaubens … Wir stehen fest auf dem Boden der

Exkurs 1: Der Fall Sarrazin

Wie stark das Kritiktabu den Juden gegenüber ist und wie empfindlich, ja selbst neurotisch die entsprechenden Reaktionen im vermeintlichen Ernstfall seiner öffentlichen Verletzung ausfallen (können), war im Jahr 2010 in seltener Reinheit den politischen bzw. medialen Verlautbarungen auf eine von insgesamt zwei Bemerkungen zur Genetik zu entnehmen, die Sarrazin am Wochenende *vor* dem Erscheinen seines Buchs »Deutschland schafft sich ab« in einem der »Welt am Sonntag« gegebenen Interview gemacht hatte und die dort am Sonntag, den 29. 8. 10 zu lesen waren. Nachdem die führenden Angehörigen der politischen Klasse sich in einer Art konzertierter Aktion, die offensichtlich höchstens zwei Tage in Anspruch genommen hatte, darin einig geworden waren, dass aufgrund dieser Äußerung, doch wohl auch wegen des sich abzeichnenden Inhalts seines Buchs Sarrazin weder als Vorstandsmitglied der Deutschen Bundesbank noch als sonstige Person des öffentlichen Lebens mehr »tragbar« sei, wurde es Sache der Medien, die anstehenden Zwangsentfernungen Sarrazins auch dem gemeinen Volk mitzuteilen und schmackhaft zu machen. Schon am Abend des 30. 8. hatten die öffentlichen wie die wichtigsten privaten Fernsehsender diese Aufgabe bei den dazu verfassten Teletexten mit einem argumentativen Grundmuster gelöst, das in erster Linie auf die »(heftige) Empörung« von Spitzenpolitikern über »rassistische« o. Ä. Äußerungen Sarrazins gerade gegenüber den Juden abhob:

»*Sarrazin immer mehr unter Druck.* Bundesbank-Vorstand Thilo Sarrazin (SPD) gerät nach neuen Äußerungen über Muslime und Juden unter Druck. In der ›Welt am Sonntag‹ kritisierte er nicht nur muslimische Einwanderer; für Empörung sorgte vor allem seine Äußerung ›Alle Juden teilen ein bestimmtes Gen‹.

---

deutschen Nationalität. Wir haben mit den Juden anderer Länder keine andere Gemeinschaft als die Katholiken und Protestanten Deutschlands mit den Katholiken und Protestanten anderer Länder« (zitiert nach Bein 1980, Bd. 2: 256; vgl. auch 251). – Hinsichtlich der Gegenwart ist außerdem zu bedenken, dass für die seit 1990 in relativ großer Zahl eingewanderten osteuropäischen Juden Deutschland durchschnittlich ein fremdes Land ist oder doch war, sie inzwischen aber hier die Mehrheit unter den Juden bilden.

Kanzlerin Angela Merkel (CDU) nannte das in der ARD ›vollkommen inakzeptabel‹. Außenminister Guido Westerwelle (FDP) warf ihm in ›Bild am Sonntag‹ vor, Rassismus Vorschub zu leisten. Verteidigungsminister Karl-Theodor zu Guttenberg (CSU) zweifelte an Sarrazins Eignung als Bundesbank-Vorstand und die Linke fordert Sarrazins Ablösung« (ZDF-Teletext vom 30. 8. 10, Tafel 128).

Empört waren offensichtlich aber auch andere billig und recht Denkende:

»*Sarrazin sorgt für neuen Wirbel.* Bundesbankvorstand Sarrazin hat mit Äußerungen zum Erbgut von Juden und Basken erneut heftige Empörung ausgelöst. ›Alle Juden teilen ein bestimmtes Gen, Basken haben bestimmte Gene, die sie von anderen unterscheiden‹, sagte Sarrazin der ›WamS‹ und ›Berliner Morgenpost‹. Sarrazins neueste Äußerungen lösten Reaktionen von ›unsäglich‹ bis ›Schwachsinn‹ aus ...« (RTL-Teletext vom 30. 8. 10, T. 125)[28].

Was ist nun – um wenigstens *ein* Mal *im Geiste der PK zu sprechen* – aus dieser Berichterstattung von uns allen zu lernen? Zunächst natürlich, dass auch unsere jüdischen Mitbürgerinnen und Mitbürger Gene besitzen, doch bestimmt nur individuelle. Dass ferner – was nicht ganz auszuschließen ist – einzelne Völker (und darunter dann sicher auch wir Deutschen) eine solche genetische Minderwertigkeit der Gemeinsamkeit bestimmter Gene aufweisen mögen, aber gewiss nicht die edlen Basken, unter denen allerdings fanatisierte Hitzköpfe einen völlig überzogenen und überdies, wie ihre Kommandostruktur beweist, frauenfeindlichen Separatismus verfolgen. Und dass schließlich die Behauptung, diese Gemeinsamkeit gelte, wie immer sparsam, eben auch für die Juden, trotz der in Deutschland ja so ausgeprägten Wertschätzung der Meinungsfreiheit eine nun wirklich nicht mehr hinnehmbare rassistische Verleumdung darstellt. Wie übrigens auch Herr Graumann, der (damalige) Vizepräsident des Zentralrats der Juden, noch am 30. 8. 10 mit seinen berufenen Worten zu erkennen gab[29], kann Sarrazin deshalb nachgerade froh

28 Schon mangels anderer einschlägiger Äußerungen Sarrazins (in diesem Interview *wie* auch im erwähnten Buch!) war dieser Satz übrigens die einzige Bemerkung, die von den Verfechtern der PK wenigstens halbwegs plausibel als »rassistisch«, als »unsäglich« oder auf ähnlich erhellende Weise abqualifiziert werden konnte.

29 »*Zentralrat kritisiert Sarrazin.* Der Vizepräsident des Zentralrats der Juden in Deutschland, Graumann, hat sich in scharfer Form gegen die jüngsten Äußerungen von Bundesbank-Vorstandsmitglied Sarrazin verwahrt. Gegenüber der Nachrichten-

sein, dass seine Verleumdung ihn nur die berufliche Existenz gekostet hat, und dies ja wohldotiert. Doch Vorsicht! Vielleicht besteht das eigentlich Unsägliche von Sarrazins Schwachsinn gar nicht in dieser wie immer schwerwiegenden Verfehlung. Denn legt der aufhorchen lassende Gleichmut, mit dem die offensichtlich nur wenig berührten Basken die *ihnen* zugeschriebene genetische Ausstattung hingenommen haben, nicht noch einen weit schlimmeren Verdacht nahe? Dass nämlich Sarrazin für dieses Volk eine ganze Reihe von Genen, die seinen Angehörigen gemeinsam seien, *auch*, wenn nicht *nur* deshalb behauptet, um so in hinterhältiger Niedertracht die Juden in den Augen einer in dieser Hinsicht ja weitgehend unwissenden deutschen Bevölkerung eben dadurch herabsetzen zu können, dass er ihnen, und zwar ganz offen, nur die Existenz *eines* solchen Gens zugesteht? Muss denn in einem Fall wie diesem nicht auch mit dem Übelsten gerechnet werden?

(Ende des Exkurses)

Dass – um zur Sache und zu ihrem Ernst zurückzukehren – die Norm der Nichtkritisierbarkeit von Nichtdeutschen in den letzten Jahrzehnten inhaltlich wie nach ihren Folgen an Geltungskraft zum Teil auch hinzugewonnen hat, sei noch anhand eines anderen Vorfalls verdeutlicht, dessen öffentliches Echo wiederum in verschiedenen Hinsichten aufschlussreich ist. Für die hiesigen Zwecke genügt es jedoch, nur auf die Reaktion von Renate Künast, einer der Säulen der Korrektheit einzugehen:

»*Künast wirft Rüttgers wegen Äußerungen zu Rumänen Rassismus vor.* Die Grünen haben den nordrhein-westfälischen Ministerpräsidenten Jürgen Rüttgers (CDU) wegen seiner abfälligen Äußerungen über die Arbeitsmoral von Rumänen scharf angegriffen. Was Rüttgers sage, sei ›Rassismus pur‹, sagte die Grü-

---

agentur DAPD warf er ihm einen Rückgriff auf Elemente der Rassenhygiene aus der Nazi-Zeit vor. Selbst wenn dies nicht gewollt sein sollte, sei damit ›endgültig eine rote Linie überschritten‹, so Graumann. Sarrazin hatte zuvor erklärt: ›Alle Juden teilen ein bestimmtes Gen‹« (Fernsehsender Pro 7, Tafel 114 vom 30. 8. 10 sowie – textgleich – Kabel 1, T. 115 vom 30. 8. 10).

nen-Spitzenkandidatin ... Renate Künast, der ›Leipziger Volkszeitung‹. Von der CDU-Vorsitzenden Angela Merkel forderte Künast, ›rasch und unmißverständlich Konsequenzen zu ziehen‹. ›So einer ist als stellvertretender CDU-Vorsitzender nicht tragbar‹, so Künast« (Txt ZDF vom 6. 9. 09, T. 126).

An dieser kurzen Schilderung fallen wenigstens drei Dinge auf: *Erstens* stellt die »Abfälligkeit« der fraglichen Äußerungen ein so schweres Vergehen dar (oder lässt sich jedenfalls öffentlich dafür ausgeben), dass ein Knick in Rüttgers politischer Karriere, wenn nicht deren Ende, als durchaus angemessene praktische Konsequenz gefordert werden kann. *Zweitens* sind diese Äußerungen für Künast eine Form, ja *Rein*form des Rassismus (oder werden jedenfalls von ihr öffentlich dafür ausgegeben). Da nun Rüttgers sich über die Gründe der von ihm als schlecht befundenen Arbeitsmoral von Rumänen gar nicht geäußert, sie also auch nicht in deren Genen verankert hat, verdankt sich diese Bemerkung Künasts *entweder* der folgenden, von ihr aber wohl nicht geteilten Annahme: Dass nämlich diejenigen, die wie Rüttgers Ausländern schlechte Eigenschaften zuschreiben, typischerweise glauben, dass diese Eigenschaften *genetisch* bedingt seien. *Oder* sie stellt eine sachlich unhaltbare, aber nicht notwendig lügenhafte Polemik dar. Denn zumindest in Deutschland ist der eigentliche Sinn von Rassismus inzwischen so weitgehend verloren gegangen, dass alle *möglichen*, von Deutschen über Nichtdeutsche gefällten negativen Urteile in der Öffentlichkeit häufig oder bereits mehrheitlich als Rassismus gelten – und zwar *unabhängig von jeder* ihnen gegebenen Begründung. Es hat sich damit begrifflich ein »Rassismus ohne Rasse« durchgesetzt: Negativ ausfallende Urteile weisen danach fast sämtlich denjenigen verwerflichen Charakter auf, der früher Beurteilungen vorbehalten blieb, die eben mit entsprechenden (quasi)*rassischen* Eigenschaften des Urteilsobjekts begründet wurden. Diese Ausweitung, die übrigens ihren Niederschlag auch in der Formel vom »kulturellen Rassismus«, logisch also: von hölzernem Eisen gefunden hat, eignet sich natürlich besonders gut als Waffe im Kampf gegen den politischen Gegner. Denn wer außer den moralischen Virtuosen unter den PK-Anhängern äußert sich nicht irgendwann einmal negativ selbst über Ausländer, macht sich so jedenfalls dieses Rassismus schuldig?

Andererseits: Hat man jemals gehört, dass Frau Künast oder sonst jemand aus dem Heer der politisch Korrekten Ausländer wegen negativer Äußerungen über Deutsche »scharf angegriffen« hätte? Dass dies so gut wie nie geschieht, ist eigentlich schon deshalb erstaunlich, weil der harte Kern auch des jetzigen Rassismus – eben die Annahme einer *von Natur aus* gegebenen Über- oder Unterlegenheit der einzelnen ethnischen (Groß-)Gruppen – sich gerade bei den aus südlichen bzw. außerwestlichen Ländern stammenden Zuwanderern und ihren Nachkommen weit häufiger als unter Deutschen findet.

Schließlich zeigt sich, *drittens*, eine verschärfte Normgeltung auch daran, dass die sonst ja als legitim geltende und auch regelmäßig auftauchende Frage, ob denn jemand mit seinen Behauptungen recht oder unrecht habe, hier nun wirklich nicht mehr interessiert. Selbst zutreffende Beurteilungen bilden eben, *wenn* sie negativ ausfallen, sich gegen *Nicht*deutsche richten *und* (halb) öffentlich geäußert werden, einen so schweren Verstoß gegen die Norm der Nichtkritisierbarkeit, dass auch ihre Wahrheit keinen hinreichenden Schutz gegen die fällige öffentliche Entrüstung und die für ihre Urheber damit verbundenen Folgen bildet. Vielmehr *darf* gemäß dem allgemeinen Grundsatz der PK, dass das, was böse oder sonstwie unsittlich, zugleich auch falsch, häßlich usw. sei, auch der *empirische* Gehalt solcher anstößigen Beurteilungen nicht zutreffen – und verdient so je nach Lage der Dinge nur Nichtbeachtung oder scharfe Zurückweisung (mit oder ohne einschlägige Sanktionen). Bereits die *Frage* nach der möglichen Richtigkeit dieser Urteile verrät in dieser Sicht einen Mangel an personaler Bereitschaft für die Belange des Guten und damit eine Gleichgültigkeit, wenn nicht gar Feindseligkeit gegenüber der PK, die jedenfalls bei den Inhabern gehobener gesellschaftlicher Stellungen nicht zu tolerieren ist. Dass diese korrekte Grundhaltung zwangsläufig die Errichtung und, bei Bedarf, eine Verfestigung von *Tabuzonen*, von überwiegend stillschweigenden, doch auch offenen *Denk*- und *Meinungsverboten* in der Politik, den Medien, in der von ihnen geprägten Öffentlichkeit und selbst den *Wissenschaften* bedeutet, gilt demgegenüber als teils zu vernachlässigende, teils durchaus begrüßenswerte Konsequenz.

Für solche Zonen und ihre teils verdrängende, teils schönfärberische Wirkung in Politik und Öffentlichkeit sind jedoch regelmäßig bestimmte Preise zu bezahlen. In primär kognitiver Hinsicht besteht der Preis in einer partiellen kollektiven *Selbstverdummung* und daraus resultierender Blindheit: Als Folge der Tabuisierungen können eben bestimmte gesellschaftliche Gegebenheiten wie u. a. die Entwicklung, die näheren Formen und die Gründe ethnisch *spezifischer* Kriminalität nach einer Reihe ihrer (praxisrelevanten) Aspekte nicht mehr oder nur mit typischen Verzerrungen zu öffentlichen Fragen und selbst wissenschaftlichen Problemen werden[30]. Dafür sorgen unmittelbar vor allem die offenen wie stillschweigenden Drohungen, die von den mit den Tabubrüchen verbundenen, berufsbezogenen Sanktionen (wie z. B. ungeliebte Versetzungen oder ein vorzeitiges Ende von selbst wenig anspruchsvollen Karrieren) ausgehen und bei all denen besonders wirksam sind, die in öffentlichen Diensten stehen. Einen anderen Sanktionstyp, der nach seiner Wirkung umso gewichtiger ausfällt, je höher der – womöglich öffentliche – Status der Tabubrecher ist, bilden die *Rufschädigungen*, die häufig von daran interessierten Politikern ausgehen und von staatstragenden Medien in Szene gesetzt werden.

Um bei diesem Typ und dem damit verbundenen Vorgehen doch zu verweilen: Auf der Seite der für die gesellschaftliche Durchset-

30 Dazu stellt Sarrazin fest: »Eine Zuwanderungs- und Integrationsproblematik, die der Rede wert ist …, gibt es heute in Deutschland ausschließlich mit Migranten aus der Türkei, Afrika, Nah- und Mittelost, die zu mehr als 95 % muslimischen Glaubens sind. Die Integrationspolitik ist aber gegenüber diesem Sachverhalt weitgehend blind, wie der im Auftrag der Bundesregierung erstellte Bericht ›Integration in Deutschland‹ (2009 – B. E.) belegt. In dem umfangreichen Indikatorenwerk wird ausschließlich auf die *Gesamtheit* der Menschen mit Migrationshintergrund geblickt. Aussagen zu Bildung, Arbeitsmarkt, Transferabhängigkeit, Kriminalität werden nicht nach Herkunftsregionen beziehungsweise Volksgruppen differenziert. Dieser Mangel an Differenzierung war offenbar beabsichtigt, denn eine Diskussion darüber, ob kulturelle Unterschiede zwischen den Migrantengruppen Integrationswillen und Integrationsfähigkeit beeinflussen, war politisch nicht gewünscht. Der Integrationsbericht 2009 der Bundesregierung benennt Probleme generell nur sehr zaghaft und tendenziell verharmlosend. Besonders deutlich zeigt sich dies bei den Aussagen zur Abhängigkeit von Migration und Sozialtransfers sowie Kriminalität« (Sarrazin 2010: 260f.). Vgl. auch die dazu gehörende Anm. 5 (a. a. O., 431f.), in welcher der Hintergrund an Korrektheit und die unmittelbaren Berichtsfolgen dieser Unerwünschtheit erwähnt werden.

zung der PK Engagierten in der Politik und den Medien verspricht man sich die stärkste diskreditierende Wirkung offensichtlich von der Verbreitung *plausibel* klingender Behauptungen über die *niedrigen* Beweggründen entstammenden, und auch deshalb nicht hinnehmbaren Verletzungen hoher sittlicher Güter durch die fraglichen Tabubrecher. Ein gutes und gleich in mehreren Hinsichten aufschlussreiches Beispiel für eine solche Argumentation bietet Bernd Ulrich mit einem wegweisend gemeinten und, wie es scheint, durchaus selbstkritischen ZEIT-Artikel über »die Fehler und Versuchungen des Journalismus«. Ihn sucht er nämlich auch dazu zu nutzen, Sarrazin – der mit bestimmten Äußerungen die deutsche politische Elite eben parteienübergreifend gegen sich aufgebracht hat – so kurz wie korrekt zu diskreditieren:

»Thilo Sarrazin hat ein Buch veröffentlicht, in dem er mit genetischen Kategorien hantierte und sich pauschal respektlos gegenüber Muslimen äußerte. Aber auch falsche Bücher können echte Defizite aufdecken – in der Integration und im Journalismus. Mehr als eine Million verkaufter Exemplare lassen sich nicht allein mit Ressentimentbedürfnissen der Leser erklären, sie zeigen, dass auch wir, die liberalen Medien, etwas falsch gemacht haben« (»Die ZEIT« vom 16. 12. 2010, S. 6; vgl. Sarrazin 2010).

Diese Argumentation weist allerdings mehrere Schwächen auf. Schon dass (was nach dem vermutlich gemeinten Sinn nicht zutrifft) Sarrazin in diesem *Buch* mit genetischen Kategorien »hantiert« habe, verrät eine etwas verlegene Unkenntnis Ulrichs in Sachen Genetik. Allerdings befindet er sich damit durchaus auf dem von der PK vorgesehenen Weg der personalen Vervollkommnung durch eine korrekte Beschränkung des eigenen Horizonts. Außerdem kann Ulrich bei dieser Bemerkung sich der Zustimmung seiner »liberalen« Gesinnungsfreunde innerhalb wie außerhalb der Medien schon dadurch bzw. insoweit sicher sein, als auch sie normalerweise geneigt sind, ihre Ahnungslosigkeit in genetischen Fragen als einen ihrer persönlichen Vorzüge zu verstehen. Gleichwohl dürfte dieses Argument nicht die nötige Zugkraft besitzen, um bei den durchschnittlichen Lesern das erwünschte Maß an Ablehnung zu erzeugen. Denn ist es dafür nicht zu vage und zu zögerlich? Ein höheres Maß an diskreditierender

Wirkung dürfte da schon der sich anschließende Vorwurf der »pauschalen Respektlosigkeit« gegenüber Muslimen erzielt haben; und es wäre sicher noch höher ausgefallen, wenn er neu gewesen wäre. Doch auch er weist eine Schwäche auf, die jedenfalls denen schwer entgehen kann, die Sarrazins Buch *gelesen* haben. Sein Wahrheitsgehalt besteht nämlich nur darin, dass dieser es in der Tat unterlässt, vor dem Popanz der besonderen menschlichen Kostbarkeit Nichtdeutscher die üblichen Verbeugungen zu machen, sondern die in seinem Zusammenhang interessierenden Ausländer *mit nüchternen Augen* sieht. Auf den Vorwurf der Respektlosigkeit zu verzichten, hieße allerdings, dem letzten argumentativen Trumpf gegen Sarrazin viel von seiner Plausibilität zu nehmen. Nämlich der von Ulrich, wenn nicht selbst geglaubten, so doch im Ton fragloser Gewissheit vorgetragenen Behauptung, dass Sarrazins Buch »falsch« sei – was eben, so die *Suggestion*, schon aufgrund dieser Respektlosigkeit der Fall sei. Aber hat Ulrich nicht recht? Macht denn das Laster etwa nur verlogen und nicht auch zur Erkenntnis unfähig, also dumm? Und umgekehrt die Tugend nicht klug, wie ja alle Tage unsere politisch Korrekten beweisen?

Nun scheint jedoch, wie schon angedeutet, Ulrich als selbstkritischer Liberaler durchaus bereit zu sein, dem von ihm als schlimm Beurteilten auch positive Seiten abzugewinnen. Hier eben aufgedeckte »Defizite – in der Integration und im Journalismus«, zu welch letzteren er dann folgende Deutung anbietet:

»Dazu muss man wissen, dass in den meisten Redaktionen fast keine Migranten arbeiten, dass deren Lebenswelt ihnen (d. h. den deutschen Journalisten – B. E.) fremd ist. Darum wurde Kenntnis allzu oft durch Correctness ersetzt. Man wollte den ›Ausländern‹ nicht schaden, deswegen wurde zu wenig über Missstände berichtet, aber auch kaum über das wirklich pralle Leben mit seinen dramatischen Konflikten und oft faszinierenden Lösungen« (a. a. O.).

Dieser »allzu« häufige Fehler der »Correctness« verdankt sich also nicht etwa den personalen Auswirkungen der *Herrschaft* der PK gerade in den staatstragenden Medien, sondern der »ethnischen«, der richtigen Kenntnis eben abträglichen »Homogenität« der Journalisten – und im Übrigen nur guten Absichten. Die in Anführungsstriche gesetzten Ausländer aber (die das so eigentlich gar nicht sind) bleiben trotz einzelner ihnen zurechenbarer Missstände im Wesentlichen das, was sie waren, nämlich prächtige Menschen. Also etwas, das von den vielen Deutschen, die vor allem im Internet gegen die oben angesprochene, nach Ulrich jedoch im Falle Sarrazins eher nur scheinbar »gemeinsame Sache zwischen Medien und Politik« (a. a. O.) wie wirkungslos auch immer aufbegehrten, wieder einmal genau nicht zu sagen war[31]. – So hat die an den Tag gelegte »Correctness« seiner Kollegen zwar bedauerliche Verzerrungen und Ähnliches gezeitigt, ändert für Ulrich aber grundsätzlich nichts an der Richtigkeit der *deutschen PK* und der sie charakterisierenden Annahmen.

Doch zurück zu den Auswirkungen der in Deutschland errichteten Tabus auf den öffentlichen Umgang mit bestimmten, grundsätzlich als negativ beurteilten Erscheinungen, die in der Form abweichender Verhaltensmuster bzw. deren Folgen auch oder gar nur bei Ausländern in größerem Umfang auftreten. Einer sachlich angemessenen, *öffentlichen* Behandlung steht hier eben die verbindliche Erwartung von »Respekt« entgegen, der Ausländern nur bei ihrer erwiesenen Zugehörigkeit zu kriminellen Banden oder Terrorgruppen versagt werden darf. Und diese Respektserwartung, die so erst durch die rot-grüne Koalition von 1998 bis 2002 sozio-politisch durchgesetzt wurde, erschwert und verhindert es immer wieder, Sachverhalte, die mit dem von der PK gemalten Bild »der« Ausländer nicht zu vereinen sind und es so oder anders gefährden könnten, bei diesen auch nur zu vermuten. Oder sie gar, ist ihr Auftreten oder ihre Zunahme nicht länger zu leugnen, im Hinblick auf oft naheliegende, doch »unerwünschte« Kausalzusammenhänge zu überprüfen und dabei auch zu ihrerseits unerwünschten Befunden und Vermutungen zu gelangen. Im Beispiel etwa dazu, dass Ausländerkriminalität weit mehr als bisher offiziell angenommen auf den Ausländern eignende

31 Nach ihm, der wahrscheinlich *keines* der Sarrazin damals gewidmeten Internetforen und den in den einzelnen Beiträgen oft genug entfalteten Scharfsinn, ja Witz *zur Kenntnis* genommen hat, gilt vielmehr: »Da tummeln sich besonders viele Menschen mit viel Zeit und viel Wut, die im Schatten ihrer Anonymität wild um sich schreiben« (a. a. O.). Die aber derart um sich schlagen, können als offensichtlich *auch* (»viel Zeit«), doch eben nicht nur sozio-ökonomisch Missratene noch froh sein, dass Ulrich sie in seiner Güte immerhin als Menschen (und nicht gleich als eine Art Gesindel oder Ähnliches) bezeichnet.

… us den jeweiligen Herkunftsge-
… *Muster* und entsprechende Men-
… war Muster und Mentalitäten, die
… b der Familien tradiert, zu einem
… ethnisch weitgehend homogenen
… ärkt oder weiterentwickelt werden,
… ten *Individual*merkmalen sowie be-
… *uationen* zu typischen Formen der
…

… ass Tabus mit starker sozio-politischer
… in praktischen Hinsichten nicht selten
entscheidende … verstellen oder erschweren, und neben deren Erkenntnis auch die Möglichkeit ihrer wenigstens relativ erfolgreichen Steuerung beschränken. Vielmehr begünstigen sie auch die Entstehung großer, doch *irrealer Hoffnungen*, die entweder direkt aus einschlägigen Annahmen der PK-Ideologie gewonnen sind oder nach ihren Inhalten wie den damit verbundenen politischen Intentionen mit ihr wahlverwandt sind. Und sie führen, gerade über diese Hoffnungen, zur Anwendung von ihrerseits korrekten, doch weitgehend wirkungslosen, wenn nicht die Übel noch verschlimmernden Maßnahmen. Im Beispiel etwa zu der in der Politik gegenwärtig so verbreiteten und gelegentlich schon an Wunderglauben grenzenden Zuversicht, dass bestimmte, also die richtigen bzw. richtig dosierten »Bildungsangebote« für deutsche sowie ausländische Jugendliche die bei der »Integration« (was immer das genau heißen soll) der Letzteren bisher aufgetretenen Schwierigkeiten rasch und erheblich mildern, ja womöglich ganz beseitigen würden[32]. Doch wie sollte die Po-

32 Ein gutes Beispiel für die versuchte Nutzung dieses verbreiteten, inzwischen zunehmend infantil wirkenden Bildungsglaubens stellt eine Plakatwerbung der »Kindernothilfe« vom März 2013 dar. Auf die Schlagzeile »*Bildung ändert alles*« folgt als kurzer Text: »Gemeinsam verändern wir die Welt: Wie mit Ihrer Hilfe Kinder weltweit lernen, ihr Leben selbst in die Hand zu nehmen, erfahren Sie unter www. kindernothilfe.de«. Bezeichnend ist, dass das, worum es schließlich gehen soll, nämlich dass Kinder das eigene Leben »selbst in die Hand zu nehmen« lernen, nach Auffassung der »Kindernothilfe« offensichtlich nur dann richtig Geld in die eigene Kasse zu spülen verspricht, wenn man für die deutschen Adressaten dieser Werbung an erster Stelle die – gegenüber den wirtschaftlichen, politischen usw. Verhältnissen verselbstständigte – Himmelsmacht der Bildung betont.

litik, sollten die pädagogischen Institutionen angemessen handeln können, wenn aufgrund der ideologischen *Vorgaben der PK* gerade auch sich in der Praxis aufdrängende Fragen immer wieder »heikel«, wenn nicht direkt unerwünscht sind? Und damit typischerweise Fragen, zu denen es eben keine oder nur (unsichere bzw. zufällige) Teilerkenntnisse gibt. Oder zu denen an sich sehr wohl aufschlussreiche und recht gut gesicherte Erkenntnisse, nicht zuletzt auch aus Erfahrungen bzw. Forschungen des Auslands, vorliegen, sie aber im Hinblick auf »höhere« Werte oder Interessen schlicht ignoriert oder als für die ungeschmälerte öffentliche Dominanz der PK »zu gefährlich« unter Verschluss gehalten werden.

IV. Zur Entstehungsgeschichte der PK und ihrer politischen Durchsetzung in Deutschland

1. Westdeutschland als Objekt westalliierter Besatzungspolitik

Wodurch kam es eigentlich, historisch gesehen, zu der ausgeprägten Neigung gerade der höheren sozialen Schichten unter den Deutschen, sich *gesamt*kollektiv selbst abzuwerten? Oder, etwas genauer gefragt: Welche *empirischen Fakten* führten hauptsächlich zu der erfolgreichen sozialen bzw. politischen Durchsetzung der Auffassung einer kollektiven deutschen *Minderwertigkeit*? Und waren damit auch wichtige Faktoren für den sich herausbildenden Grundcharakter der politischen Korrektheit und deren Durchsetzung. Doch erneut ist hier zu bedenken: Entscheidend für das personale wie kollektive Verständnis verhaltensrelevanter Fakten sind nicht eigentlich sie selbst, sondern die ihnen verliehenen (nomischen) *Deutungen* – und zwar in dem Maß, wie sie soziale *Verbindlichkeit* vor allem durch entsprechende Gesetze und/oder soziale *Geteiltheit* in der Form eines *gemeinsamen* Glaubens an sie erreicht haben. Denn erst durch Deutungen gewinnen die »rohen« empirischen Fakten einen sie einordnenden, »tieferen« Sinn und ermöglichen es den Menschen, sie in bestimmter Weise zu bewerten und sich ihnen gegenüber entsprechend zu verhalten. Streng genommen muss die Frage also so lauten: *Welche* sozial erfolgreichen nomischen Deutungen *welcher* Fakten führten zur sozialen Durchsetzung der Auffassung von der kollektiven deutschen Minderwertigkeit? Dabei müssen übrigens, wie sich gleich zeigen wird, solche Deutungen nicht notwendig aus den Reihen der mit diesen Fakten (als Urheber oder Betroffene) *unmittelbar* Verbundenen stammen, sondern können auch von Dritten entwickelt und von jenen übernommen werden. Ist das der Fall, verdankt sich ihre soziale Durchsetzung allerdings weniger ihrer inhaltlichen Attraktivität, sondern eher der sozio-ökonomisch oder politisch überlegenen Position dieser Dritten. Doch nicht selten mehr noch einer faktischen Nötigung bis hin zum offenen, von diesen Dritten als militärischen Siegern ausgeübten Übernahme*zwang*, den die (besiegten) Verbundenen typischerweise denn auch als Zwang erfahren und erfahren müssen, dem man sich nur beugen kann.

Zwei Fakten kommt im hiesigen Zusammenhang ein überragendes Gewicht zu, nämlich dem (schließlich) katastrophal verlorenen *Zweiten Weltkrieg* einerseits, der weitgehenden *Vernichtung der europäischen Juden* andererseits[33]. Während diese Vernichtung nach ihren Umrissen als annähernd allgemein bekannt gelten kann und so keiner Erläuterung bedarf, seien der Charakter und die wichtigsten Folgen dieser militärischen Niederlage und mithin des staatlich-politischen Zusammenbruchs wenigstens skizziert. Deutschland, das gleichsam bis zum bitteren Ende gekämpft hatte, kapitulierte gemäß der unverhandelbaren Forderung der Alliierten im Mai 1945 »*bedingungslos*« (was es in Europa jedenfalls seit Beginn der Neuzeit noch nie gegeben hatte!) und war ihnen damit auch als Objekt *ihrer* Herrschaft bedingungslos ausgeliefert[34]. Schon die damit vor allem

33 Frühere historische Fakten, die sich – in *westlicher* Sicht – für negative Deutungen Deutschlands anboten, waren in erster Linie wiederum zwei Kriege. Nämlich erstens der Krieg von 1870/71, den vor allem das besiegte Frankreich zu seinen ideellen Gunsten auszuschlachten suchte, sowie natürlich der Weltkrieg von 1914 – 18, dessen dominierende intellektuelle Interpretation schon recht viel der westlichen Deutungen nach 1945 vorwegnahm. Tenbruck bemerkt dazu: »Bereits vor dem 1. Weltkrieg war unter Intellektuellen, aber auch in der öffentlichen Meinung, der Vorwurf geläufig, Deutschland habe einen Sonderweg eingeschlagen, es folge nicht dem Ideal und Fortschritt der europäischen Zivilisation. Die gängigen Stichworte dafür waren der preußische Militarismus, der deutsche Obrigkeitsstaat, die Kritik an der Aufklärung … verbunden mit dem Hang zur romantischen Realitätsvergessenheit und zum irrationalen Engagement. Der 1. Weltkrieg gab dieser Literatur und Stimmung im Westen mächtigen Auftrieb …« (1999: 85; vgl. 87 und 91).

34 Was dies hieß, ist kurz und unzweideutig der alliierten »Erklärung in Anbetracht der Niederlage Deutschlands« vom 5. 6. 1945 zu entnehmen. Nach ihr hatten die Siegermächte »die Regierungsgewalt in Deutschland, einschließlich *aller* Befugnisse

am Beginn der Besatzungszeit verbundenen persönlichen Erfahrungen der eigenen Ohnmacht gegenüber den Herrenlaunen und der Willkür der Sieger, gegenüber ihrer in keiner Besatzungszone ganz fehlenden Brutalität und ihrer – auch – sehr ungerechten Vergeltungs- und ähnlichen Maßnahmen mussten von den Besiegten immer wieder als schwere Demütigungen erlebt werden. Und zwar Demütigungen, die gelegentlich gewiss zu (gewöhnlich) versteckten Trotzreaktionen führten, jedoch häufiger zum Gefühl und Bewusstsein der eigenen *kollektiven Minderwertigkeit* mitsamt ihren unvermeidlichen Ausstrahlungen auf das individuelle Selbstbewusstsein. Von großer Bedeutung waren in dieser Hinsicht – wie könnte es anders sein? – die *grundlegenden politischen Diktate* gegenüber den Besiegten, deren faktischer Vollzug zum Teil schon vor der Kapitulation begonnen hatte. Nämlich erstens die territoriale Zerschlagung des Deutschen Reichs, mit welcher der Verlust von ungefähr einem Drittel des bisher deutschen Gebiets im Osten des Reichs (und, als unmittelbare Folge, die Existenz von ungefähr zwölf Millionen Heimatvertriebenen) verbunden war. Ferner die Aufteilung des restlichen Deutschlands nach drei bzw. vier, sich sehr bald gegeneinander isolierenden Besatzungszonen sowie seine sich etwas später abzeichnende, durch die Deutschen selbst auf keine Weise zu verhindernde Teilung entlang der Grenzen zwischen britischer und US-amerikanischer Zone auf der einen, der sowjetischen Zone auf der anderen Seite. Und schließlich, für den Alltag der Mehrheit der Deutschen sicher am wichtigsten, die Errichtung einer tendenziell das *gesamte Dasein* erfassenden *Herrschaft* der Sieger, die in manchem auch

der deutschen Regierung, des Oberkommandos der Wehrmacht und der Regierungen, Verwaltungen und Behörden der Länder, Städte und Gemeinden« übernommen (Hervorhebung von B. E.). Ein eindrucksvolles Dokument dieses herrschaftlichen Grundverhältnisses stellt auch die Proklamation Nr. 2 vom 20. 9. 45 des im August 1945 für Deutschland etablierten alliierten »Kontrollrats« dar. Ihre nach elf Sachpunkten gegliederte, grundlegende Botschaft ist stets dieselbe: Die Herren über und in Deutschland sind immer nur die Angehörigen der Siegermächte. Werden (alte oder neu geschaffene) deutsche Behörden oder Ähnliches mit der Erledigung öffentlicher Aufgaben betraut, stellen sie folglich nur Erfüllungsgehilfen dar, deren Entscheidungen nach Belieben für nichtig erklärt werden können.

noch die Gründung der Bundesrepublik überlebte und die Tenbruck so umreißt:

»Die Besatzungsmächte waren ebenfalls einig und entschlossen, ... alle berufliche und wirtschaftliche Tätigkeit ihrer Genehmigungspflicht ebenso zu unterwerfen wie alles politische und kulturelle Leben. Sie behielten sich ferner die Zulassung von Parteien, Verbänden, Vereinen, Versammlungen und Veranstaltungen vor. So wurde der gesamte Wiederaufbau *in allen Bereichen* von der jeweiligen Besatzungsmacht kontrolliert und dirigiert, die nach eigenem Urteil die Personen auswählte, die sie als wahre Demokraten mit Aufgaben betraute oder sonst als unbelastet auf niedrigen Rängen duldete. Von größter Bedeutung war dabei die vollständige Kontrolle der Militärregierungen über alle Veröffentlichungen, Nachrichten, Medien und Veranstaltungen, also über das *gesamte geistige und kulturelle Leben*. Derweil sie selbst eigene Zeitungen, Zeitschriften und Radiosender betrieben, auch sonstige Publikationen verbreiteten, wurden diese Rechte Deutschen nur durch Zuteilung einer besonderen Lizenz bei Haftung für den Geist der Veröffentlichungen gewährt« (1999: 82; Hervorhebungen von B. E.).

Gerade in den ersten Nachkriegsjahren war nun die den beiden entscheidenden Fakten verliehene *Kerndeutung* ausschlaggebend für die aktuelle Behandlung Deutschlands (oder zumindest für deren Rechtfertigung). Nach der gemeinsamen, von den USA jedoch am stärksten betonten Auffassung dieser Mächte handelte es sich jeweils um *Verbrechen*[35], deren direkte Urheber Hitler und der ihm höri-

35 Für den Weltkrieg bedarf es dazu einer Präzisierung. Gemeint waren damit gewöhnlich in ihm begangene deutsche *Kriegsverbrechen* im üblichen Sinne wie vor allem wahllose Erschießungen von auch unbeteiligten Zivilisten, besonders aber (vermeintlichen) Partisanen, inhumane Behandlungen von Kriegsgefangenen sowie, wenigstens »im Prinzip«, Vergewaltigungen. Nur wenig dazu zählten jedoch faktisch die Bombardierungen größerer Städte, die ja in erster Linie Großbritannien und den USA anzulasten waren. – Demgegenüber war die offizielle Haltung der Alliierten zu der Frage, ob der Krieg als solcher, d. h. die »Führung eines Angriffskriegs« ein Verbrechen gewesen sei, zurückhaltend und uneindeutig. Das dürfte nicht zuletzt an folgendem liegen: Zwar enthielt der Briand-Kellog-Pakt von 1929 einen eigenen Teil, der erstmalig den *Angriffs*krieg verbot; und dieses Verbot ging auch in die Völkerbundsatzung ein. Doch wurden zu ihm keine Ausführungsbestimmungen und damit auch keine Sanktionen für künftige, gegen es gerichtete Verstöße verabschiedet, sodass es einem zahnlosen Tiger glich. Hinzu kam, dass das Verbot die staatsrechtliche Tradition seit 1648 gegen sich hatte, nach der das Recht auf (auch den Angriffs-) Krieg zu den Grundattributen *staatlicher Souveränität* gehörte. Geändert hat sich diese Situation erst nach dem Zweiten Weltkrieg, d. h. mit der Gründung der UNO und deren Satzung.

ge Herrschaftsapparat, mittelbar aber auch das deutsche Volk insgesamt oder wenigstens diejenigen Teile von ihm waren, die der NS-Herrschaft den Weg geebnet und sie gestützt hatten. Dazu und zu den daraus gezogenen allgemeinen Konsequenzen für die Besiegten seien nur zwei, allerdings einschlägige Äußerungen aus den alliierten Verlautbarungen nach Kriegsende wiedergegeben. Nämlich einmal der von der US-Regierung am 21. 5. 1945 an die eigenen Truppen ausgegebene grundlegende Befehl JCS 1067 zur Behandlung der Unterworfenen:

»Es muss den Deutschen klargemacht werden, dass Deutschlands rücksichtslose Kriegsführung und der fanatische Widerstand der Nazis die deutsche Wirtschaft zerstört und Chaos und Leiden unvermeidbar gemacht haben, und dass sie nicht der Verantwortung für das entgehen können, was sie selbst auf sich geladen haben. Deutschland wird nicht besetzt zum Zwecke seiner Befreiung, sondern als besiegter Feindstaat.«

Und außerdem der zentrale Satz der *Potsdamer Erklärung* der Hauptsiegermächte USA, Sowjetunion und Großbritannien vom Anfang August 45:

»Das deutsche Volk fängt an, die furchtbaren Verbrechen zu büßen, die unter der Leitung derer begangen wurden, welche es zur Zeit ihrer Erfolge offen gebilligt und denen es blind gehorcht hat« (zitiert nach Dotterweich 1979: 124).

Jedoch: So unmissverständlich die Formulierung gerade dieses Satzes sonst ausfällt, hinsichtlich der schon früh brisanten Frage einer deutschen *Kollektiv*schuld ist sie gleichwohl nicht eindeutig[36]. In der sprachlichen Unklarheit spiegelt sich freilich die Uneinigkeit der Sieger in der Sache: Stalin lehnte die Annahme einer solchen Schuld bekanntlich von Anfang an ab. Andererseits liegt auf der Hand, dass beide Äußerungen die in der Bundesrepublik inzwischen herrschende, politisch korrekte Auffassung, es sei den Siegern um eine »Befreiung« Deutschlands gegangen, genau nicht zulassen. *Befreit* wurden doch lediglich die KZ-Häftlinge, die ausländischen Zwangsarbeiter (soweit sie dies nicht selbst taten) und verschiedene Gruppen von

36 Um das zu sein, müsste es ja heißen: »… die unter der Leitung derer, welche es … offen gebilligt und denen es blind gehorcht hat, *von ihm* begangen wurden.«

Gefangenen wie z. B. Regimegegner, Homosexuelle oder Teile der (angeblich) Geisteskranken. Was aber ist sonst von einer Befreiung – wird sie nicht in einem ganz verkürzten, objektiven Sinn verstanden – zu halten, die weder von den Alliierten[37] noch von der großen Mehrheit der Deutschen selbst so gewollt war? Denn wie hätten diese die Besatzungspolitik auch nur als Schritte in Richtung Freiheit angesichts der Tatsache verstehen sollen, dass sie eben, gerade zunächst, vor allem *Willkür* der Sieger in der Form rücksichtsloser Durchsetzung deren teils persönlichen, teils quasikollektiven Interessen[38] sowie Ausdruck von nicht gerade als edel geltenden Charakterzügen wie einer in verschiedenen Spielarten auftretenden Gier war? Und dass sie (nicht nur im sowjetisch besetzten Gebiet!) dabei eben auch brutale Straf- und Racheakte[39] einschloss? Hinzu kamen, neben dem bereits skizzierten totalen Charakter ihrer Herrschaft, die ausdrücklichen Verweigerungen elementarer moralischer Gleichheit den Besiegten gegenüber, mit denen Diffamierungen, Diskriminierungen und auch Ächtungen einhergingen, deren gravierendste Tenbruck so schildert:

37 Tenbruck verweist dazu auch auf einen den US-Truppen für ihr Vordringen auf deutsches Gebiet gegebenen Befehl, der eine frühe Konkretisierung der erwähnten Grundabsicht der USA darstellt: »Die Amerikaner rückten mit der Parole ›No fraternization‹ ein, die zugleich das deutsche Volk ächten wie die eigenen Truppen vor einer Ansteckung durch den deutschen Ungeist bewahren sollte« (1999: 86).

38 »Es ließ sich ja nicht übersehen, wie viele Maßnahmen und Säuberungen ihren nationalen Machtinteressen oder sogar schierer Beutesucht entsprangen, so dass selbst Reparationsforderungen unter Bruch internationalen Rechtes vielfach nur der Ausschaltung der wirtschaftlichen Konkurrenz dienten« (Tenbruck 1999: 90).

39 Zu diesen Brutalitäten gehörten auch die von offizieller deutscher Seite praktisch von Anfang an weitgehend totgeschwiegenen – und schon deshalb hier zu erwähnenden – »Lager« entlang des Rheins bzw. in den Rheinauen, die von den USA für einen Teil ihrer deutschen Kriegsgefangenen von Anfang März bis ungefähr Ende August 1945 unterhalten wurden. Für die Gefangenen selbst, deren Zahl sich insgesamt auf wenigstens 150 000 belaufen haben dürfte, bestanden diese Lager im Wesentlichen nur aus freien (Wiesen-)Flächen, die von ihrer Umgebung mehrfach mit Stacheldraht abgezäunt waren, jedoch keine Behausungen kannten, sondern nur die von den Gefangenen dann mithilfe leerer Blechdosen gegrabenen Erdhöhlen. In diesen Lagern sind Zigtausende deutscher Soldaten infolge von Kälte und Nässe, Mangel an richtiger Nahrung, mit dem Leben bezahlter Fluchtversuche sowie insbesondere infolge der Spezialität des US-Wachpersonals, der *Verweigerung von Trinkwasser* (!) umgekommen (vgl. u. a. den bei Adler wiedergegebenen Erlebnisbericht »Joseph« (2004: 91 – 107))!

»Dass Sieger und Besiegte mit zweierlei Maß gemessen wurden, dass über die Besiegten ein Recht verhängt wurde, das auf die Sieger nicht angewendet wurde, – das gehörte in jener Phase zum täglichen Erlebnis der Deutschen. Die Kehrseite der Befreiung von Hitler war die Ächtung eines ganzen Volkes, das wehrlos über die Leiden und Grausamkeiten der Vertreibung nicht einmal laut klagen und das Selbstbestimmungsrecht nicht beanspruchen durfte. … Erhebliche Teile der Kriegsverbrecherprozesse, Säuberungen, Demontagen u. a. konnten nicht überzeugen. Die Anklage gegen einen deutschen Imperialismus wirkten gegenüber dem offenbaren Weltmachtbestreben der Sieger wie eine Geschichtsfälschung, die Verweigerung des Selbstbestimmungsrechts … wie ein historisches Unrecht.« Und: »Am meisten aber fühlten sich Bürger und Soldaten verletzt, weil ihre einfache Pflichtbereitschaft als verbrecherisch diffamiert wurde« (1999: 90f.).

Wie hier ebenfalls anklingt, wurden die faktische Ablehnung der Besatzungsmächte und ein tiefes Misstrauen ihnen gegenüber auch durch eine Reihe von als schlicht übel empfundenen Auswirkungen der *vier grundlegenden Zielsetzungen* für die Behandlung Deutschlands verstärkt, die – schon früher vereinbart – auf der Potsdamer Konferenz von den Hauptsiegermächten noch einmal bekräftigt wurden. Nämlich »Entmilitarisierung, Dezentralisierung, Demokratisierung und Entnazifizierung«, von denen offensichtlich nur die vorletzte hauptsächlich auf eine jedenfalls politisch bessere Zukunft gerichtet war, während die übrigen (und z. T. eben selbst die Entnazifizierung) primär einer weiteren Schwächung, wenn nicht der dauerhaften *Machtlosigkeit* Deutschlands dienen sollten (vgl. unten). – Auf der Ebene des alltäglichen Überlebens wurden viele Deutsche jedoch am schlimmsten durch die auch daraus abgeleiteten und gleich einsetzenden Reparationsleistungen vor allem in der Form der *Demontagen von Industrieanlagen* sowie, wenngleich eher nur im Grundsatz, von dem »Industrieplan« getroffen, der Anfang 1946 von dem alliierten Kontrollrat beschlossen wurde und der einen weiteren Abbau der deutschen Industrie auf nur noch 50 % ihrer Produktionskapazität vor dem Krieg vorsah. In Verbindung mit der sonstigen wirtschaftlichen Ausplünderung ihrer Besatzungszone durch die Sowjets (wie der ständigen Entnahme von Rohmaterialien und mehr noch Fertigprodukten aus der laufenden Produktion) waren es freilich gerade diese fortgesetzten Demontagen, die noch 1946 zu einer wesentlichen Änderung jedenfalls der amerikanischen Deutschlandpolitik in wirtschaftlichen Fragen führten.

Der Potsdamer Konsens der Hauptsiegermächte hielt jedoch schon aufgrund des sich abzeichnenden Wandels der internationalen bzw. *welt*politischen Lage auch auf anderen Gebieten der Besatzungspolitik nicht länger an. Das zeigte sich nicht zuletzt an den sich teils verfestigenden und teils sich wandelnden Positionen in der Kollektivschuldfrage, die eben schon von Anfang an nicht voll übereingestimmt hatten. Zur Charakterisierung der in dieser Hinsicht wichtigsten Unterschiede bietet sich eine kurze, auf Bock (1999) und Tenbruck (1999) gestützte Vergewisserung darüber an, welche *Grund*positionen hier eigentlich möglich sind – und wo sie jeweils realisiert wurden.

Eine *erste* Grundposition entspricht dem für das modern-westliche Bewusstsein am nächsten liegende Verständnis von Schuld als grundsätzlich *persönlichem* Merkmal. Sie kennt *Kollektiv*schuld streng genommen nur als empirischen Grenzfall (»*Alle* haben sich schuldig gemacht«), dessen Auftreten auch ohne Berücksichtigung demografischer Gegebenheiten, wie vor allem Kindern und Teilen der Alten, umso unwahrscheinlicher wird, je größer das in Rede stehende Kollektiv ist. In politisch-praktischer Hinsicht bedeutet dieses Verständnis, dass immer nur *Einzelne* für schuldig befunden werden können, bei denen vor der Bestrafung das genaue Ausmaß ihrer Schuld sorgfältig zu ermitteln ist. Diese Position kam im Fall Österreichs schon 1945 zum Tragen: Indem die Alliierten den Österreichern rasch zugestanden, ein *eigenes* Volk zu sein, das nur durch den »gewaltsamen Anschluß« von 1938 zu einem Bestandteil des Deutschen Reichs geworden sei, stand der neuen, in dieser Hinsicht weitgehend einigen politischen Elite Österreichs der Weg offen, vorhandene Schuld nur als Gegebenheit einzelner Österreicher zu betrachten, während das »österreichische Volk« mit dem Nationalsozialismus und seinen Verbrechen im Wesentlichen nichts zu tun zu hatte.

Eine *zweite* Grundposition bejaht demgegenüber Schuld als auch kollektiven Tatbestand, der allerdings empirisch, wenn nicht grundsätzlich nur *sub*kollektiv, d. h. für mehr oder minder gut abgrenzbare *Teile* des deutschen Volkes zutrifft. Diese Position wurde in durch Stalin kanonisierter, marxistisch-leninistischer Ausprägung von der Sowjetunion und damit dann auch von der politischen Elite der sowjetischen Besatzungszone bzw. DDR vertreten. Bock umreißt diese Auffassung von einer subkollektiven Schuld und ihre wesentliche Auswirkung auf die auch hier betriebene Entnazifizierung so:

»Nach der Agententheorie der Kommunistischen Internationale sind die Faschisten und Nationalsozialisten (…) die Agenten des Kapitals, das seine Macht in den sich verschärfenden Krisen des Kapitalismus durch diktatorische und imperialistische Mittel zu verteidigen weiß. Der Kapitalismus zeigt gewissermaßen sein wahres Gesicht. Das Volk hingegen, soweit es nicht dem Klassenfeind zuzurechnen ist, ist unschuldig«. Dementsprechend war auch die Entnazifizierung »weniger eine Frage der Zugehörigkeit zur NS-Partei und des Maßes der individuellen Verstrickung in das NS-Regime, sondern eine Frage der Klassenzugehörigkeit«, d. h. der »›Kapitalisten‹ (bis hin zu mittleren Führungskräften von Industriebetrieben) und ›Großgrundbesitzer‹« (1999: 536f.).

Für die Annahme einer Schuld aber, die große Teile, ja tendenziell *alle* Deutschen auf sich geladen hätten, ist in dieser Sichtweise kein Raum:

»Es konnte keine Kollektivschuld des deutschen Volkes geben, weil das Dritte Reich das Werk des Kapitalismus und seiner Handlanger war. … Der Arbeiter- und Bauernstaat … schuldete wohl der Sowjetunion Dank und Hilfe, trug aber keine Verantwortung für die faschistischen Greuel und brauchte dafür auch keine Wiedergutmachung zu leisten. In der DDR war die deutsche Frage gelöst, ein Rückfall in den Nationalsozialismus ausgeschlossen, die Bewältigung der Vergangenheit geleistet, das Volk von der Schuld der Geschichte erlöst.« Die »offizielle Linie … sah den deutschen Irrweg nicht als einzigartigen Fall, der allein aus der deutschen Geschichte zu erklären sei, sondern als Teil einer Fehlentwicklung, zu der auch andere Länder beigetragen, an der sie sogar selbst teilgenommen und von der sie sich bei bestehendem Kapitalismus noch immer nicht ganz gelöst hatten. Für die DDR war der deutsche Irrweg erledigte Geschichte, aber keine Schuld, an die sie sich stets in Buße zu erinnern hatte. Sie brauchte die Vergangenheit nicht zu bewältigen, sie hatte sie bewältigt« (Tenbruck 1999: 81).

Bei der *dritten* Position, der Grundannahme einer (annähernd) *allgemeinen* Kollektivschuld, die gerade anfänglich Leitlinie des besatzungspolitischen Handelns der USA und abgeschwächt auch

Großbritanniens war, ist zwischen einer harten und, in einiger Vereinfachung, einer weicheren Spielart zu differenzieren[40]. Diese beiden Varianten unterschieden sich eher nur zufällig nach der angenommenen kollektiven Reichweite der Schuld und ebenfalls nur wenig hinsichtlich der Annahmen ihrer objektiven Schwere. Sondern wesentlich nur in zwei Auffassungen: Nämlich a) darüber, ob bzw. wie sehr diese Schuld den Deutschen *persönlich*, d. h. im Sinne des in der Aufklärung entwickelten *modern-westlichen* Schuldverständnisses zuzurechnen sei. Und in der Frage, ob b) Schuld auf sich ladendes kollektives Handeln bei einem *Nicht*eingreifen gerade der westlichen Nationen dauerhaftes deutsches *Schicksal* sei oder ob es durch eine – gelingende – kollektive Umerziehung auf das sonst übliche Normalmaß zurückgeführt werden könne. Die *harte* Variante, wie sie beispielhaft von dem britischen Staatssekretär Vansittart, aber auch von dem US-Finanzminister Morgenthau vertreten wurde und zunächst die Besatzungspolitik der USA in ihrer Zone bestimmte, ging davon aus, dass der Nationalsozialismus und seine Verbrechen als Folgen eines besonderen deutschen *Nationalcharakters* gesehen werden müssten, dessen Grundmerkmale starke Neigungen zu Aggression (und damit zu Gewalttätigkeit und Unterdrückung anderer) sowie zu ausgeprägt autoritärem bzw. unterwürfigem Verhalten seien. Spezifisch für diese Konzeption und ihre praktisch-politischen Konsequenzen für die Siegermächte war nun die Auffassung, dass dieser Nationalcharakter zwar irgendwann – durch Luther, Friedrich den Großen, Bismarck oder vielleicht doch schon viel früher, gar Arminius? – geformt, inzwischen aber *unveränderlich* geworden sei. Damit wurde freilich die bei den westlichen Alliierten sonst wie selbstverständlich dominierende Sicht, dass angesichts des Geschehenen eine (auch und gerade) *persönliche* ethische Schuld aller oder

40 Dass im Folgenden meistens von den USA, und zwar auch dann überwiegend die Rede ist, wenn es um die Haltungen und Absichten der Westalliierten insgesamt geht, liegt daran, dass sie von Anfang an die *ausschlaggebende* westliche Besatzungsmacht waren und diese Dominanz im Laufe der Jahre noch zunahm. Dem mussten sich schließlich auch die Franzosen beugen, die relativ lange eine fast ausschließlich an ihren Vergeltungswünschen sowie ihren nationalen Wirtschafts- und Sicherheitsinteressen orientierte Besatzungspolitik betrieben.

wenigstens vieler Deutscher vorliege und vorliegen müsse, nicht nur nach ihrer Bedeutung zweitrangig, sondern streng genommen unhaltbar: Wie kann man jemand Verhaltensweisen als solche Schuld anlasten, der infolge mächtiger innerer Antriebe *zwanghaft* so handelt?

Die wichtigsten politischen Auffassungen bzw. Konsequenzen dieser *harten* Spielart aber waren eindeutig: (1) Die Deutschen sind ein in elementarer und so zugleich menschheitlicher Hinsicht *minderwertiges* Volk. Das beweist die Ausprägung ihres Nationalcharakters teils unmittelbar, teils und vor allem aber die durch ihn Realität gewordenen »furchtbaren Verbrechen«. (2) Aufgrund der Unveränderlichkeit dieses Charakters ist es unmöglich, »dass die Deutschen jemals in den Kreis der demokratischen, friedliebenden und den Menschenrechten verpflichteten Nationen eintreten können« (Bock 1999: 538). Hinsichtlich der künftigen deutschen Staatlichkeit folgt daraus zwingend, dass (3) bei ihnen das Prinzip der kollektiven Selbstbestimmung bzw. Volkssouveränität in wichtigen politischen Fragen nicht zur Anwendung kommen kann. Vielmehr sind (4) die Deutschen, um künftiges, wieder von ihnen ausgehendes Unheil zu verhindern, durch die Siegermächte bzw. die Menschheit überhaupt *dauerhaft* im Status eines machtlosen *Paria*volks zu halten: »Bekanntlich sah der hiervon ausgehende *Morgenthau*-Plan vor, dass das deutsche Volk in Kleinstaaten aufgeteilt und entindustrialisiert wird« (Bock a. a. O.)[41].

41 Dieser Plan (in der Form eines im Sommer 1944 erarbeiteten Memorandums mit dem Titel »Program to prevent Germany from starting World War III«) war von den mehr oder minder offiziellen Plänen, die von westalliierter Seite für die Zukunft des besiegten Deutschlands geschmiedet wurden, der für die (wirtschaftliche) Existenz des deutschen Volks zweifellos schlimmste. Nach ihm sollte nämlich Deutschland, d. h. das, was von ihm übrig blieb, zu einem weitgehenden Agrarland ohne die im Gefolge der industriellen Revolution entstandene (Groß-)Industrie werden; einer Industrie, deren Anlagen im Westen Deutschlands (insbesondere an Rhein und Ruhr und im Saarland) zunächst ausschließlich nach Großbritannien, in einer späteren Fassung des Memorandums auch in andere Länder Europas zu schaffen war. Von den klassischen Wirtschaftssektoren sollten den immer noch ungefähr achtzig Millionen Deutschen neben der Landwirtschaft (und einem stark geschrumpften überlokalen Handel) lediglich das Handwerk und die Kleinindustrie erhalten bleiben. Unter der Bedingung einer halbwegs effizienten Abschottung des verbleibenden deutschen Gebiets hätte das den Hungertod vieler Millionen Deutscher bedeutet! In

Allerdings dominierte diese Spielart der Kollektivschuldauffassung auch in der US-amerikanischen Besatzungszone nur bis etwa Herbst 1946, sodass die von ihr ausgehenden spezifischen politischen, kulturellen und sonstigen Maßnahmen in ihrer Wirkung recht begrenzt blieben. Die auf sie folgende, *weichere* Spielart setzte sich vor allem aus zwei Gründen durch. Nämlich einmal – und vor allem – durch den sich rasch verschärfenden Ost-West-Gegensatz, der immer stärker auf die »strategische Bedeutung (West)Deutschlands« verwies und damit die USA mehr und mehr »auf eine Westintegration möglichst großer Teile des besetzten Deutschlands« setzen ließ. Doch spielte hier auch eine Rolle, dass gerade die US-Besatzer »vor Ort eine ganz andere Bevölkerung zu sehen bekamen«, als nach der Sicht der harten Konzeption zu erwarten war (a. a. O.).

Gleichwohl bestand der eigentliche Unterschied zwischen beiden Auffassungen eben nicht hinsichtlich der Annahme einer kollektiven deutschen Schuld, sondern nur in der Frage einer durch den Nationalcharakter vorgegebenen »Unverbesserlichkeit« der Deutschen und damit der (Un)Möglichkeit, sie zu »Demokraten« umzuerziehen. Doch um es vorwegzunehmen: Wie absurd diese schwerwiegende Annahme eines *wissentlichen* und *willentlichen* verbrecherischen Handelns annähernd *aller* Deutschen (und zwar, billigerweise, ohne Einbeziehung der Kinder und von Teilen der Alten) eigentlich war, lässt sich den folgenden Sachverhalten entnehmen: Zwar dürften die Deutschen *zeitweise*, wie etwa nach den Siegen über Polen und vor allem Frankreich, mehrheitlich Anhänger Hitlers gewesen sein. Doch waren sie damit schon Nationalsozialisten, d. h. »Nazis« im gleich

einem Anfang Herbst 1944 verfaßten Memorandum des US-Außenministeriums, das zusammen mit dem Kriegsministerium zu einem scharfen Kritiker Morgenthaus wurde, hieß es dazu: »Wahrscheinlich werden etwa zehn Millionen Menschen von außerhalb Deutschlands versorgt werden müssen, wenn es überhaupt möglich ist, sie irgendwie zu versorgen« (Übersetzung nach Gerhardt 2007: 38). Diese Zahl ist noch entschieden zu tief gegriffen, denn die verbleibende deutsche Landwirtschaft hätte in dieser Zeit nur etwa 20 Millionen mit ihren Produkten ernähren können. Womit aber hätte das in einer ganzen Reihe von Hinsichten verarmte Deutschland in dieser Situation entsprechend große Lebensmittelimporte bezahlen sollen? Obwohl Außen- und Kriegsministerium sich mit ihren Grundvorstellungen beim Präsidenten Roosevelt recht rasch durchsetzten, war jedoch ein gewisser Einfluss Morgenthaus auf die reale US-Besatzungspolitik von 1945/46 durchaus spürbar.

näher zu schildernden westlichen Sinne? Haben sich diese Anhänger mit ihrer teils faktischen, weit häufiger aber nur verbalen Unterstützung des Regimes auch *schuldig* im strikteren Sinn gemacht? Und das angesichts einer *Diktatur*, die über vorher kaum bekannte Möglichkeiten verfügte, politische Sachverhalte bzw. Informationen überhaupt der Bevölkerung teils vorzuenthalten, teils sie verfälscht, doch für die Bevölkerung überwiegend plausibel klingend wiederzugeben. Und *auch* einer Diktatur, deren letzte Ziele (wären sie denn bekannt geworden) bei der Mehrheit der Bevölkerung Entsetzen, vor allem aber ungläubiges Erstaunen hervorgerufen hätten und nach Kriegsende auch vielfach hervorgerufen haben[42]. Schließlich, doch entscheidend: Was könnte die Annahme rechtfertigen, dass die deutsche Bevölkerung auch nur mehrheitlich bereit gewesen sei, von sich aus an Verbrechen im üblichen Sinn oder gar an der Ermordung der europäischen Juden mitzuwirken?[43] Ausgehend von einer entsprechenden, jedoch auf die *gesamte* nichtjüdische Menschheit gemünzte Grundannahme von Elie Wiesel (1999: 104) stellt Finkelstein dazu fest:

»Für einen mörderischen Impuls der Nichtjuden in ihrer Gesamtheit gibt es keinen einzigen historischen Beweis. Daniel Goldhagens nachhaltige Anstrengung, in *Hitlers willige Vollstrecker* eine Variante dieser Behauptung zu beweisen, ist allenfalls komisch. Politisch ist sie jedoch ausgesprochen nützlich«[44].

Halbwegs plausibel wird diese alliierte Kollektivschuldzuweisung nur auf dem Hintergrund einer großenteils schon älteren, jetzt aber

42 Vgl. dazu sowie zur Haltung der deutschen Bevölkerung nach Kriegsende hinsichtlich der ihr von den Westalliierten angesonnenen Kollektivschuld Braun 2007: 210f. sowie die von ihm angeführten, nach ihren empirischen Daten von 1945 stammenden US-amerikanischen Untersuchungen von Janowitz (1946), Kirkpatrick (1948) und Peak (1945).

43 Bezeichnenderweise wurden die größeren und kleineren Konzentrationslager des NS-Regimes fast ausnahmslos in Deutschland (in den Grenzen von vor 1945) selbst errichtet, die eigentlichen *Vernichtungs*lager aber wie Maidanek oder Sobibor im östlichen *Polen* oder, wie im Fall von Auschwitz, in einem abgelegenen Teil Polens. Denn allein dadurch ließ sich die Ermordung der Juden vor der eigenen Bevölkerung deutlich besser geheim halten.

44 2001a: 57. Die erwähnte Grundannahme Wiesels findet sich u. a. in dessen Erinnerungsband von 1999: 104, Goldhagens »Anstrengung« in seinem Buch von 1996. Vgl. auch unten, Kap. IV, 2.

zugespitzt negativen Gesamteinschätzung der Deutschen, die nicht nur von den maßgeblichen Kreisen der USA, sondern mehr oder minder auch von den anderen westlichen Siegermächten geteilt wurde. Um – Tenbruck folgend – sie und die wichtigsten politischen Konsequenzen aus ihr in vier Punkten wiederzugeben:

(1) »Die Westmächte … sahen in der Machtergreifung Hitlers nicht einen einzigartigen Vorgang, sondern das erwartbare Ergebnis der deutschen Geschichte. Der Gedanke ging um, dass die deutsche Kultur seit langem innerlich verseucht sei, so dass auch die Demokratie einen neuerlichen Rückfall nicht für immer ausschließe. … Vor allem in Amerika … hielt man gerne alle Deutschen im Grunde für hitlerhörige Nationalsozialisten, die erst langsam und gründlich umerzogen werden müssten.«

(2) Als Grundbedingungen einer psychisch-geistigen Gesundung der Deutschen galten ihre »völlige Sinnesänderung und die bewusste Abwendung von ihrer bisherigen Geschichte«, die eben … einen »beharrlichen Irrweg« dargestellt habe. Nur auf diese Weise könnten die Deutschen »wieder zurückfinden auf den rechten Weg und erst dann könnten sie wieder in die Gemeinschaft der freien Völker aufgenommen werden«.

(3) Die entsprechende, von den Siegern verordnete »Vergangenheitsbewältigung« krankte allerdings »von vornherein an inneren Widersprüchen. Man verlangte kurzweg Schuldbekenntnisse, die auf die kollektive Ächtung des ganzen Volkes hinausliefen. Man erwartete Einsicht in die Schuld von einem Volk, dem man die Fähigkeit zur moralischen Einsicht absprach«. Dass diese und ähnliche westalliierten Zumutungen und Forderungen die Besiegten jedenfalls dann durchschnittlich überfordern mussten, wenn sie von ihnen *ernst genommen* wurden, liegt auf der Hand. Dies hinderte jedoch zumindest die USA nicht daran, vor allem in den ersten Besatzungsjahren immer wieder neu »öffentliche moralische Schuldeingeständnisse« von deutscher Seite gleichsam einzutreiben.

(4) Dadurch, dass die Erwartungen der Westalliierten, insbesondere der USA hinsichtlich einer solchen Vergangenheitsbewältigung von der Mehrheit der Besiegten schlicht enttäuscht wurden, fand sich ihr tiefes Misstrauen diesen gegenüber immer wieder neu bestätigt. Bestätigt fühlten sie sich aber auch in ihrer Grundentscheidung über die spezifisch politische Behandlung Deutschlands. Denn ihre Besatzungspolitik verharrte zunächst »weitgehend in dem Versuch, Deutschland möglichst lange unter Kuratel zu stellen, in Quarantäne zu halten, einen deutschen Staat nur unter strengen Vorbehalten zuzulassen … und sich selbst möglichst Faustpfänder zu sichern, um Deutschlands Macht für alle Zeiten zu begrenzen« (1999: 85 – 89).

Angesichts des wachsenden Ost-West-Gegensatzes veränderte sich jedoch, zumindest bei den USA, diese politische Grundhaltung schon Ende 1946 in Richtung einer zunehmend entschlossenen Forcierung von zwei allgemeinen *Zielen*. Nämlich erstens der *Westintegration* der Westzonen (und dazu die Überwindung der eingetretenen Isolierung auch dieser Zonen voneinander). In wirtschaftlicher Hinsicht diente diesem Ziel in erster Linie die Wiederaufbauhilfe des Marshallplans, die freilich zum Teil zurückzuzahlen war. Die deutlich vorsichtiger betriebene politische Integration erfolgte nach dem Grundprinzip »Tausche größere kollektive Selbstbestimmung (und später: Souveränitätsrechte des vorgesehenen bzw. entstandenen westdeutschen Staats) gegen neu einzugehende politische Bindungen an bzw. Verpflichtungen gegenüber dem Westen auf der Basis – formell – freiwillig geschlossener Verträge«, wobei die deutsche Seite eben regelmäßig Vorleistungen zu erbringen hatte. Das zweite Grundziel aber bestand in einer *Verwestlichung* der Deutschen selbst, die zur *Demokratie* möglichst im Sinne des US-amerikanischen Verständnisses davon umerzogen werden sollten.

Diese Umerziehung umfasste nach wie vor auch die systematisch angelegten Versuche der bisherigen. Nämlich mittels Fragebögen, die ganz überwiegend der männlichen Bevölkerung galten, sowie »Spruchkammern« (als Sonderform von Gerichten), die diese Bögen und andere Informationen auszuwerten hatten, möglichst alle zu erfassen, die dem verzweigten Herrschafts- und Parteiapparat der NSDAP angehört hatten oder sonstwie in NS-Verbrechen verstrickt waren. Das Ziel dieses ganzen Verfahrens bestand dann grundsätzlich darin, sie nach der jeweiligen Schwere ihrer Schuld zu bestrafen. Das bedeutete gewöhnlich zwar nicht mehr den Tod (wie er häufiger die vor allem anfänglich ergriffenen, als »Goldfasanen« bezeichneten hohen NS-Funktionäre traf), wohl aber teilweise lange Haftstrafen, Verlust des Arbeitsplatzes bzw. der Pension, Vermögensentzug oder auch nur eine Entfernung aus (quasi)öffentlichen Ämtern. Doch war die »reeducation« jetzt weit stärker als früher »Teil eines umfassenden kulturpolitischen Konzepts«, das die kollektive Umerziehung u. a. mit den Mitteln der – am faktischen deutschen

Widerstand allerdings gescheiterten – »Schulreformen« nach US-amerikanischem Muster betrieb. Ferner durch eine entsprechend gehandhabte Lizensierung von Presse und Rundfunk, die Errichtung von »Amerikahäusern«[45] sowie, auf der *jugend*kulturellen Ebene, die Verbreitung von Jeans, Kaugummi, Coca Cola, Hollywoodfilmen und Jazz[46], doch auch über erste universitäre Austauschprogramme in der Form von USA-Aufenthalten deutscher Studenten, die durch Gewährung von Stipendien finanziert wurden (vgl. Bock a. a. O., 539). Dies alles und weiteres mehr sollte der Verbreitung US-amerikanischer Orientierungen, Mentalitäten, Praktiken, kurz: des »American way of life« unter den Deutschen dienen und damit eben deren Demokratisierung. Typisch für diese Haltung, die schon vor, vor allem aber nach der Gründung der Bundesrepublik die Deutschlandpolitik der USA bestimmte, ist u. a. das offiziell wichtigste Ziel des mit dieser Gründung in Kraft getretenen Besatzungsstatuts, das der US-Hochkommissar John McCloy Anfang 1950 so wiedergab:

»Unser Hauptzweck ist es …, dass wir dem deutschen Volk helfen, eine politische Demokratie zu errichten, in der die Deutschen als freie Menschen leben und die Früchte dieser Freiheit genießen können.« Und: »Volle Unterstützung und Förderung wird den demokratischen Kräften in Deutschland zuteil werden« (Rede vom 6. 2. 1950 zur Eröffnung des Amerikahauses in Stuttgart)[47].

45 Die ersten dieser Häuser, die bis gegen Ende der Sechzigerjahre schon einen gewissen amerikanisierenden Einfluss auf die städtischen Mittelschichten bzw. deren Kinder ausübte, wurden noch in den Vierzigerjahren gegründet (so Berlin 1946 und München 1948). Die große Zeit ihrer Gründungen waren jedoch (auch außerhalb der vormaligen US-Besatzungszone) die Fünfzigerjahre.

46 In seinem Lied »Umleitung« hat der 2011 gestorbene Liedermacher Franz Josef Degenhart halb autobiografisch die Faszination geschildert, die besonders die medialen Produkte der US-Kultur auf einen Teil der westdeutschen Jugendlichen seit den späten Vierzigerjahren ausübten: »Erst um acht begann der Film, doch vor dem Kino standst du schon um drei. Und du wartetest auf Marlon Brando und die anderen Jungens aus Brooklyn; und du rauchtest so wie Richard Widmark, standst wie Frankie (Frank Sinatra – B. E.) wiegend in den Knien«.

47 Die den Deutschen damit in Aussicht gestellte Freiheit war freilich auch bei McCloy in den ihm wichtigen Punkten nur in der »richtigen« Weise zu nutzen (und damit eben keine *Freiheit* mehr). Insbesondere sollte sie nicht die *Integration* in Westeuropa bzw. den »Westen« überhaupt und die damit gegebene gute Kontrollierbarkeit gefährden: »Das deutsche Volk muss in die Lage versetzt werden, seine politische Unabhängigkeit auf demokratischer Grundlage und in enger Zusammenarbeit mit den freien Völkern Westeuropas zu entwickeln. Das deutsche Volk muss in ein frei-

Die eingetretenen Veränderungen ließen nun auch die dominierende Auffassung der USA in der Kollektivschuldfrage nicht unberührt, deren Grundcharakter (trotz der z. T. beträchtlichen Modifikationen, die sie im Lauf der Jahrzehnte erfahren hat) eben auch heute noch fortwirkende Bedeutung für den unter Deutschen herrschenden Glauben an die eigene Minderwertigkeit besitzt. Um das dazu bereits Gesagte kurz zusammenzufassen und dann die weitere innerdeutsche Entwicklung wenigstens skizzenhaft bis zu derjenigen Zäsur zu verfolgen, die durch eine 1985 vom damaligen Bundespräsidenten v. Weizsäcker gehaltene Rede gebildet wird: (1) Vor allem 1945, doch auch in den beiden Folgejahren dominierte eben gerade bei den USA die entschiedene Bejahung einer *gesamt*kollektiven Schuld mitsamt den sich wiederholenden Forderungen an die Besiegten, nicht nur sie, sondern auch die mit ihr in Wechselwirkung stehende (und wahrscheinlich nie wirklich zu überwindende) *kollektive Verworfenheit* anzuerkennen und deren jetzt eingetretenen politisch-praktischen Folgen zu akzeptieren. Dagegen konnte auch der sich bald regende Widerstand von als persönlich integer geltenden Repräsentanten der Besiegten nichts ausrichten: Vergebens wies etwa Kurt Schumacher, der führende Kopf der deutschen Sozialdemokratie, mehrmals die Zuweisung einer solchen Schuld an das deutsche Volk als sachlich falsch und politisch verheerend zurück; und auch die Haltung von Theodor Heuß, der an die Stelle von Schuld eine sich auch kollektiv äußernde *Scham* gesetzt wissen wollte, die alle Deutschen angesichts der NS-Verbrechen empfinden sollten, fand keine westalliierte Anerkennung. (2) Spätestens 1948 jedoch ließ die (öffentliche) Betonung dieser Schuld jedenfalls bei den USA stark nach: Angesichts des sich verschärfenden Ost-West-Gegensatzes waren sie eben zunehmend entschlossen, Westdeutschland zum eigenen Nutzen in den Westen zu integrieren. Diese Integration aber wurde von ihnen bald schon auch *militärisch*

es Europa integriert werden. Das deutsche Volk muss, wenn es und seine Regierung ihre Bereitschaft und ihr Verantwortungsbewusstsein bewiesen haben, vollen Anteil an den wirtschaftlichen Vorteilen des freien Europas erhalten und entsprechende Verpflichtungen dafür übernehmen« (a. a. O.).

verstanden. Sie verlangten damit von den Besiegten genau das, was von ihnen noch ein, zwei Jahre vorher gern als nach seinem Charakter verbrecherisch diffamiert worden war (und diesen ein für allemal ausgetrieben werden sollte), nämlich die Existenz *deutscher* Soldaten in der Form einer neuen, als westalliierte Hilfstruppe gedachten Armee. In dieser Situation einer von vielen für nicht möglich gehaltenen Selbstdesavouierung gerade der USA wäre es nicht opportun gewesen, die schon im Hinblick auf die Erhaltung einer realistischen Wiedervereinigungschance überwiegend nur halbherzige, wenn nicht ganz fehlende Zustimmung der großen Mehrheit der Deutschen zu dieser Integration durch eine anhaltende Betonung ihrer »kollektiven Schuld« weiter zu schmälern oder vollends zu riskieren[48]. Mit einer stärkeren Abschwächung ihrer Betonung dieser Schuld musste jedoch mit einiger Zwangsläufigkeit ihre *sachliche* Modifikation einhergehen, die denn – wie wiederum der erwähnten Rede von McCloy zu entnehmen ist – auch bald schon erfolgte. Das Ergebnis stellte einen Kompromiss dar, der seine innere Zwiespältigkeit, um nicht zu sagen Widersprüchlichkeit, allerdings kaum verbergen konnte. Denn einerseits wird hier eine solche Schuld grundsätzlich, doch keineswegs eindeutig zurückgewiesen:

»Niemand, am wenigsten die Bevölkerung der Vereinigten Staaten, lädt *allen* Deutschen die Verantwortung für die Verbrechen Hitlers auf. Ihr enormes Ausmaß allein würde dies ausschließen. Niemand verlangt Selbstbezichtigungen und einen Canossagang«.

Andererseits aber heißt es:

»Was ich jedoch erwarte, ist Schluß mit dem Gerede jener Deutschen, die nicht nur *ihre eigene Schuld* leugnen, sondern auch die Verantwortung für die Folgen dieser Schuld auf die Fehler anderer Völker schieben wollen. Gewisse Redner dieses Landes haben in der letzten Zeit die Tendenz gezeigt, mit einem Sprung von der *Verleugnung* der Kollektiv-Schuld zu der Behauptung zu kommen, dass andere Völker und Länder für die Nachkriegsschwierigkeiten und -probleme Deutschlands verantwortlich sind« (a. a. O.; Hervorhebungen von B. E.).

48 Vor dem Hintergrund dieser Situation ist auch die von den USA in diesen Jahren relativ häufig vorgenommene Abmilderung der verhängten Strafen gerade bei solchen inhaftierten Deutschen zu sehen, die aufgrund ihrer beruflichen Tätigkeit vor 1945 einen hohen Status besaßen.

Eine solche zwiespältige Schuldauffassung der USA und dann (mehr oder weniger) fast sämtlicher westlicher Länder blieb jedoch nicht auf die fünfziger Jahre beschränkt, sondern besteht – durch die ja nicht verschwundenen Konkurrenz- und Rivalitätsverhältnisse auch der westlichen Länder untereinander zumindest begünstigt – selbst in der Gegenwart wie immer abgeschwächt fort. Denn es ist ja schwer zu übersehen, dass diese Länder bzw. ihre Regierungen auf dem internationalen Parkett nach wie vor dazu neigen, in bestimmten, für *ihre* Interessen oder ihr Prestige wichtigen Situationen die (inzwischen auf den Holocaust verengte) Kollektivschuldannahme zwar oft eher nur als halb versteckte Anspielung, doch gelegentlich auch unverblümt ins Spiel zu bringen. Durch den damit zu erzielenden moralischen Druck sollen dann von Deutschland Zugeständnisse und Vergünstigungen erreicht werden, die der Sache nach nicht zu legitimieren sind. Doch werden sie zu solchen »fallweisen« Taktiken nicht immer wieder durch ein Übermaß an politischer Korrektheit – und entsprechendem Bedürfnis nach (Selbst)Bestrafung – in der Haltung der deutschen Politiker und der ihnen verbundenen Medien angereizt, ja eingeladen? Denn erwecken die deutschen Vertreter, etwa in den Gremien der Europäischen Union, wirklich nicht mehr den Eindruck, sie müssten sich nicht nur für die (nicht ganz zu vermeidende) Vertretung *eigener* nationaler Interessen bei den Verhandlungspartnern anderer Länder entschuldigen, sondern bereits für die auch *kollektive* deutsche Existenz? Die in Brüssel, Frankfurt und anderswo immer wieder erzielten deutschen »Erfolge« sprechen jedenfalls nicht für entscheidende Veränderungen in dieser Hinsicht.

Doch weiter: Der seit 1947/48 spürbar nachlassende Druck gerade der USA auf eine allgemeine Akzeptanz der Kollektivschuldannahme erlaubte es deren zahlreichen Gegnern unter der deutschen Bevölkerung, ihre Ablehnung zunehmend offener zum Ausdruck zu bringen, was viele der zunächst Vorsichtigen oder Zögernden ihnen folgen ließ. Anfang der fünfziger Jahre ergab sich damit ein Bild, das die beiden nächsten Jahrzehnte bestimmen sollte: Die Annahme einer kollektiven Schuld wurde nicht nur von der (großen) Mehrheit der Bevölkerung, sondern überwiegend auch öffentlich abgelehnt.

Ihre Bejahung war vielmehr hauptsächlich auf Angehörige der oberen Mittelschicht, vor allem des Bildungsbürgertums, und hier wieder in erster Linie: Teile der Protestanten und die Mehrheit ihrer Geistlichkeit beschränkt. – Diese Konstellation änderte sich im Kleinen schon in und durch die Studentenrevolte von 1968[49], sowie landesweit spätestens seit der Mitte der Siebzigerjahre zugunsten einem Vordringen der Schuldannahme jedenfalls in den höheren sozialen Schichten sowie besonders der veröffentlichten Meinung. Für diese Veränderungen gibt es sicher eine Reihe von Gründen, doch dürfte der wichtigste in einer gravierenden *inhaltlichen* Verschiebung des Kollektivschuldverständnisses sowie seiner Verschärfung bestehen. Dominierten nämlich, jedenfalls bei den offiziellen Schuldzuweisungen der westlichen Besatzungsmächte, in den Nachkriegsjahren eher die *Kriegs*verbrechen, so wird nach dem arabisch-israelischen Krieg von 1967 die Vernichtung der Juden in ihrer herrschenden, vor allem durch Elie Wiesel geprägten *zionistischen* Deutung als *Holocaust*[50]

49 Es war, je nach politischem Standpunkt, faszinierend oder erschreckend zu sehen, wie bei den zunächst antiautoritären, dann mehr und mehr linken Studenten sich die Einstellung zur Kollektivschuldannahme bzw. zum eigenen Volk in kurzer Zeit wandelte. Die erste auffallende Veränderung war hier die zunehmende und oft vehemente Ablehnung der eigenen Eltern oder doch des Vaters und damit bald der Vätergeneration überhaupt. Doch wurde rasch auch die Beurteilung des eigenen Volks mehr und mehr negativ und schlug häufig in entschiedene Selbstablehnung, ja Selbsthass um: Deutsche(r) zu sein, war typischerweise schon 1968, zumindest bei den Genossen des SDS, »nun wirklich das Letzte«. Dementsprechend wuchs bei den revoltierenden Studenten auch der Glaube an die Kollektivschuld insgesamt stark an.

50 Finkelstein beschreibt diesen Umschlag so: »Nach dem Zweiten Weltkrieg wurde der Völkermord der Nazis zunächst nicht als ausschließlich jüdisches – und schon gar nicht geschichtlich einzigartiges – Ereignis gezeichnet. Insbesondere die organisierten Juden Amerikas gaben sich größte Mühe, ihn in einen allgemeinen Zusammenhang zu stellen. Nach dem Junikrieg (von 1967 – B. E.) hat man die ›Endlösung‹ der Nazis jedoch in einen radikal anderen Rahmen eingeordnet. ›Der erste und wichtigste Anspruch, der aus dem Krieg von 1967 hervorging und zum Wahrzeichen des amerikanischen Judentums wurde‹, erinnert sich Jacob Neusner, sei gewesen, dass ›der Holocaust … einzigartig und in der Menschheitsgeschichte ohne Parallele war‹« (2001a: 50; das ganze Zitat findet sich bei Neusner 1993, Bd. 2: viii). Die Rolle Wiesels für dieses Verständnis des Mords an den Juden ist kaum zu überschätzen. Novick bezeichnet ihn ohne Umschweife als »hauptsächlichen Interpreten« des Holocausts in den USA (1999: 351 (Anm. 19); vgl. Finkelstein 2001a: 62). Die in der vorgetragenen Allgemeinheit sicher zutreffende Grundannahme Finkelsteins über diese Auffassung aber besteht darin, »dass DER HOLOCAUST (…) eine von Ideologie geprägte Darstellung der Massenvernichtung der Juden durch die Nazis ist. Wie alle Ideologien ist sie, wenn auch schwach, mit der Wirklichkeit verbunden. DER HOLOCAUST ist

zu einem Verbrechen, das gleich in dreifacher Hinsicht einzigartig (und »unvergleichlich«!) sei[51] und damit auch die Schuld an ihm *einzigartig groß* mache. Diese Deutung setzte sich nicht nur im US-amerikanischen Judentum, sondern mehrheitlich auch bei der politischen Elite der USA rasch durch und erreichte wenig später auch Westdeutschland, d. h. neben den hier noch oder neu vorhandenen Juden auch Teile der (vor allem beamteten) Intellektuellen sowie zunehmend Angehörige der politischen Klasse[52]. Spätestens gegen Ende der Siebzigerjahre galten der nun so verstandenen Vernichtung die ganz überwiegenden Bemühungen der öffentlichen Vergangen-

kein willkürlich zusammengestelltes, sondern vielmehr ein in sich stimmiges Konstrukt. Seine zentralen Dogmen stützen wichtige politische und Klasseninteressen« (2001a: 9; vgl. auch Anm. 1, a. a. O., 185).

51 Nach Finkelstein sind es hauptsächlich drei Annahmen, die in dieser zionistischen Deutung die Einzigartigkeit der Vernichtung begründen: Erstens ist diese selbst schon einzigartig; sie *transzendiert* die sonstige Menschheitsgeschichte insofern, als es ein mit ihr »vergleichbares geschichtliches Ereignis« nicht gibt. Zweitens war sie nach der Absicht der für sie Verantwortlichen einzigartig »böse« – und *folglich* das Leid der betroffenen Juden ebenfalls einzigartig (»Die Leiden anderer … seien damit einfach nicht zu vergleichen«). Die dritte Annahme schließlich hebt auf die Einzigartigkeit der jüdischen Opfer ab: »Nicht das Leiden der Juden machte den Holocaust so einzigartig, sondern die Tatsache, dass die *Juden* litten. … So vehement Elie Wiesel in bezug auf die Einzigartigkeit des Holocaust ist, so nachdrücklich vertritt er auch die These, dass die Juden einzigartig seien. ›Alles an uns ist anders‹. Juden sind ontologisch außergewöhnlich« (2001: 53 und 55f.; vgl. Wiesel 1999: 230). Zumindest hinsichtlich ihrer empirischen – und damit rationaler Kritik zugänglichen – Aspekte wirken diese Annahmen nicht gerade plausibel. Hinzu kommt, dass jedenfalls die dritte davon auf einen neuen Rassismus mit entsprechenden Auswirkungen auf die Beurteilung usw. der Angehörigen *anderer* Völker hinausläuft. Denn: »Glaubt irgend jemand, dass die Behauptung einer Einzigartigkeit etwas anderes ist als ein Anspruch auf Überlegenheit?« (Novick 1999: 197).

52 Aufschlussreich für die intellektuellen Auswirkungen der Holocaustkonzeption hierzulande ist eine Umdeutung, die mit der *harten* westlichen Kollektivschuldvariante bzw. ihrer politischen Schlußfolgerung verschiedentlich vorgenommen wurde. Nach dieser Schuldvariante waren ja, um künftiges, wieder von ihrem Nationalcharakter ausgehendes Unheil zu verhindern, die Deutschen durch die Siegermächte bzw. die Menschheit überhaupt im Status kollektiver *Machtlosigkeit* zu halten, denen so das sonst geltende Selbstbestimmungsrecht *dauerhaft* verweigert bleiben müsse. Auf westdeutscher Seite wurde dann seit Anfang der siebziger Jahre diese politisch-pragmatische Argumentation *moralisiert*: Danach haben die Deutschen mit dem Holocaust, dem Verbrechen *schlechthin*, sich nicht nur kollektiv schuldig gemacht (und damit die ganze Reihe der (sub)kollektiv gemeinten Bestrafungen nach dem 2. Weltkrieg verdient), sondern auch dieses universale Recht *ethisch* – und *damit auch* politisch – auf Dauer *verwirkt*. Allerdings war diese Meinung immer, also schon vor der Wiedervereinigung, die Sache einer kleinen Minderheit.

heitsbewältigung in der Bundesrepublik. Und damit zugleich, wenn auch oft mit gewissem Zögern, der sozio-politischen und personalen Durchsetzung der veränderten Kollektivschuldauffassung in der Politik bzw. der Gesetzgebung, den Medien, der Öffentlichkeit und nicht zuletzt in den (weiterführenden) Schulen durch ihre zunehmende Verankerung in den Lehrplänen. Gleichwohl blieb die offiziöse staatliche Entscheidung für oder wider die Schuldannahme noch eine Zeit lang in der Schwebe und fiel erst Mitte der Achtzigerjahre. Und zwar durch die schon erwähnte, ungewöhnlich erfolgreiche Rede, die 1985 Richard v. Weizsäcker zum 40. Jahrestag des Endes des Zweiten Weltkriegs gehalten hat.

Doch bevor auf sie eingegangen wird, sei die immens wichtige Rolle, die nach dem Krieg die alliierte, die US-amerikanische Besatzungspolitik für die Verbreitung und soziale Durchsetzung der Auffassung von der *kollektiven Minderwertigkeit* der Deutschen in den Westzonen gespielt hat, noch einmal abschließend zum Thema gemacht. Sicher, in die Richtung dieser Auffassung wirkte bei den Besiegten bereits das *bloße Faktum* des katastrophal verlorenen Kriegs, das der (überlebenden) deutschen Bevölkerung ja mit Bomben und Panzern, durch Hunger, Elend und das Auftrumpfen der Sieger in seltener Drastik vor Augen geführt wurde. Es bedurfte also nicht erst der mit dieser Katastrophe verbundenen westalliierten *Deutungen* einschließlich der aus ihnen abgeleiteten Schuldzuweisungen und entsprechender, oft wie fällige Zahlungen eingetriebener Bekenntnisse auf deutscher Seite. Gleichwohl: Von *längerfristig* entscheidender Bedeutung waren ideelle bzw. ideologische Grundannahmen der Westmächte, die den Kern der *weichen* Kollektivschuldauffassung ausmachten und spätestens seit 1947 in der Besatzungspolitik der USA darüber entschieden, wie die Zukunft der Besiegten denn aussehen sollte. In Abkehr von der fatalistisch-harten Auffassung, wie sie u. a. von Vansittart und Morgenthau vertreten wurde, lautete die allgemeine Antwort hier eben *Umerziehung*. Und zwar, wie erwähnt, mit dem Ziel der »Demokratisierung« der Deutschen sowie ihrer »Integration« in den »Westen«, in den Kreis der europäisch-westlichen Völker (mitsamt den damit verbundenen materiellen Segnungen), die in dem Maße erfolgen sollte, wie diese Umerziehung sichere Fortschritte machte. Mit der Integration tatsächlich gemeint war allerdings in erster Linie eine Einbindung der Westdeutschen in kleinere und größere westliche Zusammenschlüsse, in denen die *anderen* das Sagen hatten. Doch auch bei der Demokratisierung ging es – soweit sie sich nicht nur auf die lokale und regionale Ebene der Politik bezog – kaum um Volksherrschaft als vielmehr um die Übernahme der US-amerikanischen Lebensweise, d. h. der sie (offiziell) ausmachenden westlichen Werte wie die grundsätzliche Gleichheit aller Menschen oder bestimmte Freiheiten der Person. Faktisch aber noch weit mehr um eine Übernahme der mit diesen Werten verbundenen, am Alltags- und Freizeitleben orientierten Mentalität und entsprechender Verhaltensmuster, wie sie besonders in und für die weißen Mittelschichten propagiert und mit unterschiedlich großen Abstrichen auch gelebt wurden. Hierher gehört natürlich die Verbreitung von Coca Cola, Kaugummi, Jeans und Bürstenschnitt oder Elvis-Tolle, gehören lässiges Gehabe (mit womöglich, zum Schrecken deutscher Hausfrauen, den Füßen auf dem Tisch), Partys, US-Schlager, Blues und Jazz. Aber auch von der Besatzungsmacht veranstaltete Jugendlager, in denen den Teilnehmern unter anderem wenigstens ein paar Floskeln Englisch (wie »how are you«, »all right« oder »sugarbaby«) sowie deren Einflechten in ansonsten deutsche Unterhaltungen beigebracht wurden.

Denn was immer hier für die Deutschen angestrebt wurde, es lief regelmäßig *auch* auf teils nur unbedeutende bzw. eher unabsichtlich wirkende, teils auf ganz bewusste bzw. offensiv angegangene Veränderungen, ja Negationen von für spezifisch *deutsch* gehaltenen kulturellen Beständen hinaus, an deren Stelle eben westliche, im Zweifelsfall aus den USA stammende treten sollten[53]. Denn der Kern der

53 Vor versuchter Beseitigung (ihrer Geltung) mehr oder minder geschützt waren hier wohl nur zwei Arten kultureller Bestände. Nämlich einmal bestimmte christliche Feste, darunter vor allem Weihnachten in seiner eben deutschen Ausprägung. Zweitens Bestände, die als *nur* lokal oder regional (in z. T. unterschiedlichem Sinne) galten. Was sonst häufig für Zentralregierungen gilt, die sich durch Selbstständigkeitsbestrebungen von Provinzen herausgefordert sehen, traf im Wesentlichen auch hier zu: Besondere Bräuche und kulturelle Eigenheiten überhaupt galten mehrheitlich dann als harmlos, wenn – und solange wie – sich mit ihnen offensichtlich keine *na-*

gerade von diesem Land getragenen Botschaft sah ja folgendermaßen aus: Relativ rasche und gründliche Beseitigung von Not und Elend wie der Gewinn neuen Wohlstands, neuer individueller Freiheit und Teilhabe an der Modernität in ihren tausend Facetten haben die personale und kollektive Zuwendung zur westlichen Kultur zur Voraussetzung. Mit ihr aber muss eine entschiedene Abkehr von der deutschen Tradition einhergehen, d. h. einer Kultur (und entsprechender Geschichte), die eben vor allem von Barbarei, autoritären und aggressiven Verhaltensweisen geprägt ist sowie einer mit Verachtung durchsetzten Ablehnung der sonst von fast ganz Europa getragenen, alle Daseinsbereiche ergreifenden Tendenz zur Vervollkommnung. Minderwertig ist damit zugleich die überkommene deutsche Identität: Was bisher als spezifisch, in der Innensicht als »echt deutsch« gegolten hat, ist jetzt mit nur wenigen Ausnahmen teils barbarisch (»unzivilisiert«) bzw. Produkt missratener Triebe, teils ethisch und ästhetisch tiefstehend (»vulgär«) sowie politisch »reaktionär«. Es ist deshalb nach seiner sozio-politischen, doch auch sonstigen Geltung, seiner bisherigen Wertschätzung bei der deutschen Bevölkerung und damit in seiner Existenz selbst zurückzudrängen, zu überwinden und zu vernichten; an *seine* Stelle hat eben eine »demokratische«, bisher häufig als undeutsch geltende *westliche* Identität zu treten.

Nun wurden allerdings schon damals die Tendenzen zur Verwestlichung, zu insbesondere der Amerikanisierung gerade bei den »wohlerzogenen« Mittelschichtsdeutschen von anderen psychischen Tendenzen, nämlich den Folgen der personalen Ernstnahme der fortdauernden Kollektivschuldzuweisungen beeinträchtigt, ja durchkreuzt; Zuweisungen, die später an personalem Gewicht dadurch gewonnen haben, dass ihr verbleibendes Thema, die Vernichtung der Juden seit den Siebzigerjahren eben zionistisch interpretiert wird[54].

tionale Bedeutung bzw. kein derartiger Anspruch verband. Auch dieser Sachverhalt wirkte nach 1945 in Richtung einer verbreiteten deutschen Neubetonung des Lokalen bzw. Provinziellen.

54 Demgegenüber sind Schuldzuweisungen, die sich auf *Kriegs*verbrechen stützen, inzwischen fast ganz verschwunden. Das verdankt sich zum Teil schon der normalen Tendenz, dass Ereignisse usw. sich desto seltener und schwächer im Bewusstsein der Menschen finden, je länger sie her sind. Doch spielt auch der moralische Verschleiß

So waren und sind teilweise noch gerade diese Deutschen darin gefangen, dass sie sich im Einklang mit den normativen Vorgaben der herrschenden Korrektheit darum bemühen, die deutsche Kultur und Tradition fast ganz hinter sich zu lassen, sie aber zugleich auf ihr Deutschsein, also: die »deutsche Schuld« bzw. »besondere Verantwortung«, gleichsam festgenagelt sind. Wie aber sollte man mit sich und seinesgleichen zufrieden sein, wie sollte man unbefangen leben und bestimmte Seiten des Daseins genießen können, wenn man das, was grundlegend minderwertig ist, doch zugleich sein *und bleiben* soll – nämlich deutsch?

Ist aber die damalige westalliierte Verdammung der deutschen Kultur in Bausch und Bogen nicht eine auch aus niederen Beweggründen gespeiste, sachlich schlicht unzulässige Übertreibung, die selbst die Sieger nicht hätten vornehmen dürfen? Gab es die großen Deutschen wie Händel, Lessing, Kant oder Goethe und ihre Werke nicht? Zumindest von Teilen der Gebildeteren unter den Besatzungstruppen und ihren heimischen Politikern ist diese Unzulässigkeit sehr wohl gesehen worden. Doch zumindest offiziell ignorierte man zunächst die damit gegebene Entwertung des eigenen Diktums und suchte ihr schließlich mit einem zweifelhaften Kompromiss zu begegnen, der sich wiederum auch in der Stuttgarter Rede von McCloy findet. Danach gehören die wirklich großen Deutschen nach ihrem Bewusstsein weniger dem eigenen Volk als vielmehr der Menschheit an, wodurch die Zurechnung ihrer Leistungen zur *deutschen* Kultur nach den Kriterien der Herkunft wie ihres näheren Charakters zweifelhaft wird. Gleichzeitig bleibt aber, wenn auch sprachlich gemildert, die aktuelle deutsche Hauptaufgabe der Bruch mit der eigenen Tradition:

eine Rolle, dem die Anklagen wegen Kriegsverbrechen und damit in gewisser Weise diese selbst regelmäßig unterliegen. Denn die Geschichte lehrt ja, dass in Kriegen von einiger Größe und Dauer sich *alle* beteiligten Seiten schlimmer Verbrechen schuldig machen (und zwar schon über Kettenreaktionen, die im Kriegsgeschehen nur für moralische Virtuosen immer vermeidbar sind). Indem so von der einen Seite erhobene Anklagen von der anderen leicht zurückgegeben werden können, werden die auf solche Verbrechen gestützten Schuldvorwürfe rasch stumpf, wenn sie es nicht von Anfang an sind. – Dass die von den beteiligten Seiten begangenen Kriegsverbrechen sich nach ihrer Menge nicht selten deutlich unterscheiden, z. T. aber auch qualitativ, ändert nichts an diesem allgemeinen Befund.

»Mit Recht sind die Deutschen auf die Weltstellung solcher Leute wie Goethe und Beethoven stolz. Diese Männer dachten nicht in Begriffen wie Frankfurt, Bonn, Stuttgart, Hamburg oder selbst Deutschland. Sie waren Weltmänner. Heutzutage, nach einem Unglück von derart gewaltigen Ausmaßen, wie der zweite Weltkrieg, gibt es in Deutschland außerordentliche Möglichkeiten für eine neue Bewertung der Dinge und einen Bruch mit den Gewohnheiten, die bisher zu Elend und Unglück führten« (a. a. O. 1950)[55].

Die *pauschale* Verdammung der deutschen Kultur findet sich demgegenüber erst wieder bei den (frühen) geistigen Kindern der westlichen Besatzungsmächte. Wenigstens ein Beispiel dafür sei den Lesern schon aufgrund seines eher ungewöhnlichen Charakters nicht vorenthalten. Nämlich eine von Albrecht Wellmer Jahrzehnte später vorgenommene Würdigung der kulturellen Leistung Adornos für ihn und seine Generation:

»Innerhalb der kulturellen Szene der Bundesrepublik war Adorno ... derjenige, der an den reaktionär verseuchten Traditionen der deutschen Kultur ihr Authentisches wieder freigelegt und dem Bewusstsein einer moralisch verstörten und in ihrer Identität gebrochenen Nachkriegsgeneration zugänglich gemacht hat. ... Mit Adorno wurde es in Deutschland wieder möglich, intellektuell, moralisch und ästhetisch gegenwärtig zu sein und doch Kant, Hegel, Bach, Beethoven, Goethe oder Hölderlin nicht zu hassen« (1986: 26).

Sind dann nicht auch diese und andere Große dadurch unendlich erleichtert gewesen, dass es Adorno gelungen ist, jedenfalls Wellmer (*trotz* dessen mehrfacher »Gegenwärtigkeit«) dazu zu bringen, ihnen gegenüber (*trotz* ihrer »Verseuchtheit«) gleichsam Gnade vor Recht ergehen zu lassen?

Um nun diesen ersten Teil des Kap. IV unter dem Gesichtspunkt des erfolgten Identitätswandels *zusammenzufassen*: Die Deutschen

55 Weil diese Einschätzung Goethes als eines über Nation und Nationalismus weit erhabenen Weltbürgers (oder »Kosmopoliten«) landläufig immer noch dominiert, seien hier doch ein paar Sätze Goethes aus einem mit dem Historiker Heinrich Luden geführten Gespräch vom Dezember 1813 wiedergegeben: »Glauben Sie ja nicht, dass ich gleichgültig wäre gegen die großen Ideen Freiheit, Volk, Vaterland. Nein; diese Ideen sind in uns, sie sind ein Teil unsers Wesens, und niemand vermag sie von sich zu werfen. Ich habe oft einen bittern Schmerz empfunden bei dem Gedanken an das deutsche Volk, das so achtbar im einzelnen und so miserabel im ganzen ist. ... In derselben Weise tröstet auch nur der Glaube an Deutschlands Zukunft. Ich halte ihn so fest wie Sie, diesen Glauben. Ja, das deutsche Volk verspricht eine Zukunft und hat eine Zukunft" (1969: 866f.).

in den Westzonen waren in der Nachkriegszeit, und hier besonders in den Jahren 1945 – 47, einer *kollektiv* gedachten *Umformung* durch die Besatzungsmächte, besonders die USA ausgesetzt, die in ihrer entschiedenen Radikalität (und damit verbundenen wissenschaftlichen Ansprüchen) vorher unbekannt war und in manchem bis heute einmalig ist. Mit der Propagierung und politisch-praktischen Umsetzung ihres doppelten Schuldkonzepts, das nach seinen Inhalten eben nicht nur für das NS-Regime selbst und seine wichtigsten Unterstützer in Wirtschaft und Gesellschaft, sondern für das deutsche Volk überhaupt gelten sollte, haben sie kraft ihrer uneingeschränkten Herrschaft über die Besiegten einen ideellen bzw. ideologischen Angriff auf die überkommene, überlokale (Hoch-)Kultur, die gesamtkollektive Identität und damit die *Selbstachtung* der Deutschen in ihren Zonen unternommen, der in seiner Stärke immer wieder kaum zu überbieten war. Und dieser Angriff, durch den sich die Besiegten selbst als zutiefst *minderwertiges* und womöglich dauerhaftes *Pariavolk* verstehen sollten, traf die Angehörigen höherer Schichten, vor allem des (Bildungs-)Bürgertums, durchschnittlich weit mehr als etwa die Arbeiter oder gar die Bauern. Denn schon aufgrund der für es typischen Berufe, doch auch infolge der bei ihm häufigen Bemühungen um personale Entfaltung und Selbstverwirklichung war es deutlich stärker an der Teilhabe am kulturellen und sonstigen öffentlichen Leben und damit an der Nation und ihrem Schicksal orientiert.

Nun ist gewiss wahr, dass seit 1948 die westlichen Sieger *allmählich* zu politischen Partnern und Jahrzehnte später, auf der Basis bestimmter dauerhafter Interessen sogar zu politischen Freunden wurden, die trotz gewisser fortbestehender Hegemonialansprüche die von ihnen früher angesonnene Pariaexistenz vergessen lassen konnten. In die gleiche Richtung wirkte seit den Achtzigerjahren die unter dem Einfluss der politischen Korrektheit veränderte Sicht der unmittelbaren Nachkriegszeit, die zugunsten einer objektivistisch verkürzten »Befreiung« Deutschlands die damit unverträglichen Aspekte der Behandlung der Besiegten als schuldbeladener *Feinde*, besonders also die (anfänglichen) Racheakte und die gezielten Bestrafungen der auch westlichen Alliierten ausblendete. Wurde so die Besatzungs*realität* bis ungefähr 1948 (und in manchem noch bis wenigstens 1955) teils vergessen, teils eben vergessen gemacht, so wirken die den Besiegten in dieser Zeit zugeschriebenen Grundmerkmale, d. h. die vermeintlich auch empirisch bestätigte »kollektive Minderwertigkeit« sowie die sie entscheidend *steigernde* nomische Qualität »unermessliche Schuld« immer noch nach. Nämlich – keineswegs nur, aber doch am häufigsten – in der nach wie vor beobachtbaren Neigung vieler Deutscher, sich in kollektiver Hinsicht selbst ohne plausible sachliche Gründe herabzusetzen, abzulehnen oder gar zu hassen. Für ein beträchtliches Gewicht dieser Nachwirkung spricht übrigens auch, dass es eine solche entschieden negative Selbstsicht als *Deutsche* bei der Bevölkerung der DDR bis zur Wiedervereinigung auch unter Intellektuellen praktisch nicht gab. Selbst heute noch dürfte es zwischen Ost- und Westdeutschen bzw. bestimmten Schichten von ihnen große und typische Unterschiede bei diesem, nicht zuletzt für die Bereitschaft zu gesamtgesellschaftlicher Solidarität bedeutsamen Aspekt der kollektiven Selbstbeurteilung geben.

2. Kollektive Schuld und bleibende Haftung: Die Rede des Bundespräsidenten von Weizsäcker am 8. Mai 1985

Wie bereits angedeutet enthielt diese Rede eine Reihe von Äußerungen zu Aspekten der jüngeren deutschen Vergangenheit, die gleichsam auf Anhieb zum Kernbestand der politischen Korrektheit oder jedenfalls ihrer Hauptströmung wurden. Ja, durch sie hat die zwar schon vorher vorhandene, doch in manchem lückenhaft, uneinheitlich oder ungefestigt wirkende PK erst ihr vergangenheitsbezogenes Fundament erhalten, das sie noch heute ausmacht.

Für die hiesigen Zwecke genügt es jedoch, nur zwei, allerdings zentrale Punkte der Rede aufzugreifen. Nämlich einmal v. Weizsäckers Haltung zur *Kollektivschuld*frage und seine davon nicht unabhängige Bestimmung der kollektiven *ethischen Dignität* (wörtlich: »Würde«) der Deutschen sowie der von ihm aus beidem gezogenen, gerade längerfristig wichtigen *Konsequenzen*. Zum ersten Punkt heißt es zunächst: »Schuld oder Unschuld eines ganzen Volkes gibt es nicht. Schuld ist, wie Unschuld, nicht kollektiv, sondern persönlich« (Abschnitt III der Rede). Rasch fällt jedoch auf, dass v. Weizsäcker zwar die in der NS-Zeit Jungen sowie die Nachgeborenen von der Kollektivschuld auszunehmen bereit scheint[56], nicht aber die damals Erwachsenen (oder jedenfalls die Männer unter ihnen): »Jeder, der die Zeit mit vollem Bewusstsein erlebt hat, frage sich heute im stillen selbst nach seiner Verstrickung.« Denn diese Formulierung suggeriert ja, dass auch er – sozusagen wie alle – »verstrickt« gewesen sei und sich damit schuldig gemacht habe[57]. Doch auch die Spät- und Nachgeborenen ereilt offensichtlich wenig später die Kollektivschuld, indem es nämlich heißt: »Wir alle, ob schuldig oder nicht, ob alt oder jung, müssen die Vergangenheit annehmen. Wir alle sind von ihren Folgen betroffen und für sie in Haftung genommen« (a. a. O.). Schon aufgrund der Bedeutung, welche die Annah-

56 »Der ganz überwiegende Teil unserer heutigen Bevölkerung war zur damaligen Zeit entweder im Kindesalter oder noch gar nicht geboren. Sie können nicht eine eigene Schuld bekennen für Taten, die sie gar nicht begangen haben« (a. a. O.). Bezeichnenderweise fängt jedoch dieser zweite Satz nicht einfach so an: »Sie können keine Schuld an Taten haben …«.

57 Dass es hier nicht, wie im politisch korrekten Neudeutschen, »jede und jeder« (und dann »ihrer bzw. seiner«) heißt, dürfte übrigens kein Zufall sein. Das Loblied auf die – nicht nur, aber doch vor allem deutschen – Frauen, das v. Weizsäcker hinsichtlich ihres Verhaltens im Krieg singt, wirkt zwar durch seine Übertriebenheit unaufrichtig: »Den vielleicht größten Teil dessen, was den Menschen aufgeladen war, haben die Frauen der Völker getragen (und nicht etwa die Millionen von (jüngeren) Männern, die an den verschiedenen Fronten fallen oder zu Krüppeln werden oder auch nur in entsprechende Gefangenschaft geraten durften – B. E.). Ihre Leiden, ihre Entsagung und ihre stille Kraft vergißt die Weltgeschichte nur allzu leicht… Sie haben in den dunkelsten Jahren das Licht der Humanität vor dem Erlöschen bewahrt.« Und, sprachlich nicht von ungefähr etwas wirr: »Wenn aber die Völker an den Zerstörungen, den Verwüstungen, den Grausamkeiten und Unmenschlichkeiten innerlich nicht zerbrachen, … dann verdanken wir (! – B. E.) es zuerst unseren Frauen« (Abschnitt II). Doch die Botschaft selbst scheint klar genug: Frauen sind »eigentlich« immer nur edle Opfer – und waren deshalb auch nicht »verstrickt«. Erst recht hat es unter ihnen solche, die für diese oder jene kriminelle Seite des NS-Staats gearbeitet, ja sich als KZ-Personal bewährt haben (vgl. Kater 2005: 82), gar nicht gegeben. Kollektivschuld ist eben Männersache und bleibt es.

me einer kollektiven Schuld für diesen, inzwischen weit über 90 Prozent ausmachenden Teil der deutschen Bevölkerung immer noch hat, ist diese argumentative Grundfigur näher zu betrachten.

Warum sollten, *ohne* die vorgängige Annahme einer solchen Schuld, die Jüngeren eigentlich die Vergangenheit »annehmen müssen«, und zwar unabhängig davon, was dieser salbungsvolle Ausdruck wohl genau meint? Reicht es denn nicht, dass sie gewöhnlich von einer oder mehreren faktischen Folgen dieser Vergangenheit – nämlich dem Verlust von Familienangehörigen und Freunden, der Heimat, der Gesundheit, von materiellem Besitz und anderem – getroffen wurden, mit denen sie fertig werden mussten? Und was könnte es *begründet* erlauben, sie darüber hinaus »in Haftung« zu nehmen? Denn selbst wenn die behauptete Haftung lediglich als *empirisch* gegebene Tatsache gemeint sein sollte, stellt sich neben der Frage, *wer* das getan hatte, unvermeidlich auch die normative: Wer hatte das *Recht*, das zu tun? Damit liegt aber noch eine dritte Frage nahe: War bzw. ist diese Haftung nicht unverzüglich zu beseitigen?

Es kann nun kaum einen Zweifel daran geben, dass bei v. Weizsäcker diese Haftung in erster Linie moralisch, d. h. als objektive *ethische Verpflichtung* zu verstehen ist, die ihrerseits die zwangsläufige Folge (quasi)kollektiver Schuld bzw. Verantwortung bildet. Ob diese Auffassung jedoch haltbar ist, hängt einerseits von dem jeweils zugrunde liegenden Schuldverständnis ab. Nach demjenigen Verständnis, das seit der Aufklärung in jedenfalls den westlichen Gesellschaften vorherrscht, setzt jede »rationale« Behauptung einer *allgemein* geteilten Schuld wenigstens zwei Fakten voraus. Dass nämlich die damit Gemeinten an *objektiv* schuldhaftem, an »verbrecherischem« Verhalten insgesamt oder *zumindest* nach ihrer großen *Mehrheit* beteiligt waren und dies möglichst unmittelbar und aktiv. Und dass sie außerdem *wussten*, dass sie an einem solchen Verhalten in *persönlich zurechenbarer* Weise beteiligt waren, also nicht nur nach – womöglich erst hinterher zu erschließenden – objektiven Kausal- bzw. Voraussetzungsketten. Zurechenbar aber meint, dass die Beteiligung von ihnen *gewollt* oder doch gebilligt oder zumindest in der Weise hingenommen worden war, dass sie auch ohne äußeren Zwang (wie etwa dem »Befehlsnotstand« als wiederkehrendem Extrem) nicht Abstand von ihr nahmen. Diese Bedingungen aber waren für die Älteren nicht, d. h. nicht im nötigen Umfang erfüllt, wie auch v. Weizsäcker für den Völkermord an den Juden grundsätzlich zugibt (III)[58].

Unter dem Gesichtspunkt der eigenen personalen Wahl sehr ähnlich fällt auch das westliche Verständnis der *Verantwortung* aus, die inzwischen – hinsichtlich des Holocaust – im korrekten deutschen Sprachgebrauch an die Stelle einer ausdrücklichen Schuld der Nachgeborenen getreten ist[59]. Denn verantwortlich für etwas ist nur jemand, der diese Verantwortung grundsätzlich frei gewählt hat (etwa als Verantwortlichkeiten, die jemand sich mit seinem Arbeitsvertrag eingehandelt hat). So können aufgrund übernommener Verantwortung einer Person zwar Pflichten zufallen und, davon grundsätzlich unab-

58 »Die Ausführung des Verbrechens lag in der Hand weniger. Vor den Augen der Öffentlichkeit wurde es abgeschirmt. Aber jeder Deutsche konnte miterleben, was jüdische Mitbürger erleiden mussten…« (III). Die sich hier wiederum andeutende Schuld von tendenziell allen Deutschen, d. h. der Männer unter ihnen, wird suggestiv dann so bekräftigt: »Wer seine Augen und Ohren aufmachte, wer sich informieren wollte, dem konnte nicht entgehen, dass Deportationszüge rollten. Die Phantasie der Menschen möchte für Art und Ausmaß der Vernichtung nicht ausreichen. Aber in Wirklichkeit (! – B. E.) trat zu den Verbrechen selbst der Versuch allzu vieler, auch in meiner Generation, die wir jung und an der Planung und Ausführung der Ereignisse unbeteiligt waren, nicht zur Kenntnis zu nehmen, was geschah« (a. a. O.). Diese Versuche dürften allerdings höchstens denjenigen Jugendlichen anzulasten sein, bei denen engere Verwandte an diesen Transporten aktiv beteiligt waren. Einen prominenten Fall bildet hier übrigens v. Weizsäcker selbst, dessen *Vater* – als Erster Staatssekretär des Auswärtigen Amts und dann auch ranghoher Angehöriger (SS-Brigadeführer) des »Persönlichen Stabs« von Himmler – an den Deportationen französischer Juden nach Auschwitz verantwortlich mitwirkte und dafür 1949 von den Alliierten in Nürnberg verurteilt wurde. – Doch wer von den übrigen Jugendlichen (selbst in den großen Städten) hatte schon angesichts einer durch den Krieg verschärften *Diktatur* auch nur die *objektive* personale Möglichkeit, diesen Versuch zu unternehmen *oder* ihn zu lassen? Schließlich sei gefragt: Was muss man eigentlich für ein Mensch sein, dass man solche tatsächlich unternommenen Versuche den betreffenden Jugendlichen als gewisse Schuld anlastet, die Verurteilung des eigenen Vaters aufgrund der erwähnten Deportationen aber für »historisch und moralisch ungerecht« hält?

59 In v. Weizsäckers Rede taucht die Verantwortung nur an einer Stelle auf, deren Kernaussage so lautet: »Die Jungen sind nicht verantwortlich für das, was damals geschah. Aber sie sind verantwortlich für das, was in der Geschichte daraus wird« (IX). Gut gebrüllt, Löwe! Doch warum sind denn nicht die *Sieger* von 1945 verantwortlich, die doch – um nur einen der wichtigsten Aspekte davon zu erwähnen – über die von Deutschland abgetrennten Gebiete im Wesentlichen bis heute nach ihrem Belieben schalten und walten können, den Rest aber jahrzehntelang dominierten?

hängig, immer wieder *Gefühle* der Verantwortung für irgend etwas; sie selbst aber entsteht erst durch einen bewussten Akt der *Wahl*, der entsprechende Handlungsbereitschaften einschließt. Dagegen gibt es das, was in der öffentlichen Rede hier ja stets (mit)gemeint ist, nämlich *zwingende*, vom eigenen Willen ganz unabhängige Verantwortung noch am ehesten für die eigenen (und zwar insbesondere die genau *nicht* gewollten) Kinder bis, normalerweise, zu einem bestimmten Alter. Ansonsten aber sind für als negativ geltende Taten und Zustände nur diejenigen zwingend verantwortlich, die sie zurechnungsfähig begangen bzw. »angerichtet« haben. Das heißt umgekehrt jedoch auch, dass die Verantwortung der Nachgeborenen ohne die Annahme einer kollektiven Schuld nicht als legitim, als *zu Recht* bestehend zu begründen ist! Erst recht gilt das für die von v. Weizsäcker behauptete Haftung, in die man eben *genommen* wird und deren Hintergrund stets die (offene oder latente) Drohung mit der Anwendung überlegener Gewalt bildet.

Die Annahme einer kollektiven Schuld aller Deutschen *wie* einer derartigen Haftung, der auszuweichen für die Nachgeborenen die Entstehung *neuer* Schuld bedeuten würde, lässt sich vielmehr nur dann halten, wenn man den Boden des modern-westlichen Schuldverständnisses zugunsten einer Rückkehr zum *mythischen* Denken verlässt. Also zum Denken vor allem der griechischen Antike zurückkehrt, nach dem der Frevel einzelner, insbesondere wichtiger Kollektivangehöriger (wie etwa des Ahnherrn) sich der Sippe oder dem Stamm insgesamt als Schuld mitteilt. Und zwar schon in gleichsam räumlicher Richtung: Mit dem Frevel des einen haben sich eben alle schuldig gemacht und müssen dafür so oder anders sühnen. Dann aber besonders in zeitlicher Hinsicht, denn die Schuld der Älteren vererbt sich auf dem Weg von Zeugung und Geburt genauso wie körperliche Merkmale. – So nachvollziehbar das mythische Denken auch ist: Es erstaunt schon, dass ausgerechnet in Deutschland, in dem jedenfalls seine öffentliche Anwendung auf *andere* (quasi)ethnische Einheiten weit strikter als in den übrigen europäischen Ländern verpönt ist, es bei politisch korrektem Bedarf auch heute noch ungeniert zur entsprechend ausfallenden Beurteilung des *eigenen* Volks eingesetzt werden kann.

Der Realität auch in ihren moralischen Aspekten näher als solche teils dürftigen, teils archaischen Behauptungen einer Kollektivschuld durch v. Weizsäcker und, davon abgeleitet, den Annahmen einer besonderen Haftung, einer – natürlich unentrinnbaren – Verantwortung auch aller Nachgeborenen, kommt ohne Zweifel eine *psychologische* Schuldkonzeption, wie sie auf Deutschland bezogen von C. G. Jung schon 1945 entwickelt worden ist. Dank der Klarheit der Argumentation ist es ohne Schwierigkeiten möglich, sie nach ihrem Kern lediglich anhand einiger Zitate von Jung selbst vorzustellen:

(a) »Die Schuld kann nur juristisch, moralisch und intellektuell auf den Rechtsbrecher eingeschränkt werden; als psychisches Phänomen dehnt sie sich über die örtliche und menschliche Umgebung aus. Ein Wald, ein Haus, eine Familie, ein Dorf sogar, wo ein Mord geschehen ist, fühlt die psychische Schuld und bekommt sie auch von außen zu fühlen. Wird man ein Zimmer mieten, von dem man weiß, dass einige Tage zuvor ein Mensch darin umgebracht wurde?« (1946: 77).

(b) »Die Welt diskriminiert Europa, auf dessen Boden schließlich die fraglichen Konzentrationslager gewachsen sind, so wie Europa Deutschland aussondert, als jenes Land und jenes Volk, das von der Wolke der Schuld bedeckt ist, denn in Deutschland ist es geschehen, und von Deutschen ist es getan worden« (a. a. O., 79).

(c) »Die psychologische Kollektivschuld ist ein *tragisches Verhängnis*, sie trifft alle, Gerechte und Ungerechte, alle, die irgendwie in der Nähe jenes Ortes waren, wo das Furchtbare geschah. … Darum ist die Kollektivschuld zwar eine höchst altertümliche und primitive, *magische Unreinheit*, aber wegen der allgemein verbreiteten Unvernunft eine höchst reale Sache, die kein Europäer außerhalb Europas und kein Deutscher außerhalb Deutschlands außer acht lassen kann« (a. a. O., 80).

(d) Schließlich, zusammenfassend: »Man wird der psychologischen Kollektivschuld wohl vorwerfen, sie sei ein Vorurteil und eine ungerechte Verurteilung in Bausch und Bogen. Gewiss ist sie das, und zwar macht das eben gerade das irrationale Wesen der Kollektivschuld aus: sie fragt nicht nach Gerechten und Ungerechten, sie ist die verfinsternde Wolke, die sich von der Stätte ungesühnten Verbrechens erhebt. *Sie ist ein psychisches Phänomen*, und darum ist es keine Verurteilung des deutschen Volkes, wenn man behauptet, es habe eine Kollektivschuld, sondern bloß die Feststellung eines vorgefundenen Tatbestandes« (a. a. O., 81f., Hervorhebung von B. E.).

Wie man sieht, kennt diese Konzeption Jungs neben der »psychologischen Kollektivschuld« sehr wohl auch die eigentliche, die moralische Schuld, für die in erster Linie »die fraglichen Konzentrationslager« stehen. Doch kennt sie eben auch Unschuld, schon bei den Älteren, erst recht aber den Nachgeborenen. Und sie kennt das »irrationale Wesen« dieser psychologischen Schuld, die ja »nicht nach Gerechten und Ungerechten (fragt)«. Schließlich lässt sie auch Raum für die wirkliche, die weder von den Siegern noch von der eigenen Obrigkeit[60] verordnete *Scham.* Also von Schuldigen angesichts bestimmter eigener Taten und eigenen Versagens sowie von Unschuldigen angesichts der Verbrechen und der gemeinen Handlangerdienste, die »einige« bzw. »viele« von »uns« begangen haben.

Jetzt zum zweiten Punkt, der *ethischen Dignität* des deutschen Volks. Hier drängt sich als Haupteindruck auf, wie sehr v. Weizsäcker die Geschichte Europas während der NS-Zeit *und* in den Folgejahren schon hinsichtlich der empirischen Fakten, doch mehr noch hinsichtlich deren nomischer *Zurechnung* verfälscht. Am deutlichsten wird dies bei seiner Schilderung des Zweiten Weltkriegs und der dazu herangezogenen Greuel: Dieser Krieg stellt so nicht das dar, was jedenfalls moderne Kriege typischerweise ausmacht. Nämlich sich teils kalkuliert, teils ganz unvorhergesehen aufschaukelnde, den Rahmen des grundsätzlich Erwartbaren jedoch noch nicht sprengende Aktionen und Reaktionen im jeweils *eigenen* militärischen bzw. staatlichen Interesse, in denen Angehörige *aller* beteiligten Seiten, so oder anders unter Druck gesetzt, Verbrechen begehen und damit Schuld auf sich laden. Vielmehr gibt es nach nach ihm – soweit er nicht nur die im oder im Gefolge dieses Weltkriegs begangenen Scheußlichkeiten und regelrechten Verbrechen, sondern auch deren Urheber nennt – immer nur *einen* Schuldigen an ihnen, nämlich Hitlerdeutschland.

60 Unter Obrigkeit werden hier die Instanzen der Staatsgewalt, insbesondere aber: die Regierung eines Landes verstanden, die zwar legal, d. h. im Einklang mit entsprechenden Gesetzen ist oder doch sein kann. Der aber die demokratische *Legitimation* fehlt, weil sie nicht vom *Volk* oder dessen *direkten*, von ihm selbst bestimmten Vertretern *gewählt* worden ist.

So erwähnt er zwar, dass die u. a. auf Rotterdam und London gefallenen Bomben aus Deutschland stammten (V), schweigt aber von Großbritannien und den USA als den Urhebern der insgesamt ungleich brutaleren »Fliegerangriffe in der Heimat« (II). Oder er beschwört, ohne allerdings das (hier hauptsächlich gemeinte) deutsche Volk direkt zu nennen, »ein Gebirge menschlichen Leids«, darunter das Leid »durch Bombennächte«, infolge von »Flucht und Vertreibung« oder »Vergewaltigung«, ohne auch nur ein Mal zu sagen, *wer* für dieses millionenfache Leid *unmittelbar* verantwortlich war (II)[61]. Dadurch, dass das Ausland gemäß der Norm seiner Nichtkritisierbarkeit eigentlich *nie* an etwas schuld war, nimmt v. Weizsäckers Rede gelegentlich auch komische Züge an, wie z. B. bei der Beurteilung des deutsch-sowjetischen Nichtangriffspakts von 1939. Auch an ihm, dessen Hauptabsicht ja eine vierte Teilung Polens zugunsten der Vertragsparteien war, ist die Sowjetunion natürlich schuldlos; sie nahm nur, wie es so hübsch heißt, »den Krieg anderer Völker in Kauf, um sich am *Ertrag* zu beteiligen«[62]. Das notorische *deutsche* Sich-schuldig-Machen aber hörte im Mai 45 nicht etwa auf, sondern setzte sich auch danach fort. An der Verstümmelung und Aufteilung Deutschlands (IV), an der Vertreibung – und dem, was ihr an Gewalttätigkeit und Ähnlichem unmittelbar vorausging – von etwa 15 Millionen Deutschen in Europa (die ungefähr drei Millionen nicht überlebten) sowie vieler Nichtdeutscher, an den widrigen Bedingun-

61 In der gesamten Rede gibt es nur einen einzigen Fall, an dem jemand außer (Hitler)Deutschland und den Deutschen an irgendetwas schuld war. Ihn erwähnt von Weizsäcker unter den Gründen für Hitlers Aufstieg: »Eine schwache Demokratie war unfähig, ihm Einhalt zu gebieten. Und auch die europäischen Westmächte, nach Churchills Urteil ›arglos, nicht schuldlos‹, trugen durch Schwäche zur verhängnisvollen Entwicklung bei« (IV). Selbst hier wagt, wie man sieht, v. Weizsäcker sich nur aufgrund der recht unbefangenen Souveränität eines Größeren ein wenig aus der Deckung. Allerdings will die behauptete Arglosigkeit zumindest zu Churchill selbst nicht so recht passen.

62 Dementsprechend kann es so auch heißen: »Dadurch (d. h. durch diese Rolle der Sowjetunion – B. E.) wurde die deutsche Schuld am Ausbruch des Zweiten Weltkriegs nicht verringert« (IV). Übrigens stört v. Weizsäcker auch die bei der Ertragsbeteiligung an den Tag gelegte sowjetische Eile offensichtlich nicht: Der Krieg gegen Polen begann am 1. 9. 1939 und endete im Wesentlichen am 28. 9. 39 (Fall von Warschau und Modlin). Schon am 17. 9. marschierte die Rote Armee in Ostpolen ein und verhielt sich dort als Sieger.

gen, unter denen die Gründung des Staates Israel erfolgte (VIII) und selbst an der politischen Spaltung Europas war nämlich wiederum nur Deutschland schuld (IV)! Denn, so v. Weizsäcker in trickhafter Vertauschung von bloßer Voraussetzung und spezifischer Ursache, »ohne den von Hitler begonnenen Krieg wäre sie nicht gekommen« (a. a. O.).

Die Rede verweist damit auch auf eine gewichtige Konsequenz der Norm der Nichtkritisierbarkeit Nichtdeutscher, wenn sie nur strikt gehandhabt wird. Die mit der objektiven Verfälschung verbundene, ganz einseitige Zurechnung von nach üblicher Auffassung schlimmen, ja verbrecherischen Vorgängen, an denen – sofern *irgendwie* beteiligt – immer nur Deutsche schuld sind, schlägt hier in die *axiomatische* Annahme um, dass die anderen, die daran ebenfalls beteiligten Nichtdeutschen an ihnen gar keine Schuld haben *können*[63]! So ist z. B. die unübersehbare Neigung der englischen und schließlich auch der Luftwaffe der USA, bei ihren Bombardierungen deutscher Städte in erster Linie die Innenstädte und ihre Bewohner unter Feuer zu nehmen, die außerhalb gelegenen Industrieanlagen und selbst militärischen Einrichtungen jedoch zu schonen, als *erzwungene* Reaktion zu betrachten. Nämlich entweder auf vorausgegangene deutsche Kriegsverbrechen oder den verbrecherischen Charakter des NS-Regimes oder sonstige, zur Rechtfertigung mehr oder minder taugende deutsche Gegebenheiten und Verhaltensweisen. Doch auch die am Krieg gegen Deutschland beteiligten anderen Länder, d. h. deren Regierungen mit ihren *eigenen*, moralisch regelmäßig ihrerseits zweifelhaften Interessen und davon geleiteten Absichten, die folglich vor allem auf die »richtige« Verteilung der mit dem Ende des 2. Weltkriegs kollektiv wie individuell anfallenden materiellen, doch auch ideellen *Beute* ach-

63 Dieser Umschlag ist bereits dem Anfang der Rede zu entnehmen. Hier gesteht v. Weizsäcker zu, dass der 8. Mai 45 nicht nur ein Tag der Befreiung (von der »nationalsozialistischen Gewaltherrrschaft«), sondern auch der Beginn »schwerer Leiden« für viele Deutsche war. Doch dann fährt er so fort: »Aber wir dürfen nicht im Ende des Krieges die *Ursache* für Flucht, Vertreibung und Unfreiheit sehen. Sie liegt vielmehr in seinem Anfang und im Beginn jener Gewaltherrschaft, die zum Kriege führte. Wir dürfen den 8. Mai 1945 nicht vom 30. Januar 1933 trennen« (I; Hervorhebung von B. E.).

teten, sind in Wahrheit *lauter Getriebene*. Denn selbst nach dem Ende des Feindes als machtpolitischem Faktor verfügten demnach die Sieger oder Nutznießer des Siegs nicht über die Freiheit, die von ihm teils geschaffenen, teils nur genutzten oder lediglich erlittenen Hinterlassenschaften als *Ausgangs*lagen zu nehmen, die sie in eigener Verantwortung nun so oder anders gestalten oder wenigstens ihren Wandel beeinflussen konnten. Um nur ja die *deutsche* Alleinschuld ausnahmslos aufrecht erhalten und jede – mögliche – Schuld *anderer* abweisen zu können, zahlt v. Weizsäcker und mit ihm, abgeschwächt, auch die PK der Gegenwart den Preis, aus den eben noch »menschlich« und damit auch sittlich so überlegenen Nichtdeutschen bloße *inferiore*, d. h. im anhaltenden Bann Hitlerdeutschlands stehende Reaktionsdeppen zu machen, die auf von ihm geschaffene bzw. beeinflusste Fakten selbst noch Jahrzehnte später so reagieren *mussten*, wie sie reagierten! – Dass aber zumindest die Regierungen der vier Hauptsiegermächte sich schon während der NS-Zeit, erst recht aber danach nie als in dieser Weise Getriebene verstanden, sondern eben als Vertreter von Mächten, die – teils auf Aktionen Hitlers, teils aus eigenem Antrieb bzw. in längerfristiger Perspektive – nach *ihren* (Quasi)Interessen sowie dem Bemühen handelten, sich dafür bietende politische bzw. militärische Chancen zu nutzen, versteht sich von selbst. Diese Grundorientierung schloss bei sich verändernden Lagen natürlich auch politische Kurswechsel, schloss Irrtümer bzw. gravierende Fehler und außerdem *Schuld* ein[64].

64 Dazu seien wenigstens zwei Fakten erwähnt, von denen die politische Korrektheit heute weniger denn je etwas wissen will. Das erste ist das berühmte Nachkriegsdiktum von wiederum Churchill zum Hauptergebnis des Zweiten Weltkriegs: »Wir haben das falsche Schwein geschlachtet!« – nämlich Hitlerdeutschland anstelle der Sowjetunion. Das zweite besteht darin, dass Großbritannien und die USA *nie* den Versuch unternahmen, die in Polen befindlichen NS-*Vernichtungs*lager (Auschwitz!), d. h. deren Tötungsanlagen zu bombardieren. Und das, obwohl sie spätestens seit 1943 nicht nur über deren Existenz und Hauptfunktion Bescheid wußten, sondern infolge ihrer bereits vorhandenen Luftüberlegenheit auch relativ gefahrlos diese Bombardierungen hätten vornehmen können. Die näheren Gründe für dieses Verhalten sind öffentlich auch deshalb immer noch unbekannt, weil es bis heute von (offizieller) westlicher Seite keine wirklichen Antworten darauf gibt. Klar ist im Wesentlichen nur: Nach den üblichen ethischen Maßstäben haben sich hier die fraglichen Regierungen (nicht gleich die Völker!) durch Unterlassen *schuldig* gemacht.

Die von v. Weizsäcker vorgenommenen kausalen, und damit zugleich ethischen Zurechnungen, die entgegen der anfänglich gegebenen Versicherung (vgl. I) durch ihre kaum mehr steigerbare Einseitigkeit so ungerecht wie unwahr sind, machen die Deutschen zu einem nicht nur zutiefst schlechten (»bösen«), sondern auch verworfenen, seinem Kern nach *dauerhaft minderwertigen* Volk, auch wenn das nirgendwo eindeutig gesagt wird. Denn die gesamtkollektive Schuld schließt ja die wichtigste, die Schuld an der auch von v. Weizsäcker als Holocaust verstandenen Vernichtung der Mehrheit der europäischen Juden ein. Indem sie jedoch unermesslich groß ausfällt, kann sie trotz der von deutscher Seite betriebenen »Versöhnungs-« und »Verständigungsarbeit« (VI) nicht gesühnt werden[65] – wodurch die kollektive Minderwertigkeit gleichsam ewig erhalten bleibt[66]. Ihr muss aber auch das kollektive deutsche Bewusstsein entsprechen, soweit es Erinnerung an die jüngste Vergangenheit und daraus gezogene Lehren ist.

Für dieses Bewusstsein verfolgt v. Weizsäcker mit seiner Rede ein doppeltes Ziel. Nämlich einmal die in seinen Augen richtige Erinnerung um gleichsam jeden Preis »wachzuhalten« und ihre soziopolitische Geltung zu befestigen. Und außerdem diese Erinnerung inhaltlich näher zu bestimmen und sie wenigstens in den wichtigsten Punkten als plausibel, wenn nicht zwingend zu begründen. Dabei geht es ihm vor allem darum, sie so aufzubereiten, dass sie als »Leit-

65 Gerade für Richard v. Weizsäcker dürfte daher weitgehend die Äußerung des angesehenen US-Historikers David P. Calleo zutreffen, die da lautet: »Viele deutsche Autoren scheinen eine Art perverses Vergnügen daran zu finden, ihrem Volk eine einzigartige Schlechtigkeit zuzuschreiben, die es von der übrigen Menschheit unterscheidet«. Um eine kollektive deutsche *Paria*existenz auch hinsichtlich der Jungen bzw. später Geborenen halbwegs plausibel behaupten zu können, musste aber schon 1985 an die Stelle bloß empirischer Verkommenheit argumentativ eine mythisch-*ethisch* verstandene und damit *dauerhafte* kollektive *Minderwertigkeit* treten.

66 Dementsprechend heißt es an einer Stelle, wenn auch nicht gerade logisch: »Wir lernen aus unserer eigenen Geschichte, wozu der Mensch fähig ist. *Deshalb* dürfen wir uns nicht einbilden, wir seien nun als Menschen anders und besser geworden« (IX, Hervorhebung von B. E.). Ferner fragt sich, wie dazu die zwei Sätze später erfolgte Behauptung: »Aber wir haben die Kraft, Gefährdungen immer von neuem zu überwinden« passen soll. Vermutlich verdankt sie sich *Herrschafts*erwägungen. Denn wären die Verworfenen sogar *offiziell* zu solchen Überwindungen nicht imstande, wie könnte man sie dann voll verdammen und entsprechend behandeln?

linie für unser Verhalten in der Gegenwart und für die ungelösten Aufgaben, die auf uns warten« (VII), dienen kann.

Hinsichtlich des *ersten* Ziels fällt anhand mehrerer Äußerungen zunächst und grundlegend auf, dass nach ihm den Deutschen – trotz dem weiter wachsendem zeitlichem Abstand – das Vergessen jedenfalls des Holocausts selbst im Sinn einer bloßen Abschwächung der Intensität der öffentlichen Erinnerung, wie sie sich hinsichtlich des Zweiten Weltkriegs auch hierzulande vollzogen hat, verwehrt bleiben *soll*! Doch warum eigentlich? Von Weizsäcker bringt dazu im Wesentlichen fünf Argumente vor:

Bei der Absicht, »die Erinnerung wachzuhalten«, könne es nicht darum gehen, »Vergangenheit zu bewältigen«. Das sei schon dadurch nicht möglich, dass sie sich »nachträglich« nicht »ändern oder ungeschehen machen« lasse. Vielmehr gelte: »Wer … vor der Vergangenheit die Augen verschließt, wird blind für die Gegenwart. Wer sich der Unmenschlichkeit nicht erinnern will, der wird wieder anfällig für neue Ansteckungsgefahren« (III). Beide Argumente sind indes sehr angreifbar. Das erste würde ja mit mehr Recht lauten: »Wer sich (hauptsächlich) an der Vergangenheit orientiert, wird blind für die Gegenwart und besonders ihre spezifischen Chancen.« Das zweite aber fällt schon durch seinen Mangel an *empirischem* Gehalt zu vage aus, um mehr als einen Allgemeinplatz hochsittlicher Natur abzugeben.

Und, vor allem im Hinblick auf die Juden:

»Würden wir unsererseits vergessen wollen, was geschehen ist, anstatt uns zu erinnern, dann wäre dies nicht nur unmenschlich. Sondern wir würden damit dem Glauben der überlebenden Juden zu nahe treten, und wir würden den Ansatz zur Versöhnung zerstören« (a. a.O).

Die erste Äußerung mag in normativer Hinsicht eine gewisse Berechtigung besitzen; faktisch trifft jedoch, wie bereits die Alltagserfahrung gelegentlich aufdringlich lehrt, ganz überwiegend das Gegenteil zu. Die beiden anderen aber werden dem Sachverhalt nicht gerecht, dass wirkliche Versöhnung eine auf *beiden* Seiten vorhandene Fähigkeit und taktvolle Bereitschaft verlangt, das, was immer noch schwerwiegt, nicht ständig neu zum Thema zu machen.

Trotz dieser mehrfachen argumentativen Schwächen hat sich die Auffassung v. Weizsäckers zumindest im öffentlichen bzw. politischen Raum rasch und sehr weitgehend durchgesetzt. Denn seit 1985 lässt sich dazu Folgendes beobachten: In ungefähr dem Maße, wie durch den zeitlichen Abstand und das Sterben der Menschen die eigentliche, d. h. die personale bzw. sozial geteilte Erinnerung an den vom NS-Regime betriebenen Völkermord sich abschwächt und verschwindet, wird die staatlich-offizielle Erinnerung mit anderen Mitteln forciert. Und zwar als eben *korrekte* Erinnerung in der Form von Gedenktagen, einer Vielzahl von Mahn- und Gedenkveranstaltungen, einer anschwellenden wissenschaftlichen wie nichtwissenschaftlichen Literatur und ebenfalls zunehmenden Medienbeiträgen, von neu errichteten Denkmälern, Museen und Ähnlichem, die so, jedenfalls in der Öffentlichkeit, bis vor etwa zehn Jahren immer stärker »präsent« geworden ist. Allerdings haben diese ganzen Erinnerungsbeiträge nicht nur positive Auswirkungen, wie v. Weizsäcker sie versteht. Denn wie viele von ihnen dienten und dienen, nach der mit ihnen verbundenen Absicht *wie* faktisch, der auch von ihm gewünschten Versöhnung zwischen Juden und Deutschen – und wie viele der Aufrechterhaltung, wenn nicht Vertiefung des deutschen *Schuld*bewusstseins und damit des Glaubens an die eigene Minderwertigkeit? Zwar dürfte sich auch so der relativ pragmatische, gerade auf der Seite der jüdischen, in den USA beheimateten Großorganisationen von materiellen Interessen getragene Prozess der (begrenzten) *Aus*söhnung grundsätzlich fortsetzen. Eine wirkliche Versöhnung aber, für die v. Weizsäcker in seiner Rede eine gewisse Bereitschaft auf beiden Seiten sieht (V), ist in absehbarer Zeit nicht zu erwarten.

Auch bei dem anderen Ziel, der näheren inhaltlichen Bestimmung der kollektiven Erinnerung, sei auf einige problematische Punkte wenigstens noch verwiesen. (1) Die Verpflichtung auf die Erinnerung an die Vergangenheit, die v. Weizsäcker allen (West-) Deutschen aufzuerlegen sucht, soll sich – so liegt es jedenfalls nahe, ihn zu verstehen – am *eigenen* »historischen Gedächtnis« orientieren (VII). Das klingt entgegenkommend, ist aber wohl schon deshalb kaum ernst gemeint, weil das auf personale Erfahrung gegründete Gedächtnis normalerweise ja nur bestimmte Ausschnitte der Vergangenheit enthält und überdies jeweils etwas unterschiedlich, wenn nicht in Teilen gegensätzlich ausfällt. So dürfte es bereits in dieser Rede darum gehen, anstelle eines persönlichen, doch mehr oder minder sozial geteilten Gedächtnisses eine politische *hergestellte*, quasioffizielle Erinnerung als kollektives Gedächtnis zu etablieren, die eben zumindest im Raum der Öffentlichkeit für jedermann verbindlich sein soll. Dafür spricht besonders die folgende, zunächst sehr an kollektiver Demut orientierte Stelle, in der die Dankbarkeit, die »wir« mit seinem obrigkeitlichen Segen dann doch tatsächlich haben »dürfen«, jedoch gleich wieder an eine massive Bedingung gebunden wird:

»Wir haben wahrlich keinen Grund zur Überheblichkeit und Selbstgerechtigkeit. Aber wir dürfen uns der Entwicklung dieser vierzig Jahre dankbar erinnern, *wenn* wir das eigene Gedächtnis als *Leitlinie* für unser Verhalten in der Gegenwart und für die ungelösten Aufgaben, die auf uns warten, nutzen« (VII; Hervorhebung von B. E.).

(2) Auch die fünf Beispiele einer solchen Nutzung, die v. Weizsäcker im unmittelbaren Anschluss nennt, stellen nicht einfach Vorschläge dar, die wir Deutschen wahrnehmen können oder auch nicht. Vielmehr sind sie weitere, uns angesonnene *Verpflichtungen*, deren Nichterfüllung nur neue Beweise für unsere fortdauernde Minderwertigkeit ergeben würden. Und bezeichnenderweise dürften wir den hier erwähnten ethnischen und anderen (Quasi-)Gruppen nie – genauer: mit der halben Ausnahme nur des letzten Beispiels, der »östlichen Nachbarn« – auf Augenhöhe begegnen (wie es auf Neudeutsch heißt), sondern immer irgendwie in ihrer Schuld stehen. Wie sollen unter diesen Umständen in »Verhandlungen« mit diesen und natürlich auch anderen Gruppen *deutsche* Interessen durchgesetzt werden, die nicht immer nur ein Minimum (oder noch weniger) des eigentlich Erwartbaren darstellen? Hinzu kommt, längerfristig eher noch schwerer wiegend: Wie können der Vergangenheit entnommene bzw. an ihr gewonnene Sichtweisen, Orientierungen und Maßstäbe primär *ethischen* Charakters eine hinreichende »Leitlinie« gerade für die Beurteilung des zunehmenden Neuen an der Gegenwart und damit auch für das *politische* Verhalten ihm gegenüber abgeben?

Schließlich noch (3) zu der Rolle, die v. Weizsäcker bei seinem Versuch, die kollektive Geltung der »richtigen«, im Zweifelsfall also seiner eigenen, Erinnerung und die daraus zu ziehenden Konsequenzen *dauerhaft* zu erhalten, den jüngeren Deutschen zugedacht hat. Zwei Mal spricht er in seiner Rede davon, dass es »lebenswichtig« – gibt es für das Gemeinte einen noch stärkeren nichtreligiösen Ausdruck? – sei, »die Erinnerung wachzuhalten«, und beide Male sind dabei die jungen Deutschen eigens angesprochen[67]. Hinter dieser ungewöhnlichen und scheinbar weltfremden verbalen Aufwertung durch v. Weizsäcker stehen offensichtlich ihm wichtige, psychische Tatsachen. Nämlich sein wiederum nicht von *Gründen* getragener Glaube, dass »die Jungen« zwar, jetzt auf einmal, »nicht verantwortlich für das (sind), was damals geschah«. Wohl aber verantwortlich »für das, was in der Geschichte daraus wird« (IX) – was wiederum den Angehörigen *anderer* Völker ein Wollen und Handeln, das an *eigenen* Interessen und Zielen orientiert ist, faktisch abspricht! Und außerdem ein starkes persönliches Bedürfnis, möglichst viele von diesen Jungen als Verfechter einer dauerhaften öffentlichen Dominanz der »richtigen« Erinnerung und der aus ihr abgeleiteten politisch-praktischen Leitlinien zu gewinnen. Als scheinbar »gleichberechtigte Partner« der Alten ist es damit, wieder einmal, die Aufgabe der Jungen, *deren* Vorhaben und Absichten getreu zu erhalten und fortzuführen. Bei der Stange sollen sie dabei nicht zuletzt durch ihre Gefühle einer kollektiven, sie eben einschließenden Schuld oder doch »Haftung« und damit eigener Minderwertigkeit gehalten werden, auf die es als angemessene personale Antwort nur die fortdauernde Bemühung um Sühne und (teilweise) Vergebung gibt. Diese primär *ethische* Grundhaltung aber ist durch entsprechende politische Maßnahmen, sich wiederholende einschlägige Botschaften der

67 »Jüngere und Ältere müssen und können sich gegenseitig helfen, zu verstehen, warum es lebenswichtig ist, die Erinnerung wachzuhalten« (III). Und: »Wir Älteren … müssen den Jüngeren helfen zu verstehen, warum es lebenswichtig ist, die Erinnerung wachzuhalten« (IX). Wie leicht zu sehen, lehnt sich v. Weizsäcker bei der ersten Bemerkung, was die suggerierte Gleichberechtigung der Beteiligten angeht, doch etwas weit aus dem Fenster. Am Ende der Rede kommen die Dinge aber wieder ins Lot: Hier sind es eben die bewährten Alten (und im Zweifelsfall er selbst), die den Jungen zu zeigen haben, wo es bei der kollektiven Erinnerung langgeht.

großen Medien sowie eine auf sie gerichtete öffentliche Erziehung wachzuhalten, ja zu verstärken.

Mit seiner Rede und den in ihr enthaltenen Sichtweisen, Argumenten und Forderungen sucht v. Weizsäcker also gerade nicht eine freiere Haltung der Deutschen in ihrem öffentlichen Denken und Handeln und eine auch daraus gespeiste, unbefangene Bejahung ihrer selbst zu fördern. Vielmehr geht es ihm auch vierzig Jahre nach Hitler darum, sie im Status kollektiver Minderwertigkeit, vor allem also: im Bewusstsein dieser Minderwertigkeit festzuhalten. Im Hinblick auf eine, um ihre faktischen Folgen unbekümmerte Ethik der reinen *Gesinnung* mag diese Rede halbwegs ehrenwert sein, auch wenn bereits die stets auf deutsche Kosten gehenden sachlichen Einseitigkeiten und Verfälschungen ihren Wert auch in dieser Hinsicht empfindlich schmälern. Sonst jedoch nicht. Denn insgesamt ist die Rede ein Musterbeispiel dafür, wie man ein ganzes Volk als minderwertigen Büßer zu konservieren sucht, bei dem das dominierende negative nationale Selbstverständnis auf Dauer bestehen bleiben und die kollektive *Selbst*bestimmung auf Dauer fehlen soll. Wer aber hätte ein *inneres Recht* darauf, das wirklich zu wollen und durchzusetzen?

V. Merkmale westlicher Demokratien und der Triumph des Guten in der deutschen Verfassung

1. Einleitung: »Vom Rechte, das mit uns geboren ist, von dem ist leider! nie die Frage« (Goethe)

Gemessen an anderen westlichen Verfassungen besteht, so die *Grundthese* dieses Kapitels, die hauptsächliche Intention des Grundgesetzes von 1949 in einer Ablösung der sonst angestrebten, vor allem durch Rousseaus »Contrat social« begründeten *Volks*herrschaft zugunsten einer *Herrschaft des* (ethisch) *Guten*. Nach einem ersten Abschnitt, der schon anhand einiger *äußerer* Merkmale des Grundgesetzes nahelegt, dass mit ihm nicht wirklich Demokratie auf der gesamtstaatlichen Ebene geschaffen werden sollte und wurde, behandelt ein zweiter die Grundcharakteristika modern-westlicher Demokratien überhaupt, nämlich die *Volkssouveränität* auf der einen, ihre typischen – teils unvermeidbaren und teils politisch gewollten – *Einschränkungen* bzw. Gegenspieler auf der anderen Seite. In einem umfangreichen dritten Abschnitt soll dann näher gezeigt werden, welche Bestimmungen in der deutschen Verfassung für diese grundlegende Abkehr von der gesamtkollektiven Selbstbestimmung, aber auch für die zahlreichen Einschränkungen der sonst gewöhnlich geltenden personalen Freiheitsrechte stehen. Und schließlich, was den näheren Charakter dieses besonderen Herrschaftstypus nach jedenfalls seinem Kern ausmacht und welche der für moderne Demokratien typischen politisch-staatlichen Instanzen hier an Macht verloren und welche gewonnen haben.

Zunächst jedoch einige Bemerkungen zu dem hier verfolgten Vorgehen und zu den mit ihm verbundenen Grenzen. (1) Der Verfasser ist kein Jurist, geschweige denn Staatsrechtler, und seine Bemühungen um eine sachangemessene Darstellung und Begründung seiner Grundthese dürften deshalb gewisse Schwächen aufweisen. Gleichwohl nimmt er an, dass die Fachleute hier zwar Strittiges (was nicht unerwünscht ist) und lediglich halb Richtiges finden werden, doch nur wenig, das schlicht falsch ist. (2) Die einschlägigen Bestimmungen des Grundgesetzes werden hier hauptsächlich unter dem Gesichtspunkt behandelt (und dazu häufiger mit den entsprechenden Bestimmungen anderer westlicher Verfassungen verglichen), ob bzw. wie sehr sie eben Demokratie als *Herrschaft des Volks über sich selbst* zugunsten der Herrschaft des Guten, d. h. der »Souveränität der Verfassung« bzw. deren »berufenen« Interpreten, zu ersetzen suchen. Es geht also weder darum, dem Grundgesetz als *Ganzem* interpretativ gerecht zu werden noch den Veränderungen der durch es angeleiteten politischen Praxis, soweit sie durch die bisher 64 Korrekturen des Grundgesetzes seit 1949 erzwungen oder doch begünstigt wurden. (3) In diesem Zusammenhang ist auch auf einen Einwand eingegangen, der dem Verfasser gegenüber gesprächsweise vorgebracht wurde. Dass nämlich die politisch-staatliche Praxis auch in den ihn interessierenden Hinsichten inzwischen weit liberaler geworden sei, als bestimmte Artikel im Grundgesetz bzw. einzelne Absätze davon vermuten ließen. Nun ist zumindest die allgemeine empirische Geltung dieser Annahme fraglich. Grundsätzlich aber ist zu erwidern: Was ist das für eine liberalere Praxis, die bisher *keine* von denjenigen Verfassungsbestimmungen (bzw., wie im Fall der Unzulässigkeit von Volksentscheiden, der herrschenden *Interpretationen* von ihnen), welche die Demokratie einschränken, ja unmöglich machen, abgeschafft oder auch nur ernsthaft gemildert hat? Und damit jederzeit eine weitgehende Rückkehr zur früheren Praxis erlauben? (4) Auch deshalb können hier Auseinandersetzungen mit der zeitgenössischen juristischen Literatur darüber fehlen, wie die Bestimmungen des Grundgesetzes »eigentlich« immer schon zu verstehen waren oder jedenfalls »heute« zu verstehen seien. Denn für den Hauptzweck dieses Kapitels, den Charakter dieses eigenen Herrschaftstypus in Abgrenzung zum Typus der westlichen Demokratie herauszustellen, genügt es, die dafür einschlägigen, überwiegend klar genug gehaltenen Verfassungsbestimmungen wirklich zur Kenntnis zu nehmen. Im Übrigen aber, wie schon am Anfang der Arbeit erwähnt, nach der Grundforderung der Hermeneutik (»Das Einzelne ist vom Ganzen her, das Ganze von seinen Teilen her zu verstehen«) zu verfahren und zu beidem Vergleiche mit anderen Verfassungen vorzunehmen.

Doch nun zur Sache: Das offizielle (West)Deutschland rühmt sich seit über sechzig Jahren gern seiner »freiheitlichen demokratischen Grundordnung« (so die Bestimmung dieser Ordnung nach Art. 21 GG, Abs. 2). Dass jedoch von Demokratie auf der *gesamtstaatlichen* Ebene, die im Folgenden allein interessiert, streng genommen nicht die Rede sein kann, hat sich – trotz der seit Jahrzehnten wellenartig erfolgten, halboffiziellen Propagierung des »Verfassungspatriotismus«, den die Deutschen oder doch ihr besserer Teil zu entwickeln hätten – in der Bevölkerung nun wirklich herumgesprochen. Auch deshalb hat sich in der Öffentlichkeit, vor allem also den staatstragenden Medien eine gewisse Gewichtsverlagerung in der bejahenden Haltung zur eigenen Republik vollzogen: Seit etwa zwanzig Jahren liegen die politisch korrekten Betonungen der Vorzüge des Grundgesetzes weit mehr auf der individuellen Freiheit, deren sich die Deutschen erfreuen können sollen als auf ihrer kollektiven Selbstbestimmung[68]. Ob diese Betonungen sachlich gerechtfertigt sind, mag vorerst offen bleiben.

Näher einzugehen ist jedoch darauf, dass die Bundesrepublik Deutschland nach den *klassischen*, insbesondere von Rousseau im Contrat social (1762) entwickelten Kriterien *keine Demokratie* ist oder hat. Und zwar bereits nach drei Merkmalen des Grundgesetzes, die zwar auf den ersten Blick mit seinen näheren Inhalten

68 Dazu paßt, dass seit zehn oder zwanzig Jahren die eben erwähnte offizielle Formel entsprechend abgemagert wurde: Inzwischen ist typischerweise nur noch von der »freiheitlichen Grundordnung« oder auch dem »freiheitlichen Verfassungsstaat« (Dreier 2010) die Rede.

nicht in Verbindung stehen, jedoch kraft ihrer bloßen Faktizität mit kollektiver Selbstbestimmung nicht zu vereinen sind. Nämlich *erstens* der Tatsache, dass die westdeutsche Bevölkerung keinen unmittelbaren Einfluss auf die Zusammensetzung der Angehörigen der verfassungsgebenden Versammlung, d. h. des am 1. 9. 1948 in Bonn konstituierten »Parlamentarischen Rats« und damit auch nicht auf die dort betriebene Verfassungspolitik hatte; denn dessen 65 stimmberechtigten Mitglieder verdankten ihre Zugehörigkeit genau nicht einer demokratischen, sondern der Wahl durch die Landtage der elf neu konstituierten westdeutschen Länder. *Ferner* der Tatsache, dass dem »Deutschen Volk« 1949 wie in der gesamten Folgezeit die Möglichkeit verwehrt blieb, über die (vorgelegte bzw. bestehende) Verfassung *abzustimmen* und sie so mehrheitlich zu akzeptieren oder zu verwerfen. Das Grundgesetz war vielmehr das Werk der nach dem Zweiten Weltkrieg sich neu bildenden politischen Elite, vor allem ihrer dominierenden Fraktion um Adenauer als Vorsitzendem dieses Rats *sowie* des Einflusses der vor allem US-amerikanischen Besatzungsmacht, deren genauere Rolle *öffentlich* zu erörtern ein bis heute gültiges Tabu darstellt. Und diese Verfassung wurde der westdeutschen Bevölkerung eben oktroyiert, d. h. schlicht auferlegt. An eine Aufhebung dieses Oktroi wurde aber selbst angesichts der sich abzeichnenden Wiedervereinigung bei einem Großteil der politischen Elite, besonders aber der überwältigenden Mehrheit der Verfassungsjuristen nie ernsthaft gedacht[69].

69 Wie sehr selbst während der gleitenden Revolution in der DDR die Auffassung dominierte, dass bei einer nun möglichen Wiedervereinigung das Volk in den sich damit stellenden Verfassungsfragen nichts zu sagen haben sollte, war eindrucksvoll dem Kongreß der westdeutschen Staatsrechtslehrer zu entnehmen, der im Frühjahr 1990 stattfand. Auf ihm fand sich niemand, der die Wiedervereinigung nicht als bloßen, unter gleichsam kommentarloser Übernahme der westdeutschen Verfassung vollzogenen Beitritt der DDR zur Bundesrepublik (nach Art. 23) befürwortete, sondern als – was dem ausdrücklich provisorischen Charakter des GG weit mehr entsprochen hätte – »Vollendung« der »Einheit und Freiheit Deutschlands« (so die Präambel) nach Art. 146 GG. Denn mit einer solchen Herstellung der staatlichen Einheit wäre nach bis dahin herrschender Auffassung die Ausarbeitung einer neuen Verfassung verbunden gewesen, die – in einer Abstimmung des *gesamten* deutschen Volks mehrheitlich bejaht – das Grundgesetz mit seinem Mangel an Legitimität abgelöst hätte. Stattdessen fand auf diesem Kongress auch diejenige Meinung eine Mehrheit, die

Schließlich stehen zu dieser *Selbst*bestimmung die im Grundgesetz enthaltenen »Ewigkeits«-Garantien für die Gültigkeit seiner in Art. 1 und 20 enthaltenen Bestimmungen (vgl. Art. 79, Abs. 3) im eklatanten Widerspruch, darunter auch – will man dem »Verfassungspatriotismus« als politisch-ideeller Krönung der PK glauben – die sich immer nur als Segen für die deutsche Politik herausstellende »Gliederung des Bundes in Länder« sowie, und bekanntlich noch segensreicher, deren *weiter* anwachsende »Mitwirkung« bei der Gesetzgebung des Gesamtstaats (a. a. O.). Ist denn die zynisch anmutende, doch naheliegende Annahme falsch, dass die Mehrheit der »Väter« (und »Mütter«) »unserer« Verfassung deren elementaren Makel – nämlich die ihr schon nach ihrem Ursprung *fehlende Legitimität* – auch, ja besonders dadurch »wettgemacht« haben wollten, dass die Verfassung von 1949 zumindest nach ihren grundlegenden Bestimmungen Deutschland und dem deutschen Volk so lange, und zwar notfalls gewaltsam (vgl. u. a. Art. 18 und 21, Abs. 2 sowie eben 20, Abs. 4), erhalten bleiben sollte, wie es beide überhaupt gibt[70]? Die Absicht, so noch die spätesten deutschen Generationen in politischer Unmündigkeit zu halten, ist jedoch genauso undemokratisch wie die geschilderten Bemühungen v. Weizsäckers 1985, die nachgeborenen Deutschen für die eigenen, natürlich edlen Zwecke zu vereinnahmen und sie damit auf Dauer zu binden. In beiden Fällen handelt es sich ja um anmaßende Verletzungen normativer *Voraussetzungen* jeder modernen Demokratie, nämlich der öffentlich sonst so gern im Munde geführten Menschenrechte. Also zum einen der *Freiheit* der Deutschen, über sich als Staatsbürger *gemeinsam*, d. h. gemäß den jeweils gegebenen Mehrheitsverhältnissen zu bestimmen

Art. 146 als mit dessen Kernbestimmungen unvereinbar und damit als verfassungswidrig (!) ansah.

70 Als wäre Goethe nicht nur ein guter Beobachter der Restaurationspolitik des »Deutschen Bundes« nach 1815 gewesen, sondern auch – und zwar vergleichsweise wohlwollend – der auf Restauration bedachten Verfassungsverhältnisse nach 1945 bis hin zur Gegenwart, heißt es von ihm im »Faust«: »Es erben sich Gesetz' und Rechte / wie eine ew'ge Krankheit fort, / Sie schleppen von Geschlecht sich zum Geschlechte / Und rücken sacht von Ort zu Ort. / Vernunft wird Unsinn, Wohltat Plage; / Weh dir, dass du ein Enkel bist! / Vom Rechte, das *mit uns geboren* ist, / von dem ist leider! nie die Frage.« (Erster Teil, Studierzimmer; Hervorhebung von B. E.).

(die legitimerweise doch nur von ihnen selbst eingeschränkt werden könnte). Dann aber auch der *Gleichheit*, d. h. der für die Angehörigen *aller* Generationen, die im Fluss der Zeit aufeinander folgen, geltenden Gleichheit der *Entscheidungsgewalt*, mit der eine in staatlichen Institutionen geronnene, überhaupt nicht mehr aufzuhebende politische Entmündigung der Nachgeborenen durch Angehörige der Generationen des Anfangs schlicht unvereinbar ist. Dabei versteht sich doch von selbst, dass Freiheit und Gleichheit es keineswegs ausschließen, dass ein Teil der politischen bzw. rechtlichen Institutionen immer wieder neu ihre mehrheitliche Bejahung auch bei den Folgegenerationen findet und damit lange erhalten bleibt.

Gleichwohl sind diese Verletzungen von 1949 immerhin teilweise verständlich. Denn gerade die damals ja noch mit Händen zu greifenden Folgen der Hitlerdiktatur konnten, bei isolierter Betrachtung, tendenziell schon eine Verfassung begünstigen, die, als »Grundgesetz« zur Realität geworden, Bock kurz so umreißt: »Sie ist bekanntlich von einem tiefen Misstrauen gegenüber dem Volk gekennzeichnet und von dem Versuch, dem Gesetzgeber naturrechtlich begründete, absolute Grenzen zu setzen, um auf diese Weise eine Wiederkehr totalitärer Politik aus der Demokratie heraus zu verhindern« (1999: 531). Doch auch wenn man das »tiefe Misstrauen« als halbwegs berechtigt gelten lässt, hätte es dieser Verfassung nicht bedurft, um eine solche Wiederkehr zu verhindern. Denn anhand der Erfahrungen insbesondere der frühen Besatzungszeit konnte, ja musste es jedem politisch denkenden Deutschen klar sein, dass die westlichen Alliierten (um von der Sowjetunion zu schweigen) in »ihren« Teilen Deutschlands *auf lange Zeit* und notfalls unter einschlägigen Drohungen keine schwerwiegenderen innen- oder außenpolitischen Entwicklungen zulassen würden, die sie wirklich ablehnten[71].

71 Ein einschlägiges Beispiel bilden dafür die »Sozialisierungs-«, d. h. Verstaatlichungspläne bezüglich der Großindustrie, die seit etwa 1947 vor allem von der SPD (und, »als erster Schritt«, auch der KPD) verfolgt wurden und in Teilen Westdeutschlands, wie besonders Hessen, durchaus populär waren. Die recht rasch auf den Plan tretende US-Besatzungsmacht verhinderte jedoch durch zunehmend massiven Druck auf die einheimischen Politiker und Gewerkschaften, dass diese Pläne in ihrer Zone und

Erst recht aber ist es nicht zu akzeptieren, dass im Lauf von über sechzig Jahren seitens der politischen Elite keine ernsthaften Versuche unternommen worden sind, der Entmündigung des eigentlichen Souveräns durch eine neue, *demokratische* Verfassung wenigstens teilweise ein Ende zu setzen. Denn auch das erwähnte Misstrauen hat sich inzwischen als Argument für die Verweigerung kollektiver Selbstbestimmung sachlich längst entwertet. Misst man es nämlich, wie zwar nicht üblich, aber nur billig, an den Maßstäben politischer Reife, die gerade von den öffentlichen deutschen Beurteilungen an die Bevölkerungen *anderer* westlicher Länder angelegt werden – welche Berechtigung hat es dann noch für das *heutige* politische Verhalten der großen Mehrheit der Deutschen? Dienen, andererseits, die öffentlichen Äußerungen, die unter dem negativen Stichwort des »Populismus« noch immer Absichten bzw. Entscheidungen von gewöhnlich nur vereinzelten Politikern anprangern, die – wie es scheint – sich wenigstens hier und da nach den Wünschen von Bevölkerungsmehrheiten richten wollen, nicht nach wie vor in *erster* Linie als Schutzbehauptungen? Und zwar Schutzbehauptungen für die oft ganz ungenierten Absichten großer Teile der politischen Klasse und der ihnen verbundenen Medien, eine Politik *gegen* den Willen dieser Mehrheiten zu betreiben und dazu auch das Verlangen nach *Demokratie* abzuwehren, das seit einigen Jahren trotzdem zunimmt? Jedenfalls wird in den deutschen Medien das Lied vom braven Mann immer nur dann gesungen, wenn Politiker gegen die Meinung der Bevölkerungsmehrheit handeln, niemals aber, wenn sie ihr folgen?

Ein weiterer Aspekt in dieser Grundkonstellation von Verfassungsgebern (und »hinter ihnen« stehenden politischen und anderen Interessen), der Verfassung selbst als Ausdruck ihrer kurz- und längerfristigen Absichten sowie der auf diese Weise einer neuen kollektiven Unfreiheit überantworteten Bevölkerung sei hier noch aufgegriffen. Gerade relativ integren *und* erfolgreichen westlichen Politikern drängt sich an bestimmten Weichenstellungen ihres poli-

damit in Westdeutschland überhaupt realisiert wurden. Immerhin schlugen sie sich noch in Art. 14 und insbesondere 15 GG nieder, wobei allerdings gerade dieser Artikel keine praktische Bedeutung erlangte.

tischen Handelns die persönliche *Wahl* hinsichtlich einer Alternative auf, die sich nach ihrer Zukunftsbezogenheit so bestimmen lässt: Entweder treibt man in dafür günstig erscheinenden politischen Großwetterlagen Politik nicht nur in der Absicht, die eigenen, für wertvoll gehaltenen Ziele in Staat und Gesellschaft durchzusetzen. Sondern auch dafür, das einmal Durchgesetzte in der Zukunft selbst gegen den dann gegebenen Mehrheitswillen zu erhalten, sucht also sich bietende Chancen zu nutzen, auch spätere Generationen zum »Richtigen« und »Guten« zu zwingen. Oder man verweigert sich genau solchen Chancen in der gegensätzlichen, typischerweise wiederum wertmotivierten Absicht, die Zukunft für das sich selbst bestimmende Handeln der Späteren *offen*zuhalten. Den entscheidenden Punkt dieser letzteren, besonders im Zuge der Verfestigung der PK seit 1985 als »relativistisch« geschmähten Auffassung formuliert Max Weber in einer Bemerkung von 1895 kurz so:

»Auch unsere höchsten und letzten irdischen Ideale sind wandelbar und vergänglich. Wir können sie der Zukunft (d. h. dem »Zukunftsgeschlecht« späterer Generationen – B. E.) nicht aufzwingen wollen« (1988: 13).

Direkt gegensätzlich zu dieser Haltung ist jedoch bereits das Grundgesetz von 1949 nach seinen *zentralen* politisch-praktischen Absichten ausgefallen. Bevor darauf näher eingegangen wird, soll allerdings eine Vergewisserung darüber erfolgen, *was* eigentlich die moderne *Demokratie*, d. h. die Volkssouveränität und ihre wichtigsten Einschränkungen ausmacht. Soweit hier auch historisch argumentiert wird, beziehen sich die betreffenden Bemerkungen vor allem auf Europa und dabei besonders auf Frankreich als den Prototyp demokratischer Entwicklung.

2. Volksouveränität: Ihre typischen Einschränkungen bzw. Gegenspieler

Der Entstehung der modernen Demokratie gegen Ende des 18. Jahrhunderts geht in Europa die Ausbildung der absolutistischen Herrschaft voraus. Dieser im 17. Jahrhundert ausgebildete, im 18. zur Reife gelangte Herrschaftstypus wird vor allem durch fünf Merkmale bestimmt. Nämlich (1), und am wichtigsten, eine zunehmende *Konzentration der Herrschaft* oder Staatsgewalt in der Hand des Fürsten sowie die ihr entsprechende *Entmachtung* der bis dahin jedenfalls in der Innenpolitik mitregierenden *Stände* bzw. Parlamente und »Gerichtshöfe«. Begleitet wird (2) diese Konzentration von einer *materialen Ausdehnung* der Herrschaft auf immer mehr Daseinsgebiete, insbesondere die Wirtschaft. Zugleich verändern sich mit ihr (3) der nähere Charakter und die Ziele von Herrschaft: An die Stelle der – wie immer durch wirtschaftliche oder Machtinteressen geschwächten, ja gebrochenen – Orientierung am Ideal des *christlichen* Herrschers (»Fürstenspiegel«) treten die politischen Grundziele der *Staatsräson*. Nämlich auf der einen Seite die systematisch betriebene Verbesserung der Sicherheit im Landesinnern (mittels vermehrter Polizei usw.) sowie nach außen (durch stehende Heere), und andererseits die Steigerung der kollektiven Wirtschaftskraft, die über vermehrte Steuereinnahmen und damit erhöhte militärische Macht auch die eigenen Handlungschancen im europäischen Mächtekonzert (Erweiterung des Staatsgebiets) verbessern konnte. Ein weiteres Merkmal dieses Herrschaftstyps ist (4) die sozio-politische *Vereinheitlichung der Staatsangehörigen* zu tendenziell gleichen Untertanen des Fürsten, die allerdings noch typische Einschränkungen (Stellung des Adels) bzw. Abschwächungen (über die fürstliche Vergabe von unterschiedlichen Privilegien) kennt. Und schließlich (5) die ideell vor allem durch Jean Bodin (1530 – 96) betriebene Erhöhung des Fürsten durch die Lehre von dessen nach *innen* wie nach *außen* unumschränkter *Souveränität* (von lateinisch »superanitas«, d. h.

dem »Ganz-oben-Sein«); dabei schloss diese Lehre in ihren strikteren Ausprägungen die Auffassung ein, dass der Monarch nicht einmal an diejenigen Gesetze, die er selbst gegeben hatte, gebunden sei. Diese von der Krone freilich eher nur erstrebte als faktische Losgelöstheit von der politischen Umgebung hat diesem Herrschaftstypus denn auch den Namen, nämlich »fürstlicher *Absolutismus*« gegeben.

Die Französische Revolution von 1789 und ihr längerfristig entscheidendes Produkt, eben die moderne Demokratie, stellt nun den Gegenschlag zum Absolutismus, doch in vielem auch seine Fortführung dar. Den entscheidenden Vorgang bildet hier die *Kollektivierung* der Herrschaft: An die Stelle der fürstlichen tritt die *Volks*souveränität, deren Selbstverständnis sowie die Reichweite ihrer Geltung bzw. Geltungsansprüche prinzipiell jedoch keineswegs bescheidener als vorher ausfallen. So kennt die Volksherrschaft keine *zu Recht* bestehende staatliche Herrschaft mehr, die sich nicht vom Willen der Staatsbürger als Gesamtheit, d. h. dem *Volkswillen* ableitet, der jetzt eben den letzten Grund wie die notwendige Bedingung aller legitimen Herrschaftsakte bildet. In ihren Geltungsansprüchen (eher) gesteigert sind hier jedoch auch andere, nach ihrem Kern erhalten gebliebene Merkmale des Absolutismus: Die in ihm soziopolitisch mehr oder minder nivellierten Untertanen werden nun zu modernen, nach ihrer öffentlichen Existenz eben einheitlichen Staatsbürgern mit grundsätzlich gleichen Rechten und gleichen, doch nicht selten verschärften Pflichten. Die materiale Ausdehnung der Herrschaft aber, die bereits im Absolutismus zunehmend durch die gesellschaftliche Durchsetzung der Auffassung von der grundsätzlichen *Machbarkeit von tendenziell allem und jedem* gestützt und beflügelt wird, ergreift jetzt immer mehr Daseinsbereiche bzw. deren bedeutsameren Institutionen. Nämlich die Arbeitswelt der Manufakturen und (späteren) Fabriken sowie, teilweise, auch die Betriebe der Handwerker, die Volksschulen und ähnliche Bildungsinstitutionen. Ferner die Armee, die Krankenhäuser, die Wissenschaft und ihre Forschung, die Technik und ihre Vermittlung in eigenen (Hoch-)Schulen sowie mehr und mehr die Bereiche der Kultur, für die zunehmend gesamtstaatliche Institutionen wie Sprach- oder Kunstakademien geschaffen werden[72]. Für die ideelle Überhöhung der Volksherrschaft aber mag es genügen, zwei Sätze aus der »Kritik der Hegelschen Rechtsphilosophie« des jungen Karl Marx zu zitieren:

»Hier (d. h. in der Demokratie – B. E.) ist die Verfassung nicht nur *an sich*, dem Wesen nach, sondern der *Existenz*, der Wirklichkeit nach in ihren wirklichen Grund, den *wirklichen* Menschen, das *wirkliche* Volk, stets zurückgeführt und als sein *eignes* Werk. Die Verfassung erscheint als das, was sie ist, freies Produkt des Menschen ...« (1988: 231).

Die nähere Darstellung der (Volks-)Souveränität und ihrer typischen Einschränkungen in modern-westlichen Demokratien sei nun mit zwei, von Max Weber stammenden Definitionen von nach wie vor großer Fruchtbarkeit eingeleitet:

»*Macht* bedeutet jede Chance, innerhalb einer sozialen Beziehung den eigenen Willen auch gegen Widerstreben durchzusetzen, gleichviel worauf diese Chance beruht. *Herrschaft* soll heißen die Chance, für einen Befehl bestimmten Inhalts bei angebbaren Personen Gehorsam zu finden« (1976: 28).

Während der Machtbegriff »soziologisch amorph«, d. h. gestaltlos ist (»Alle denkbaren Qualitäten eines Menschen und alle denkbaren Konstellationen können jemand in die Lage versetzen, seinen Willen in einer gegebenen Situation durchzusetzen« (a. a. O.)), setzt Herrschaft offensichtlich eine verfestigte soziale Struktur voraus: Es muss eine Herrschafts*position* vorhanden sein, die es ihrem Inhaber erst erlaubt, den Inhabern entsprechender Gehorsamspositionen *Befehle*

72 Diese Auffassung, die zumindest in Frankreich schon im 17. Jahrhundert in manchen Daseinsbereichen (wie vor allem dem Militär mit seiner *methodisch*-rationalen Heranzüchtung von Soldaten) unübersehbar wird und damit die Zeiten des Absolutismus und der Durchsetzung der modernen Demokratie übergreift, hat natürlich die vielen staatlichen wie nichtstaatlichen Versuche gefördert, diese Machbarkeit in allen möglichen Bereichen zur Wirklichkeit werden zu lassen. Gleichzeitig schwächte sie damit zwangsläufig die tradierte Grundhaltung der weitgehenden Hinnahme des Gegebenen – zunächst beim Bürgertum und Teilen des Adels, später dann auch bei den Angehörigen anderer Schichten.

zu erteilen[73]. Doch warum gibt es Herrschaft überhaupt, die selbst heute noch nicht alle Gesellschaften der Erde kennen dürften?

Befragt man dazu die Menschheitsgeschichte, so drängen sich als *allgemeine* Gründe zwei wiederkehrende historische Abläufe oder Fälle auf. Der erste, oft spektakuläre Fall besteht in der sogenannten *Überlagerung*. Sie meint die Absicht (und ihre erfolgreiche Durchsetzung) von nicht zuletzt nomadisierenden Menschengruppen bzw. deren Zusammenschlüssen, das fruchtbare Land von Ackerbau und Viehzucht betreibenden und relativ friedlichen Bevölkerungen zu erobern. Doch nach gelungener Eroberung eine solche Bevölkerung dann nicht zu vertreiben oder (mehrheitlich) zu töten, sondern sie als Sklaven, Leibeigene und Ähnliches zu halten, die für die Eroberer die Masse jedenfalls der niederen Erwerbstätigkeiten übernehmen. Herrschaft verdankt sich hier also der Absicht, die zunächst bloßen Gewaltverhältnisse zwischen den Beteiligten bestimmten Regeln zu unterwerfen, sie in ihren typischen Äußerungen verbindlich und damit erwartbar zu machen und so den Hauptzweck, nämlich die wenigstens teilweise Aneignung der Arbeitskraft und der Arbeitsprodukte der Unterworfenen durch die Eroberer und ihre Nachkommen auf Dauer zu stellen.

Der zweite, für die Entwicklung von Gesellschaften überhaupt wichtige Fall besteht seinem Kern nach darin, dass die *kollektive Bündelung* der individuellen, in der Vergangenheit also vor allem der Kräfte der (Groß-)Familien die Durchsetzung von Absichten gegenüber der natürlichen Umgebung möglich macht, die sonst nicht zu erreichen wären. Diese Bündelung erlaubt also eine schrittweise, doch sich insgesamt beschleunigende Lösung der einzelnen Gesellschaften aus der direkten, oft launenhaft wirkenden Abhängigkeit von Vorgängen und Erscheinungen in der sie umgebenden Natur. Die in historischer Sicht herausragenden Fälle werden dabei von den kollektiven Bändigungen der Wassermassen in den Einzugsgebieten

73 Wie die Erfahrung lehrt, folgt auf Befehle jedoch nicht immer der gewünschte Gehorsam, sondern auch stillschweigende oder gar offene Gehorsamsverweigerungen seitens der jeweiligen Untertanen bzw. Untergebenen. Insofern besteht für den Herrscher bzw. die Vorgesetzten eben immer nur eine statistische *Chance* auf Gehorsam, mag sie empirisch auch noch so groß sein.

der großen Flüsse in Nordafrika, dem Mittleren Orient und Nordwestindien, doch auch anderen Gebieten der Erde gebildet. Das berühmteste Beispiel unter ihnen bildet die Zähmung des Nilwassers in Ägypten durch ein großes und weit verzweigtes Bewässerungssystem, das im Frühjahr die reißenden Überschwemmungen der fruchtbaren Böden entlang des Nils verhinderte und im Hoch- und Spätsommer immer noch genügend Wasser für den Anbau von Getreide sowie für die Viehhaltung hergab. Ein Bewässerungssystem, dessen Realisierung ohne die vorgängige Institutionalisierung einer die gesamte Gesellschaft umfassenden Herrschaft nicht möglich gewesen wäre, verkörpert in der Person des Pharao, der bald schon eine riesige Bürokratie befehligte und zum für Normalsterbliche unantastbaren Gottkönig aufstieg. – Als alltäglich-*elementares* Beispiel bietet sich jedoch nach wie vor das Heben eines Baumstamms an: Die Bündelung der Kräfte wird hier durch ein wie immer simples Kommando erreicht, das übrigens zur besseren Wirksamkeit von einem Einzelnen gegeben werden sollte. Letzteres weist auch schon auf sachliche Grenzen der *kollektiven* Selbstherrschaft hin. Kritische Situationen, wie z. B. die eines in einen Sturm geratenen Schiffs oder solche, die rasche Entscheidungen über das weitere kollektive Vorgehen erfordern, erzwingen immer wieder die Aussetzung sonst vorgesehener demokratischer Beschlüsse zugunsten eines einheitlichen, de facto an Einzelne (oder höchstens eine Handvoll Personen) übertragenen Oberbefehls. Eine solche Übertragung kann sich jedoch auch in Situationen gebieterisch aufdrängen, an denen nur wenige beteiligt sind. Hierher gehört etwa die medizinische Operation, bei der sich der Zustand des Patienten plötzlich rapide verschlechtert und eine Reihe von Gegenmaßnahmen erfordert, die keinen Aufschub durch Beratung und Abstimmung dulden.

Ein dritter Grund für die Entstehung von Herrschaft, der schon oben bei der Schilderung der Überlagerung angesprochen wurde, durch seine Allgemeinheit aber systematische Erwähnung verdient, besteht in der Neigung von Mächtigen überhaupt, ihre »bloße«, auch bei Anwendung massiver Drohungen und entsprechendem Handeln prekär bleibende Macht durch eine Umwandlung in Herrschaft zu stabilisieren. Gerade in politisch-gesamtgesellschaftlicher Hinsicht verfolgt diese Umwandlung normalerweise einen doppelten Zweck. Nämlich erstens eben die Gewaltverhältnisse, in denen sich die Macht unmittelbar äußert oder die mit ihr faktisch verbunden sind, getreu der Feststellung Napoleons: »Mit Bajonetten kann man alles machen, außer darauf sitzen«, durch die sozio- politische Durchsetzung verbindlicher *Normen* zu stabilisieren und sie so auch nach ihrem jeweiligen Ablauf und ihren unmittelbaren Ergebnissen besser abschätzen zu können. Und zweitens den Zweck, diese Macht in den Augen der Beherrschten zu einer *legitimen*, d. h. einer *zu Recht bestehenden* zu machen; gelingt dies, verschwindet der Widerstand gegen sie zwar überwiegend nicht völlig, wird aber in seiner Intensität und praktischen Bedeutung geschwächt. Unter diesem Gesichtspunkt wirken beide Vorgehensweisen im Erfolgsfall also in dieselbe Richtung. Dieser Legitimationsaspekt hat übrigens im politischen Leben der Gegenwart nicht nur von Demokratien, sondern auch anderen Typen politischer Herrschaft ein durchschnittlich noch immer wachsendes Gewicht erhalten. In theoretischer Hinsicht ist noch hinzuzufügen: Die beiden anhand der Geschichte gewonnenen Herrschaftstypen der Überlagerung sowie der Bändigung der Naturkräfte im allgemeinen Interesse stellen eigentlich nur zwei Seiten derselben Sache dar. Denn in beiden Fällen geht es ja um die kollektive Bündelung der individuellen Kräfte, die das eine Mal eben der Unterjochung anderer Gesellschaften und ein anderes Mal der Absicht dient, die Abhängigkeit von der natürlichen Umwelt zu vermindern, indem man bestimmte ihrer Erscheinungen für die eigenen kollektiven Ziele zu nutzen sucht. Begrifflich entscheidend ist also diese Bündelung selbst.

Die moderne *Souveränität* kann nun nach ihrem Kern als die neuzeitliche politisch-staatliche Ausprägung dieser alten Entdeckung einer gewaltigen *Steigerung* der gesellschaftlichen Kräfte – und der dadurch erreichbaren Ziele – über ihre Bündelung verstanden werden. Zunächst zu ihrem Begriff und den empirischen Grundbedingungen ihres Vorhandenseins: Souverän ist diejenige politische bzw. staatliche Instanz, die *faktisch* (und nicht nur offiziell) über die *oberste* Entscheidungs- und Durchsetzungs*gewalt* innerhalb eines gegebenen Staatsgebiets monopolartig verfügt. Und zwar eine Gewalt, die sich grundsätzlich auf *alle* politischen Fragen erstreckt, die den Gesamtstaat, doch auch Untereinheiten von ihm betreffen, sofern diese angesichts interner oder mit anderen Untereinheiten gegebener Konflikte die territoriale bzw. staatliche Integrität zu gefährden drohen. Souveränität stellt also ein möglicherweise auch offiziell, im Ernstfall jedoch tatsächlich gegebenes Entscheidungsmonopol dar, das »nach Lage der Dinge« weder von sonstigen politisch-staatlichen Instanzen noch von (anderen) mächtigen Gruppen im Landesinneren wirksam bedroht ist. Und dessen Inhaber wegen der faktischen Machtverhältnisse zwischen dem eigenen und anderen Staaten – oder auch, wie das für die Schweizer seit mindestens 150 Jahren gilt, aufgrund entsprechender internationaler (Quasi-)Garantien – nur wenig Gefahr laufen, sich dem möglichen Druck auswärtiger Mächte beugen zu müssen. – Wie schon hier zu sehen, stellt also, an modern-westlichen Maßstäben gemessen, zumindest die demokratische Souveränität ein hohes staatliches Gut dar. Wird sie auch in dieser Gestalt nur gering oder gar nicht geschätzt, sind dafür im Wesentlichen zwei Gründe verantwortlich: Entweder lehnt man Demokratie insgesamt oder, hierzulande weit wahrscheinlicher, lediglich für das *eigene* Volk rigoros ab. Oder man möchte zumindest öffentliche Diskussionen darüber verhindern, es also verschleiern bzw. verschleiert halten, *wer* denn im fraglichen Staat, sprich: der Bundesrepublik, über die Souveränität verfügt. Oder auch Diskussionen darüber, wer nach dem offiziellen Selbstverständnis über sie verfügen *sollte* und an *wen* sie tatsächlich innerhalb des Staats, doch möglicherweise auch außerhalb von ihm gewandert ist.

Um aber wenigstens *ein* Beispiel dafür zu geben, dass es nicht bei dem nur halb durchgesetzten oder auch bloßen *Anspruch* auf den vollen Besitz der Souveränität bleiben muss (wie das bei vielen formellen Staatsoberhäuptern oder auch sonstigen Machthabern gern der Fall ist): Nach dem in Großbritannien herrschenden, landesintern nach wie vor unangefochtenen Souveränitätsprinzip, demzufolge das Vereinigte Königreich nicht eigentlich eine Demokratie, sondern eine *parlamentarische Monarchie* ist, liegt die Souveränität nicht beim Volk, sondern bei dem von ihm gewählten Parlament, d. h. dem *Unterhaus*. Dessen Souveränität aber kennt, sieht man von den politisch noch immer nicht ausgetragenen Einschränkungen durch die Rechte der Krone ab, tatsächlich *keine Grenzen*, wie seiner klassischen, von Dicey (1885) stammenden Fassung zu entnehmen ist:

»(Es) bedeutet nicht mehr und nicht weniger, als dass das Parlament ... das Recht hat, jedes beliebige Gesetz zu erlassen oder aufzuheben, und weiterhin, dass (weltweit – B. E.) keine Person oder Institution eine vom englischen Recht anerkannte Befugnis hat, die parlamentarische Gesetzgebung außer Kraft zu setzen« (1959: 39).

*Volks*souveränität meint dann näher, dass die Staatsgewalt in den Händen des Volks, d. h. aller und nach ihren politischen Rechten grundsätzlich gleicher Staatsbürger liegt. Sie sind es, die diese Souveränität grundsätzlich *gemeinsam* ausüben. Und zwar in ihrer doppelten Rolle als einerseits *Herren* des Staats, die durch ihre Entscheidungen die Inhalte wie die nähere Ausführung der staatlichen Tätigkeit bestimmen, und andererseits als *Untertanen*, die den von ihnen selbst (oder ihren politischen Vertretern) gefällten Entscheidungen mitsamt ihren personalen Handlungskonsequenzen unterworfen sind. Staatliche Herrschaft insgesamt leitet sich hier eben vom allgemeinen, dem *Volks*willen ab, der den letzten Grund wie die notwendige Bedingung aller legitimen Herrschaftsakte bildet.

Dass in irgendeiner politischen Frage *alle* Staatsbürger tatsächlich derselben Meinung sind, stellt allerdings einen extremen Fall dar, der – berücksichtigt man auch nur die nie ganz fehlende Existenz von ausgeprägten Eigenbrötlern mit ihren fließenden Übergängen zu Querulanten, Psychopathen und Ähnlichem – empirisch so gut wie nie auftritt. Demokratie ist so stets *Mehrheits*herrschaft, die dem Willen von jeweils unterlegenen Minderheiten nicht oder nur teilweise gerecht werden kann; ein Grundsachverhalt, der sich in der Schweiz in der Redewendung »In der Demokratie ist die Mehrheit König« niedergeschlagen hat. Dies ist eine erste, ganz unvermeidbar gegebene Einschränkung der Demokratie, die schon Rousseau dazu motiviert hat, als personale Grundlage des politisch-gesellschaftlichen Zusammenschlusses (des »Gesellschaftsvertrags«) nur die Freiwilligkeit der potenziell Beteiligten gelten zu lassen. Denn die individuelle Bejahung dieses Zusammenschlusses und der entsprechenden kollektiven Zugehörigkeit lässt die Herrschaft von Mehrheiten, die das aufgrund von überwiegend nicht einfach abzuschaffenden Unterschieden ethnischen, territorialen oder sozio-ökonomischen Charakters womöglich »ewig« sind, leichter hinnehmen, als wenn bereits dieser Vertrag als Ausdruck von Zwang abgelehnt wird. – In umgekehrter Hinsicht existiert Demokratie aber erst recht nicht mehr dort, wo die faktische Politik oft, wenn nicht im Wesentlichen, den Ansichten und Interessen bloßer *Minderheiten*, nämlich der gegenüber ihren (Nicht)Wählern verselbstständigten Angehörigen der politischen Elite oder auch der mächtigsten Wirtschaftsgruppen folgt. Und das womöglich mit der (stillschweigenden) Begründung, diese Minderheiten seien nach ihrem politischen Verstand und/oder ihrer sittlichen Güte der Mehrheit klar überlegen[74].

Doch zurück zur einmal etablierten Volkssouveränität und der Frage ihrer angemessenen Ausgestaltung. Klar ist, dass gerade bei *ihrer* Geltung als oberstes staatliches Prinzip es gelingen sollte, durch gesamt- wie teilkollektive Bündelungen der individuellen Kräfte das gesellschaftliche Handlungspotenzial gegenüber inneren und äußeren Herausforderungen zu steigern, ja zu optimieren. Ähnlich wie bei der absolutistischen Souveränität, doch aus teilweise anderen Gründen ist dabei der wichtigste Punkt ihre annähernd volle gesell-

74 Ein in westlichen *Demokratien* schlicht unmöglicher Vorgang stellt hier das Abstimmungsverhalten des deutschen Parlaments bei der im Dezember 1992 vorgenommenen Ratifizierung des am 07. 02. desselben Jahres geschlossenen *Vertrags über die Europäische Union* (»Maastrichter Vertrag«) und damit bei der Entscheidung über die Einführung des *Euro* in seinem Gefolge dar. Obwohl es hinsichtlich dieser immens wichtigen Frage eine ganze Reihe von Umfragen unter der deutschen Bevölkerung gab, bei denen der Prozentsatz der *Ablehnung* des Euro zwischen 65 und über 75 % schwankte, fanden sich unter den inzwischen 607 Abgeordneten nur fünf oder sechs (vermutlich eben notorische Quertreiber oder psychisch erheblich Gestörte), die im Einklang mit dieser Mehrheit stimmten! Damit reihte sich die Bundesrepublik, wenn auch leicht verspätet, würdig in die Abstimmungstradition der 99 %-Befürwortungen in sozialistischen Staaten ein. – Der Verfasser aber, der wie die meisten seiner »gebildeten« Mitbürger bis dahin geglaubt hatte, dass Deutschland immerhin eine halbe Demokratie sei oder habe, wurde durch dieses Ereignis aus seinem »dogmatischen Schlummer« (so der passende Ausdruck des alten Kant) unsanft geweckt.

schaftliche Durchsetzung auf der gesamtstaatlichen Ebene, weil sich damit die *Chancen* auf eine wirkliche Steigerung dieses Potenzials grundsätzlich verbessern. Das sei näher erläutert.

Das Staatsvolk als Bürgergesamtheit sollte aus wenigstens drei gewichtigen Gründen gerade gesellschaftsintern, d. h. gegenüber mächtigen und damit in bestimmten Hinsichten privilegierten Gruppen, im Besitz der *vollen* Souveränität sein[75]. Denn *erstens* genießt diese Gesamtheit nur so wirkliche Freiheit darin, den Charakter ihres politisch-staatlichen Zusammenschlusses sowie dessen grundlegenden Ziele zu bestimmen und *umzubestimmen*. Besonders längerfristig besteht diese Freiheit ja zu einem gewichtigen Teil darin, wenn nicht ganze Verfassungen, dann jedenfalls einzelne Artikel davon zu verändern oder sie abzuschaffen und durch neue zu ersetzen. Außerdem schließt sie eben ein, dass es verfassungsmäßige Festlegungen, die nach ihrem gemeinten Sinn den demokratischen Staat *für alle Zukunft* binden sollen, als mit der Volkssouveränität und deren Gebrauch unvereinbar nicht geben *darf*[76]. – *Zweitens* ist immer wieder eine tendenziell *unbeschränkte* Souveränität erforderlich, um die faktischen Möglichkeiten, schwerwiegenden äußeren und inneren Herausforderungen, die sich dem Staat von Zeit zu Zeit aufdrängen (oder auch als Chancen anbieten), gerecht zu werden, nicht von vornherein durch unaufhebbare Verfassungsbestimmungen sowie

75 Volle Souveränität meint hier, dass sie als Recht der *Letzt*entscheidung nicht auf verschiedene politisch-staatliche Instanzen aufgeteilt ist, sondern in einer Hand liegt. Davon analytisch zu trennen ist die (auch geteilte als) *unbeschränkte* Souveränität, welche »Allmacht« des Souveräns bzw. der Teilsouveräne in dem Sinne meint, dass seine bzw. ihre Freiheit des politischen Handelns auf der gesamtstaatlichen Ebene *nur* oder allenfalls durch Verfassungsbestimmungen eingeengt ist, die sich auf die Menschenrechte und ihre Geltung beziehen. Denn um es vorwegzunehmen: Diese Rechte sind das gleichsam natürliche *Korrektiv* zur Grundabsicht und Realität der modernen Souveränität.

76 Darin liegt einer der zentralen Unterschiede zwischen dem Grundgesetz und den Verfassungen europäisch-westlicher Demokratien. Während es hier nirgendwo Verfassungsbestimmungen gibt, die auch die künftige kollektive Selbstbestimmung in diesem Sinne binden wollen, ist dies im Grundgesetz gleich bei *allen* als entscheidend geltenden Verfassungsartikeln der Fall: »Eine Änderung dieses Grundgesetzes, durch welche die Gliederung des Bundes in Länder, die grundsätzliche Mitwirkung der Länder bei der Gesetzgebung oder die in den Artikeln 1 und 20 niedergelegten Grundsätze berührt werden, ist unzulässig« (Art. 79, Abs. 3).

ihnen geschuldete institutionelle Zwänge empfindlich zu schmälern. Gerade dadurch, dass in wirklichen Demokratien die Gefahr ernsten Machtmissbrauchs geringer als in anderen Herrschaftstypen ist, kann in ihnen – wenn sich dafür Mehrheiten finden – von der kollektiven Bündelung der Kräfte stärker und unbefangener Gebrauch gemacht werden. Das aber schließt ein, dass die Gesamtheit der Staatsbürger (oder ihre *legitimen* politischen Vertreter) die Freiheit besitzen muss, die zur Bewältigung solcher Herausforderungen angemessenen Lasten und Pflichten, die auf die Staatsbürger bzw. einzelne Kategorien von ihnen entfallen, nach *ihrer* Auffassung zu bestimmen, d. h. sie auszudehnen, (wieder) einzuschränken oder sie sonstwie zu verändern.

Drittens ist volle Souveränität eine Voraussetzung dafür, dass die demokratische Herrschaft tatsächlich den kollektiven Zielen der Staatsbürger insgesamt oder doch der Mehrheit von ihnen dient. Und zwar schon dadurch, dass sie eine *eindeutige* Gliederung der politisch-staatlichen Instanzen nach den von ihnen jeweils wahrzunehmenden staatlichen Aufgaben und den damit verknüpften Herrschaftsbefugnissen erlaubt, und damit Auseinandersetzungen um Kompetenzen und ihre inhaltlichen Abgrenzungen nur wenig auftreten, die für stark föderative Staatsgebilde auf und zwischen den verschiedenen Herrschaftsebenen typisch sind. Dann aber besonders dadurch, dass hier eine gute Chance dafür besteht, dass sich der *Volks*wille in entsprechenden Gesetzen und sonstigen kollektiven Entscheidungen niederschlägt und nicht – faktisch – immer wieder Entscheidungen weichen muss, die lediglich von Minderheiten, darunter eben auch nachgeordneten staatlichen Instanzen und ihrem Anhang gewollt werden. Ist dagegen die Souveränität in Wahrheit lediglich Teilsouveränität, können bestimmte gesellschaftliche Bereiche (oder Ausschnitte von ihnen) nicht oder nur eingeschränkt im Sinne der Mehrheit geformt werden. Das aber bedeutet regelmäßig, dass der Grundsatz der allgemeinen Gleichheit bzw. Gleichbehandlung durch De-facto-Diskriminierungen und Privilegierungen mehr oder minder ausgehöhlt ist oder bereits von Anfang an nicht wirklich durchgesetzt werden konnte. – Liegen gar sämtliche der hier genannten Folgen nur begrenzter Souveränität vor, geht damit auch ein unter Legitimitätsgesichtspunkten wichtiger Vorteil der Volkssouveränität wieder verloren. Dass nämlich die bei anderen Herrschaftstypen der Moderne immer bestehende Ideologieproblematik (»Wem *nützen*, oder schaden, eigentlich diese Verfassung, diese Gesetze, diese Ziele?«) zwar nicht völlig verschwindet, aber gewöhnlich nicht die sonst übliche Schärfe gewinnt.

Der Grundnachteil ungeschmälerter Volkssouveränität ist allerdings, das sei nicht verschwiegen, in der Möglichkeit und, nicht so selten, Wirklichkeit von »*tyrannischen Mehrheiten*« zu sehen, für die übrigens die Jakobinerherrschaft im Lauf der Revolution von 1789 das spektakulärste Beispiel ist. Denn die auf der Basis dieser Souveränität getroffenen demokratischen Entscheidungen sind eben regelmäßig nur solche von *Mehrheiten*, die dem Willen von jeweils unterlegenen Minderheiten nicht oder nur teilweise gerecht werden. Deren Existenz als zwangsläufiger Teil der Demokratie selbst ist jedoch so lange unproblematisch, wie sie »flüssig« ist, d. h. tendenziell jedermann in die Lage kommt, mit seinem Abstimmungsverhalten gelegentlich einer bzw. der Minderheit anzugehören. Tyrannische Mehrheiten bilden sich erst dann, wenn entsprechende, allgemein als wichtig und relativ dauerhaft angesehene Spaltungen die Gesellschaft durchziehen, empirisch also vor allem ethnische (religiöse, sprachliche) und territoriale, die mit der überkommenen Aufteilung des staatlichen Gesamtgebiets nach Provinzen verbunden sind, sowie solche nach wirtschaftlichen Lagen. Diese Spaltungen teilen die gesamten Staatsbürger schon rein quantitativ nach einer Reihe von Mehr- und Minderheiten auf. In dem Maße jedoch, wie sie in den Augen der Beteiligten als wichtig gelten, machen sie aus Zugehörigen zu bloßen Kategorien (wie z. B. »Träger« der Schuhgröße 39) Angehörige von (Quasi)*Gruppen*, die – tatsächliche oder nur vermeintliche – Eigenheiten den »anderen« gegenüber betonen und mit ihnen verknüpfte Interessen teils nur für sich bzw. in »ihrem« Gebiet, teils auch gesamtstaatlich durchzusetzen suchen. Sind nun, was ja gerade bei den genannten Spaltungen der Fall ist, deren Grenzen schon in quantitativer Hinsicht nicht einfach verschiebbar, wird damit eine politische Situation begünstigt, in der die jeweiligen Mehrheiten und Minderheiten annähernd immer dieselben sind und damit regelmäßig nur der Wille der Ersteren politisch zum Zuge kommt. Und kann, was oft genug der Fall ist, diese Situation auch nicht durch ernst gemeinte, die Beteiligten wenigstens halbwegs befriedigende Kompromisse gemildert werden, schwächt sich das zunächst nicht selten vorhandene Gefühl einer gewissen Zusammengehörigkeit und damit die Bejahung eines gemeinsamen Staats wenigstens bei den ethnischen und territorialen Minderheiten stark ab und schlägt möglicherweise in sein Gegenteil um. Nämlich in den Wunsch und die Forderung nach Autonomie oder, ist die internationale politische Konstellation dafür nicht gar zu ungünstig, in den Willen, sich einem anderen Staat anzuschließen, wenn nicht einen eigenen zu gründen.

Neben diesen, mit der Demokratie eben regelmäßig verbundenen, faktischen Begrenzungen ihrer selbst, gibt es nun eine ganze Reihe weiterer, mehr oder weniger ausgeprägt anzutreffender *Einschränkungen* dieser Souveränität[77]. Vielfach sind sie schon die unvermeidliche Folge von quasi*technischen* Gegebenheiten, die sich gerade in den modernen Massendemokratien nicht oder nur in Ansätzen überwinden lassen; zum Teil verdanken sie sich jedoch auch der (sub)kollektiven politischen *Absicht*, die Volkssouveränität nur als begrenzte *Teil*souveränität zum Zug kommen zu lassen. Unter den technisch erzwungenen Einschränkungen seien wenigstens zwei aufgrund ihres elementaren Charakters erwähnt. Nämlich einmal die Tatsache, dass die *Bildung* des Mehrheitswillens in institutioneller Hinsicht normalerweise nicht durch das Volk selbst als vielmehr durch seine parlamentarischen *Vertreter* bzw. die hinter ihnen stehenden Parteien erfolgt. Theoretisch ist es zwar möglich, dass jeweils die gesamte Bevölkerung (außer Kindern, Teilen der Kranken und Alten sowie Staatsangehörigen ohne

77 Bei der folgenden Darstellung solcher Einschränkungen muss eine sehr komplexe, in der Gegenwart immer wichtiger werdende Gruppe von sozio-ökonomischen, politischen usw. Gegebenheiten unberücksichtigt bleiben, welche die Souveränität aller Staaten in allerdings sehr unterschiedlichem Maße schmälern. Nämlich die begrifflich als *Globalisierung* zusammengefassten internationalen und mehr noch *transna*tionalen Prozesse, für deren Träger die Souveränität von Staaten ähnlich wie ihre Grenzen in erster Linie ein lästiges und in seiner Wirkung möglichst zu minimierendes Hindernis, manchmal aber auch eine zu nutzende Chance ist.

Stimmrecht) wenigstens über neue *Gesetze* bzw. die Veränderung von bereits vorhandenen abstimmt. Doch liegt auf der Hand, dass sich solche Abstimmungen schon aufgrund der Vielzahl der unter den Bedingungen moderner Massendemokratie zu verabschiedenden Gesetze, aber auch wegen dem verbreiteten Mangel an entsprechender Sachkenntnis sowie – am wichtigsten – wirklicher Interessiertheit bei der Mehrheit der Staatsbürger, unvermeidbar auf vergleichsweise wenige Entscheidungen beschränken. In dieser Situation kann es eher nur ausnahmsweise darum gehen, die Zahl der Angelegenheiten zu vermehren, über die das Volk abstimmen *muss*. Wirkliche Demokratie äußert sich hier vielmehr darin, dass mögliche Abstimmungen weder durch die Verfassung noch sonstwie auf solche über *bestimmte* Gesetze oder sonstige politische Entscheidungen beschränkt sind. Und dass sie immer dann erfolgen, wenn diese Form der Entscheidungsfindung von *größeren* Teilen der Bevölkerung – ab etwa 20 oder 25 Prozent aufwärts – gewünscht wird. Will man Demokratie, die nicht schon in zeitlicher Hinsicht das Staatsvolk überfordert, kann es nur darum gehen, dass es über diejenigen politisch-staatlichen Angelegenheiten *selbst* entscheidet, die wenigstens einem Teil von ihm wichtig sind.

Die andere technisch sozusagen erzwungene, elementare Einschränkung der Volkssouveränität in Massendemokratien besteht darin, dass die staatliche *Durchsetzung* des Mehrheitswillens wiederum durch Volksvertreter, nämlich die Regierung und die ihr unterstellte Bürokratie erfolgt. Denn eine wirklich *gemeinsame* Durchsetzung des einmal Beschlossenen ist allenfalls in sehr kleinen Gebietseinheiten wie etwa einem Dorf möglich. Und zwar auch nur dann, wenn die Durchsetzung im Wesentlichen keine besonderen, d. h. Fachkenntnisse verlangt. Sonst muss sie eben durch eine aus entsprechend angeleiteten Leuten zusammengesetzte, arbeitsteilige Verwaltung erfolgen, die, im Prinzip, auch lediglich aus Dorfbewohnern bestehen kann. Sobald jedoch die Gemeinden größer und die Verhältnisse komplexer werden, erweist sich eine »richtige«, etwa staatliche oder sonstige überlokale Bürokratie typischerweise schon durch ihre bessere interne Organisation und eine entsprechende Arbeitsteilung als der Selbstverwaltung im strikten Sinn überlegen.

Bringen beide Einschränkungen über ihre zwangsläufige Folge der dauerhaften Entstehung von politischen *Vertretern* des Staatsvolks unvermeidlich eine gewisse Aushöhlung der Demokratie zugunsten deren Herrschaft – sowie deren auch illegitimen faktischen Macht – mit sich, sollte zur Verhinderung einer weitergehenden Entmündigung des Souveräns wenigstens die Wahl dieser Vertreter einen strikt demokratischen Charakter aufweisen. Im Hinblick auf die Bildung des Mehrheitswillens heißt das, dass *sämtliche* Abgeordnete des gesamtstaatlichen Parlaments von der Mehrheit derjenigen zu bestimmen sind, die in ihren jeweiligen Wahlkreisen auch zur Wahl gehen. Und hinsichtlich seiner Durchsetzung heißt es, dass jedenfalls diejenigen politischen Ämter, mit denen ein hohes und höchstes Maß an politisch-staatlicher Macht verbunden ist (Präsident, Ministerpräsident o. Ä.), durch *Volks*wahl und nicht durch Abgeordnetenwahl oder gar – wie etwa bei der Wahl der Angehörigen des Bundesverfassungsgerichts – durch *Vertreter* von Vertretern (»Wahlmännerausschuß« des Bundestags, Beauftragte der einzelnen Länder*regierungen* im Fall des Bundesrats) zu besetzen sind. Beispielhaft ist hier Frankreich, bei dem nicht nur der Präsident, bekanntlich ein »Monarch auf Zeit«, vom Volk, sondern auch sämtliche Parlamentsabgeordneten von der Bevölkerung ihrer Wahlkreise bestimmt werden. Und das oft durch zwei Wahlgänge. Bei Ausbleiben einer *absoluten* Mehrheit erlaubt nämlich das entsprechende Gesetz denjenigen Parteien, die im ersten Wahlgang mehr als 12,5 % der Stimmen auf sich vereinigen konnten, gegen den nur relativen Gewinner dieses Wahlgangs Koalitionen zu bilden, und damit dann einen *gemeinsamen* Kandidaten zum Abgeordneten werden zu lassen, sofern es ihm nur gelingt, in der Stichwahl die meisten Stimmen zu erhalten[78].

78 Dieser und anderen Ausprägungen des Mehrheitswahlrechts steht bekanntlich das *Verhältniswahlrecht* gegenüber, bei dessen deutscher Variante nur die Hälfte der Parlamentssitze durch direkte Volkswahl besetzt werden, die andere aber anhand der Stimmenzahl ermittelt wird, welche die einzelnen, sich an der Wahl mit jeweils eigener Kandidatenliste beteiligenden *Parteien* im gesamten Staatsgebiet erreicht haben. Als demokratisch kann diese Verhältniswahl für die größeren unter ihnen gelten. Sieht man nämlich von den häufigen Sperrklauseln ab, die alle Parteien leer ausgehen lassen, die nicht 3 oder 5 (oder noch mehr) Prozent der abgegebenen gültigen Wählerstimmen erreicht haben, stimmt der jeweilige Anteil erhaltener Stimmen mit

Nun zu den gewichtigsten, *politisch gewollten* Einschränkungen der Volkssouveränität, nämlich in der Form (a) der klassischen Gewalten*teilung*, (b) der politischen Aufgliederung der *Volks*souveränität zugunsten der Teilsouveränität von *Sub*kollektiven sowie (c) der verfassungsmäßigen Verankerung von *Menschenrechten*. Während jedoch die letzteren Einschränkungen zumindest tendenziell die *sub*kollektive Demokratie von – gewöhnlich teilautonomen – territorialen und ethnischen Einheiten oder die Selbstbestimmung der *Person* stärken, ist ein solcher demokratischer Nutzen im Fall der *Gewaltenteilung* nicht zu sehen. Nach Rousseau bedeutet diese Teilung sogar deren Ende: »Die souveräne Autorität (ist) einfach und eine, und man kann sie nicht teilen, ohne sie zu zerstören« (1762, Drittes Buch, Kap. 13). Sachlich entscheidend ist hier jedoch eine bereits von Locke stammende Argumentation, in der er die Aufteilung der Staatsgewalt (nach den Instanzen der Gesetzgebung, der Regierung und auch der Rechtsprechung) zwar billigt, die oberste Gewalt für den Ernstfall ernster Konflikte jedoch nach wie vor dem Parlament – als der entscheidenden Instanz der Volks*vertretung* – zuspricht (1689, § 149): Mit der Demokratie vereinbar ist eine solche Aufteilung also immer dann, wenn die daraus resultierenden Gewalten nach wie vor dem *Volks*willen bzw. seinem unmittelbaren institutionellen Ausdruck unterstehen – und folglich unvereinbar im Fall ihrer Verselbstständigung ihm gegenüber. Genau diese letztere Situation war und ist für das bundesdeutsche Verfassungsgericht vom Beginn seiner Existenz an gegeben, wie dem betreffenden Gesetz von 1951 zu entnehmen ist: »Das Bundesverfassungsgericht ist ein allen übrigen Verfassungsorganen gegenüber selbstständiger und unabhängiger Gerichtshof des Bundes« (§ 1, Abs. 1). Lässt sich die angesprochene Selbstständigkeit noch im Sinne des stärksten Argu-

dem Anteil der damit erreichten Parlamentssitze überein. Undemokratisch ist dieser Wahlmodus jedoch dadurch, dass die Wähler selbst auf die Vergabe von (mindestens) der Hälfte der Abgeordnetensitze keinen oder fast keinen Einfluss haben. Verhältniswahlen schwächen also die Macht der Wähler und stärken die Macht der Parteien. – Übrigens wird bei der deutschen Verfassung dieser Sachverhalt noch durch die Bestimmung »Die Parteien wirken bei der politischen Willensbildung des Volkes mit« (Art. 21, Abs. 1) verstärkt, ohne die gewisse Parteiprivilegien erst gar nicht möglich wären.

ments für die Gewaltenteilung deuten[79], so nicht mehr die »Unabhängigkeit« dieses Gerichts gegenüber »allen übrigen Verfassungsorganen«, darunter erst recht dem Nichtsouverän »Deutsches Volk«. Diese völlige Unabhängigkeit bildete dann die institutionelle Basis, auf der die jetzige Herrschaft des BVerfG errichtet werden konnte!

Doch auch die Autonomie im sonst üblichen Sinne hat ihre Kehrseite in der Tendenz zur (womöglich expansiven) Verselbstständigung, ja der Dominanz von einem dieser Bereiche – und zwar vor allem der Regierung bzw. ihrer Herrschaftsapparate gegenüber den Parlamenten, selten jedoch auch der Justiz gegenüber beidem. Vor allem deshalb trifft schließlich das für die Gewaltenteilung ebenfalls gern vorgebrachte Argument, sie verhindere »totalitäre Übergriffe« auf die einzelnen Staatsangehörigen bzw. bestimmte Gruppen von ihnen, im Wesentlichen nicht zu:

> »Gewaltenteilung gilt als Schutz vor totalitären Übergriffen. Doch ist es eine abwegige Vorstellung, dass die Legislative durch die Exekutive kontrolliert werden muss, denn Übergriffe in die Rechte der Bürger gehen von exekutiven Apparaten aus: Polizei, Verwaltung, Militär. *Gerade die Gewaltenteilung ermöglicht verselbstständigte bürokratische Vorgänge*« (Demirovic 2009: 192; Hervorhebung von B. E.).

Die *zweite* Souveränitätseinschränkung stellt der dem *Gesamt*staat überwiegend abgerungene Verzicht zugunsten größerer oder geringerer *Autonomie* bestimmter *sub*kollektiver Einheiten dar, die gewöhnlich schon vor der Gründung bzw. demokratischen Neugestaltung des fraglichen (National-)Staats bestanden haben. Autonomie meint also, dass der Zentralgewalt in verschiedenen Sachgebieten, darunter besonders im Bereich der Kultur, die Entscheidungshoheit zugunsten der kollektiven Selbstbestimmung von nachgeordneten, mit einer gewissen Teilsouveränität ausgestatteten Einheiten entzogen ist. Wie schon angedeutet gibt es im Wesentlichen zwei Typen

79 Nämlich die mit ihr mögliche »Bereinigung der Sphären« in der Form der institutionellen Anerkennung jeweils *spezifischer Sachgesetzlichkeiten* in den auf diese Weise aufgeteilten staatlichen Bereichen. Also der jeweiligen Zubilligung einer gewissen, empirisch unterschiedlich ausfallenden *Autonomie*, die willkürliche bzw. sachfremde Eingriffe des einen in den anderen Bereich zwar nicht ausschließt, aber stark verringert.

solcher Einheiten, die hier in den Genuss begrenzter Autonomie gelangen können, nämlich einzelne Teilgebiete des (neuen) Staats sowie ethnische bzw. nationale Minderheiten, auch in der Form ganzer Völker.

Zunächst zur Autonomie von bestimmten Gebieten (Provinzen bzw. »Länder« substaatlichen Charakters). Bei der Gründung demokratischer Nationalstaaten stellt sich fast immer die Frage, in welchem Ausmaß der neue Staat ein *Zentral*- oder ein *Bundes*staat sein soll. Eine *zentral*staatliche Lösung wird vor allem dann favorisiert, wenn der Wille der (künftigen) Nationsangehörigen oder wenigstens ihrer Eliten zu einem staatlichen Zusammenschluss relativ stark ausgeprägt ist; und diese Ausprägung wird vor allem durch eine plausible Hoffnung darauf genährt, dass ein enger Zusammenschluss innen- und außenpolitische Erfolge ermögliche, die auch dem stärksten an ihm beteiligten Gebiet verwehrt blieben, solange es auf sich allein gestellt sei. Eine *bundesstaatliche* Lösung bietet sich demgegenüber vor allem dann an, wenn dieser Wille eher nur schwach vorhanden ist. Denn diese Lösung lässt den beteiligten Gebieten nicht nur relativ großen Spielraum, ihre überkommenen Institutionen bzw. politischen Eigenheiten weiter zu pflegen, sondern mindert auch die sonst stets naheliegende Befürchtung, dass der Zusammenschluß auf die Dominanz eines oder weniger Teilgebiete über die anderen hinauslaufen werde. Hinzu kommt ein besonderer, jedoch verwandter Grund. Gehören nämlich dem neuen Staat vergleichsweise große bzw. wohlhabende oder mächtige Gebiete an, die vorher womöglich Träger weitgehender (de-facto)-Souveränität waren, werden sie mit einem Zentralstaat liebäugeln, der es ihnen zu erlauben scheint, ihr relatives Übergewicht gegenüber den anderen Gebieten zu bewahren oder zu vergrößern. Sie werden ihm dann jedoch reserviert, ja ablehnend gegenüberstehen, wenn es dafür keine offiziellen Garantien oder wenigstens faktische Verhältnisse gibt, die nach ihrer vermutlichen Dauerhaftigkeit solchen Garantien gleichkommen. Doch wie sollte bei dem einen wie dem anderen wirkliche Dauerhaftigkeit schon angesichts der Grundtatsache möglich sein, dass in *Demokratien* das Staatsvolk eben kraft seiner Souveränität tendenziell *sämtli-*

che Fragen, welche die kollektive Existenz der Beteiligten heute oder in näherer Zukunft zu betreffen scheinen, zum Gegenstand gesamtkollektiver Entscheidungen machen kann?

Es konnte daher kaum verwundern, dass 1949 vor allem, aber nicht nur Bayern (zur endgültigen Bannung der Gefahr einer erneuten »preußischen« Dominanz!) darauf drängte, den anstehenden westdeutschen Staat als einen ausgeprägten *Bundes*staat zu gründen und dabei die Existenz wie die »Mitwirkung der Länder bei der Gesetzgebung« als *niemals* (!) aufhebbar in der Verfassung zu verankern. Diese Mitwirkung in der Form der »konkurrierenden Gesetzgebung« des Bundesrats, die immer dann zum Zuge kommen sollte, wenn mit der Bundesgesetzgebung »Länderinteressen« berührt werden, erstreckte sich in den ersten Jahren nach 1949 auf ungefähr 21 % der vom Bundestag betriebenen Gesetzesvorhaben. Dieser Anteil stieg bis zur Föderalismusreform von 2006 auf 53 %, also die Mehrheit dieser Vorhaben an und ist mit derzeit 40 % immer noch fast doppelt so hoch wie Anfang der Fünfzigerjahre. Diese Entwicklung, durch die auch der ohnehin feststellbare, schleichende Prozess der Schwächung der Zentralgewalt gefördert wird, ist schon für sich genommen mit der »Herrschaft des Volks« kaum vereinbar. Geradezu verheerende Wirkungen kann sie jedoch in der nicht seltenen Konstellation entfalten, dass der im Bundes*tag* herrschenden Partei bzw. Parteienkonstellation eine den Bundes*rat* dominierende Opposition gegenübersteht. Das bedeutet nämlich nicht nur, dass die Regierungsseite immer wieder auf die Aushandlung von Kompromissen angewiesen ist, die, wenn nicht faul, dann jedenfalls oft genug weder Fisch noch Fleisch sind und damit die beabsichtigte praktische Wirkung verfehlen oder nicht wünschbare Nebenwirkungen mit sich bringen. Sondern auch, dass die Opposition die Verabschiedung von Gesetzen und das Wirksamwerden von Entscheidungen immer wieder lahmlegen kann. Und das mit der auf Dauer schwer vermeidbaren Folge, dass das Niveau der Politik sich durchschnittlich verschlechtert und Vorhaben bzw. Entscheidungen längerfristigen Horizonts, die sich nicht an bloßen und womöglich partikularen Tagesinteressen oder dem oft sterilen Gezänk der Parteien orientieren, kaum noch möglich sind. Es ist deshalb gut zu verstehen, dass die französische Republik genauso wie die parlamentarische Monarchie Großbritanniens sich auch in der Gegenwart sehr spröde zeigen, wenn es darum geht, den politischen Einfluss einzelner oder gar aller Landesteile auf die Zentralregierung institutionell zu stärken.

Welche Blüten aber die weitgehende Autonomie der deutschen Länder im Kulturbereich treiben kann, kann der folgende schwerwiegende, von den Medien jedoch wenig beachtete Fall zeigen. Als am Ende des 20. Jahrhunderts die politische Entscheidung über die deutsche Rechtschreibreform anstand, wurde diese Reform weder direkt (Vorbereitung und Vollzug einer Volksabstimmung!) noch indirekt (Behandlung und Abstimmung darüber im Bundestag) als *nationale* Angelegenheit behandelt, sondern als Sache der freien Entscheidung jedes einzelnen der siebzehn Länder. Als Schleswig-Holstein als annähernd erstes über die Reform, und zwar durch eine *Volks*abstimmung entschied, d. h. negativ entschied, nahm die Sache denjenigen Fortgang, mit dem ohnehin zu rechnen gewesen war: Die Obrigkeiten in den übrigen Bundesländern entlasteten ihre Bevölkerung von der eben auch sonst ungeliebten Prozedur demokratischer Entscheidung, indem sie wieder einmal gegen den Bürgerwillen entschieden, der – den Umfragen zufolge – diese Reform mit deutlicher Mehrheit ablehnte. Offiziell spielte es dann auch keine Rolle mehr, dass in Deutschland auf diese Weise eine neue Teilung geschaffen wurde. Nämlich diejenige zwischen Schleswig-Holstein, wo man die durch den Bürgerentscheid in ihrer Existenz bekräftigte, bisherige Schreibweise nun doch nicht einfach beiseitewischen konnte, und dem Rest der Republik, der sich jetzt an den vielen, das Deutsche überdies weiter anglisierenden Schreib- und Verständnis-»Verbesserungen« erfreuen kann[80].

Nun zu dem vor allem im 20. Jahrhundert bedeutsamen Fall des gesamtstaatlichen Souveränitätsverzicht zugunsten *ethnischer* und

80 Als Kritik mag hier eine über 150 Jahre alte, nach gegenwärtiger Lage der Dinge etwas veränderte Bemerkung des Philosophen Arthur Schopenhauer genügen, die sich in seiner kleinen Abhandlung »Wider die Silbenknicker« findet: »Man sollte die Reformbefürworter daguerrotypieren (d. h. fotografieren), wenn sie mit Schafsmäulern das Wort ›aufwäändig‹ von sich geben«.

ähnlicher Einheiten. Der Hintergrund für die Gewährung von Autonomie – und erst recht der entsprechenden Forderungen nach ihr – ist darin zu sehen, dass die Durchsetzung der modernen, auf der grundsätzlichen politisch-rechtlichen Gleichheit aller Staatsangehörigen beruhenden Nation im Europa des 19. und 20. Jahrhundert regelmäßig in Staaten erfolgte und erfolgen musste, die ethnisch nicht homogen waren, sondern neben einem dominierenden Volk eben auch andere Völker bzw. Volksteile umfassten[81]. Dass aber die Bildung einer solchen Nation aus *mehreren* Völkern und/oder Minderheiten[82] sich – allen auch gut gemeinten Einheitsbeschwörungen zum Trotz – als ein das neue Staatsgebilde immer wieder über-

81 Dazu doch einige empirisch orientierte Quasidefinitionen zu den hier einschlägigen Begriffen, die den Lesern das Verständnis der Sache erleichtern sollen: (1) Ein Volk ist ein Sonderfall der *ethnischen Gruppe*, die zwar – und oft entgegen ihrem traditionellen Selbstverständnis – fast nie eine *Abstammungs*gemeinschaft im strikteren Sinne (Abstammung von einem Urvater oder Ähnlichem), wohl aber eine relative *Zeugungs*gemeinschaft mit einem Grundstock an *gemeinsamer Kultur* darstellt. Zumindest bei ihrer (kulturellen) Elite gibt es außerdem ein Bewusstsein der eigenen *gesamt*kollektiven Identität und damit der Zusammengehörigkeit, das sich angesichts entsprechender äußerer Herausforderungen auch in kollektivinterne Solidarität übersetzen kann. (2) Um ein *Volk* handelt es sich dann, wenn eine solche Gruppe groß und sozio-ökonomisch differenziert genug ist, eine *eigene* arbeitsteilige Gesellschaft auch modernen Zuschnitts zu bilden. Und wenn sie außerdem über ein eigenes Siedlungs(kern)gebiet und damit traditionell über eine gewisse Selbstständigkeit nach außen verfügt. (3) Mit dem häufig benutzten Ausdruck Ethnie bzw. *Ethnien* sind manchmal nur ethnische Gruppen im engeren Sinne gemeint, mehrheitlich aber auch Völker. (4) Der Begriff der modernen *Nation* behält gewöhnlich die genannten Merkmale eines Volks bei. Sie treten in ihrer (gewünschten) gemeinschaftsstiftenden Bedeutung jedoch zugunsten eines gesamtkollektiv mehr oder minder geteilten *Bewusstseins* zurück. Nach ihm, das oft auch staatsoffizielles Selbstverständnis ist, bilden die Nationsangehörigen »eine *eigene* ethnische *oder* historisch, d. h. durch die Gemeinsamkeit des kollektiven, insbesondere: des politischen Schicksals begründete *Einheit* …, die ein natürliches Recht auf *Unabhängigkeit nach außen* besitzt, und die deshalb auch einen eigenen, den *National*staat errichten oder behalten soll« (Estel 1994: 19).

82 Bei den *Minderheiten* ist hier wenigstens nach ethnischen und nationalen zu unterscheiden. Die *ethnischen* stellen innerhalb der gesamten Bevölkerung des fraglichen Staats Minderheiten dar, die entweder als ethnische Gruppe bzw. Volk ausschließlich hier existieren. *Oder* zu denen es außerhalb dieses Staats zwar eine oder gar mehrere Bevölkerungen bzw. Bevölkerungsteile gibt, die ethnisch gesehen zu ihr zu rechnen sind, ohne dass jedoch hier oder dort ausgeprägtere Wünsche nach einer politisch-staatlichen Vereinigung vorhanden sind. *Nationale* Minderheiten sind dagegen insbesondere solche, die mit ihrem Siedlungsgebiet an Nationsangehörige jenseits des fraglichen Staats grenzen und die staatliche Trennung von ihnen durch eine kollektive, notfalls mit Gewalt durchgesetzte Abspaltung zu überwinden suchen.

forderndes Problem der praktischen Politik erweist, wurde nicht erst am Zerfall der Donaumonarchie 1918 oder dem schließlich gewaltsamen Ende Jugoslawiens 1991 – 94 sichtbar, sondern ließ sich bereits für die erste Hälfte des 19. Jahrhunderts feststellen[83].

Das Grundproblem, das angesichts des Vorhandenseins mehrerer ethnischer (Teil-)Einheiten mit – wie könnte es anders sein? – untereinander immer wieder kaum zu vereinbarenden materiellen und immateriellen Interessen für die Existenz bzw. Dauer eines Nationalstaats auftritt, besteht in folgendem: Die modern-westliche Nation ist die *erstrebte Gemeinschaft* aller ihrer Angehörigen; eine Gemeinschaft, die sich in einer gewissen, gesellschaftsintern allerdings fast immer unterschiedlich verstandenen Solidarität ihrer Angehörigen untereinander äußern soll. Ihre unmittelbare Grundbedingung ist das Bewusstsein und Gefühl der staatlichen und, nicht selten mehr noch, weit zurückreichender *vor*staatlicher *Zusammengehörigkeit*, wie sie hauptsächlich durch die jeweilige offizielle *oder*, und besonders in Zeiten schwerer Krisen, von inoffiziellen, bei der Bevölkerung jedoch wirklich verbreiteten Versionen der eigenen *kollektiven Identität* (als Wissen darüber, wer »wir sind«) bestimmt wird. Doch offizielle wie inoffizielle Identitätsversionen können größere kollektive Kraft erst dann gewinnen, wenn sie eben *sozial geteilt* sind, also von ansehnlichen Minderheiten,

83 So steht hier dem insgesamt gelingenden Beispiel der Neubildung der Schweiz nach 1815 mit ihren drei (und – viel später – vier) Volksgruppen das frühe und durch Krieg besiegelte Ende der »Vereinigten Niederlande« 1831 gegenüber, die ebenfalls 1815 aus den nördlichen (Holland) sowie den ehemals österreichischen Niederlanden (Belgien) geschaffen worden waren. – Erwähnt sei noch der zugespitzte, doch in vielem typische Fall der Tschecho-Slowakei (von 1918 – 1938): Am Ende des 1. Weltkriegs gegründet, umfasste er 16 Millionen Bewohner, davon 46 % Tschechen, 28 % Deutsche, 13 % Slowaken, 8 % Ungarn und 3 % Ukrainer. Obwohl nach offizieller, immer wieder beschworener Auffassung Tschechen und Slowaken *ein* Volk waren, bildeten faktisch nur die Tschechen, durch die staatlichen Institutionen in vielem begünstigt, das Staatsvolk, das die anderen Ethnien von Anfang an dominierte und mehr oder minder ausgeprägt diskriminierte. Das Ende dieses Staates, der so auch den Slowaken die 1918 versprochene Autonomie verweigerte, wurde hauptsächlich durch das Münchner Abkommen von 1938 herbeigeführt, demzufolge das Sudetengebiet zu Deutschland kam sowie die Slowakei und die Karpato-Ukraine die Autonomie erhielten. Bereits im März 1939 errichtete dann Hitler aus dem tschechischen Restgebiet das »Protektorat Böhmen und Mähren«, während die Slowakei vollends zum eigenen Staat und die Karpato-Ukraine von Ungarn einverleibt wurde.

wenn nicht Mehrheiten unter den Nationsangehörigen geglaubt werden.

In politisch-praktischer Hinsicht kommt es nun entscheidend darauf an, ob die einzelnen, sozio-politisch (und meistens auch kulturell) nichtdominanten Volksgruppen sich als legitimer und wertvoller *Teil* der Gesamtgesellschaft, also: der Nation, verstehen können – und von den »anderen« auch mehrheitlich so verstanden werden. Oder ob sie, was Solidarität mit diesen anderen weitgehend ausschließt, ihre faktische Zugehörigkeit als aufgezwungen empfinden, die zugunsten eigener staatlicher Selbstständigkeit oder dem politischen Anschluss an das benachbarte »eigene« Volk zu beseitigen sei. Letzteres wird natürlich besonders dann der Fall sein, wenn die Mehrheit eben quantitativ und angesichts ihrer weitgehenden Beherrschung der (quasi)staatlichen Institutionen gleichsam immer Mehrheit ist, die bei der Verabschiedung von Gesetzen sowie sonstigen, als wichtig geltenden Entscheidungen sich um die übrigen Meinungen nicht zu kümmern braucht. Bei den Minderheiten gewinnt dann, und mehr und mehr, eine Haltung an Zustimmung, die zu der Mehrheitsbevölkerung lediglich am eigenen *Nutzen* orientierte Beziehungen pflegen will, ansonsten jedoch nur Gleichgültigkeit, wenn nicht Ablehnung und Feindseligkeit ihr gegenüber kennt und den gemeinsamen Staat im Wesentlichen als *Fremd*herrschaft versteht. Hat sich diese Haltung erst einmal unter den Minderheitsangehörigen durchgesetzt, ist sie nur schwer und ganz gewiss nicht von heute auf morgen wieder zu beseitigen. Sie kann jedoch, sind die Fronten nicht schon zu sehr verhärtet, in ihrer feindseligen Schärfe durch die Verleihung von tatsächlicher (Teil-)Autonomie gemildert werden[84], die es den Minderheiten möglich macht, sich als wenigstens in

84 An dieser ethnischen Autonomie sind klassischerweise zwei Grundformen zu unterscheiden. Nämlich die *territoriale* Autonomie, die für dasjenige Gebiet gewährt wird, das von der fraglichen Minderheit seit langer, auch vorstaatlicher Zeit besiedelt ist, und zwar ausschließlich oder eindeutig mehrheitlich. Daneben gibt (oder gab es zumindest) die *personale* Autonomie für die Angehörigen von ethnischen Gruppen im engeren Sinne, die – womöglich fast über das gesamte Staatsgebiet verstreut – kein Siedlungsgebiet kennen, das ihnen traditionell zu eigen wäre. Der Grundunterschied beider Formen ethnischer Autonomie zur Gebietsautonomie im oben behandelten Sinne besteht inhaltlich darin, dass sie sich zwar auch auf personale Freiheiten und

manchen Hinsichten selbst bestimmende und öffentlich anerkannte Subjekte und nicht mehr nur als nachrangige Objekte der Politik zu erfahren. Unter sonst günstigen Umständen kann es so nach und nach zu einer Aussöhnung der Minderheiten mit der Mehrheitsgesellschaft kommen, die dadurch ihrerseits pluralistischer wird und die herrschende kollektive Identität in Richtung einer größeren Offenheit verändert. Allerdings können, wie derzeit u. a. das prekäre sozio-politische Verhältnis zwischen Flamen und Wallonen in Belgien zeigt, aufgrund neuer wie alter Reibungspunkte wieder Spannungen zwischen den Volksgruppen auftreten und fast schon vergessenen Gräben zwischen ihnen neue Bedeutung verleihen.

Die *dritte* politisch gewollte und historisch zweifelsohne wichtigste Einschränkung der Volkssouveränität ergibt sich für modern-westliche Demokratien aus der in ihren Verfassungen verankerten Geltung von allgemeinen *Menschenrechten*. Ihre klassische, am Anfang der Französischen Revolution von 1789 verabschiedete Fassung, die als »Erklärung der Menschen- und Bürgerrechte« bis heute (wenn auch mit mehreren Unterbrechungen) Bestandteil der Verfassung Frankreichs ist, bestimmt diese Rechte folgendermaßen:

> »Der Zweck jeder politischen Vereinigung ist die Erhaltung der natürlichen und unantastbaren (genauer: der politisch-staatlichen Verfügungsgewalt *entzogenen* (imprescriptibles) – B. E.) Menschenrechte. Diese sind das Recht auf Freiheit, das Recht auf Eigentum, das Recht auf Sicherheit und das Recht auf Widerstand gegen Unterdrückung« (Art. 2)[85].

Diese *vor*staatlich verstandenen Menschenrechte sind also der entscheidende, durch die Natur des Menschen selbst begründete Gegenspieler zur Souveränität, sei sie diejenige des »Fürsten« oder des »Volks«. Wie dieser Erklärung auch zu entnehmen ist, wurden diese beiden Grundprinzipien der modernen Demokratie jedoch nicht als Gegensätze, sondern als sachlich gebotene Ergänzung zum je-

politische Rechte beziehen können, vor allem jedoch die selbstbestimmte Regelung der eigenen kulturellen Angelegenheiten meinen.

85 Erwähnt sei noch die Bestimmung dieser Rechte in der fast zeitgleichen Unabhängigkeitserklärung der USA vom 4. Juli 1776. Hier gelten als Menschenrechte das Recht auf »Leben, Freiheit und das Streben nach Glück« und ein entsprechendes Widerstandsrecht gegen deren staatliche Verletzungen.

weils anderen Prinzip gesehen[86]. Doch schon in der Revolution selbst gruppierten sich die politischen Lager nicht zuletzt um die Frage, welches Prinzip denn stärker zum Zuge kommen sollte. Der vorrangigen Betonung der Volkssouveränität durch die Jakobiner entsprach diejenige der Menschenrechte durch die Girondisten; und diese unterschiedliche Gewichtung schlug sich bis zur Mitte des 20. Jahrhunderts in der Unterscheidung von – eher – *national-* oder *liberal*demokratischen Ausprägungen der Demokratie nieder (vgl. u. a. Ziegler 1931).

Dass aber beide Prinzipien die politisch-staatliche Geltung auch des jeweils anderen erfordern, ist grundsätzlich schon der Konstruktion des Gesellschaftsvertrags bei Rousseau zu entnehmen. Denn diejenigen, die diesen Vertrag abschließen, tun das in der Erwartung, dass sich damit ihre eigenen Kräfte jedenfalls dann, wenn es wirklich nottut, verzehn-, ja verhundertfachen, um mit den aktuellen Herausforderungen der sie umgebenden Natur oder auch den Angriffen anderer Menschen fertig zu werden. Für diese doppelte Erwartung geben sie den »Naturzustand« tendenziell schrankenloser personaler bzw. familiärer Freiheit bereitwillig zugunsten des Gesellschaftszustands mit seinen großen Einschränkungen dieser Freiheit und einer Reihe von sozialen Verpflichtungen auf, die sie als Staatsbürger erwarten. Was aber sollte sie dauerhaft in einer Gesellschaft halten (und damit diese selbst erhalten), in der es infolge der faktischen »Tyrannei« der Mehrheit oder der von ihr gewählten Regierung zwar noch gemeinsame Arbeitsanstrengungen und auch -erfolge gibt, doch kaum mehr individuelle Freiheit und wirksamen Schutz der Person gegen äußere Übergriffe? Soll also der mit dem Vertrag beabsichtigte Gesellschaftszustand erreicht und erhalten werden, erfordert die Geltung des einen Prinzips auch diejenige des anderen: Ohne die staatlich-politische Geltung von Menschenrechten wären einzelne Bürger wie ganze Teile von ihnen verstärkt der

86 »Der Ursprung jeder Souveränität liegt ihrem Wesen nach in der Nation. Keine Körperschaft und kein einzelner darf eine Gewalt ausüben, die nicht ausdrücklich von ihr ausgeht« (Art. 3). Und: »Die Gewährleistung der Menschen- und Bürgerrechte erfordert eine öffentliche Gewalt; diese Gewalt ist also zum Vorteil aller eingesetzt und nicht zum besonderen Nutzen derer, denen sie anvertraut ist« (Art. 12).

Willkür einer (durch entsprechende Krisen womöglich radikalisierten) Bevölkerungsmehrheit oder der jeweiligen Regierung bzw. ihrer Vollzugsinstanzen ausgesetzt. Folgte die Politik aber allein diesem und nicht auch dem Souveränitätsprinzip, könnte es Staatlichkeit und die mit ihr möglichen kollektiven Erfolge nur noch stark eingeschränkt in einer Art Nachtwächterstaat geben. Denn die Vergrößerung der Chancen, die sich bei einer gelungenen Bündelung der individuellen Kräfte für die Realisierung kollektiver Ziele nach innen und außen eröffnen, fänden auf der Ebene der Interaktion Einzelner oder von Gruppen zwar immer noch Beachtung, doch kaum mehr bei dem sehr schwach gewordenen Staat.

Eine vierte, politisch gewollte Einschränkung der Volkssouveränität ist schließlich in der Verfassung der Bundesrepublik Wirklichkeit geworden. Streng genommen handelt es sich bei ihr allerdings nicht nur um eine Einschränkung, sondern um eine *Beseitigung der Volkssouveränität* (und in wichtigen Hinsichten selbst der Menschenrechte) zugunsten einer Herrschaft des sittlich *Guten*, für die im Grundgesetz an oberster Stelle die *Menschenwürde* steht. Die Bundesrepublik ist daher zwar ein »sozialer Bundesstaat« (so Art. 20, Abs. 1), ihre »Grundordnung« aber ist nur wenig »freiheitlich« und, im Wesentlichen, gerade nicht »demokratisch« (wie Art. 21, Abs. 2 das behauptet). Vielmehr ist sie ein *Verfassungsstaat*, bei dem die dem Volk verweigerte Souveränität formell an das Grundgesetz, tatsächlich aber und in erster Linie an die es nicht nur fallweise interpretierenden, sondern es mehr und mehr – und nach Belieben – »weiterentwickelnden« Verfassungs*richter* gewandert ist. Dieser Sachverhalt und seine wichtigsten Folgen sind nun in mehreren Abschnitten zu entfalten.

3. Die Herrschaft des sittlich Guten als Hauptintention des Grundgesetzes und ihre politischen Konsequenzen

a) Präambel und personale Freiheitsrechte

Die entschlossen, doch auch ängstlich wirkende Grundabsicht, das »Deutsche Volk« in den entscheidenden Punkten dauerhaft an das (sittlich) Gute zu *binden*, kennzeichnet nicht erst den Eckstein des Grundgesetzes, nämlich Art. 1 (»Schutz der Menschenwürde«), sondern bereits die *Präambel*. Das in ihr enthaltene offizielle deutsche Selbstverständnis und die mit ihm verbundenen kollektiven Zielvorgaben sehen nach ihrem Kern so aus:

> »Im Bewusstsein seiner Verantwortung vor Gott und den Menschen, von dem Willen beseelt, seine nationale und staatliche Einheit zu wahren und als gleichberechtigtes Glied in einem vereinten Europa dem Frieden der Welt zu dienen, hat das Deutsche Volk …, um dem staatlichen Leben für eine Übergangszeit eine neue Ordnung zu geben, kraft seiner verfassungsgebenden Gewalt dieses Grundgesetz der Bundesrepublik Deutschland beschlossen …«.

Wie man sieht, ging es in dieser Präambel im Wesentlichen nur bei der Wahrung der »nationalen und staatlichen Einheit« um *politische* Angelegenheiten üblichen *irdischen* Charakters. Ansonsten dominieren eindeutig kollektive *Verpflichtungen* (»Verantwortung«, »dienen«) auf höhere *ethische* bzw. so verstandene Zielsetzungen, die inzwischen – formal gesehen – das Feld allein beherrschen[87]. Das wird

87 Auch die infolge der Wiedervereinigung vorgenommenen Veränderungen der Präambel von 1949 haben deren entscheidenden Inhalte beibehalten. Drei in der Neufassung von 1990 vorgenommene Veränderungen sind jedoch zu erwähnen. Erstens ist die Formulierung »… hat das Deutsche Volk … dieses Grundgesetz der Bundesrepublik Deutschland beschlossen«, die dieses Volk eben mit einer verfassungsgebenden Versammlung gleichsetzte, die nicht von ihm bestimmt worden war und über deren Verfassungsergebnis es genau nicht »beschließen« konnte, ein wenig abgemildert worden. Sie lautet jetzt: »… hat sich das Deutsche Volk … dieses Grundgesetz gegeben.« Zweitens ist hier der 1949 eben noch ausdrücklich festgestellte, *vorläufige* Charakter des Grundgesetzes entfallen; der Anspruch auf »ewige« Gültigkeit von manchen seiner Bestimmungen wird damit in direkter Weise nicht mehr rela-

übrigens anhand eines Vergleichs mit den Präambeln der typisch westlichen Verfassungen Frankreichs und der USA unübersehbar, die demgegenüber zwei gewichtige Unterschiede aufweisen: Erstens sind ihre Verfassungen Produkte von nach ihrem grundlegenden politischen Selbstverständnis freien Völkern. Zwar geruhten sie im vollen Besitz ihrer Souveränität, sich *diese* Verfassung zu geben[88], doch stand und steht es ihnen nach wie vor frei, auch ganz anders zu entscheiden, ohne dass irgendjemand oder etwas das Recht hätte, sie daran zu hindern. Demgegenüber ist das Deutsche Volk von Anfang an *unfrei*, nämlich gebunden durch die ihm oktroyierte Verantwortung »vor Gott und den Menschen«. Lässt sich die erstere Verantwortung noch als fromme Phrase abtun, die real zu nichts verpflichte, so ist mit der letzteren offensichtlich eine solche gegenüber *allen*

tiviert. Schließlich ist nach der neu gefassten Präambel das »Deutsche Volk« nicht mehr »von dem Willen beseelt, seine nationale und staatliche Einheit zu wahren«. Das ist insofern gut zu verstehen, als diese Einheit erreicht ist und von fast niemand mehr infrage gestellt wird. Man kann hier allerdings auch einen Verdacht hegen, dem bereits die alte Fassung der Präambel eine gewisse Plausibilität verlieh. Dass nämlich Deutschland nach dem Mehrheitswillen seiner politischen Klasse zwar dieses »gleichberechtigte« und »dem Frieden« dienende »Glied« sein sollte, doch nicht mehr eine sich grundsätzlich *selbst* bestimmende moderne *Nation*.

88 Die Präambel der Verfassung der USA, die nach ihrem Kern von 1787 stammt, lautet in deutscher Übersetzung: »Wir, das Volk der Vereinigten Staaten, von der Absicht geleitet, unseren Bund zu vervollkommnen, die Gerechtigkeit zu verwirklichen, die Ruhe im Innern zu sichern, für die Landesverteidigung zu sorgen, das allgemeine Wohl zu fördern und das Glück der Freiheit uns selbst und unseren Nachkommen zu bewahren, geben den Vereinigten Staaten von Amerika die folgende Verfassung und setzen sie in Kraft.« Die Präambel der aktuellen, im Wesentlichen 1958 geschaffenen französischen Verfassung lautet nach ihrem (entscheidenden) Absatz 1 so: »Das französische Volk verkündet feierlich seine Verbundenheit mit den Menschenrechten und den Grundsätzen der nationalen Souveränität, wie sie in der Erklärung von 1789 niedergelegt und durch die Präambel der Verfassung von 1946 bestätigt und ergänzt wurden (…), sowie mit den in der Umwelt-Charta von 2004 niedergelegten Rechten und Pflichten.« Hinzugefügt sei noch der zweite Satz der Quasi-Präambel dieser »Erklärung von 1789«, die ja ebenfalls Verfassungsrang besitzt: »Demzufolge anerkennt und verkündet die Nationalversammlung (»konstituiert« durch »die Vertreter des französischen Volkes« – B. E.) in Gegenwart und unter der wohlwollenden Geneigtheit des allerhöchsten Wesens die folgenden Menschen- und Bürgerrechte: …« Bezeichnenderweise wird »sous les auspices de l'Etre supreme« in den deutschen Übersetzungen regelmäßig mit »unter dem Schutze …« wiedergegeben. Das aber will nicht nur nicht dazu passen, dass »les auspices« in erster Linie »Gönnerschaft« bedeutet, sondern steht auch im Widerspruch zu dem Lebensgefühl und dem stolzen (!) politischen Grundwollen, das jedenfalls die große Mehrheit der Angehörigen dieser Versammlung auszeichnete.

Menschen gemeint – und damit die nationale Souveränität hinsichtlich ihres *Außen*aspekts streng genommen bereits aufgegeben. Denn nach ihr kommt der Menschheit, d. h. *irgendwelchen* anderen (Quasi)Völkern, aber auch internationalen Organisationen (wie den Vereinten Nationen an ihrer Spitze) ein gewisses, zumindest moralisches Recht darauf zu, die deutschen Regierungen in entsprechenden Situationen auch offiziell zu befragen, ob Deutschland dieser Verantwortung gerecht wird, und, gegebenenfalls, auf Änderungen des Regierungshandelns zu drängen. Die Verantwortung »vor den Menschen« stellt so ein Einfallstor für im Prinzip alle Nichtdeutschen dar, die deutsche Politik auch bei Inhalten, die sonst schlichtweg als »innere Angelegenheiten« der einzelnen Staaten gelten, unter Druck zu setzen. Daran ändert auch die Tatsache grundsätzlich nichts, dass zwar, gerade in den ersten Jahrzehnten nach 1949, der auswärtige Einfluss auf die Bundesrepublik um vieles stärker als bei anderen Ländern üblich ausfiel, sich aber im Wesentlichen anderen und gröberen Gründen verdankte.

Zweitens unterscheiden sich die zum Vergleich herangezogenen Präambeln nach der näheren *Qualität* sowie dem *Verpflichtungs*charakter der mit ihnen angestrebten kollektiven Ziele. Die französische Verfassungspräambel enthält solche Ziele eigentlich erst seit 2004, nämlich infolge der Aufnahme der Umweltcharta in ihren Text. Traditionell bzw. sonst bekundet sie (im dafür einschlägigen Abs. 1) nur die »*Verbundenheit*« des französischen Volks »mit den Menschenrechten« sowie »den Grundsätzen der nationalen Souveränität«. Kollektive Verbundenheit ist jedoch nicht mit womöglich »ewig« bindender kollektiver *Verpflichtung* gleichzusetzen, wie wiederum der Präambel selbst zu entnehmen ist[89]. Doch auch wenn eine solche

89 Und zwar einmal schon aufgrund der benutzten Formulierung: Im Original steht »attachement«, das in erster Linie Anhänglichkeit und eigentlich nie (zwingende) Verpflichtung bedeutet. Dann aber auch wegen des Inhalts der damit gebildeten Grundaussage: »Das französische Volk verkündet feierlich seine Verbundenheit mit den Menschenrechten und mit den Grundsätzen der nationalen Souveränität … sowie mit den in der Umweltcharta von 2004 niedergelegten Rechten und Pflichten.« Dass diese – oder anders aussehende – »Rechte und Pflichten« gegenüber der Umwelt keinen Ewigkeitscharakter besitzen sollen, versteht sich schon angesichts der Auffassung der großen Mehrheit der französischen Bevölkerung in dieser Frage von

Verpflichtung gegenüber der Souveränität wie den Menschenrechten fehlt, schränkt das deren staatliche Geltung im Hier und *Jetzt* nicht ein; denn beide sind ja bereits mit der Erklärung von 1789 (als eben anderem Teil der Verfassung) vorgegeben. Im Übrigen wäre die Aufnahme von zwingenden, nach ihrem Anspruch womöglich noch in aller Zukunft geltenden kollektiven Zielen angesichts des Grundcharakters der Volks*souveränität* widersinnig: Wie könnte jemand oder etwas im strikten Sinne souverän sein, dem nicht aus freien Stücken eingegangene und wieder lösbare, sondern *dauerhafte* Verpflichtungen auferlegt sind? – Demgegenüber führt die Präambel der US-Verfassung zwar eine ganze Reihe von kollektiven Zielen an. Doch handelt es sich bei ihnen – mit halber Ausnahme der landesinternen Verwirklichung der »Gerechtigkeit« – eben nicht um ethische, sondern um spezifisch politische, und hier wieder: überwiegend recht pragmatische Ziele, die mehrheitlich eine ausgeprägte Nähe zu den überkommenen Lehren der Staatsräson und deren Handlungsimperativen aufweisen. Indem diesen Zielen so die moralische Aufgeladenheit der deutschen Staatszielbestimmungen fehlt, können sie bei veränderten außen- und innenpolitischen Lagen sowie angesichts von gravierenden Veränderungen der personalen Orientierungen der Mehrheit der US-amerikanischen Bevölkerung recht problemlos modifiziert, zugunsten anderer Zielsetzungen ausgetauscht oder um sie vermehrt werden. Dass es hier ebenfalls nicht darum geht, das Volk auf Dauer zu binden, geht übrigens auch aus dem in dieser Präambel zuletzt genannten Ziel hervor. Nämlich der Absicht, »das Glück der Freiheit uns selbst und unseren Nachkommen zu erhalten«.

Wie weit ist gerade diese Absicht vom Geist der Grundgesetzpräambel entfernt! Statt von (auch personaler) Selbstbestimmung ist hier schon zu Beginn von einer doppelten »Verantwortung« die Rede, aus der, so wird jedenfalls suggeriert, auch zeitlich *unbegrenzte Verpflichtungen* resultieren. Konkret wird jedoch (inzwischen) nur

selbst. Andererseits genießen nach diesem Absatz auch Menschenrechte und nationale Souveränität keinen Geltungsvorrang gegenüber der Umweltcharta – und damit auch keine Geltungs*garantien* für die Zukunft!

noch als deutsche Aufgabe genannt, »dem Frieden der Welt zu dienen«, die nach dem *Wortlaut* der Präambel jedoch nicht eine dem »Deutschen Volk« auferlegte Verpflichtung, sondern sein eigener (!) »beseelter« Wille ist. Und dabei gab und gibt es kein Halten: »Dem Frieden der Welt« meint eben der *ganzen* Welt, und dieser Friede soll vom »Deutschen Volk« nicht einfach nur gefördert werden, sondern es soll ihm *dienen*. Wo auf der ganzen Welt findet sich wohl noch eine Verfassung bzw. deren Präambel, *die das eigene Volk zum Diener der ganzen Welt macht*? Und womit lässt sich ein solches Unterfangen, ernst genommen, unter modernen Bedingungen auch nur halbwegs demokratisch rechtfertigen? Etwa mit der Berufung auf höchste Güter, die auch im Fall des »Friedens« nicht nur etwas hohl, sondern reichlich naiv klingen? Oder nicht doch mit einer *kollektiven* Schuld des eigenen Volks, die zwar nicht ausgesprochen, aber durch die Schlüsselbegriffe »Verantwortung« und »Dienen« als vorhanden suggeriert wird? Spätestens hier wird aber auch klar, dass das »Deutsche Volk« im Gegensatz zum leibhaftigen deutschen Volk eine bloße Projektion, d. h. *juristische Fiktion* der »Mütter und Väter des Grundgesetzes« darstellt. Denn wie viele real existierende Deutsche haben wohl damals, vier Jahre nach Kriegsende diese menschheitliche Sendung bejaht? Waren es zwanzig oder doch eher nur zwei Prozent? Für die fraglichen Mütter und Väter war diese Fiktion jedoch ausgesprochen nützlich. Denn sie erlaubte ihnen, dieses fiktive »Deutsche Volk« hochoffiziell mit all den beflissen-unterwürfigen Grundhaltungen und starken Gefühlen gesamtkollektiver Verpflichtungen auszustatten, die dann – Selbstbestimmung hin, Selbstbestimmung her – für die tatsächlichen Deutschen dauerhaft *verbindlich* werden sollten.

Ähnlich unbefriedigend sind – wenn man die Freiheit der Person *will*! – die näheren Bestimmungen der deutschen Verfassung zu den *Menschen*rechten, die (so nur ein Mal, nämlich bereits in Art. 1 genannt) danach gleich zu *Grund*rechten geworden sind. Grundrechte aber sind normalerweise in staatliche »Obhut« genommene Menschenrechte, d. h. Rechte, die der jeweilige Staat seinen *Bürgern* als dauerhaft und einklagbar garantiert. Der Preis für diese Obhut besteht jedenfalls in der Bundesrepublik darin, dass sie so nicht mehr allen Menschen »von Natur aus« gegebene, sondern vom Staat bzw. seiner Verfassung *gewährte* Rechte sind, die der Einzelne aufgrund seines Verhaltens denn auch »verwirken« kann (vgl. Art. 18 GG). Sehr bezeichnend ist in diesem Zusammenhang die Umpolung des Widerstandsrechts in Art. 20, Abs. 4, durch die dieses Recht mit dem »Recht auf Widerstand gegen Unterdrückung« durch den Staat, wie es die Erklärung von 1789 als eines von vier Menschenrechten in Art. 2 vorsieht, nun wirklich nicht zu verwechseln ist. Denn es ist, man ist geneigt zu sagen: natürlich, nicht im modern-westlichen Normalsinn zu verstehen, nämlich als Recht der Staatsbürger, gegen die eigene Regierung bzw. Staatsordnung aufzustehen und zu kämpfen, wenn sie ernsthaft gegen die übrigen Menschenrechte oder auch die Volkssouveränität verstößt. Die Stoßrichtung dieses Abs. 4 – »Gegen jeden, der es unternimmt, diese (verfassungsmäßige – B. E.) Ordnung zu beseitigen, haben alle Deutschen das Recht zum Widerstand, wenn andere Abhilfe nicht möglich ist« – sieht vielmehr so aus: Das an die Verfassungskette gelegte Volk darf, ja soll doch tatsächlich einmal Widerstand leisten, aber nur, um die in Nöte geratene Obrigkeit und die sie begünstigende Grundordnung gegen die eigenen, rebellisch gewordenen Landsleute zu retten[90].

Betrachtet man nun den Charakter und die sprachliche Fassung der Menschenrechte im Grundgesetz näher, so fällt zunächst auf, dass es hier *elf* ihnen entsprechende »*Grund*rechte« gibt[91], denen

90 Darum – und nicht etwa um die Abwehr einer Fremdherrschaft oder der Errichtung einer neuen Diktatur in Deutschland – geht es hauptsächlich bei dieser im Zuge der Notstandsgesetzgebung (!) von 1968 in das Grundgesetz aufgenommenen Bestimmung. Dieselbe Stoßrichtung lag übrigens auch dem 2004 vom damaligen Kanzler Schröder durchaus medienwirksam beschworenen »Aufstand der Anständigen« in Deutschland zugrunde, der natürlich nicht etwa der Beseitigung seiner Regierung oder gar einer »richtigen« Revolution gelten sollte. Sondern der Bekämpfung der »Unanständigen«, der politisch Inkorrekten – und zwar nach der bewährten, schon von dem Dichter Detlev v. Liliencron auf den Punkt gebrachten Einstellung »Der Obrigkeit helf' ich die Frevler zu packen«. Dabei sollten sich die Aufständischen infolge der in Aussicht gestellten obrigkeitlichen Rückendeckung eben immer schon als auf der sicheren Seite befindlich fühlen können.

91 Und zwar, im Wesentlichen, als *Freiheits*rechte im modernen, selbst im Westen noch nicht selbstverständlichen Sinne. So gehören das Recht auf Leben (und körperliche Unversehrtheit), aber auch das Recht auf Ehe und Familie, das Erlernen eines Berufs

die Art. 2 bis 5 (Abs. 2 und 3), 8 bis 11, 13 und 14 sowie, über den Abschnitt »I. Die Grundrechte« hinausreichend, 21 gewidmet sind. Doch nur zwei davon, nämlich Art. 3 (»Gleichheit vor dem Gesetz«) und 4 (»Glaubens- und Bekenntnisfreiheit«) garantieren das fragliche Recht *ohne* Einschränkungen[92], während bei den übrigen neun die Ausübung dieses Rechts auch *prinzipiellen* Einschränkungen unterliegt, die im jeweiligen Text gleich mitgeliefert werden[93]. Zu ihnen kommen jedoch noch vier weitere Artikel oder, in einem Fall, nur ein Absatz davon (vgl. Art. 5 (Abs. 1), 8, 14 und 16 a), die gleichsam nachträglich eine prinzipielle Einschränkung ihrer Geltung erfahren haben. Nämlich dadurch, dass ihre Nutzung »zum Kampf gegen die freiheitliche demokratische Grundordnung« nach Art. 18 ihren »Mißbrauch« und damit ihre »Verwirkung« durch die Kämpfenden bedeutet. Die sich so ergebenden *zwölf* Artikel sind, nach dem Stand des Grundgesetzes im Jahr 2010, von (annähernd) 27 prinzipiellen Einschränkungen betroffen; wollte man

oder gar das »Petitionsrecht« nicht zu den hier gemeinten Rechten, so wichtig sie für sich genommen werden können.

92 Allerdings dürfte innerhalb der Bundesrepublik gegen keinen anderen Grundrechtsartikel so oft wie gegen ihn verstoßen werden, und zwar besonders hinsichtlich der politischen Anschauungen. Das gilt vor allem für die politisch-öffentliche Sphäre. Niemand wird im Staatsdienst und, mehr noch, in den großen deutschen Medien Karriere machen, der es nicht versteht, sich in bestimmten und womöglich öffentlichen Situationen zu den einschlägigen Grundauffassungen und -tendenzen der politischen Korrektheit zu bekennen. Umgekehrt ist im Staatsdienst eine rechte, gar neonazistische Gesinnung (mit oder ohne Anführungszeichen) ein zumindest hinreichender Grund, jemand nicht zu befördern, wenn nicht zu entlassen.

93 *Einfache* Einschränkungen bei den einzelnen Artikeln sind solche, die ihr Verbot der *vollen* Ausübung der einzelnen Grundrechte mit Verweisen auf die Existenz von begrenzenden Gesetzen oder die Rechte von anderen begründen. Diese Einschränkungen finden sich in fast allen westlich-demokratischen Verfassungen und auch der französischen »Erklärung der Menschenrechte« von 1789. Demgegenüber begründen *prinzipielle* Einschränkungen (wie sie hier genannt seien) ihr Verbot damit, dass eine *un*eingeschränkte Ausübung des Grundrechts auch Verstöße gegen *höherrangige Güter*, vor allem die »freiheitliche demokratische Grundordnung« oder den »Bestand der Bundesrepublik Deutschland« oder auch nur eines ihrer »Länder« einschließe. Ein gutes Beispiel für die Kombination *beider* Arten der Einschränkung stellt Art. 9 (»Vereinigungsfreiheit«) und hier wieder: Abs. 2 dar: »(1) Alle Deutschen haben das Recht, Vereine und Gesellschaften zu bilden. (2) Vereinigungen, deren Zwecke oder Tätigkeiten den Strafgesetzen zuwiderlaufen, oder die sich gegen die verfassungsmäßige Ordnung oder gegen den Gedanken der Völkerverständigung richten, sind verboten.«

die drei weiteren hinzurechnen, die Art. 18 in der beschriebenen Weise – jedoch als sachliche *Doppelungen* zu den in den Artikeln 5 (Abs. 3), 9 und 14 bereits explizit genannten – zusätzlich enthält, wären es 30. Und dabei sind die zusätzlichen Einschränkungen, die sich seit 1949 für die einzelnen Grundrechtsartikel durch die Verabschiedung *eigener* (Ausführungs-)Gesetze ergaben, hier noch gar nicht erfasst! Von den prinzipiellen Einschränkungen aber, die nach 1949 die zwölf Artikel selbst zusätzlich erfahren haben, sei wenigstens ein, und zwar zugespitztes Beispiel wiedergegeben. Nämlich die Einschränkung, ja weitgehende Abschaffung des Brief- und verwandter Geheimnisse nach Art. 10, die erst seit Juli 2013 im Zusammenhang mit der durch Edward Snowden bekannt gewordenen systematischen und legalen (!) Bespitzelung von vielen Millionen von Deutschen durch US- sowie britische Geheimdienste ins öffentliche Bewusstsein gedrungen ist. Der Historiker Josef Foschepoth beschreibt diese Abschaffung und den damit immer noch gegebenen Zustand in einem Interview so:

»Ursprünglich lautete dieser Artikel schlicht: ›Das Briefgeheimnis sowie das Post- und Fernmeldegeheimnis sind unverletzlich. Beschränkungen dürfen nur aufgrund eines Gesetzes angeordnet werden‹. Bis 1968 gab es ein solches Gesetz nicht. Im selben Jahr wurde Artikel 10 (aufgrund eines von den westlichen Alliierten gewünschten »geheimen Zusatzabkommens« – B. E.) ergänzt; seither heißt es darin, dass etwaige Beschränkungen den Betroffenen nicht mitgeteilt werden müssen, wenn sie ›dem Schutze der freiheitlichen demokratischen Grundordnung‹ dienen. Nicht einmal klagen können Betroffene dagegen, der Artikel schließt den Rechtsweg ausdrücklich aus« (n-tv.de vom 03. 07. 13, Artikel »Das System des Kalten Kriegs besteht weiter«).

Es dürfte keine westliche Verfassung geben, in der die Menschen- bzw. Grundrechte auch nur halb so oft durch Berufung auf hohe und höchste Güter und darunter gar den Schutz der Verfassung selbst eingeschränkt sind!

Zum besseren Verständnis der jeweiligen Bedeutung, die den verschiedenen prinzipiellen Einschränkungen der Grundrechte durch die Verfassungsmütter und -väter beigemessen wurde, sei noch die *quantitative* Verteilung der sie begründenden *Inhalte* wiedergegeben. Von den insgesamt 27 beziehen sich a) allein elf auf die Unantastbarkeit der »freiheitlichen demokratischen Grundordnung«[94] des Bundes und, in einem Fall, eines einzelnen Bundeslands, drei auf den nicht zu gefährdenden Bestand der Bundesrepublik insgesamt und zwei auf den Bestand von einzelnen ihrer Länder. Fast 60 Prozent aller prinzipiellen Einschränkungen – nämlich *sechzehn* der 27 – dienen also der nicht anzutastenden Erhaltung dieser »Grundordnung« sowie des sie tragenden Gesamtstaats und seiner Aufgliederung nach »Ländern«. Wie sehr muss sich eigentlich die politische Elite Westdeutschlands 1949 und die lange Zeit danach vor dem eigenen Volk gefürchtet haben (und noch immer fürchten?), dass die Zahl bereits dieser Einschränkungen schon deutlich höher ausfällt als diejenige der einschlägigen Grundrechte?! b) Zu der Gruppe sonstiger hoher und höchster Werte, die solche Einschränkungen mit sich bringen bzw. begründen, gehören ferner das »Sittengesetz«, die »Völkerverständigung«, eine demokratische »innere Ordnung« bei Parteien sowie die »persönliche Ehre« mit je einer Nennung. Hinzu kommt noch, und zwar als sachlicher Übergang zur letzten Gruppe von Einschränkungen, der »Schutz der Jugend vor Verwahrlosung« mit zwei und damit insgesamt *sechs* Nennungen. Eine letzte Gruppe prinzipieller Einschränkungen verdankt sich c) der Orientierung an klassischen gesellschaftsinternen Zielen bzw. Maßnahmen der Staatsräson. Dazu gehört an erster Stelle das »Wohl der Allgemeinheit« (das auch als Schranke für den persönlichen »Gebrauch« des Eigentums dienen soll!). Doch auch, in einer Reihe zunehmender Konkretheit, die Erhaltung der »öffentlichen Sicherheit und Ordnung« (als »Abwehr gemeiner« oder »Lebensgefahr«), die Bewältigung von »Naturkatastrophen« und der »Bekämpfung von Seuchengefahr« sowie die Aufklärung oder Vereitelung von »besonders schweren Straftaten«. Auf die damit begründeten Einschränkungen entfallen die restlichen *fünf* Nennungen.

1949 wie heute hat, das ist unübersehbar, die (ungeschmälerte) Geltung der Grundrechte im Zweifelsfall vor allem der als *notorisch*

94 Angesichts der zahlreichen Einschränkungen der Freiheitsrechte und des fast völligen Fehlens von Demokratie auf der gesamtstaatlichen Ebene ist, das sei doch einmal vermerkt, dieser Ausdruck schlicht irreführend. Dem harten Kern des Grundgesetzes nach müsste es vielmehr heißen: »Die der Menschenwürde, d. h. ihren legalen Interpreten verpflichtete Grundordnung«.

bedroht angesehenen Erhaltung der »freiheitlichen demokratischen Grundordnung« der Bundesrepublik zu weichen, doch auch deren Existenz selbst sowie dem Bestand ihrer einzelnen Länder. Als Bedrohungen gelten jedoch offensichtlich auch die vorgängigen *Menschen*rechte selbst, die daher als Grundrechte – sieht man von den beiden erwähnten Ausnahmen ab – wenigstens *eine* prinzipielle Einschränkung erfahren müssen. Ein prägnanter Fall dafür stellt Art. 5 dar, der das wohl wichtigste moderne Menschenrecht, nämlich die *Meinungs*freiheit umfasst. Zwar heißt es zunächst in ihm (Abs. 1): »Jeder hat das Recht, seine Meinung in Wort, Schrift und Bild frei zu äußern und zu verbreiten ... Eine Zensur findet nicht statt.« Auch dieses Recht wird allerdings durch gleich mehrere, jedoch vergleichsweise harmlose Einschränkungen »eingehegt«, nämlich die »Vorschriften der allgemeinen Gesetze«, die »gesetzlichen Bestimmungen zum Schutze der Jugend« sowie das »Recht der persönlichen Ehre« (Abs. 2). Ihre harte, prinzipielle Schranke findet die Freiheit der Meinungsäußerung (einschließlich der Freiheit der Medien) nach Abs. 1 dann aber doch, nämlich an der »Verwirkung« dieser Grundrechts im Falle seines »Mißbrauchs« (Art. 18). Ein noch gesteigertes Beispiel für das auch sonst beobachtbare Gewähren und schließlich doch *Verweigern* von »Grundrechten« in bestimmten Hinsichten bietet dann Abs. 3 dieses Artikels. Denn praktisch im selben Atemzug, in dem hier die *Lehr*freiheit an den Hochschulen garantiert wird, erfolgt auch ihre empfindliche Einschränkung[95]. Und sie wird wiederum durch Art. 18 noch verschärft:

95 »Kunst und Wissenschaft, Forschung und Lehre sind frei. Die Freiheit der Lehre entbindet nicht von der Treue zur Verfassung.« Empfindlich, und gelegentlich massiv, ist diese Einschränkung der Sache nach vor allem dadurch, dass *Forschungs*ergebnisse bestimmte praktische Konsequenzen (und damit *Änderungen* des schon Vorhandenen) zwar nie erzwingen, doch gerade nach bestimmten *Wert*gesichtspunkten nicht nur nahelegen, sondern »gebieterisch erheischen« (Max Weber) können. Und diese Konsequenzen können eben, wie in der Vergangenheit vor allem in den sozialwissenschaftlichen Fächern zu sehen war, in Widerspruch zu Artikeln des Grundgesetzes geraten, darunter auch zu Bestimmungen, die nach dessen Art. 79 niemals geändert werden können. Hochschuldozenten, darum bemüht, der Verfassung gegenüber die Treue zu wahren, dürften solche Konsequenzen – wenn überhaupt – nur noch unter gleichzeitig zum eindeutigen Ausdruck gebrachten persönlichen Distanzierungen von ihnen lehren. So bedeutet die »Treue zur Verfassung«, hier wirklich verlangt, immer wieder das Aus für die *Freiheit* der Lehre.

»Wer die Freiheit der Meinungsäußerung, insbesondere die Pressefreiheit (Art. 5, Absatz 1), die Lehrfreiheit (Art. 5, Absatz 3) ... zum Kampfe gegen die freiheitliche demokratische Grundordnung mißbraucht, verwirkt diese Grundrechte.«

Kaum besser ergeht es jedoch auch dem Kern der im Grundgesetz eingehegten Freiheiten, nämlich der *individuellen* Freiheit nach ihrem – außerhalb Deutschlands – selbst bei den staatstragenden Gruppen üblichen Sinn. Dieses Verständnis von Freiheit und ihrer sachlichen Grenzen hat wiederum seinen klassischen Ausdruck in den folgenden Artikeln der Menschenrechtserklärung von 1789 gefunden:

»Art. 4 – Die Freiheit besteht darin, alles tun zu dürfen, was einem anderen nicht schadet: Die Ausübung der natürlichen Rechte hat also nur die Grenzen, die den anderen Mitgliedern der Gesellschaft den Genuß eben dieser Rechte sichern. Diese Grenzen können nur durch das Gesetz bestimmt werden.

Art. 5 – Das Gesetz darf nur solche Handlungen verbieten, die für die Gesellschaft schädlich sind. Alles, was durch das Gesetz nicht verboten ist, darf nicht verhindert werden, und niemand darf gezwungen werden zu tun, was es nicht befiehlt«[96].

Findet also diese Freiheit des *eigenen* Beliebens ihre Grenzen lediglich in den Rechten anderer sowie in staatlichen Gesetzen[97], die mögliche, mit der personalen Freiheitsausübung verbundene Schädigun-

96 Wie sehr es bei dieser Erklärung um *Freiheit* ging, die nicht gleich wieder von mit ihr verbundenen »Verpflichtungen« oder »Verantwortungen« der Person geschmälert, ja erdrosselt wird, ist vor allem ihrem schon erwähnten Art. 2 zu entnehmen. Dieser Artikel nimmt vier solcher Menschenrechte an, die im Wesentlichen eben Freiheitsrechte sind. Dies gilt auch für das »Recht auf Sicherheit«. In ihm lebt zwar eines der beiden auf Sicherheit gerichtete Staatsziele des Absolutismus fort, nämlich die Sicherheit *nach außen*, also gegen mögliche äußere Feinde und damit Verwandtes. Aber mindestens ebenso wichtig ist hier die Sicherheit der Person gegen ungesetzliche Zugriffe der Behörden, insbesondere die willkürliche Verhaftung.

97 Den Charakter solcher Gesetze und ihr Zustandekommen bestimmt Art. 6 der Erklärung von 1789 so: »Das Gesetz ist der Ausdruck des allgemeinen Willens (faktisch also: des Mehrheitswillens – B. E.)«. Und, zur Entstehung dieses Willens: »Alle Bürger haben das Recht, persönlich oder durch ihre Vertreter an seiner Bildung mitzuwirken.« Man ahnt es schon: Groß ist der Abstand des Wortlauts wie des Geistes dieses Artikels zur deutschen Theorie und Praxis der Gesetzesbildung (vgl. unten, Kap. VI, Abs. 3.c))!

gen der Gesellschaft verhindern sollen, so werden im Grundgesetz die Grenzen der Freiheit deutlich enger und gleich in mehreren Hinsichten gezogen: »Jeder hat das Recht auf die freie Entfaltung seiner Persönlichkeit, soweit er nicht die Rechte anderer verletzt und nicht gegen die verfassungsmäßige Ordnung oder das Sittengesetz verstößt« (Art. 2, Abs. 1). An die Stelle des elementaren Rechts, sich auch »niederen«, gar – um es in (überwiegend) männlicher Sicht zu formulieren – sexuellen Freuden mit lockeren Weibern oder sonstigen, oft genug ja in »gemeiner Zügellosigkeit« endenden Trieben hinzugeben, tritt so eine bildungsbürgerliche Ausformung der Freiheit, mit der sich schon sprachlich nichts Unedles oder gar Verkommenes verbinden mag. Doch auch diese »höhere« Fassung der individuellen Freiheit schützt natürlich nicht vor einer gleich doppelten prinzipiellen Einschränkung ihres erlaubten Gebrauchs. Dabei soll das (wiederum nicht definierte!) *Sittengesetz* offensichtlich nicht nur dem Zweck dienen, die so veredelte Freiheit zusätzlich auf die Verwirklichung des Guten zu verpflichten. Sondern, und wichtiger, auch dazu, mit seiner Aufnahme in die Verfassung über eine *Restkategorie* zu verfügen, die tendenziell alles das am Verhalten der Menschen zu verbieten und zu bestrafen erlaubt, was der jeweiligen Obrigkeit bzw. dem Verfassungsgericht als verwerflich oder wirklich »gefährlich« gilt, jedoch als personale Verstöße durch die schon vorhandenen Gesetze, die »Rechte anderer« sowie die »verfassungsmäßige Ordnung« nicht (hinreichend) erfasst ist. – Man sieht: Der Freiheit der Person wird in der deutschen Verfassung ein grundsätzlich nur enger Raum und überdies prekärer Status eingeräumt, der jederzeit noch verschlechtert werden kann. Und zwar nicht zuletzt auch dadurch, dass infolge einer materialen Ausdehnung der »Menschenwürde« bzw. ihrer Verletzungen durch das Bundesverfassungsgericht noch andere sittliche und ähnliche Belange zum Zuge kommen (oder die schon vorhandenen in ihrem Gewicht verstärkt werden), die dann eben zu weiteren Einschränkungen der Freiheit führen.

b) Der nähere Charakter dieser Herrschaft

Dass es in bzw. bei der deutschen Verfassung höchstens zweitrangig um die kollektive Selbstbestimmung der Deutschen geht, war streng genommen bereits der Präambel mit ihren Schlüsselbegriffen weltweiter »Verantwortung« und »Dienens« zu entnehmen. Jetzt soll näher bestimmt werden, *was* im Grundgesetz an die Stelle der sonst dominierenden Volkssouveränität getreten ist – und, schließlich, wohin denn die dem deutschen Volk vorenthaltene Souveränität faktisch gewandert ist. Dazu ist vor allem auf den Art. 1 GG einzugehen, der trotz gewisser, ihm eigener Dunkelheiten seiner wichtigsten Bestimmungen die Herrschaft des Guten als Herrschaft der »Menschenwürde« klar genug begründet. Begonnen sei deshalb mit der ungekürzten Wiedergabe seines Wortlauts, um dann auf die hauptsächlichen Bedeutungen bzw. politischen Stoßrichtungen der einzelnen Absätze sowie des Ganzen einzugehen:

»(1) Die Würde des Menschen ist unantastbar. Sie zu achten und zu schützen ist Verpflichtung aller staatlichen Gewalt.

(2) Das Deutsche Volk bekennt sich darum zu unverletzlichen und unveräußerlichen Menschenrechten als Grundlage jeder menschlichen Gemeinschaft, des Friedens und der Gerechtigkeit in der Welt.

(3) Die nachfolgenden Grundrechte binden gesetzgebende, vollziehende Gewalt und Rechtsprechung als unmittelbar geltendes Recht.«

Was zunächst auffällt, ist die Tatsache, dass für den obersten, das Grundgesetz insgesamt prägenden Begriff der »Würde des Menschen« jede *Definition* oder umschreibende Erläuterung fehlt. Das ist schon deshalb erstaunlich, weil vor 1945 diese Würde, jedenfalls im politischen Denken des Westens, keine Rolle spielte. Bekannt war der Begriff, soweit er auf ein Konzept des Menschen überhaupt abzielte, eigentlich nur guten Kennern der Philosophiegeschichte – nämlich als Titel einer längeren Rede des Philosophen Giovanni Pico de la Mirandola von 1486[98]. Diese Situation änderte sich jedoch we-

98 Was Pico unter dieser Würde verstand, ist jedoch gerade nicht ein wie immer bestimmtes, alle Menschen (oder jedenfalls bestimmte Kategorien davon) verpflichten-

nige Jahre später beträchtlich. Denn in der von den Vereinten Nationen am 10. 12. 1948 proklamierten »Allgemeine(n) Erklärung der Menschenrechte«, die gerade in diesem Punkt großen, wenn auch letztlich nicht entscheidenden Einfluss auf die entsprechenden Bestimmungen des Grundgesetzes hatte, tritt die Menschenwürde – zumindest in der Präambel – nach ihrer Bedeutung gleichberechtigt an die Seite der Menschenrechte: »Die Anerkennung der angeborenen Würde und der gleichen und unveräußerlichen Rechte aller Angehörigen der Gemeinschaft der Menschen (bildet) die Grundlage von Freiheit, Gerechtigkeit und Frieden in der Welt...«. Doch auch hier finden sich lediglich begriffliche Andeutungen wie eben »angeborene Würde« und »die Würde und der Wert der menschlichen Person« sowie, wenig später, der lapidare Satz: »Alle Menschen sind frei und gleich an Würde und Rechten geboren« (Art. 1). Ein gewichtiger, in Manchem sogar entscheidender Unterschied zwischen dieser und der Bestimmung der Menschenwürde im Grundgesetz lässt sich gleichwohl selbst diesen Bemerkungen entnehmen: Die den Menschen eigene Würde genießt keinen anthropologischen oder politisch-ethischen Vorrang gegenüber den »unveräußerlichen« Menschen*rechten*! Vielmehr liegt der Vorrang, jedenfalls im letzteren Sinn eindeutig auf der Seite dieser Rechte. Denn – so wieder die Präambel mit ungewöhnlich starken und, der Intention nach, jedermann verpflichtenden Worten – »einer Welt, in der die Menschen Rede- und Glaubensfreiheit und Freiheit vor Furcht und Not genießen, (gilt) das höchste Streben des Menschen«; und »die allgemeine Achtung und Einhaltung der Menschenrechte und Grundfreiheiten (! – B. E.)« ist »das von allen Völkern und Nationen zu erreichende gemeinsame Ideal«[99]! Liegt aber eine solche Gewichtung nicht schon

des ethisch Gutes, sondern – sehr modern anmutend – die grundsätzliche Freiheit eines Lebewesens, dessen Natur pointiert gesagt darin besteht, keine zu haben (Vgl. dazu vor allem Pico 1988: 10f.).

99 Streng genommen handelt es sich allerdings bei dem ersten Halbsatz um eine Bekräftigung der »Verkündigung« der »Vier Freiheiten« in der »Atlantikcharta«, die durch den US- Präsidenten Roosevelt sowie den britischen Premier Churchill bereits 1941 erfolgt war. An dieser wie anderen Bestimmungen der Erklärung (wie vor allem Art. 2, 18, 26 (Abs. 2), 29 (Abs. 2 und 3) sowie Art. 30) ist übrigens nicht zu übersehen, dass sie nach ihren politischen, wirtschaftlichen und besonders kulturellen Inhalten

deshalb nahe, weil die Durchsetzung dieser Rechte in der praktischen Politik eher zu erreichen und ihr jeweiliger Stand besser festzustellen ist als die faktische Achtung und der Schutz der Menschenwürde, die – unvermeidlich – weit mehr eine Sache diffuser und opportunistischer Gesinnung sowie öffentlicher Heuchelei sind?

Trotz dieses Grundunterschieds war, wie bereits der Vergleich einer Reihe von Artikeln der Menschenrechtserklärung mit den entsprechenden des Grundgesetzes in sprachlicher Hinsicht zeigt, der Einfluss dieser Erklärung auf dessen grundlegenden Teil I (»Die Grundrechte«) beträchtlich. Doch bevor darauf, aber auch die sachlichen *Differenzen* gerade in den jeweiligen Kernbestimmungen eingegangen wird, sei in einem Exkurs der *politisch* relevante Charakter des Begriffs der Menschenwürde dargestellt und an einem nicht gerade unwichtigen Aspekt die mit diesem Begriff etablierte Herrschaft und bestimmte ihrer juristischen und praktischen Folgen behandelt.

Exkurs 2: Der Quasi-Souverän »Würde des Menschen« und seine Interpreten: Deutungshoheit als politische Waffe

Die durch ihre politischen Folgen wichtigsten Merkmale der im Grundgesetz verankerten Menschenwürde bestehen einmal darin, dass dieser oberste bzw. ranghöchste Begriff schon für sich genommen unklar und, dadurch gefördert, höchst dehnbar ist – und er eben ohne jede Definition oder wenigstens Umschreibung in den Text des Grundgesetzes eingeführt wird. Angesichts seiner überragenden Bedeutung in diesem Text liegt der Verdacht einer bewuss-

---

und den zu ihrer *weltweiten* Durchsetzung vorgeschlagenen Maßnahmen in *erster* Linie ein US-amerikanisches Unternehmen darstellte. Dass sie aber hinsichtlich der Durchsetzung ihrer faktischen Geltung bereits ein Produkt des Kalten Kriegs war, kann man besonders Art. 30 entnehmen: »Keine Bestimmung dieser Erklärung darf dahin *ausgelegt* werden (! – B. E.), dass sie für einen Staat, eine Gruppe oder eine Person irgendein Recht begründet, eine … Handlung zu begehen, welche die Beseitigung der in dieser Erklärung verkündeten Rechte und Freiheiten zum Ziel hat«.

ten Verschleierung des mit ihm gemeinten Inhalts durch die Verfassungsgeber schon sehr nahe, die allerdings im Bewusstsein eines Teils der Zeitgenossen angesichts des Geschehens der vorangegangenen Jahre erheblich gemildert war. Für sie lag nämlich auf der Hand, dass mit dieser Würde vor allem ein Gegenbegriff zu den Gräueln und nach ihrem Ausmaß vorher unbekannten Verbrechen gemeint war, die vom NS-Regime, zum Teil aber auch von anderen verübt worden sind. Seine Verwendung als oberster, alle Staatsgewalt verpflichtender Begriff des Grundgesetzes dürfte jedoch primär dem Sachverhalt zu verdanken sein, dass er sich für die Legitimation der Hauptabsicht dieser Verfassung, nämlich die Errichtung einer *Herrschaft des ethisch Guten* besser als jeder andere, sonst noch infrage kommende eignete. Denn dieser weite, unbestimmte und überdies noch ganz unbelastete Begriff besaß für die damalige politische Elite den großen Vorteil, dass sich mit ihm nicht nur die in westlichen Gesellschaften üblicherweise schon vorhandenen staatlich-politischen Grundziele legitimieren, sondern sich, und zwar immer wieder »nach Bedarf«, auch neue politische Ziele ableiten ließen. Denn ist die Menschenwürde nicht weit genug, um ein legitimatorisches Dach für annähernd sämtliche Stoßrichtungen »verantwortungsbewusster« Politik abzugeben?

Von ihrer Etablierung als Quasi-Souverän besonders profitiert haben nun ohne Zweifel das Bundesverfassungsgericht (künftig BVerfG) bzw. dessen Angehörige. In ihren Händen nahm diese Würde noch verstärkt den Charakter eines gummiartigen Begriffs an, den dieses Gericht zunächst in fast jede Richtung ziehen konnte und inzwischen – wenn auch eingeschränkt durch frühere, ihrerseits ja zu Teilen der Verfassung gewordenen Urteile – in Grenzen noch immer ziehen kann. Diese Situation erlaubt nicht nur die ethische bzw. juristische Ausdehnung dieses Begriffs auf immer mehr Daseinsaspekte und entsprechende Ableitungen von Rechtsnormen aus ihm, sondern auch seine Nutzung für nur wenig verhüllte politische (Gestaltungs-)Absichten, von der das BVerfG als einzig verbindlicher Interpret des Grundgesetzes wiederum monopolartig profitiert. Wie gerade die letzten Jahrzehnte gezeigt haben, dehnt sich auf diese Weise die unmittelbare Relevanz dieser Würde für die sozio-politische Ordnung und mithin das Dasein der Deutschen überhaupt weiter aus. Klarer und zugespitzt gesagt: An die Stelle der Politik, d. h. der eigentlich vorgesehenen *politischen* Entscheidungen des Bundestags (mit oder ohne Einbeziehung des Bundesrats) tritt, weiter zunehmend, die Herrschaft des »Guten« durch das BVerfG, treten neue Urteile mit dem Rang von Verfassungsbestimmungen als Folge höchstrichterlicher Klarstellungen über den *eigentlichen* Sinn bestehender Gesetze bzw. der »hinter ihnen« stehenden Verfassungsgrundsätze – sowie die damit fälligen Änderungen. Offiziell sind solche (Neu-)Interpretationen regelmäßig *Ableitungen* aus dem Begriff der »Würde des Menschen« bzw. der aus ihm gewonnenen »Wertordnung«. Also Ableitungen, wie sie im Zuge der Weiterentwicklung des Rechts für sich verändernde oder neu entstandene juristisch relevante Tatbestände nach den Regeln der rechtswissenschaftlichen Kunst zu gewinnen sind. Tatsächlich aber handelt es sich oft genug um scheinbare Ableitungen, die sich nach ihrem näheren Charakter wie ihrem Ergebnis eben anderen Motiven verdanken und die so hauptsächlich *politische* Akte bzw. Einflussnahmen darstellen[100]. Wie gerade die letzten Jahrzehnte gezeigt haben, dehnen die Karlsruher Richter auf diese Weise die rechtliche Bedeutung der Menschenwürde für die sozio-politische Ordnung, und mithin das Dasein der Deutschen überhaupt, immer weiter aus. Damit nehmen die gesellschaftlichen und personalen Zustände, Verhaltensweisen, Mentalitäten, die auf die eine oder andere Weise gegen diese Würde und die aus ihr abgeleitete Wertordnung verstoßen, zwangsläufig ebenfalls zu. Und damit wiederum der »objektive«

100 Daneben gibt es jedoch auch ein wichtiges, berufsspezifisches Motiv für das Tätigwerden der Karlsruher Richter, das Abromeit so wiedergibt: »Das Verfassungsgericht betrachtet tendenziell das Grundgesetz als ein dem BGB vergleichbares Regelwerk, das bedauerlicherweise Lücken enthält. In Fällen, wo die Verfassung tatsächlich keine Norm bereithält, an der eine zur Überprüfung anstehende (Detail-)Regelung zu messen wäre ..., müht (es) sich, die Lücke zu schließen. ... Da indessen die Verfassungsauslegung des BVerfG ihrerseits zum Bestandteil der Verfassung wird, haben die Klärungsbemühungen ... den Effekt, künftiger Politik immer engere Schranken zu ziehen« (1995: 61).

Normierungsbedarf, d. h. die Motivation dieser Richter zu neuen Rechtsnormen bzw. zur Veränderung der bestehenden. Auf diese Weise verengt sich nicht nur der Bereich des rechtlich irrelevanten Handelns der einzelnen Person mehr und mehr, sondern auch der Bereich des möglichen politischen Handelns[101]. Denn gerade es läuft ja in dem Maße, wie es die ehrwürdigen Bahnen des Hergebrachten verlässt oder gar gegen einschlägige Bestände der PK verstößt, Gefahr, als gesetz- oder verfassungswidrig zur Strecke gebracht zu werden.

Für die Praxis der direkten und indirekten Ableitungen der schließlichen Karlsruher Urteile von der höchstrichterlich interpretierten Menschenwürde aber sei noch wenigstens ein Beispiel angeführt, zu dem ein vorausgeschickter historischer Hinweis nichts schaden kann: Im alten Deutschen Reich (als dominierendem Teil des auch Burgund und Teile Italiens umfassenden Römischen Reichs) des späteren Mittelalters galt Köln über Jahrhunderte hinweg als diejenige deutsche Stadt, deren Mildtätigkeit gegenüber Armen und sonstigen Bedürftigen am größten war. Gewitzteren Beobachtern fiel jedoch auch auf, dass es in vergleichbaren Städten nirgendwo so viele Bettler gab wie eben in Köln; ein Umstand, der später die gedankliche wie institutionelle Verselbstständigung der »Politik« gegenüber der (christlichen) »Ethik« begünstigte. Dieser Sachverhalt weist aber durchaus gewisse Gemeinsamkeiten mit dem der Gegenwart entnommenen Beispiel auf, für das juristisch das »Asylbewerberleistungsgesetz« (AsylbLG) und das dazu 2012 ergangene Urteil steht. Das ist unschwer der Begründung zu entnehmen, die

101 Allerdings wird diese Grundtendenz dadurch etwas abgemildert, dass die politischen Ziele auch des BVerfG sich im Lauf der Zeit ändern. Denn damit werden frühere Entscheidungen von ihm und mit ihnen geschaffene Normen, die ihm nicht mehr in den Kram passen, in ihrem Vorhandensein gern geflissentlich übersehen oder sonstwie ignoriert, insbesondere aber dadurch kaltgestellt, dass sie durch neue Entscheidungen in ihrer Geltung relativiert bzw. vom BVerfG »im Zuge des Lücken-Füllens … diskret und unter der Hand« geändert werden (so wiederum Abromeit a. a. O., 63). Diese Praxis kann jedoch nicht befriedigen. Denn hier wie sonst kommt es weniger darauf an, dass (oberste) Richter in ihrer Güte manche Gesetze u. Ä. aus irgendwelchen Gründen nicht anwenden oder faktisch abmildern, sondern dass sie – wie die Regierungen – gar nicht erst über Gesetze illegitimen Charakters verfügen, auf die sie »im Bedarfsfall« zurückgreifen können.

das BVerfG für die Verfassungswidrigkeit der bis dahin herrschenden Gesetzespraxis gegeben hat:

»Im Hinblick auf die Entscheidung des BVerfG zum Arbeitslosengeld II war bereits im Vorfeld der Entscheidung zum 18. Juli 2012 erwartet worden, dass demnach auch die Leistungen nach AsylbLG als verfassungswidrig beurteilt würden. So fehlt das beim AsylbLG bei Arbeitslosengeld II als unzulänglich kritisierte Bedarfsbemessungssystem ganz. ... Das Landessozialgericht NRW legte diese Frage am 26. Juli 2010 dem BVerfG vor, da es aus den genannten Gründen das AsylbLG für verfassungswidrig hielt. ...

Das BVerfG berief sich (in seinem Urteil vom 18. 7. 12 – B.E) auf den Anspruch auf Gewährung eines menschenwürdigen Existenzminimums, das deutschen und ausländischen Staatsangehörigen, die sich in der Bundesrepublik Deutschland aufhalten, gleichermaßen zustehe und das nicht unter Hinweis auf das Existenzniveau des Herkunftslandes von Hilfebedürftigen oder das Existenzniveau in anderen Ländern niedriger bemessen werden könne. Ein Absenken des Leistungsniveaus sei nicht mit migrationspolitischen Erwägungen zu rechtfertigen« (Wikipedia: Artikel Asylbewerberleistungsgesetz (Fassung vom 18. 01. 13)).

Diese Begründung ist nun in verschiedener Hinsicht aufschlussreich: Erstens werden diejenigen Argumente, die in der *praktischen* Politik (gerade der größeren Gemeinden und mancher Regionen) traditionell eine wichtige Rolle spielen und spielen müssen, radikal entwertet. Gemeint sind die »migrationspolitischen Erwägungen« in einem weiten Sinne, die früher als durch die Wahrung der »Staatsklugheit« bzw. Staatsräson zwingend geboten galten und die in verallgemeinerter Fassung noch heute den Amtseid des Bundeskanzlers bestimmen, durch den er sich verpflichtet, mit seiner Tätigkeit »den Nutzen des deutschen Volkes zu mehren und Schaden von ihm zu wenden«. Bezeichnend ist auch, dass diese Argumente in der Urteilsbegründung des BVerfG nicht einfach ignoriert, sondern in dem stolz wirkenden Bewusstsein abgeschmettert werden, dass sie dem Gebot des Quasi-*Souveräns* Menschenwürde zu weichen haben. Das *Maß* eines »menschenwürdigen Existenzminimums« ist diesem Souverän jedoch genau nicht zu entnehmen, sondern streng genommen nur die manchmal mögliche Feststellung, dass es in *diesem* konkreten Fall eindeutig unterschritten und in einem anderen wohl überschritten wird. Damit aber wird die Tendenz begünstigt, dass an die Stelle der vergleichsweise triftigen, in einem weiten Sinn migrationspolitischen Argumente *zwangsläufig* andere, womöglich nur wenig entfaltete, ja verschwiegene treten, die zwar politisch sicher weit korrekter sind oder sich wenigstens so anhören, doch einer näheren Überprüfung ihrer Stichhaltigkeit nicht standhalten. Das hindert diese Argumente im Fall ihrer juristischen Durchsetzung allerdings nicht daran, in der kommunalpolitischen Praxis die ihnen auch eigenen, üblicherweise als negativ geltenden Folgen zu entfalten. – Gerade die grundsätzliche, wenn auch faktisch unterschiedlich weit getriebene Verschiebung der juristisch überhaupt zulässigen Argumente spricht nun ihrerseits dafür, die jetzt gegebene, für das deutsche Staatsvolk unangreifbar gewordene *Souveränität* der Menschenwürde, also des BVerfG, zugunsten einer neuen, die kollektive *Selbstbestimmung* endlich herstellenden Verfassung abzuschaffen. In ihr müsste die Menschenwürde jedoch nicht einfach verschwunden, sondern könnte auch nur in ihrer Geltung etwa so relativiert sein, wie das in der aktuellen Schweizer Verfassung der Fall ist.

(Ende des Exkurses)

Zurück zur Thematisierung hier auffälliger Merkmale des Art. 1 GG. Einen anderen kritischen Punkt bilden die offensichtlich gewollten *Doppeldeutigkeiten* in den Aussagen von Art. 1, Abs. 1 und 2. »Die Würde des Menschen ist unantastbar«: Wenn und soweit dieser Satz *empirisch* gemeint ist (»das *ist* so«), ist er schlicht falsch. Denn was immer Menschenwürde mit einiger Plausibilität meint, es wird gegen sie tagtäglich ungezählte Male verstoßen. Ist er aber *normativ* zu verstehen, müsste er eigentlich lauten: »Die Würde … *soll* unantastbar sein« oder »soll als unantastbar gelten«. Ähnliches gilt für Abs. 2 (»Das Deutsche Volk bekennt sich … zu unverletzlichen und unveräußerlichen Menschenrechten …«). Wiederum fällt die unaufgelöste Zweideutigkeit im Charakter der Aussage auf: Ist sie auf das Sein gerichtet? Oder, dem Wortlaut zum Trotz, auf das Sollen – was ja tatsächlich der Fall ist! Wirklich ärgerlich wird die Sache jedoch dadurch, dass mit dieser Zweideutigkeit erneut ein trickhaftes Operieren mit dem »Deutschen Volk« verbunden ist. Sicher, in vielen Hinsichten mag es schlicht gleichgültig sein, zu welchen höchsten Gütern dieser juristische, wenn auch mit eigenen psychischen Zuständen und Willensregungen ausgestattete Homunculus (d. h. »künstlicher kleiner Mensch«) sich »bekennt« oder nicht. Doch *mit welchem innerem Recht* suchen die Verfassungsgeber diese Fiktion als das *deutsche Volk* auszugeben, suchen sie mit ihrer Hilfe die real existierenden Deutschen darauf zu *verpflichten*, sich so und nicht anders zu bekennen? Hinzu kommt, dass die Aussage des Abs. 2 (trotz ihrer Anlehnung an die Präambel der Erklärung von 1948) nach ihrer empirischen Seite wiederum im Wesentlichen falsch ist: Menschenrechte, wie übrigens auch die Menschenwürde, tragen zwar verschiedentlich, wenn auch keineswegs immer, zur »Gerechtigkeit in der Welt« bei, sie sind aber nicht deren »Grundlage«. Erst recht jedoch sind sie nicht Grundlage des »Friedens« oder gar »jeder menschlichen Gemeinschaft«! Da das auch den Urhebern des Grundgesetzes bewusst gewesen sein dürfte, stellt sich die Frage, warum eigentlich die Menschenrechte hier, aber auch anderswo mit solchen erhabenen Bedeutungen aufgeladen worden sind. – Doch zunächst zur Inthronisierung der Menschenwürde als *oberstes* und zumindest »alle staatliche Gewalt« dominierendes Gut.

Unter Demokratiegesichtspunkten bedeutet diese Inthronisierung ihrem Kern nach, dass das »Deutsche Volk«, nach der Präambel gerade erst wieder zu einem (Halb-)Souverän mit »verfassungsgebender Gewalt« geworden, diese Souveränität sofort wieder (und zwar dauerhaft) zugunsten einer von ihm *selbst* errichteten *Herrschaft des sittlich Guten* oder, in spezifisch juristischer Betrachtung, der eben erst geschaffenen *Verfassung als Souverän* verliert. Dieser Grundsachverhalt stellt einen Sonderfall für die vor allem in der hegelianisch-marxistischen Philosophie als *Entfremdung* thematisierten Phänomene dar: Der Mensch bringt nach seinem Willen Produkte (im weiten Sinn) mit gewöhnlich der Absicht hervor, dass sie ihm bzw. der Erreichung seiner Absichten und Ziele dienlich sind.

Anstatt jedoch Geschöpfe zu bleiben, verwandeln sie sich zu eigenständigen und zunehmend übermächtigen Gegebenheiten bzw. Gewalten, die ihrem Schöpfer ihren »Willen« aufzwingen und ihn damit beherrschen. – Der Unterschied zu anderen Entfremdungsprozessen besteht im Fall des Grundgesetzes von 1949 darin, dass hier das »Deutsche Volk«, eben entsprechend »vertreten«, mit voller *Absicht* diese Herrschaft des Guten über sich aufrichtet, die faktisch dann nicht wirklich diese Fiktion als vielmehr die in Deutschland teils existierende, teils erst noch zu errichtende »staatliche Gewalt« sowie, und zunehmend, die Deutschen insgesamt verpflichtet[102]. Unter normalen, d. h. nicht den Bedingungen eines wenige Jahre zuvor katastrophal verlorenen Kriegs (um es dabei zu belassen) wäre es undenkbar gewesen, dass die Abgeordneten der einzelnen Landtage (!) Westdeutschlands eine Verfassung beschließen, die nicht nur – der Absicht nach – für das ganze deutsche Volk gelten soll, sondern ihm gleichsam im selben Atemzug die Souveränität wieder und *auf Dauer* wegnimmt. Dieser Sachverhalt stellt einen elementaren *Bruch* mit der seit dem Ende des 18. Jahrhunderts ausgebildeten westlichen Verfassungstradition dar, nach der die Souveränität, hier also die Volkssouveränität, sich in der Stiftung einer Verfassung doch nicht erschöpft, sondern in ihr zum Ausdruck kommt. Und das auch nur so lange, wie der Volkswille sich in dieser Hinsicht nicht ändert. Ist das aber der Fall, hat doch nicht dieser Wille, sondern die Verfassung zu weichen: »Ein Volk hat immer das Recht, seine Verfassung zu revidieren, zu reformieren und zu ändern« (Art. 28 der Verfassung Frankreichs vom 24. 6. 1793).

Die Inthronisierung des Guten bedeutet jedoch noch einen *zweiten* Bruch mit gerade der westeuropäischen Tradition, der mit dem

102 Der entsprechende Art. 7 im »Kapitel« »Grundrechte« der – demokratischen – *Schweizer* Verfassung, in dem die »Menschenwürde« ebenfalls an erster Stelle auftaucht, verweist gerade in seiner wortkargen Schlichtheit auf die wesentlichen Unterschiede. Er lautet nämlich nur: »Die Würde des Menschen ist zu achten und zu schützen«. Also: Keine Verpflichtung »*aller* staatlichen Gewalt« (und tendenziell der Bevölkerung insgesamt)! Vor allem aber: Keine wirkliche Abgabe der eigenen kollektiven Souveränität an diese Würde bzw. deren offizielle Sachwalter und keine auch noch die fernsten Generationen verpflichtende Bindung an sie! Vgl. dazu auch Art. 35 dieses »Kapitels« sowie oben, Anm. 94.

ersten freilich zusammenhängt. Nämlich mit der Entwicklung des modernen Verständnisses von Politik, die ja gewiss ein teils durch eine Revolution »von oben« (Absolutismus!), teils eine Revolution von unten (Frankreich 1789 und später) durchgesetztes Ereignis, die längste Zeit aber ein wenig spektakuläres, doch zähes Ringen um das Eigenrecht, um die *Autonomie* der Politik gegenüber den überkommenen Geltungsforderungen der christlichen Religion und der davon bestimmten Ethik gewesen ist. Die Verfassung von 1949 begründete also einen doppelten deutschen *Sonderweg*[103]. Nämlich neben der Preisgabe der Volkssouveränität der Rückgriff auf den seit der Zeit der »Heiligen Allianz« (1815 – 1844) in Europa nicht mehr unternommenen Versuch, »höhere« Mächte zu Herrschern Europas, hier eben: das sittlich Gute zum Herrscher Deutschlands zu machen. Das ist übrigens jedenfalls Teilen der politisch interessierten Zeitgenossen von 1949 nicht verborgen geblieben: »Restauration« (oder polemischer: »Reaktion«) gerade, doch keineswegs nur im politisch-

103 Das *korrekte* deutsche Verständnis von Sonderwegen sieht kurz gesagt so aus: Während die nicht oder nur wenig mit anderen geteilten Eigenheiten bzw. Entwicklungen *anderer* Völker unter den Befürwortern der PK gern als auch menschheitlich relevante Fortschritte, wenigstens aber als achtenswerte, ja liebenswürdige Besonderheiten gelten, sind *deutsche* Sonderwege etwas, angesichts dessen selbst die Frommen unter ihnen sich zunehmend bekreuzigen. Denn zumindest die hohe Geistlichkeit Deutschlands scheint in nationaler Hinsicht inzwischen voll auf der Linie der PK zu liegen, wie eindrücklich den Predigten eines ökumenischen Gottesdienst zum »Tag der Deutschen Einheit« 2012 in München zu entnehmen war, an dem »die gesamte politische Spitze Deutschlands« teilnahm. Denn anders als ihre Standesgenossen in anderen Ländern lobte sie selbst an diesem Nationalfeiertag nicht etwa das eigene Volk für bestimmte Leistungen oder bei ihm gängige Verhaltensmuster, versicherte es so seiner jedenfalls relativen Wohlgeratenheit und ermunterte es hinsichtlich der Zukunft. Vielmehr sah, nach dem Teletext des ZDF mit der bezeichnenden Überschrift »Bischöfe ermahnen die Deutschen«, der Hauptinhalt dieser Predigten so aus: »Der katholische Kardinal Reinhard Marx und der evangelische Landesbischof Heinrich Bedfort-Strohm hoben … die besondere Verpflichtung Deutschlands für die Zukunft Europas hervor. Beide warnten vor deutschen Alleingängen oder deutscher Überheblichkeit« (ZDF, T. 122 vom 3. 10. 12). – Gemeinsam ist gehobenen Frommen wie korrekten weltlich Gesonnenen durchschnittlich eben auch die Ablehnung von allen deutschen Regungen kollektiver *Selbstständigkeit*, die, so die gelegentlich perfide Suggestion, »ja doch wieder« ins Verderben führe. Das hat u. a. zur Folge, dass selbst *tatsächliche* deutsche Sonderentwicklungen, wie sie massiv eben das Grundgesetz und bestimmte seiner Konsequenzen darstellen, dann genau nicht »Sonderwege« sein dürfen, *wenn* sie öffentlich als *positiv* gelten bzw. im allgemeinen Bewusstsein gelten sollen! Auch das ist ein Beispiel für die verfälschende und selbst verdummende Wirkung der PK.

staatlichen Bereich war ihr häufiger Grundvorwurf gegen Adenauer und die von ihm geführte CDU bis weit in die sechziger Jahre.

Doch jetzt zum näheren Charakter der Menschenwürde, der Menschen- und der Grundrechte im Grundgesetz sowie ihrem *systematischen* Zusammenhang. Zur besseren Verständlichkeit der Besonderheit dieser Verfassungskonstruktion sei zunächst an den Charakter und die prinzipielle Rolle der Menschenrechte in *westlichen* Verfassungen erinnert: Nach klassischer Auffassung sind diese Rechte eben jedermann *unmittelbar* zu eigen (»angeboren«); ihre *faktische* staatliche Geltung als »Grundrechte«[104] bedarf zwar der ausdrücklichen Garantie durch die Verfassung sowie einer demokratisierten Staatsgewalt zu ihrer Durchsetzung, aber keiner weiteren, wie immer gearteten Legitimation durch »höhere« Güter o. Ä. Als »unveräußerliche« personale Rechte mit dem aus ihnen folgenden Verbot staatlicher Willkür gegenüber den Staatsbürgern bzw. deren Unterdrückung stellen sie vielmehr den prinzipiellen *Kontrapunkt* gegen die erstrebte »Allmacht« erst des absoluten Fürsten, dann der Volkssouveränität bzw. ihrer Repräsentanten dar. Es ist in westlichen Demokratien diese Grundkonstellation, die in Friedens- wie Kriegszeiten, in Zeiten eines allgemeinen Aufschwungs wie der ernsten sozio-ökonomischen Krisen die jeweiligen, oft spannungsvollen und damit auch zerbrechlichen Kompromisse zwischen diesen beiden obersten politischen Prinzipien in erster Linie ausmacht.

Demgegenüber ist die Stellung dieser Rechte im Grundgesetz zutiefst zwiespältig. Denn einerseits »bekennt sich« hier das »Deutsche Volk« »darum«, d. h. *nur* darum, zu »Menschenrechten«, weil es die Menschen*würde* gibt, die ihnen seinsmäßig *vorausgeht* und sie als Rechte offensichtlich erst *konstituiert* (Art. 1, Abs. 2)[105]! Statt zwei

104 Um zu ihnen doch eine weitgehend unstrittige Definition anzuführen: »Grundrechte sind … Rechte, die den Mitgliedern der Gesellschaft als beständig, dauerhaft und einklagbar garantiert werden. In erster Linie sind sie Abwehrrechte des Bürgers gegen den Staat …« (Artikel »Grundrechte« in Wikipedia, Fassung vom November 2012).

105 Unter diesem entscheidenden Gesichtspunkt kann es auch offen bleiben, ob das »darum« sich auf diese Würde selbst – was wahrscheinlich ist – oder auf ihre »Unantastbarkeit« bezieht, von der dann die *Verpflichtung* zu ihrer (staatlichen) Achtung

staatlichen Grundprinzipien gibt es hier also nur noch eines, eben diese Würde, die hinsichtlich ihrer formell ganz uneingeschränkten obersten Geltung die Stelle der vom Absolutismus beanspruchten Souveränität einnimmt. Und mit dieser Errichtung der *Herrschaft des Guten* ist, nur konsequent, auch eine prinzipielle »Mediatisierung« der Menschenrechte verknüpft: Der ihnen zukommende Rang der »Unverletzlichkeit« und »Unveräußerlichkeit« hat seinen Grund ja nicht mehr in ihnen selbst, d. h. bestimmten, als politisch elementar geltenden menschlichen Wesensmerkmalen, sondern leitet sich von dem Rang dieser Würde ab, die sich in ihnen teilweise wiederfindet. Die Menschenrechte stellen so – und das ist der material entscheidende Sinn des »darum« – Ausformungen bzw. *Konkretisierungen* von einzelnen Aspekten dieser Würde dar und besitzen damit ihrerseits einen hohen Seinsrang, der sich in einen legitimen Anspruch auf ihre kollektive bzw. staatliche Geltung übersetzt. Bezeichnend ist jedoch, dass Art. 1, Abs. 2 die *einzige* Stelle bildet, in der die Menschenrechte im Grundgesetz auftauchen, und sie bereits im nächsten Satz (Abs. 3), und wieder ohne jede Erläuterung, allesamt zu – staatstragenden – »Grundrechten« geworden sind. So verändert aber besitzen sie eine gewichtige politisch-praktische Bedeutung. Denn als »unmittelbar geltendes Recht« binden sie nicht nur Justiz und Regierung, sondern auch die für die »Gesetzgebung« elementar zuständige Volksvertretung, deren damit verbundener Verlust an Souveränität wiederum dauerhaft ist (vgl. Art. 79, Abs. 3 sowie Art. 19, Abs. 2 GG).

Warum und wodurch aber sind diese Rechte staatstragend geworden? Der allgemeine Grund liegt eben darin, dass mit den Menschenrechten im klassischen Sinne kein *Staat*, erst recht kein moderner Staat zu machen ist, der tendenziell alle Daseinsbereiche mit immer weitergehenden Gestaltungsabsichten zu durchdringen sucht. Denn die Menschenrechte – werden sie nicht (was in der Allgemeinen Erklärung von 1948 allerdings schon der Fall ist) auf wirtschaftliche, soziale und kulturelle Wünschbarkeiten und davon ab-

und ihrem Schutz abgeleitet ist. Denn in beiden Fällen sind diese Rechte nur *Mittel* zur Durchsetzung *ihrer* obersten kollektiven wie auch personalen Geltung.

geleitete Standard*ansprüche* ausgedehnt, die jedermann an »seinen« Staat stellen kann – sind eben Freiheits- und Abwehrrechte der einzelnen Person. Will der Staat sich daher nicht einfach nach bestimmten, der traditionellen Staatsräson verwandten »Sachgesetzlichkeiten« und im übrigen den Mehrheitswünschen seiner Bürger richten, sondern nach der immer besseren Verwirklichung neu verstandener Menschenrechte, also des ihnen vorgeordneten Guten, müssen diese Rechte mit prinzipienähnlichen, nach ihrem Kern *ethischen* Gesichtspunkten angereichert werden. D. h. Gesichtspunkte, die nicht nur zur (neuen) Legitimation schon vorhandener staatlich-politischer Ziele taugen, sondern aus denen sich solche Ziele auch, und zwar gleichsam »nach Bedarf« ableiten lassen. Insofern ist die Verfassung von 1949 schon konsequent: Die Menschenwürde ist weit bzw. unbestimmt genug, um als Legitimation für annähernd sämtliche Stoßrichtungen »verantwortungsbewusster« staatlicher Politik dienen zu können; und die Grundrechte dienen weniger der allgemeinen Durchsetzung von Grundfreiheiten als der domestizierenden Gängelung der Bürger über die starke und insgesamt weiter zunehmende Einschränkung dieser Freiheiten, die regelmäßig im Zeichen des Guten, Richtigen usw. erfolgt.

Bei dieser staatstragenden Aufbereitung der Menschen- zu Grundrechten lassen sich analytisch zwei Strategien unterscheiden, die großenteils schon zur Sprache gekommen sind. Die erste, im Grundgesetz überwiegend zum Zuge gekommene besteht eben in »*Einhegungen*«, d. h. der gezielten *Zurückdrängung* der den Menschenrechten eigenen *Freiheits*aspekte. Solche Einhegungen treten auch schon in der einfachen Form entsprechender Gesetze auf, die sich durchaus unterschiedlichen Motiven verdanken können. Oder aber, und typischerweise, in der Form der Bemühung von hohen und höchsten Gütern wie notorisch der Nichtantastbarkeit der »freiheitlichen demokratischen Grundordnung« (vgl. Art. 18 GG!), doch auch des »Gedankens der Völkerverständigung«, des »Sittengesetzes« oder des »Schutzes der Jugend«, durch die eben – anders als in wirklichen Demokratien! – die Gewährung von Freiheiten sofort wieder mit prinzipiellen und womöglich auf legale Weise nicht mehr zu beseitigenden Einschränkungen belastet wird[106]. Ein weniger hohes, doch für den Geist des Grundgesetzes aufschlussreiches Beispiel stellt Art. 8 GG dar: Ist es nicht gar zu gütig, dass nach ihm »alle«, ja alle »Deutschen das Recht (haben), sich ohne Anmeldung oder Erlaubnis friedlich und ohne Waffen zu versammeln«? Man stelle sich vor: Ohne Anmeldung bei und ohne Erlaubnis der Obrigkeit! Und das mit lediglich zwei winzigen Einschränkungen, von denen zumindest die »Friedlichkeit« sich für die »anständigen« Leute bekanntlich von selbst versteht! Hinsichtlich der Unanständigen, die es leider auch gibt, ist es aber doch gut, dass wenigstens »für Versammlungen unter freiem Himmel … dieses Recht durch Gesetz oder auf Grund eines Gesetzes beschränkt werden (kann)«. Und dank der umsichtigen Fürsorge der Obrigkeit ist das bereits 1953 durch ein eigenes Gesetz geschehen.

Die zweite, weniger häufige Strategie besteht in einer *Veredlung* der Menschenrechte, ihrer gleichsam inneren Aufladung mit »*Höherem*«, sodass die Gelüste der »niederen Volksmassen«, sich nach eigenem, allzu menschlichem Belieben zu verhalten, sich nur noch teilweise rechtfertigen lassen. Das wohl beste Beispiel dafür bildet eben die Veredlung des Rechts auf persönliche Freiheit, wie es von der Bevölkerungsmehrheit immer noch verstanden wird, zu der

106 Das wohl beste Gegenbeispiel dazu bietet die Verfassung der Schweiz von 1999, in denen sich die vom Verfasser hier aufgegriffenen Menschen- bzw. Grundrechte des Grundgesetzes unter der Bezeichnung »Grundrechte« ziemlich genau wiederfinden. Bei keinem dieser Rechte finden sich schon im Text irgendwelche Geltungseinschränkungen, die auf der deutschen Seite fast überall auftauchen. So heißt es in der Schweizer Verfassung von der »Meinungs- und Informationsfreiheit«, der »Freiheit von Presse, Radio und Fernsehen«, »der wissenschaftlichen Lehre und Forschung«, »der Kunst«, der »Vereinigungsfreiheit«, dem »Eigentum« oder auch der »Versammlungsfreiheit« immer nur, dass sie »gewährleistet« sei, und in denjenigen Fällen, in denen die lapidare Gewährleistung durch das Aufgreifen besonderer Aspekte dieses Rechts ergänzt worden ist, verstärken (mit der Ausnahme des Art. 26) die jeweiligen Absätze noch das fragliche Grundrecht! Gewiss gibt es auch hier, wie abschließend Art. 36 zu entnehmen ist, *Geltungseinschränkungen* der Grundrechte, doch nur in der einfachen Form entsprechender und jederzeit beseitigbarer *Gesetze*. Deren näherer Inhalt aber unterliegt eng gefassten Bedingungen: »(1) Einschränkungen von Grundrechten bedürfen einer gesetzlichen Grundlage. Schwerwiegende Einschränkungen müssen im Gesetz selbst vorgesehen sein. … (2) Einschränkungen von Grundrechten müssen durch ein öffentliches Interesse oder durch den Schutz von Grundrechten Dritter gerechtfertigt sein. (3) Einschränkungen von Grundrechten müssen verhältnismässig sein.«

»freien Entfaltung« der je eigenen »Persönlichkeit«. Allerdings muss dem Missraten selbst dieser Entfaltung, das leider nicht ganz auszuschließen ist, gleich wieder durch die einhegenden Mächte der vorgegebenen »Grundordnung« sowie des »Sittengesetzes« begegnet werden (Art. 2, Abs. 1). Doch auch das »egoistische« Streben nach Eigentum und die (amoralische) Unschuld seines Genusses erfahren eine Veredlung, die sich allerdings – oh verkommene Welt! – infolge des Kapitalismus und anderer menschlicher Verderbtheiten bisher nicht so ganz durchsetzen konnte: »Eigentum verpflichtet. Sein Gebrauch soll zugleich dem Wohle der Allgemeinheit dienen« (Art. 14, Abs. 2). In diesem Zusammenhang sei noch einmal Art. 1, Abs. 2 (»Das Deutsche Volk bekennt sich darum zu unverletzlichen Menschenrechten ...«) aufgegriffen: Warum taucht dieser Satz in einer Verfassung, die offensichtlich nicht Menschen-, sondern entsprechend aufbereitete Grundrechte schätzt, an dieser exponierten Stelle überhaupt auf? Und warum erfahren hier diese Rechte gegenüber der UN-Version von 1948 eine scheinbar nur geringfügige, in Wahrheit jedoch gewichtige und typisch anmutende Korrektur hinsichtlich ihrer sozio-politischen Fundierung?

Hinsichtlich der ersten Frage sind vor allem zwei Gründe zu nennen, von denen der eine durchaus sein Gewicht hatte, auch wenn er der Sache selbst eigentlich äußerlich war: Das Grundgesetz ist vor allem auf Drängen und unter den Augen der US-amerikanischen Militärregierung (sowie, sehr abgeschwächt, der britischen und französischen Militärregierungen) zustande gekommen. Wären in ihm die Menschenrechte nicht, d. h. nach ihrer Bedeutung nicht gebührend gewürdigt aufgetaucht, hätte eine Verfassung, die nach ihrer Grundkonstruktion so stark von den im Westen sonst üblichen abweicht, wohl wenig Chancen darauf gehabt, das Einverständnis gerade dieser, der klar dominierenden westalliierten Regierung zu finden[107].

107 Die Frage nach dem von außen kommenden Einfluss gerade dieser Militärregierung stellt sich übrigens auch bei anderen Bestimmungen des Grundgesetzes, wie insbesondere seiner Präambel. Es wäre auch für die Gegenwart nicht ganz unwichtig zu wissen, ob die in ihr überwiegende Grundabsicht, aus den (infolge von gesamtkollektiver Schuld?!) doppelt verantwortlichen Deutschen zum weltweiten Dienen bereite und auf staatliche *Souveränität* gleichsam von vornherein verzichtende Staatsange-

Hinzu kam von deutscher Seite vermutlich noch die Absicht, das allgemeine Prestige der Menschenrechte für die Akzeptanz der Verfassung bei den anderen, für (West-)Deutschland in dieser Zeit wichtigen Ländern, aber auch bei den betroffenen Deutschen selbst zu nutzen. Entscheidend dürfte gleichwohl ein sachlicher Grund gewesen sein. Nämlich die mit der frühen Aufnahme der Menschenrechte in den Verfassungstext verbundene Chance, knapp, doch autoritativ das neue, eben jetzt *verbindliche* Verhältnis von Menschenwürde, Menschen- und Grundrechten als der Politik vorgeordnete, sie in den Grundzügen bestimmende Mächte zu umreißen. Und dabei insbesondere die Konstitution der Menschenwürde als *höchstes* staatlich-politisches Gut (anstelle der verweigerten Volkssouveränität!) zu betonen, durch das die Menschenrechte ihre traditionelle, Gott oder der Natur geschuldete Ursprünglichkeit sowie die Unmittelbarkeit ihrer Geltung verlieren und eben nur noch Konkretisierungen einzelner Seiten dieser Würde sind.

Eine zumindest gewisse Eigenständigkeit der deutschen Seite zeigt sich jedoch auch hinsichtlich der zweiten Frage, der sozio-politischen Fundierung der Menschenrechte. Sind letztere in der UN-Erklärung von 1948 als »Grundlage von Freiheit, Gerechtigkeit und Frieden in der Welt« anzuerkennen, so »bekennt sich« das »Deutsche Volk« zu ihnen eben als »Grundlage jeder menschlichen Gemeinschaft, des Friedens und der Gerechtigkeit«. Dass die in der UN-Erklärung an *erster* Stelle stehende »Freiheit« in der deutschen Fassung, reichlich töricht anmutend, zugunsten »menschlicher Gemeinschaften« überhaupt ausgetauscht wurde, dürfte seinen Hauptgrund darin haben, dass die sonst geläufige Assoziation von Menschenrechten und Freiheit hier genau nicht wiederholt werden sollte. Schärfer ausgedrückt: Es sollte in keinem Fall die Freiheit ausgerechnet in demjenigen Artikel der Verfassung auftauchen, der als erster und wichtigster eine den Staat wie die Bürger *verpflichtende* Herrschaft des *Guten* begründete; eine Freiheit, an der doch – den in dieser Hinsicht politisch feinen Nasen gerade der christlichen Konser-

hörige zu machen, von US-amerikanischer Seite wenigstens teilweise vorgegeben wurde oder ob sie ganz als Produkt der deutschen Verfassungsgeber gelten kann.

vativen noch immer merklich – der »Ludergeruch« der Revolution von 1848/49 haftete. Außerdem dürfte sich die Aufnahme dieser »Gemeinschaften« auch deshalb empfohlen haben, weil in Verbindung mit »Frieden« und »Gerechtigkeit« sich so eine flüchtige Leser durchaus beeindruckende und damit glaubwürdige Formulierung ergab, die sachlich deutlich besser mit dem ethisch Guten als neuem Souverän und den damit gegebenen Verpflichtungen harmonierte.

Doch wie immer genau: Für die tendenzielle Umpolung der Menschenrechte von Abwehrrechten der Person zu staatstragenden Grundrechten, die fast durchgängig mit wenigstens einem, als Ordnungsprinzip dienendem hohen Gut angereichert sind, ist im Grundgesetz ein hoher Preis zu zahlen. Er besteht im *Zwitterdasein* dieser Rechte, das eben ihre Umformung in Richtung staatstragende Prinzipien und ihre dazu nötige Befrachtung und Überfrachtung mit höheren Gütern mit sich bringen musste. Denn andererseits ist klar: Auch in ihrer Fassung als »Grundrechte« kann ihr überkommener Charakter als Freiheitsrechte des einzelnen nicht einfach beseitigt werden. Das aber führt im Grundgesetz dazu, dass bereits der Wortlaut der einschlägigen Verfassungsartikel typischerweise einen willkürlich anmutenden *Kompromiß* zwischen den beiden Grundintentionen anzeigt, der den Rechten selbst einen nur halbherzigen und, durch die (Teil)Rücknahme des eben erst Gewährten, oft auch kleinlich wirkenden Charakter verleiht.

c) Institutionelle Verweigerungen kollektiver Selbstbestimmung – und ihre machtpolitischen Profiteure

Nun noch zu den wichtigsten *institutionellen* Verweigerungen demokratischer Selbstbestimmung auf gesamtstaatlicher Ebene, die im Grundgesetz ihren unmittelbaren Ausdruck gefunden haben oder aus ihm mehr oder minder plausibel abgeleitet wurden. Schon um Textwiederholungen möglichst klein zu halten, werden einem Teil dieser Verweigerungen nur wenige Sätze gewidmet, während die hauptsächlich noch ausstehende Behandlung des BVerfG vergleichsweise umfangreich ausfallen muss[108].

Zunächst zu denjenigen Souveränitätsverweigerungen, die infolge ihres elementaren Charakters schon für sich genommen ausreichen, der Bundesrepublik das Prädikat einer Demokratie abzuerkennen. Hinsichtlich der (1) Entstehung des Grundgesetzes liegt das auf der Hand: Wie kann es in einem Land eine »Volksherrschaft« geben, über deren näheren Charakter das Volk genau nicht entscheiden konnte? Denn statt seiner waren es eben Landtage, die 1949 anstelle der Westdeutschen und 1990 anstelle der Ostdeutschen über die Annahme des vorgelegten Verfassungsentwurfs bzw. die Akzeptanz des vorhandenen Grundgesetzes abgestimmt haben. Zugleich ist (2) diese Verfassung – theoretisch – nach immer mehr Merkmalen (vgl. unten) nicht oder fast nicht abzuschaffen. Nach dem recht eindeutigen Mehrheitswillen der politischen Klasse soll vielmehr sie, die *oktroyiert* wurde, sozusagen »zum Ausgleich« dieses schwerwiegenden Webfehlers dem Volk, d. h. der sich in der Ferne verlierenden Kette künftiger Generationen und weiterer Zuwanderer, dauerhaft und notfalls auch mit *Zwang* erhalten bleiben.

Undemokratisch ist außerdem (3) die überdimensionierte Bedeutung des Bundes*rats* für die *gesamt*staatliche Politik. Denn wie ließe sich die derart weitgehende institutionelle Schmälerung der politischen Bedeutung der immerhin teilweise vom Volk gewählten Bundestagsabgeordneten durch den Bundesrat demokratisch rechtfertigen? Eines Rats, dessen Angehörige nicht etwa von der Bevölkerung gewählte Vertreter der einzelnen Länder, sondern *Abgesandte*

108 Um Missverständnissen vorzubeugen: Es geht hier nicht um diejenigen Verweigerungen oder besser Einschränkungen der Souveränität, welche die Bundesrepublik mit bzw. seit ihrer Gründung 1949 infolge der deutschlandpolitischen Interessen und Ziele *äußerer* Mächte, vor allem also der drei Westalliierten, auch offiziell hinnehmen musste. Erwähnt sei nur, dass diese Einschränkungen in zum Teil nicht unwichtigen Resten auch das Vertragswerk der Zwei + Vier – Konferenzen von 1990 überdauert haben, in dem das wiedervereinigte Deutschland offiziell die *volle* Souveränität zurückerhielt. Eine andere und für die Erkenntnisabsichten auch des vorliegenden Buchs bedeutsame Frage ist jedoch, wie stark der Einfluss dieser Alliierten insbesondere auf die Vorgänge um die Gründung der Bundesrepublik sowie bestimmte, im Grundgesetz vorgenommene Weichenstellungen eigentlich gewesen ist.

der jeweiligen Landes*regierungen* sind? Und wie sollte es legitim sein, unter Berufung auf die Wahrung von Länderinteressen die politische Mitsprache des Bundesrats in der bereits erwähnten Weise auszudehnen – und dies eben nicht nur absolut, sondern auch *relativ* und damit wiederum auf Kosten *gesamt*staatlicher Selbstbestimmung? Schärfe gewinnt gerade dieser Sachverhalt bei der durch entsprechende Wahlausgänge eintretenden politischen Polarisierung von Bundestag und Bundesrat. Um es zu wiederholen: In dieser Konstellation häufen sich nicht nur die Fälle, dass die Regierungsseite immer wieder auf langwierige Aushandlungen von Kompromissen mit der den Bundesrat dominierenden Opposition angewiesen ist; Kompromisse, die aufgrund oft nicht wirklich beseitigter innerer Widersprüche usw. immer wieder weder Fisch noch Fleisch sind und damit die beabsichtigte praktische Wirkung verfehlen oder nicht wünschbare Nebenwirkungen mit sich bringen. Sondern auch diejenigen Fälle, dass die Opposition die Verabschiedung von Gesetzen und das Wirksamwerden von Entscheidungen in wichtigen Politikfeldern schlicht lahmlegen kann und das auch tut.

Ferner sind (4) die in der Verfassung vorgesehenen *Volksabstimmungen*[109] schon sehr früh auf die *Neugliederung* der Bundesländer beschränkt worden, und zwar nur auf die davon unmittelbar Betroffenen (vgl. Art. 29, Abs. 2 und 3). Demgegenüber kann und muss eine *alle* Staatsbürger umfassende Volksabstimmung erst bei Komplikationen, die durch die Einzelabstimmungen in den betreffenden Gebieten geschaffen worden sind, und hier wiederum erst nach einer »erneuten Verabschiedung« des fraglichen Gesetzes durch den Bundestag stattfinden (Abs. 4; vgl. auch Art. 118). Dass aber *andere* Abstimmungen, die nach dem sprachlichen *Normalsinn* von Art. 20, Abs. 2 ebenfalls stattfinden müssten, mit dem Grundgesetz unvereinbar, also mit diesem Artikel nicht gemeint seien, wurde vom Bundesverfassungsgericht schon Anfang der Fünfzigerjahre »klargestellt«! Da aber die Entscheidungen dieses Gerichts eben ihrerseits *Verfas-*

109 »Alle Staatsgewalt geht vom Volke aus. Sie wird vom Volke in Wahlen und Abstimmungen und durch besondere Organe der Gesetzgebung, der vollziehenden Gewalt und der Rechtsprechung ausgeübt« (Art. 20, Abs. 2).

sungsrang erlangen, dürfte diese Klarstellung schon deshalb mit legalen Mitteln nicht umzukehren sein, weil sie sich auf Art. 20 bezieht, dessen »Grundsätze« auch nur zu »berühren« ja nach Art. 79, Abs. 3 »unzulässig« ist. – Übrigens dürfte es kein Zufall sein, dass dieser Artikel – d. h. sein un-, ja antidemokratischer Inhalt des Abs. 3! – nicht schon im ersten Abschnitt des Grundgesetzes (»I. Die Grundrechte«), sondern erst weit dahinter auftaucht. Denn sonst wäre mit der hier ohnehin gehäuften Fülle von (Freiheits-)Einschränkungen, Drohungen (vgl. Art. 18), direkten Verboten und selbst mit Demokratie vortäuschenden Phrasen (Art. 20, Abs. 1: »Alle Staatsgewalt geht vom Volke aus«) der *obrigkeitliche* Charakter des vom Grundgesetz errichteten politischen Systems nun wirklich nicht mehr zu übersehen gewesen. Man mag es fast bewundern, wie es mit diesem Artikel – und den in ihn einbezogenen Art. 1 und 20 – gelungen ist, die undemokratischen *Kern*elemente des Grundgesetzes noch einmal zu bündeln und als nicht abschaffbar festzuschreiben.

Dem Staatsvolk sind jedoch nicht nur Abstimmungen verwehrt, es hat auch kaum institutionellen Einfluss auf die personelle Besetzung staatlich-politischer Ämter. Nach dem Grundgesetz wird kein hohes Staatsamt – wie Kanzler, Bundespräsident oder gar Verfassungsrichter – durch *Volks*wahl besetzt, um von einer wie immer bescheidenen Kontrolle der Inhaber dieser Ämter durch das Volk zu schweigen. Bezeichnend ist hier schon (5) dessen weitgehende faktische Ausschaltung bei der »*Wahl*« der Bundestagsabgeordneten. Anders als in Frankreich, in dem eben niemand Abgeordneter des Parlaments wird, der nicht von der absoluten Mehrheit der in einem Wahlkreis abgegebenen Stimmen dazu gewählt wurde, werden für den Bundestag nur die Hälfte der Abgeordneten oder, dank der Überhangmandate, einige wenige mehr vom Volk gewählt[110]. Für

110 Nachdem die Karlsruher Richter 2012 wieder einmal die Verfassungswidrigkeit einer Bestimmung des Grundgesetzes, hier der Überhangsmandate, entdeckt hatten, ist inzwischen die Rechtslage dahingehend geändert worden, dass diese Mandate in ihrer gewöhnlich nur leicht verzerrenden Wirkung auf die jeweiligen Mandatsanteile der im Parlament vertretenen Parteien durch sogenannte Ausgleichsmandate neutralisiert werden. Hat z. B. die stärkste Partei die Zahl ihrer Abgeordneten durch Überhangmandate um 3 Prozent vermehrt, so erhalten »zum Ausgleich« eben auch die übrigen Parteien einen – vereinfacht gesagt – Aufschlag von bis zu 3 Prozent auf die

die andere Hälfte aber gilt das nur in einem höchst formalen Sinne, nämlich über die Wahl der jeweiligen *Partei*stimmzettel, auf denen bei den großen Parteien mehrheitlich noch nicht einmal ihr Name auftaucht! Hinzu kommt, dass diese, von der Partei*elite* bestimmten Kandidaten bzw. die aus ihnen hervorgehenden Abgeordneten sich vergleichsweise wenig, wenn überhaupt an den Wahlkämpfen beteiligen und damit bei der Bevölkerung oft kaum bekannt sind. Doch auch die andere, »direkt« gewählte Hälfte sind insofern Parteigeschöpfe, als kaum jemand die Chance auf ein Abgeordnetenmandat hat, den nicht eine halbwegs etablierte Partei – und zwar selten aus *nur* sachlichen Gründen – dafür aufstellt. Auf diese, vom Grundgesetz noch begünstigte Weise (vgl. Art. 21, Abs. 1) wird unter der Schar der Abgeordneten ein Menschentypus gefördert, dessen Stärken nicht gerade in der Selbstständigkeit des Denkens, Urteilens und Handelns liegen. Zugleich wirkt die tendenziell gestiegene Abhängigkeit von und die damit vermehrte personale Orientierung an der Partei auch in Richtung einer Vergrößerung der kommunikativen Kluft zwischen Abgeordneten und Wahlvolk, die in diesem die Haltung einer abwehrenden Verdrossenheit immer wieder begünstigt bzw. verstärkt.

Aufgrund seines symptomatischen Charakters für eine Verfassung, in der eben an die Stelle der demokratischen Selbstbestimmung eine illegitime und auf legale Weise kaum zu beseitigende Herrschaft des »Guten« getreten ist, darf ferner (6) das Amt des *Bundespräsidenten* in dieser Aufzählung nicht fehlen. Zwei Merkmale unterscheiden diesen Präsidenten augenfällig von seinen Kollegen in anderen westlichen Ländern. Erstens gelangt er nicht durch Volkswahl in sein Amt, sondern wird wiederum von der politischen Elite in Bund *und* Ländern, genauer: ihren dominierenden Fraktionen als Präsident *bestimmt,* ist also deren Geschöpf[111]! Zweitens verfügt er

von ihnen errungenen Mandate. Bei *gegebenen* Überhangmandaten fällt *inzwischen* also die Anzahl der indirekten Mandate normalerweise größer aus als die der direkt erworbenen. Auch das dürfte einer verstärkten parteiinternen Disziplinierung der Abgeordneten zugute kommen.

111 »Der Bundespräsident wird ohne Aussprache von der Bundesversammlung gewählt. … Die Bundesversammlung besteht aus den Mitgliedern des Bundestages und einer

über fast keine reale Macht im üblichen Sinne[112], sondern ist im Wesentlichen auf Aufgaben der Repräsentation als formelles Staatsoberhaupt (einschließlich der völkerrechtlichen Vertretung des »Bundes« nach Art. 59 GG) und damit verbundene Einflussmöglichkeiten beschränkt. Er ist so weder ein »normaler«, d. h. mit beträchtlicher Machtfülle ausgestatteter Präsident – wie etwa diejenigen Frankreichs und der USA – noch ein »Vertrauensmann der Massen«, als den Max Weber den Reichspräsidenten der Weimarer Zeit gern gesehen hätte und politisch durchzusetzen suchte. Beides würde auch schlecht zu seiner eigentlichen, im Grundgesetz jedoch gar nicht erst auftauchenden Aufgabe passen. Nämlich in der Öffentlichkeit, wenn nicht die oberste Instanz der politischen Korrektheit als Staatsideologie, dann doch deren offizielles Sprachrohr zu verkörpern und so der Bevölkerung gegenüber als eine Art *gestrenger Oberlehrer* aufzutreten, der notorisch mahnt, ermahnt, anmahnt, fordert und einfordert sowie (bei aller Wahrung seiner eigenen Würde) *deutsches* Verhalten und deutsche Verhältnisse immer wieder ohne falsche Schonung verurteilt und dadurch die Einheimischen zum Guten, faktisch also zur Fügsamkeit anzuhalten sucht. Diese Aufgabe wurde anläßlich der Präsidentschaftskandidatur des Pfarrers Joachim Gauck denn auch von der derzeitigen Generalsekretärin der – nach eigenem Verständnis – »Volkspartei« SPD in der wünschenswerten Klarheit bekräftigt:

»Generalsekretärin Andrea Nahles hat dem Bundespräsidentenkandidaten Gauck hohe moralische Autorität bescheinigt. *Gauck könne den Menschen die Leviten lesen, wie sie es von einem Bundespräsidenten erwarte*, sagte sie im ARD/

---

gleichen Anzahl von Mitgliedern, die von den Volksvertretungen der Länder nach den Grundsätzen der Verhältniswahl gewählt werden« (Art. 54 GG, Abs. 1 und 3).

112 Dieser Umstand ist übrigens für die deutsche Kanzlerin der Grund, »der Idee einer Direktwahl des Bundespräsidenten eine Absage« zu erteilen: »›In den USA oder Frankreich, wo der Präsident direkt gewählt wird, ist das Amt mit viel mehr Macht ausgestattet‹, sagte sie der ›Bild am Sonntag‹. In Deutschland habe der Präsident eine ganz andere Rolle« (Teletext n-tv, T. 118 vom 28. 1. 12). Darauf muss man erst einmal kommen, dass eine demokratische oder undemokratische Besetzung des formell höchsten, die Bürger der Bundesrepublik insgesamt repräsentierenden Staatsamts sich nach dessen näheren Aufgaben zu richten habe! Doch die Wege des Herrn – darunter auch die Denkhilfen für die Seinen – sind bekanntlich unerforschlich.

ZDF-Morgenmagazin« (Teletext ARD, T. 106 vom 20. 2. 12; Hervorhebung von B. E.)[113].

Sofern diese Reden tatsächliche Wirkung haben, besteht sie sicher nicht in der »Besserung« der deutschen Bevölkerung (denn *sie*, und nicht etwa die im Land lebenden Ausländer und ihre Nachkommen, ist ja das Objekt immer neuer Ermahnung), doch auch nicht oder kaum in der gelungenen Erzeugung eines schlechten Gewissens. Die Hauptwirkung dürfte vielmehr eher in einer (zusätzlichen) Verdrängung der eigenen *nationalen* Zugehörigkeit entweder *überhaupt* oder nach ihren *positiven* Aspekten zu suchen sein. Dabei kann man vermuten, dass die erste Spielart einer solchen Verdrängung eine *Distanzierung* der Person von der offensichtlich als negativ anzusehenden nationalen Zugehörigkeit zugunsten anderer kollektiver Zugehörigkeiten begünstigt, während die zweite infolge der – nicht notwendig ausgesprochenen, doch in den Reden immer wieder spürbaren – Verneinung positiver deutscher Eigenschaften Gefühle der eigenen Minderwertigkeit in nationaler Hinsicht fördert. Beide psycho-sozialen Folgen können allerdings der korrekten Mehrheit der politischen Klasse nur recht sein.

Schließlich zum größten machtpolitischen Profiteur des Grundgesetzes, dem (7) *Bundesverfassungsgericht*, dessen Machtkern, eben die gesamtstaatliche *Verbindlichkeit seiner Interpretation* des Grundgesetzes und insbesondere der Menschenwürde als dessen Quasi-Souverän schon zur Sprache gekommen ist. Um davon Folgendes zu wiederholen und es zu ergänzen: Entgegen seinen gelegentlichen

113 Angesichts der folgenden Kurzmitteilung zu Gauck könnten die Erwartungen von Nahles jedoch enttäuscht werden: »Bundespräsident Joachim Gauck hat das Engagement der Bürger gelobt. Sein Bild von Deutschland und den Deutschen habe sich im ersten Jahr seiner Amtszeit ›weiter verbessert‹: ›Das liegt an den vielen Menschen, die ich treffen durfte und die in Vereinen und Initiativen dieses Land am Laufen halten‹« (Teletext ZDF, T. 129 vom 16. 3. 13; vgl. die Bild-Zeitung vom selben Tag). Liest man aber genauer, drängt sich der Eindruck auf, dass Gauck doch ganz nah bei Nahles sein dürfte. Denn diese Engagierten bilden ja nicht die Mehrheit der Deutschen, was eine allgemeine Höherstufung eigentlich nicht zulässt. Und, wichtiger wohl: Wie schlecht muss Gaucks Urteil noch vor wenigen Jahren ausgesehen haben, dass es sich in diesem letzten Jahr nicht einfach nur verbessert, sondern eben »weiter« verbessert hat? Dürfte er aber nicht nach Treffen mit z. B. Langzeitarbeitslosen oder höheren Bankangestellten sowie im Einklang mit der Mehrzahl der Politiker und der staatstragenden Medien zu seiner früheren, so korrekten Meinung zurückkehren?

Versicherungen, nur juristisch, und nur soweit nötig tätig zu werden, die Politik selbst aber den dafür vorgesehenen Instanzen zu überlassen, ist es dieses Gericht, das unter Berufung auf die Verfassung (und hier besonders diese Würde) eigentlich schon lange, seit den Neunzigerjahren aber deutlich zunehmend, und zunehmend aufdringlich vor allem die deutsche Innenpolitik zu *bestimmen* sucht. Das zeigt sich nicht zuletzt daran, dass es – freilich mit regelmäßiger Mithilfe von anderen Verfassungsorganen wie einem Bundesland oder einem unterlegenen Drittel des Bundestags – selbst politische Fragen wie z. B. die Pendlerpauschale an sich zieht, deren Entscheidung anderswo ausschließlich Sache der gesetzgebenden Parlamente oder auch nur von Verordnungen der jeweiligen Regierungen ist. Das BVerfG ist so der inzwischen unübersehbar wichtigste politische Faktor Deutschlands geworden, der bereits nach seiner Zusammensetzung, erst recht aber nach seinen Entscheidungen vom Makel ihn erreichender *demokratischer* Einflussnahme so gut wie frei ist. Und da eben allein ihm die (rechts)verbindliche Deutung der bestehenden Verfassung und damit auch die Aufrechterhaltung der Herrschaft des Guten in *erster* Linie zukommt, bildet es einen Monarchieersatz, dessen Urteile von der großen Mehrheit der Bevölkerung zwar gewöhnlich teilnahmslos hingenommen werden, von deren offiziellen politischen Vertretern aber – jedenfalls noch! – ganz ähnlich kritiklos, wenn nicht noch ehrfürchtiger aufgenommen werden als seinerzeit die Machtworte des richtigen Kaisers von den bessergestellten Anhängern der Monarchie.

Hinsichtlich der näheren Rolle des BVerfG unter den anderen (quasi)staatlichen Institutionen und den damit verbundenen Auswirkungen auf den deutschen Politikbetrieb gibt es eine ausgezeichnete Kurzdarstellung von Heidrun Abromeit (1995). Es kann daher abschließend genügen, diese Darstellung in fünf Punkten und fast vollständig nach ihrem Wortlaut wiederzugeben:

(a) »Erklärtermaßen kennt das deutsche Staatsrecht keinen Souverän, ist die Bundesrepublik doch ein ›*Verfassungsstaat*‹. Ironischerweise hat sie dabei nicht einmal eine richtige Verfassung, sofern man davon ausgeht, dass im modernen Verfassungsstaat die Sanktionierung durch das Volk als einzig denkbarer ›pouvoir constituant‹ (d. h. verfassungsgebende Gewalt – B. E.) begriffsnotwendig zur Verfassung gehört. Zwar konstatiert auch das Grundgesetz in Art. 20 Abs. 2 ›Alle Staatsgewalt geht vom Volke aus‹ und sieht die Ausübung dieser All-Gewalt abstrakt in ›Wahlen und Abstimmungen‹ vor. Explizit kommt die Ausübung ›in *Abstimmungen*‹ indessen nur im Fall der Länder-Neugliederung vor, woraus das herrschende Verfassungsrecht die grundsätzliche Unzulässigkeit jeder anderen Abstimmung folgert«[114].

(b) »Die vom Volk ›in *Wahlen*‹ auszuübende Staatsgewalt trägt nicht viel weiter und konstituiert auf keinen Fall so etwas wie eine ersatzweise Vertreter-Souveränität. Zum einen ist die Bundesrepublik Bundesstaat; d. h. Souveränität müsste, wenn es sie gäbe, zwischen Bund und Ländern nach Kompetenzbereichen geteilt sein. Zum zweiten … muss sich (die Regierungsmehrheit) mit einer … quasi-Zweiten Kammer, dem Bundesrat, ins Benehmen setzen. Ihre Regierungsprogramme kann sie nur dann umsetzen, wenn in hinreichend vielen Ländern, um eine Stimmenmehrheit im Bundesrat zu garantieren, dieselbe Koalition regiert wie im Bund« (59).

(c) »Doch auch im Fall des politischen Gleichklangs mit dem Bundesrat sind der Gestaltungsfreiheit der gewählten Mehrheit Grenzen gezogen, und zwar weniger von der Verfassung selbst als von den Wächtern über die Verfassungsmäßigkeit der Politik. Dem *Bundesverfassungsgericht* obliegt nicht nur die auch in anderen Verfassungsstaaten verbreitete *konkrete* Normenkontrolle sowie eine für Bundesstaaten typische Schiedsrichterfunktion, sondern darüber hinaus die *abstrakte* Normenkontrolle[115], die jedes Verfassungsor-

114 a. a. O., 59. Hervorhebungen hier (einschließlich dieser Fußnote) wie in den übrigen vier Punkten von B. E. – Abromeit fährt übrigens so fort: »Es wird also deutlich zwischen ›ideeller Herkunft‹ und ›praktischer Innehabung und Ausübung der Staatsgewalt‹ unterschieden (Mayer-Tasch 1991: 70): *Auch das Volk ist nichts als eine ›pouvoir constitué‹* (d. h. durch die Verfassung erst hergestellte, nicht ihr *vorgängige* Gewalt – B. E.), *der keine Residualrechte* (d. h. ein Kern an unantastbaren Rechten – B. E.) *zuzugestehen sind, die im Gegenteil sogar stärker ›einzuhegen‹ ist (ebd.: 72f.) als die anderen Verfassungsorgane, die z. B. aus dem Verfahren der Verfassungsänderung vollständig ausgeschlossen bleibt, ja … im Zweifelsfall nicht einmal bei der Verabschiedung einer neuen Verfassung befragt würde«* (a. a. O.). Diese selbst mit dem Wortlaut des Grundgesetzes (Art. 146!) in gewissem Widerspruch stehende, doch vor wie nach der Revolution in der DDR herrschende verfassungsrechtliche Position (vgl. Gornig 1990: 387f.) gibt, das ist unübersehbar, die *Grund*auffassung von der Demokratie als kollektiver Selbstbestimmung vollends auf.

115 *Konkrete* Normenkontrolle meint die Überprüfung einer Gesetzesnorm o. Ä. anhand eines *Einzelfalls*. Die Frage ist hier z. B., ob die Anwendung der Sicherungsverwahrung auch bei einem Sexualstraftäter, der seine langjährige Gefängnisstrafe gerade verbüßt hat, sich mit *übergeordneten* Bestimmungen der Verfassung im Einklang befindet oder ob diese Norm für solche Fälle zu ändern ist. Die *abstrakte* Normenkontrolle – eine Macht verleihende Besonderheit, von der das BVerfG eigentlich nur Gebrauch machen kann, wenn es dazu von einem anderen Verfassungsorgan angerufen

gan (mit Ausnahme des Volks) und vor allem die im Gesetzgebungsprozess jeweils unterlegene Minderheit (sei es ein Bundestagsdrittel, sei es ein Land) in Gang setzen kann.

In allen Fragen der Normenkontrolle wiederum hat das BVerG eine eigenwillige Spruchpraxis entwickelt. *Es unterstellt, (1) dass das Grundgesetz eine dauerhafte und geschlossene Wertordnung konstituiert und (2) dass diese Wertordnung auf prinzipiell alle Detailfragen des politisch-gesellschaftlichen Alltagslebens Antworten bereithält* – bis hin (z. B.) zur Höhe der angemessenen Wahlkampfausgaben der Parteien und zum ›Reiten im Walde‹. Da tatsächlich solche Details weder aus dem Text des Grundgesetzes noch aus den Vorstellungen der Verfassungsgeber ableitbar sind, übernimmt das BVerfG damit … die Funktion der Verfassungsergänzung und –weiterentwicklung, mithin zumindest partiell die Rolle der pouvoir constituant; *d. h. es tritt an die Stelle des – im Verfassungsstaat fehlenden – Souveräns*« (60).

(d) »Die eigentümliche Verfassungssouveränität deutscher Prägung hat, wie die anderen Souveränitätskonzepte, struktur- bzw. politikstilprägende Wirkung. … Man kann sie mit dem Schlagwort ›*Justizialisierung der Politik*‹ kennzeichnen. Deren Effekte haben sich z. T. bis auf die unterste Ebene durchgefiltert: Der typische Westdeutsche würde sich kaum auf Straßen und Plätzen versammeln und ›Wir sind das Volk‹ rufen; er würde eher vor Gericht gehen. Und die Politiker … ›blicken nach Karlsruhe‹ (so z. B.: FR vom 19. 4. 1994), bevor sie zur Tat schreiten. Bei der jeweils regierenden Mehrheit ist längst die ›Antizipation des verfassungsrechtlichen Risikos‹ (Landfried 1984: 59) zur eingebauten Handlungsbremse geworden, was aber nur bedingt ein geschärftes Normbewusstsein produziert …, sondern vielmehr zu *genereller Entscheidungsschwäche und Innovationsscheu* führt. Bei der jeweiligen Opposition zeitigt die Tendenz, sich bei den souveränen Verfassungsinterpreten rückzuversichern, fast noch weitergehende Lähmungserscheinungen …

Als Folge wird der Korridor ›erlaubten‹ staatlichen Handelns immer schmaler. Politik und Verfassungsjustiz schaukeln sich gewissermaßen gegenseitig auf, um politischen Gestaltungsdrang an die Kette zu legen. … (So – B. E.) haben die Klärungsbemühungen beider Seiten den Effekt, künftiger Politik immer engere Schranken zu ziehen« (60f.).

(e) »*Defizite des bundesrepublikanischen Entscheidungssystems*«, die von dieser Tendenz »zumindest mitverursacht sind«: »Sie sind vor allem legimatorischer Art. Die politischen Akteure zeigen nämlich nicht nur Lähmungserscheinungen; ihr politisches Handeln wird *im eigentlichen Sinn verantwor-*

wird – prüft die Vereinbarkeit eines gegebenen Gesetzes mit dem Grundgesetz, ohne dass es dazu des Anstoßes durch einen konkreten Fall bedürfte. Fallen diese Prüfung und das entsprechende Urteil negativ aus, wird das Gesetz insgesamt ungültig oder es muss geändert werden.

tungslos. Wo die Letztentscheidung auf Gerichte abgeschoben ist, müssen Politiker sich nicht mehr vor ihren Wählern verantworten. *Die Politikkontrolle durch die ›unbestechliche‹ Verfassungsgerichtsbarkeit ist darum genau genommen eine der Ursachen der Politik- und Politikerverdrossenheit, als deren Remedur* (d. h. Heilmittel – B. E.) *sie ausgegeben wird*. Zugleich läuft Partizipation leer; mit dem Verweis auf die quasi ewig-gültige Wertordnung der Verfassung kann gerade politisch (sprich: am Wahltag) erfolgreichen Reformbewegungen jederzeit die Spitze abgebrochen werden.

Dieses Defizit ist im übrigen kein unbeabsichtigter Nebeneffekt, sondern im *Konzept der Verfassungssouveränität* so gewollt. *Es intendiert ein politisches System, das weitgehend ohne Partizipation auskommt, in dem das Recht als vom Prozess der Rechtserzeugung abgetrennt und über ihn erhoben erscheint, in dem nicht mehr ›entschieden‹, sondern nur noch ›abgeleitet‹ wird* (vgl. Maus 1992: 35)«. »Die Crux (d. h. ausschlaggebende Schwachstelle – B. E.) beim beschriebenen Realmodell der Verfassungssouveränität … ist indessen, dass das Bestreben, auf jede politische Frage eine verfassungsrechtliche Antwort zu finden, ein *Klima genereller Rechtsunsicherheit* erzeugt hat. Die gültige Verfassungsordnung ist offenkundig nicht identisch mit dem Wortlaut des Grundgesetzes …, und zwar nicht nur, weil diese Urteile selbst zum Bestandteil der Verfassung werden, sondern vor allem, weil nur die Verfassungsrichter die ›innere Einheit‹ der Verfassung kennen und wissen, wie ihre Lücken zum jeweiligen Zeitpunkt auszufüllen sind. *Das zweite gravierende Defizit dieses Realmodells ist also eines an Rechtssicherheit*« (61).

VI. Nationale und andere Auswirkungen der Herrschaft des »Guten«

1. Auffassungen kollektiver deutscher Minderwertigkeit und ihre kausalen Beziehungen zu »großen« Ereignissen der Zeitgeschichte

Als Grundmerkmal der deutschen Ausprägung politischer Korrektheit ergab sich die Annahme und gelegentlich auch aggressive öffentliche Suggestion einer *kollektiven Minderwertigkeit* der Deutschen im Vergleich zu anderen und nicht nur europäischen Völkern. Diese Korrektheit, das sei wiederholt, ist in *erster* Linie die *ideelle*, die geistige bzw. legitimatorische Seite der *Herrschaft* des »Guten«. Angesichts ihres Nutzens für den privilegierten Status ihrer wichtigsten politischen Profiteure sowie ihrer negativen Auswirkungen auf die kollektive Selbstbestimmung gerade der großen Bevölkerungsmehrheit stellt sie eine *Ideologie* dar, die nach ihrem Kern mit den Grundmaßstäben modern-westlicher Demokratie unvereinbar und zugleich mehr als unredlich ist. Die von ihr bestimmten öffentlichen Bemühungen zielen ja darauf ab, die Mehrheit der Bevölkerung in politischer, auf ihre Selbstbestimmung weitgehend verzichtender Unmündigkeit zu halten – und ihr dazu eben eine bleibende kollektive Minderwertigkeit zu suggerieren, die nur durch große öffentliche wie personale Anstrengungen der Versittlichung zu mildern sei.

Zwei Fragen sind es nun, die hinsichtlich der herrschenden Annahme einer solchen *Minderwertigkeit* besonders nahe liegen. Nämlich zunächst die Frage nach den näheren *Ausprägungen* dieser Annahme einschließlich der ihnen jeweils gegebenen Begründungen.

Ungeachtet fließender Übergänge und faktischer Vermischungen lassen sich hier wenigstens fünf Minderwertigkeitsversionen von großer oder geringerer Verbreitung unterscheiden:

Eine *erste* Version, deren große Zeit die Jahre zwischen 1945 und etwa 1967 darstellten, hebt auf die vor allem im Zweiten Weltkrieg offenbar gewordene empirische *Schuldhaftigkeit*, auf die schweren Verbrechen des NS-Regimes ab, von denen die Kriegsverbrechen sowie der Mord an den Juden nur die wichtigsten Teile darstellen. Und außerdem auf die Schuld, die dabei »das deutsche Volk« in seinem »blinden« Gehorsam gegenüber dem Regime auf sich geladen habe (vgl. oben, Kap. IV, 1). Gleichwohl verbleibt diese Auffassung im westlichen Normalverständnis von Schuld und Sühne: Die schuldig Gewordenen müssen hinterher anfangen zu »büßen« – und es versteht sich trotz allem von selbst, dass sie damit irgendwann aufhören (können), wenn sie genug gebüßt haben. Doch auch, wenn die lebendige Erinnerung an den genaueren Charakter und die näheren Umstände der Schuld durch das Hinscheiden der fraglichen Generationen wie auch des größten Teils der Täter verblasst ist.- Im Übrigen lädt hinsichtlich der *Kriegsverbrechen*, einschließlich der Verbrechen gegenüber der Zivilbevölkerung, gerade diese Version zu einem Vergleich der Deutschen mit den Alliierten ein. Was aber konnten diese Vergleiche für den Krieg selbst – sowie, bei den Besiegten, für die erste Zeit nach seinem Ende – insgesamt anderes ergeben als Unterschiede in der *Menge* dieser Verbrechen (schon nach der Dauer und Intensität der Verwicklung der beteiligten Länder in die *Kampf*handlungen!) und der einzelnen Verbrechens*arten* (wie nicht zu vertretende Gemetzel an Partisanen und Zivilbevölkerung sowie die Bombardierungen kriegsunwichtiger Innenstädte)? Zugleich aber Gemeinsamkeit darin, dass auf *allen* hier zu nennenden Seiten solche Verbrechen verübt worden waren? Das ist wohl der entscheidende Punkt dafür, dass spätestens seit den Siebzigerjahren die nur *einseitigen* Anklagen mehr und mehr abnahmen, ja verschwanden.

Gerade dieses Verständnis ist in derjenigen Minderwertigkeitsvariante, die sich in den Achtzigerjahren in (West-)Deutschland als Kernbestand der PK sozio-politisch durchsetzte, zugunsten einer spezifischen ethischen Radikalisierung abgelöst worden. Nämlich, *zweitens*, der knapp zwanzig Jahre vorher von zionistischer jüdischer Seite entwickelten Holocaustauffassung, deren Kern man kurz so wiedergeben kann: Es gibt in der Menschheitsgeschichte kein größeres Verbrechen als den nationalsozialistischen Mord an den Juden, dessen sich nicht nur diese oder jene, sondern die Deutschen als *ganzes Volk* schuldig gemacht haben. Doch ist dieses Verbrechen nicht nur durch sein Ausmaß einzigartig groß, sondern auch durch die damit entstandene Schuld, die selbst durch intensive Bemühungen der Täter *wie* deren Nachkommen nie ganz gesühnt werden kann. Auch künftigen Deutschen haftet damit ein entscheidender Makel, ein (religiös gesprochen) Kainsmerkmal an, dem so in ethischer und »eigentlich« auch politischer Hinsicht bleibend der Rang eines *Paria*volks entspricht. – Zu dieser Version gehört dann ebenfalls – wenngleich nicht in voller Konsequenz – die 1985 von v. Weizsäcker gegebene Interpretation dieses Mords, die zwar eine Schuld der nachgeborenen Deutschen zunächst verneint, sie dann jedoch in der forcierten Annahme einer nicht endenden kollektiven Haftung gleichwohl voraussetzt.

Was gegenwärtig in Deutschland offiziell bzw. öffentlich dominiert, ist jedoch nicht mehr die unverhüllte, harte Holocaustauffassung, sondern eine – zumindest dem Anschein nach – mildere Version davon. Zwar hält sie an einer kollektiven *moralischen* Minderwertigkeit fest, die auch hier aus der bleibenden deutschen Kollektivschuld folgt. Verbal ist allerdings an die Stelle ausdrücklicher Schuld seit wenigstens zehn Jahren eine dauerhafte deutsche »Verantwortung« getreten, die jedoch nicht auf den Staat Israel und diejenigen Juden beschränkt ist, die in Europa die Vernichtung überlebt haben. Vielmehr gilt sie in wie immer abgeschwächter Form auch für die meisten Völker, die im Zweiten Weltkrieg zu Kriegsgegnern oder Opfern Deutschlands wurden – wozu jedoch die vier Hauptsiegermächte dieses Kriegs mit halber Ausnahme der Sowjetunion hier nicht gehören. Die entsprechenden, gelegentlich erfolgten Beteuerungen der deutschen Politik sind bisher jedoch nur wenig auf die Probe gestellt worden, sodass sich über ihren Ernst bzw. ihr reales

Gewicht nichts Sicheres sagen lässt. Zu erwähnen bleibt noch, dass angesichts des nahenden Endes auch der letzten Zeitzeugen (mit ihren oft eindrucksvollen und nicht selten wenig korrekten Schilderungen des Vergangenen) diese Version moralischer Minderwertigkeit im Bewusstsein der nachgeborenen Deutschen offensichtlich durch einen auch verstärkten Einsatz medialer und schulischer Mittel »präsent« bleiben soll, ihr harter Kern aber öffentlich eher nur angedeutet bzw. nur indirekt (»unsere Geschichte«) zur Sprache kommt.

Nun zu einigen Minderwertigkeitsbegründungen, die nicht oder nicht primär ethisch orientiert sind und in denen deshalb auch der nationalsozialistische Mord an den Juden eine geringe oder doch nur mäßige Rolle spielt. So gab und gibt es *drittens*, wenn auch stark verblasst, immer noch die durch den Zweiten Weltkrieg und seinen Ausgang vermittelte deutsche *Grunderfahrung* einer quasiphysischen, jedenfalls aber *elementaren* Unterlegenheit, die durch das Bewusstsein, dass es schließlich – wie ja schon im Ersten Weltkrieg – der Feinde und ihrer Ressourcen zu viele waren, zwar gemildert, aber nicht beseitigt wurde. Diese Erfahrung hat sich durchschnittlich nur wenig in ein Schuldbewusstsein der Deutschen, sondern vor allem in den ausgeprägten Wunsch nach Frieden (im seinerseits elementaren Sinn eines *Nicht*kriegs!) übersetzt. Doch auch in die Anerkennung und Billigung einer vor allem US-amerikanischen Überlegenheit, die bei der Bevölkerungsmehrheit selbst durch recht eindeutig abgelehnte Kriege wie diejenigen in Vietnam oder Afghanistan oder die *massenhafte* Bespitzelung auch der deutschen Bevölkerung, anderer Europäer und vermutlich vieler weiterer Länder der Erde durch die NSA relativ wenig berührt wird.

Eine *vierte*, besonders von Angehörigen der oberen Mittelschicht sowie des (früheren) Kleinbürgertums vertretene Begründung kollektiver Minderwertigkeit hebt demgegenüber auf *kulturelle* Aspekte ab, denen nicht ganz selten quasi-rassische Überzeugungen beigemischt sind. Bestehen die dabei herangezogenen Vergleichsobjekte aus westlichen Ausländern, so zeigt sich deren Überlegenheit vor allem an ihrer »höheren« Kultur, womit jedoch meistens nur bestimmte Züge ihrer Alltagskultur gemeint sind (vgl. auch Kap. VI, 3. a)). Finden aber, was besonders für nichtwestliche Ausländer gilt, solche Kulturaspekte durch den Augenschein oder das übliche (Nicht-)Wissen über die fraglichen Völker keine Bestätigung, so wird die Annahme ihrer Überlegenheit argumentativ gern damit gestützt, dass sie durchschnittlich eben »menschlich«, also etwa durch ihre Herzlichkeit überlegen seien. Sicher, auch hier können einschlägige Ereignisse der jüngeren deutschen Vergangenheit einen Teil des gelegentlich thematisierten Hintergrunds der angenommenen Ungleichheit bilden. Doch vor allem ist diese Version Ausdruck eines gegenüber der Vergangenheit *verselbstständigten* Glaubens an eine sich gleichsam von selbst verstehende eigene Minderwertigkeit.

Schließlich ist noch eine *fünfte* Version vorzustellen, die seit Ende der Sechzigerjahre in der politischen Klasse Westdeutschlands, bei den Verantwortlichen der staatstragenden Medien sowie den Angehörigen der vor allem akademischen Mittelschicht rasch eine verbreitete Bejahung fand. Auch nach ihr sind Deutsche ethisch minderwertig. Doch tritt in dieser Version, die erst infolge der Wiedervereinigung stark, wenn nicht entscheidend an (halb-)öffentlichem Gewicht verloren hat, die vermeintliche Kollektivschuld nach ihrer Bedeutung zugunsten der Annahme eines spezifisch deutschen »*autoritären Charakters*« (vgl. Adorno u. a. 1950) zurück. Dieser Charakter gilt zwar ganz überwiegend als historisch, doch gern auch als schon längst zur zweiten Natur der Deutschen geworden; ein Charakter, der seine Fortexistenz vor allem einer entsprechenden, von der traditionellen deutschen Kultur begünstigten familiären Erziehung verdanke. Seinen Kern bilde eine personale Struktur, die sich durch eine Reihe psychischer Anomalien wie insbesondere starke Neigungen zu feindseliger Aggression gegenüber Schwächeren und, umgekehrt, zu Unterwürfigkeit gegenüber Stärkeren auszeichne, welch letztere sich gerade politisch in die Bereitschaft übersetze, stark erscheinenden Führern zu folgen.

Auch aus dieser Minderwertigkeitsannahme leiteten und leiten noch immer nicht ganz wenige PK-Verfechter ab, dass Deutsche einer stärkeren politisch-staatlichen sowie moralischen Lenkung bedürften als sie in anderen westlichen Gesellschaften üblich sei. Doch nicht nur für sie, sondern diese Verfechter insgesamt oder wenigstens ihren größten Teil gilt eben: Die notfalls zwangsweise und gerade gegen die Mehrheitsmeinungen der Bevölkerung durchzusetzenden Aspekte des Richtigen und Guten besitzen Vorrang gegenüber den nicht umsonst eingeschränkten Freiheitsrechten der Deutschen, die ja ihrerseits auch in spezifisch *politischer* Hinsicht nur eingeschränkt Staatsbürger im modern-westlichen Sinne sind (vgl. oben Anm. 114!). Muss aber nicht der Vorrang des *ethisch* Guten, wie es musterhaft in den Kernbeständen der PK enthalten ist, gegenüber der kollektiven Selbstbestimmung noch viel eindeutiger ausfallen? Denn haben »wir« diese nicht schon aufgrund »unserer Geschichte« verwirkt[116]? Und wäre sie angesichts der »dumpfen« und häufig »gefährlichen« Empfindungen, die bekanntlich die politischen Entscheidungen der Mehrheit der deutschen Bevölkerung begleiten, wenn nicht direkt bestimmen, nicht regelmäßig der Verwirklichung des Guten abträglich? Ist daher dieser Vorrang nicht durch eine – mit legalen Mitteln erst gar nicht anzufechtende – Herrschaft einer *Elite* sicherzustellen, die nach sittlicher Reife wie politischer Einsicht dem gemeinen Volk weit überlegen ist? Wie sich im Lauf der Zeit immer deutlicher herausgestellt hat, ist dieser nun wirklich korrekten Auffassung die *demokratischer* Kontrolle völlig entzogene Herrschaft von *Juristen*, nämlich den Karlsruher Verfassungsrichtern, ganz hervorragend gerecht geworden[117]. Öffentlich darf dieses Gericht *bisher*

116 In bezeichnender Weise wird diese Auffassung durch Wickert zum Ausdruck gebracht, der angesichts der möglichen Einführung des Euro bemerkte: »Umfragen besagen, dass etwa sechzig Prozent der Bürger dem Euro kritisch gegenüberstehen. Doch in der Bundesrepublik wird keine Volksbefragung zur Einführung des Euro stattfinden. *Weil der Demagoge Hitler bei den Massen so erfolgreich war, sind im Grundgesetz keine Referenden vorgesehen* – wie etwa in Dänemark oder Frankreich« (1997: 285 (Hervorhebung von B. E.); der Anteil der den Euro *ablehnenden* Deutschen betrug übrigens vor der einschlägigen Bundestagsabstimmung *mindestens* zwei Drittel). – Diese schon damals fast fünfzig Jahre alte politische Entmündigung der Bürger findet Wickert als eine Säule der PK offensichtlich richtig gut: Deutsche Versuche, diese Einführung zu verhindern, sind nämlich nur »populistische Störmanöver« von »rechts wie links« (a. a. O.).

117 Ein neues und typisches Beispiel dieser Herrschaft bilden die Entscheidungen zur Gleichstellung homosexueller Paare mit Eheleuten und insbesondere zur rechtlichen Möglichkeit dieser Paare, Kinder zu adoptieren. Während es in anderen Ländern wie

allerdings noch nicht einmal seinen immer schon (auch) vorhandenen, inzwischen aber klar überwiegenden *politischen* Charakter feststellen, geschweige denn von eigener Herrschaft reden. Denn damit ginge ja der schon jetzt nur noch mühsam gewahrte Anschein, es handle sich bei diesem Gericht um lediglich *eine* von drei demokratischen Gewalten, vollends verloren.

Im Folgenden seien nun diese fünf Verständnisse kollektiver deutscher Minderwertigkeit, die eben einzeln (wie seit bald dreißig Jahren) oder in teilweiser Kombination (wie vor allem in der Zeit davor) den Kern der PK ausgemacht haben, in Beziehung zu wichtigen, hier als »*groß*« bezeichneten Ereignissen der Zeitgeschichte[118] gesetzt. Die Grundthese dazu sieht so aus: Der *spezifische*, d. h. mit anderen nationalen Varianten politischer Korrektheit genau nicht geteilte Kern der PK ist nach seinem Inhalt wesentlich die Folge von vier solchen *Ereignissen*. Nämlich (a) dem Zweiten Weltkrieg, ins-

---

den USA oder Frankreich erregte außer- und innerparlamentarische Diskussionen und schließlich *Parlamentsentscheidungen* gab, hat das deutsche Verfassungsgericht, wieder einmal, diese Frage schon längst in seine bewährten Hände genommen: »Das zentrale Gesetz ist aus dem Jahr 2001. Es gibt mittlerweile sechs Entscheidungen des Bundesverfassungsgerichts, die in einer Linie stehen und die es zulassen, eine gewisse Prognose auch für weitere Entscheidungen zu geben« (so der Präsident dieses Gerichts, Andreas Voßkuhle, zur Verteidigung des Gerichtsurteils vom 19. 2. 13 in Sachen »Sukzessivadoption«). Dass die Mehrheitsmeinungen der Bevölkerung auch bei dieser, sich sachlich ja in mehrere Teilfragen aufspaltende Materie nicht interessieren, versteht sich von selbst. Neu war jedoch die kaum verhohlene Demonstration Voßkuhles – der übrigens nach seinem Aussehen und dem so huldvollen wie bestimmten, öffentlichen Auftreten durchaus zum deutschen Ersatzkaiser taugt -, dass auch die Meinungen der Volks*vertreter*, d. h. des Bundestags nicht interessieren (vgl. u. a. »Spiegel online.Politik« vom 3. 3. 13).

118 Als »groß« gelten hier gesamtkollektiv relevante Ereignisse, die nach verbreiteter Auffassung der betreffenden Bevölkerung und/*oder* ihrer politischen Klasse für groß, und zwar im Guten *wie* im Schlimmen gehalten werden. In *materialer* Hinsicht steht »groß« vor allem für zwei Aspekte. Nämlich a) für einen erheblichen, ja gewaltigen Umfang der mit solchen Ereignissen vorhandenen Auswirkungen vor allem politischen und kulturellen Charakters, doch auch der jeweiligen Opfer an Menschen sowie der materiellen Zerstörungen. Sowie b) für die erhebliche Prägekraft, die – erst nachträglich genauer abschätzbar – die fraglichen Ereignisse für die kollektive bzw. nationale Identität *faktisch*, also auch wider Willen der Beteiligten besessen haben und womöglich noch besitzen. Identität aber meint wiederum nichts anderes als eben das *Wissen*, wer »*wir*«, auch im Vergleich zu »anderen« sind. – »Groß« ist hier also gleichbedeutend mit *wirkmächtig* – was das Ereignis entweder als solches, d. h. durch sich selbst, oder infolge des außeralltäglichen Ausmaßes seiner direkten oder indirekten Wirkungen ist.

besondere seinem Ausgang und der in den Folgejahren der deutschen Bevölkerung zuteil gewordenen Besatzungspolitik vor allem der westlichen Siegermächte, (b) der weitgehenden Vernichtung der europäischen Juden durch den NS-Staat während dieses Kriegs, c) der Verfassung von 1949 und dem durch sie geschaffenen politischen System der Bundesrepublik sowie (d) der 1985 gehaltenen Rede des damaligen Bundespräsidenten v. Weizsäcker zum 40. Jahrestag des Endes des 2. Weltkriegs (und ihrer rasch einsetzenden bildungspolitischen Folgen). Obwohl nicht zu bestreiten ist, dass vor allem in die *sonstige* Ausprägung der PK von Anfang an auch andere Einflüsse – wie insbesondere Teile der US-amerikanischen Korrektheit – eingegangen sind und nach wie vor eingehen, sollen in der weiteren Argumentation daher nur diese Ereignisse, welche die wichtigsten Faktoren noch der gegenwärtigen PK bilden, systematisch berücksichtigt werden. – Anders stellt sich dagegen die kausale Situation für diejenigen gesellschaftlichen Phänomene dar, die mit mehr oder minder Recht als *Wirkungen* der PK gelten. Denn die Existenz und nähere Ausprägung dieser Phänomene verdanken sich weit überwiegend *auch* Ursachen, die teils schwächeres, teils jedoch stärkeres empirisches Gewicht als die PK besitzen. Eindeutig kausal *dominant* dürfte die PK nur bei denjenigen Phänomenen sein, die als unmittelbare empirische Übersetzungen von bestimmten Aspekten der – (halb)*offiziell* propagierten – kollektiven *deutschen Identität* gelten können.

Doch jetzt zur jeweiligen kausalen Bedeutung dieser Hauptursachen für die spezifischen Bestände der *deutschen* politischen Korrektheit. Keinen Zweifel kann es eben daran geben, dass die beiden zuerst genannten Ereignisse für die inhaltliche Ausprägung *wie* die sozio-politische Durchsetzung der PK bei weitem am wichtigsten waren. Doch gerade bei ihnen hat sich eine beträchtliche Verschiebung hinsichtlich ihrer Prägekraft ergeben: War bis in die Siebzigerjahre der 2. Weltkrieg der ausschlaggebende Einflussfaktor, so eben (spätestens) seit den Achtzigerjahren der Massenmord an den Juden. Seither hat sich dieses Übergewicht noch gesteigert, sodass auch gegenwärtig das richtige Verständnis des Holocaust, die aus ihm zu ziehenden Lehren sowie die Bekämpfung von altem und neuem Antisemitismus den im Zweifelsfall wichtigsten Punkt im Selbstverständnis der PK bilden. – Beide Faktoren trennt von den restlichen beiden jedoch auch, dass sie Ursachen im strikteren Sinne, d. h. *Erst*ursachen der PK sind, während die Entstehung des Grundgesetzes (und mithin der neuen staatlichen Ordnung Westdeutschlands) sowie die Rede von v. Weizsäcker als – hauptsächlich – Wirkungen von ihnen nur *sekundäre* Ursachen darstellen. Gerade für diese Rede stellt sich folglich die Frage, ob es sachlich angemessen ist, sie gleichsam in eine Reihe mit den Erstursachen zu stellen.

Nach dem hier vertretenen Verständnis »großer« kollektiver Ereignisse ist das jedoch zu bejahen. Denn erstens spricht dafür, dass diese Rede das vorherrschende, an gemeinsamer *Schuld* und auf Dauer verpflichtender *Haftung* orientierte kollektive Selbstverständnis der (auch späteren) politischen Klasse Westdeutschlands sowie ihrer medialen Verbündeten besonders gut zum Ausdruck gebracht hat. Denn wie wäre es sonst zu erklären, dass sie trotz zahlreicher empirischer Einseitigkeiten und kaum zu übersehenden argumentativen Verfälschungen öffentlich eigentlich nur Lob, also – sieht man von einigen Reaktionen aus Bayern ab – keinerlei Widerspruch erfahren hat? Wichtiger sind hier jedoch zwei Sachverhalte von bleibender Dauer. Dass nämlich a) v. Weizsäcker mit dieser Rede einen erheblichen, wenn nicht entscheidenden Beitrag dafür geleistet hat, die im Wesentlichen schon vorher vorhandenen, aber oft unverbundenen und mithin teilweise widersprüchlichen Wissensbestände der PK unter den Gesichtspunkten der beiden »größten« Ereignisse der jüngeren deutschen Geschichte zu bündeln und ihnen damit erst den Charakter von Elementen eines reiferen nomischen Gebildes zu verleihen. Und dass b) die ungewöhnliche Wirkung dieser Rede nicht auf den Zeitpunkt beschränkt blieb, an dem sie gehalten worden war, sondern sich noch weit mehr in der Folgezeit entfaltete. Denn nach ihren Kerninhalten wurde diese Rede direkter oder doch indirekter Gegenstand des Lehrplans und damit des Unterrichts in nicht nur einem, sondern gleich mehreren Fächern der weiterführenden Schulen. Auf diese Weise konnte das »richtige« Verständnis der politischen Korrektheit, doch auch der für ihre Entstehung entscheidenden Faktoren eine sonst schwer vorstellbare Breitenwirkung gerade unter den Angehörigen der Mittelschichten erlangen[119].

Schließlich seien noch zwei Punkte aufgegriffen, von denen jedenfalls der letztere sich aufgrund seiner großen sachlichen Bedeutung mehr als anbietet. Nämlich (a): *Wie*, d. h. auf welchen Wegen erzielt die PK, erzielen *nomische* Wissensbestände überhaupt soziopolitische, kulturelle und andere soziale Wirkungen? Und (b), eben noch wichtiger: *Was* an den »großen« Ereignissen ist es genau, das solche Wirkungen erzielt? Sind es primär sie selbst, d. h. als Verbund von »naturgetreu« festzustellenden empirischen *Fakten* bzw. Prozessen, die in wesentlich deterministischer Weise (»dies kommt von das«) bestimmte empirische Auswirkungen mit sich bringen? Oder sind es die ihnen verliehenen, mit ihnen verbundenen nomischen *Deutungen*, die für diese Wirkungen vor allem verantwortlich sind?

Zur ersten Frage in halber Wiederholung nur so viel: Wie andere ideelle bzw. ideologische Gebilde erreicht auch die PK erst dann überindividuelle Wirkungen auf das Handeln der Menschen und dessen Produkte, wenn ihre Inhalte *sozial* (weitgehend) *geteilt* werden oder, vereinfacht gesagt, durch die Obrigkeit bzw. »hinter« ihr stehende mächtige gesellschaftliche Gruppen *sozial verbindlich* gemacht worden sind. Und zwar verbindlich durch die Verabschiedung entsprechender Gesetze, mehr aber noch durch entsprechende Veränderungen der bestehenden oder die Errichtung neuer staatlicher und anderer öffentlicher *Institutionen*; Institutionen, die infolge ihrer Tätigkeit dann eine Vielzahl von Menschen im Sinne der herrschenden Deutungen denken und immer wieder so handeln lassen, dass

119 Doch gewiss nicht immer im gewünschten Sinne, wie sich unter anderem einer Erfahrung von Altbundeskanzler Helmut Schmidt bei seinem Besuch bei Offiziersanwärtern der Bundeswehrhochschule Hamburg 1997 entnehmen lässt, die Wickert (1997) wiedergibt. Weil ihm die jungen Soldaten – wohl aus zu großem Respekt – keine Fragen stellen wollten, sagte Schmidt schließlich: »›Dann will ich Ihnen mal eine Frage stellen. Wer von Ihnen kennt Pausanias?‹ Keine Antwort. Schmidt stellte eine zweite Frage mit klassischem Hintergrund. Stille. Schmidt: ›Ja, was haben Sie denn im Geschichtsunterricht in der Schule gelernt?‹ Da meldet sich ein Soldat, steht auf, und berichtet: ›Unterstufe: Nazis, Mittelstufe: Nazis, Oberstufe Nazis‹« (a. a. O. 1997: 207).

diese Inhalte faktisch gestützt werden. Wegen ihrer teilweise bedeutenden Rolle als kommunikative Transmissionsriemen zwischen politischer Klasse und großen Teilen der Bevölkerung sind hier noch die größeren, gewöhnlich staatstragenden Massenmedien zu erwähnen, die auf diese Weise die faktische soziale Verbindlichkeit von PK-Inhalten bei den von ihnen erreichten Bevölkerungsteilen verstärken.

Hinsichtlich der zweiten Frage sei zunächst der Typus des *empirischen* Wissens noch einmal, und zwar auch hinsichtlich der Abgrenzung zu seinem nomischen Gegenspieler aufgegriffen. Das riesige, ja unendlich wirkende Feld dieses Wissens bildet in erster Linie die Außenwelt in dem üblicherweise gemeinten Sinn einer Ansammlung von allen möglichen natürlichen, doch auch von Menschen hervorgebrachten Gegebenheiten. An ihnen interessieren in erster Linie ihre Beschaffenheit, ihre Struktur und bestimmte ihrer Wirkungen sowie die dafür verantwortlichen Gesetzmäßigkeiten. Und hier wieder vor allem diejenigen *Kausalbeziehungen*, die typischerweise als *einseitig* (A bewirkt B, und nicht: A und B stehen zueinander in Wechselwirkung) und *deterministisch* (A wirkt, unter sonst gleichen Umständen, zwangsläufig in einer bestimmten Weise auf B) oder zumindest als *statistischer* Kausalität unterworfen (A wirkt in einer bestimmten Weise auf durchschnittlich soundso viele Prozent der Fälle von B) gelten können. Die gewonnenen Erkenntnisse selbst sind dann nach Möglichkeit irgendwelchen wirtschaftlichen oder sonstigen Zwecken moderner (Berufs-)Praxis dienstbar zu machen. Empirisches Wissen ist so vor allem das Feld des rationalen, des an *Zweck-Mittel*-Beziehungen orientierten Handelns. Denn nur es bzw. seine erfahrungswissenschaftliche Spielart vermag, wenn überhaupt, der Person zu sagen, mit welchen Mitteln welches Ziel erreicht werden kann und wie die objektiven Nebenwirkungen des entsprechenden Handelns aussehen oder wenigstens aussehen könnten. Doch schon bei der Frage, ob diese Wirkungen in Kauf zu nehmen oder gleichgültig, wenn nicht zu begrüßen sind, kommen wieder nomische Wissensbestände ins Spiel (deren praktische Berücksichtigung dann auch zur »Gewissensfrage« werden kann). Denn in dem Maße, wie das Denken und, mehr noch, das daraus folgende Handeln nicht allein bzw. immer weniger auf wirklich überschaubare, auf *kalkulierbare* Zweck-Mittel-Zusammenhänge beschränkt werden kann, wird die Rolle des nomischen Wissens durchschnittlich größer. Dazu passt denn auch, dass gerade bei allgemein für wichtig gehaltenen und zugleich komplexeren Ereignissen die Menschen (sind sie und ihre Interessen von ihnen nicht unmittelbar betroffen) die genaueren *empirischen* Ausprägungen und Zusammenhänge meistens nur sehr punktuell interessieren. Im Jedermannbewusstsein wichtiger wird vielmehr eine plausible nomische Deutung solcher Ereignisse, die allerdings nicht immer kurz ausfallen kann.

Die zweite Frage lässt sich nun im Groben so beantworten: Anders als ausschließlich den Naturgesetzen folgende physikalische usw. Auswirkungen verdanken sich *soziale* Wirkungen (in einem *weiten* Sinn) in erster Linie nicht den »großen« Ereignissen selbst, sondern den mit ihnen verbundenen nomischen Deutungen. Doch gewiss nicht allen von ihnen, sondern hauptsächlich nur den gesellschaftlich dominant, also sozial (weitgehend) geteilt und/oder verbindlich gewordenen. Auch diese Deutungen stützen sich – nach den von ihnen jeweils herangezogenen, so oder anders aufbereiteten Fakten bzw. Prozessen – zwangsläufig nur auf eine *Auswahl* aus all denen, die das tatsächliche Geschehen ausgemacht haben. Und zwar typischerweise in der Form, dass manche dieser Fakten in ihnen stark betont, andere dagegen schlicht ignoriert, und dritte in diese oder jene Richtung verändert, wenn nicht geradezu verfälscht werden. Dabei ist zu vermuten, dass annähernd sämtliche Tendenzen der Nichtberücksichtigung, der eigenwilligen Aufbereitung und der Verfälschungen in den jeweils *herrschenden* Deutungen (jedenfalls nichtdemokratischer Gesellschaften) durchschnittlich stärker ausgeprägt sind als in zwar verbreiteten, aber machtfernen Versionen. Denn sie sollen regelmäßig ja *auch* von der Bevölkerungsmehrheit für legitim gehaltene Interessen und Ähnliches als illegitim, also nicht *zu Recht bestehend* abweisen oder andere, von einer solchen Mehrheit für illegitim gehaltene als rechtens bekräftigen.

Auswahl heißt so auch, dass gerade die herrschenden Ereignisdeutungen nach den in ihnen enthaltenen empirischen Fakten und dem daraus errichteten Faktengerüst dem tatsächlichen Geschehen nicht bzw. nicht in dem an sich erreichbaren Ausmaß gerecht zu werden pflegen. Doch für diejenigen Interpretationen, die sie – aufgrund ihrer relativ großen Attraktivität oder entsprechender Veränderungen der sozio-politischen *Macht*verhältnisse – in ihrer sozio-politischen Verbindlichkeit faktisch ablösen oder wenigstens eine Zeit lang abzulösen drohen, gilt grundsätzlich dasselbe. So reihen sich, vergleicht man die im Lauf von Jahrzehnten und Jahrhunderten erschienenen Darstellungen gerade staatstragenden Charakters, neuere Deutungen bestimmter »großer« Ereignisse an ältere und alte, wobei es eine offene empirische Frage ist, ob diese neueren hinsichtlich ihrer Behandlung einschlägiger Fakten besser als ihre Vorgänger sind. Und zwar aus mindestens zwei Gründen: Hinsichtlich der schon vorhandenen (oder erst angestrebten) sozio-politischen *Geltung* einer gegebenen Deutung können – jedenfalls für eine gewisse Zeit – gewisse, insbesondere von der Obrigkeit bzw. Teilen der politischen Elite gewährte Unterstützungen vor allem institutioneller Art den bei ihr bestehenden Mangel an sachlich zutreffender Darstellung oder wenigstens Plausibilität durchaus ersetzen. Ferner gibt es auch Spielarten einer gleichsam internen Korruption von Ereignisdeutungen, von denen eine doch erwähnt sei. Nämlich diejenigen Fälle von ihnen, die ihre wachsende Zustimmung bei der Bevölkerung gerade ihrer aufrichtig wirkenden Opposition gegen die herrschende, offensichtlich ideologisch verzerrte Deutung verdankt hatten – die aber ihrerseits ideologische Züge annahmen, als ihr gesellschaftlicher Erfolg eine bestimmte Schwelle überschritt. Denn in dieser Situation lagern sich an sie, d. h. an die ihrer Verbreitung dienenden Institutionen bzw. deren Angehörige, unvermeidlich neue materielle, insbesondere aber *Macht-* und *Status*interessen an. Die Versuche, solche, nach ihrem Gewicht bisher nur nachrangig vorhandene Interessen innerhalb dieser Institutionen durchzusetzen, geraten jedoch zwangsläufig mit bestimmten Teilgehalten solcher oppositionellen Deutungen in ideelle Spannungen. Wird der von diesen Interessen ausgehende Druck institutionsintern dann stark genug, kommt es meistens zu einer (auch offiziellen) Uminterpretation dieser sperrigen Gehalte wenigstens in dem Ausmaß, dass sie der Durchsetzung der neuen Interessen nicht wirklich mehr im Wege stehen.

Doch was an den »großen« Ereignissen erzielt nun die sozialen Wirkungen? Dass *sie selbst*, eben als Verbund von »naturgetreu« festzustellenden empirischen *Fakten* bzw. Prozessen es seien, die in einem strikten, nämlich deterministisch verstandenen Kausalsinn diese und nicht andere soziale Wirkungen mit sich brächten, ist eine unhaltbare Annahme. Denn die realen Wirkungen sind, das sollte klar geworden sein, zwangsläufig *auch* das Ergebnis von menschlichen, d. h. nomischen Interpretationen und des daran orientierten Handelns. Selbst markante Ereignisse, deren wichtigste objektive Auswirkungen weitgehend klar sind, ja das jeweilige Ereignis mit seiner Hauptwirkung zusammenzufallen scheint, geben ihre *Deutung* nicht voll her. Zugleich gilt *empirisch*: Je »größer« ein Ereignis den Menschen erscheint und je wichtiger es ihnen ist, desto zahlreicher sind durchschnittlich seine Deutungen. Allerdings ist deren ganz friedliche, innergesellschaftliche Koexistenz gerade dann eine eher nur kurzlebige Übergangserscheinung, wenn das Ereignis eben allgemein und/oder von den herrschenden Kreisen für wirklich wichtig gehalten wird: Zu der (eher nur versteckten oder offenen) staatlichen Einschränkung der öffentlichen Deutungskonkurrenz kommen dann nämlich formelle oder informelle, mildere oder härtere Strafen für diejenigen, die nach der *herrschend* gewordenen Auffassung falschen Deutungen anhängen.

Wenn also für die Konstitution und nähere Beurteilung solcher Ereignisse, ja schon die Aufbereitung der dafür nötigen empirischen Fakten, das nomische Wissen einen Vorrang besitzt, welche eigenständige Rolle kann dann noch solchen Fakten gegenüber den Deutungen selbst zukommen? Wenigstens drei Teilantworten bieten sich dazu an: a) Fakten von nach Möglichkeit markantem und nicht alltäglichem Charakter sind für die gedankliche Konstitution eines zunächst bloß Geschehenen als womöglich »großes« Ereignis unerlässlich. *Sie* müssen gleichsam die Umrisse vorgeben, durch die ein

Geschehen zu einem eigenen Ereignis wird, das sich schon räumlich und zeitlich von sonstigem Geschehen unterscheidet. Gibt es solche Fakten nicht (oder werden sie nicht als gegeben anerkannt), verbleibt das fragliche Geschehen – erst einmal – in diesem Zustand. b) Fakten müssen insgesamt glaubwürdig wirken. Die Adressaten der Deutungen »großer« Ereignisse verzeihen gewöhnlich einzelne Unrichtigkeiten als eben unterlaufene Irrtümer. Häufen sich jedoch solche, womöglich auch öffentlich wahrgenommenen »Irrtümer«, droht mit der Glaubwürdigkeit von Fakten auch diejenige der dazugehörenden Deutung in ihr Gegenteil zu kippen. Die Glaubwürdigkeit ist aber auch dann bedroht, wenn sie der Ambivalenz und den Mehrdeutigkeiten, durch die »große« Ereignisse meistens gekennzeichnet sind, offensichtlich nicht gerecht werden: Darstellungen, die nur positive bzw. positiv bewertete Fakten enthalten, wirken dabei auf jedenfalls westliche Erwachsene häufig noch unglaubwürdiger als solche, die von ihrem Gegenstand nur Negatives zu berichten wissen. c) Schließlich kann, gerade in Zeiten starker, ja erbitterter Konkurrenz um die »richtige« Deutung eines »großen« Ereignisses, bereits *einzelnen* Fakten eine entscheidende Rolle für deren personale und soziale Geltung zuwachsen. Das ist besonders dann der Fall, wenn die Deutungen auf ihnen in einer Weise aufbauen, dass ihre durchschnittliche Glaubwürdigkeit für die jeweiligen Anhänger, aber auch Neutrale wesentlich vom Wahrheitsgehalt der einzelnen Wiedergaben solcher strategisch wichtiger Fakten abhängt.

2. Aspekte der Bemühungen um die Versittlichung der deutschen Bevölkerung

Jede auf einige Dauer berechnete Herrschaft sucht die ihr *Unterworfenen* zum möglichst dauerhaften Gehorsam gegenüber den an sie ergangenen Befehlen (auch in der typisch *modernen* Form von »Anweisungen«, »Ersuchen« und besonders »Bitten«) zu bringen. Ganz überwiegend richten sich diese Befehle auf die immer neue Durchsetzung überschaubarer und hinsichtlich der dabei eingesetzten Mittel weitgehend routinisierter Alltagsziele, doch sind unter ihnen auch solche, die der Verwirklichung neuer und weitgespannter Ziele mit womöglich ungewohnten Mitteln dienen. Und es versteht sich von selbst, dass die meisten dieser neuen Ziele, wie z. B. der Bau neuer Autobahnstrecken oder von Magnetschwebebahnen, ihrerseits Mittel für die Erreichung umfassenderer bzw. »höherer« Ziele wie die Realisierung eines gesamtstaatlichen »integrierten Verkehrskonzepts« sind. Schließlich gibt es noch ein weiteres Grundziel, das jedoch nicht auf eine Zielerreichung »im Außen« von Natur und Gesellschaft überhaupt, sondern auf die Optimierung des *Binnen*verhältnisses von Herrschenden und Beherrschten gerichtet ist. Nämlich das Ziel, die Unterworfenen mit einem Minimum an eigenem herrschaftlichem Kraftaufwand zum gewünschten und verlässlichen Gehorsam zu bringen und sie so nach den eigenen Absichten zu lenken. Die Erhöhung der allgemeinen, von einzelnen Befehlen abgelösten *Lenkbarkeit* der Bevölkerung für die eigenen Interessen und Absichten bildet also regelmäßig ein weiteres elementares Ziel politisch-staatlicher Herrschaft. Ihm dienen unter modernen Bedingungen regelmäßig die Ausbildung und durch Institutionen betriebene Verbreitung von Ideologien. Aber auch die Nutzung von anderen, relativ unabhängigen ideellen Beständen, wie bestimmten Darstellungen der eigenen kollektiven Vortrefflichkeit in dieser oder jener Hinsicht, die ebenfalls die *Legitimität* der bestehenden Herrschaft in den Augen der Unterworfenen erhöhen sollen.

Doch selbst in Demokratien muss für das Ziel der erhöhten Lenkbarkeit der Bevölkerung die staatliche Herrschaft auch zu handfesteren Mitteln bzw. Maßnahmen greifen, die nach ihrem näheren Charakter eher repressiv oder paternalistisch sind. Die *repressiven* Mittel der Gehorsamserzielung richten sich auf die Verhängung *negativer* Sanktionen (»Strafen«), die von der Androhung von Geldbußen oder Gefängnisstrafen bis hin zur Anwendung von verschiedenen Spielarten direkter physischer Gewalt und – in bestimmten Diktaturen – scheinbar wahllos ausgeübtem Terror gegenüber Teilen der Bevölkerung reichen. *Paternalistische* (d. h. »väterlich fürsorgliche«) Mittel suchen Gehorsam durch staatliche Gegenleistungen für den geforderten Einsatz sowie dadurch zu erreichen, dass sie den durch diesen Einsatz entstehenden Aufwand als relativ gering gegenüber den Vorteilen darstellen, die den jeweils Betroffenen aus ihm hinterher erwachsen würden. Die Gegenleistungen selbst bestehen in materiellen und immateriellen Zuwendungen an die fraglichen Personen und (Sub-)Kollektive, im Zweifelsfall also in Geldzahlungen, aber auch der Vergabe von »Orden und Ehrenzeichen«, die ihren Trägern erhöhte Aufmerksamkeit sowie den Respekt ihrer sozialen Umgebung einbringen (sollen).

Als paternalistisch können diese Mittel mit einigem Recht deshalb bezeichnet werden, weil sie seit dem 17. Jahrhundert Teil von zwei großen Tendenzen der Staatstätigkeit sind, die das Verhältnis von Obrigkeit und Untertanen in West- und Mitteleuropa auf eine neue Grundlage stellen sollten. Nämlich einmal die Ausbildung der staatlichen *Daseinsfürsorge*, die als gezielte »Hebung des Gewerbefleißes« das wirtschaftliche Leben in einer Reihe von Hinsichten neu organisierte und weit mehr als früher reglementierte, doch auch neue Formen der Sozialhilfe, durch welche die nichtkirchliche Armen-, Alten- und Waisenfürsorge erheblich verändert wurde. Die andere Tendenz besteht in den vor allem staatlichen Bemühungen um die *Disziplinierung* der Menschen (vgl. Foucault 1975). Mit ihr ist sowohl deren methodisch betriebene *Abrichtung* zu spezialisierten Tätigkeiten vor allem in den sich entwickelnden modernen Heeren sowie den großen Manufakturen bzw. Fabriken, doch auch anderen gesellschaftlichen Bereichen gemeint wie die an der Maximierung des jeweils erstrebten Nutzens orientierte *Versittlichung* als Teil und gelungene Folge der Abrichtung. Beidem diente dann auch eine ganze Reihe weiterer Institutionen wie die zahlreich werdenden, oft geschlossenen Verwahranstalten bzw. Umerziehungseinrichtungen einschließlich der modernen Gefängnisse, die Stätten der außerhäuslichen Krankenversorgung, in erster Linie aber die Volks- und andere Schulen. Später verselbstständigt und verfeinert sich die Versittlichung, jedenfalls teilweise, gegenüber der Abrichtung, wie u. a. gegen Ende des 19. Jahrhunderts dem offiziellen Verständnis des jeweiligen Hauptzwecks der wichtigsten Schultypen durch die preußische Kultusbürokratie zu entnehmen ist: Während die Volksschulen aus den Schülern »nützliche Glieder der menschlichen Gesellschaft« machen sollen, besteht die vornehmste Aufgabe der gehobenen Schulen mit den humanistischen Gymnasien an ihrer Spitze darin, bei ihren Zöglingen »die Entfaltung der eigenen Persönlichkeit« durch entsprechende Bildung zu fördern.

Beide großen Tendenzen haben, in vielem verändert und anderen Zielen dienend, inzwischen ein früher eher nur partiell erreichtes Ausmaß angenommen. Das gilt in Deutschland eindeutig für die Entwicklung der Daseinsfürsorge, die zur immer ausgedehnteren staatlichen oder sonstigen öffentlichen *Betreuung* der Menschen geworden ist. Doch gilt es auch für die Vielzahl der heutigen Bemühungen um ihre Disziplinierung, also gerade ihre *Versittlichung* nach den Vorstellungen der PK. Dass im Fall einer Herrschaft, die sich selbst so versteht und das fragliche Gute deshalb *auch* zur Wirklichkeit zu machen sucht, diese Bemühungen jedenfalls offiziell hohe Priorität genießen, braucht dabei kaum erwähnt zu werden. Wohl aber sind vier Sachverhalte zu betonen, die ihnen den Anschein gleichsam unschuldiger Anstrengungen für ein höheres ethisches Niveau der deutschen Bevölkerung nehmen. Nämlich dass sie a) als Formen der Herrschaft des Guten mächtigen Gruppen vor allem im Bereich Politik auch dazu dienen, *ihre*, gewöhnlich weniger hohen Interessen durchzusetzen. Dass sie zwar b) in erster Linie paternalistische Herrschaftsmittel ähnlich denjenigen der früheren staatlichen Daseinsfürsorge sind, sie jedoch regelmäßig von repressiven Maßnahmen begleitet werden. Dass, damit zusammenhängend, c) die angestrebte Versittlichung stets auch einer gesteigerten Lenkbarkeit der Bevölkerung durch die politischen (Teil)Eliten und ihre medialen Verbündeten zu dienen hat. Und dass d) damit auch diese Seite der Herrschaft des Guten mit Demokratie nicht zu vereinen ist.

Denn lässt sich, um wenigstens die letztere Behauptung doch zu begründen, eine staatliche Herrschaft denken, in der es neben dem Staatsvolk tatsächlich noch einen zweiten *Souverän*, hier also das »Gute« gibt? Rousseau, der ja Politik seinerseits im Wesentlichen als Verwirklichung des kollektiv Guten, und hier primär: des Nützlichen verstand, äußert sich im Hinblick auf den Konfliktfall zwischen ihm und der Volkssouveränität gleichwohl eindeutig:

»Übrigens ist (in der Demokratie – B. E.) ein Volk bei jedem Stand der Sache stets Herr darüber, seine Gesetze zu ändern, selbst die besten; denn wenn es ihm gefällt, sich selbst Schaden zuzufügen – wer hat das Recht, es daran zu hindern?« (Contrat social, Kap. II, Abschnitt 12).

Und Sieyes, der gerade für den frühen Gang der Revolution von 1789 größte theoretische Bedeutung besaß, hat den strikten Vorrang der Volkssouveränität in berühmt gewordener Zuspitzung so bestimmt:

»Gleichviel, auf welche Art eine Nation (als bestimmte politische Verfasstheit eines Volks – B. E.) will, es ist genug, dass sie will. Alle Formen sind gut, und ihr Wille ist immer das höchste Gesetz. … Eine Nation ist von jeder Verfassungsform unabhängig. Auf welche Art sie auch will, es bedarf nur, dass ihr Wille sich zeigt, um jedes positive Recht … außer Kraft zu setzen« (Sieyes (1789) 1988: 82f.).

Wie sollte also mit der ernst genommenen und konsequent verstandenen Volkssouveränität, die (nach der Logik des den Staat erst konstituierenden Gesellschafts*vertrags*) nur an den Menschenrechten der zu Staatsbürgern gewordenen Beteiligten eine zwingende Grenze finden kann, eine Herrschaft des »Guten« vereinbar sein? Eine Herrschaft, in der womöglich einer verschwindenden Minderheit derjenigen, die dieses Gute jeweils verbindlich bestimmen, eine übergroße Mehrheit gegenübersteht, die auf diese Bestimmungen keinen Einfluss hatte und hat, ihnen aber dauerhaft *unterworfen* ist. Im Übrigen versteht es sich von selbst, dass die zwischen beiden Herrschaftskonzeptionen bestehende prinzipielle Spannung sich spätestens dann empirisch zeigen bzw. verschärfen muss, wenn es bei kollektiv wichtigen Entscheidungen zum Selbstverständnis der Repräsentanten des »Guten« gehört, möglichst anders zu handeln, als die Bevölkerung es mehrheitlich will.

In diesem Zusammenhang ist noch an zwei *spezifische* Entwicklungen zu erinnern, die im Lauf der vergangenen Jahrzehnte die öffentlichen Bemühungen um eine Versittlichung der Deutschen im Geiste der PK direkt oder indirekt verstärkt haben. Die eine hat ihren Angelpunkt in der Konstitution der Menschenwürde als nicht nur oberstem *Wert* in der Verfassung von 1949, sondern auch als *Quasi-Souverän*, der eben an die Stelle der sonst üblichen Volkssouveränität getreten ist. Dieser Souverän kann jedoch nicht wirklich herrschen, sondern nur diejenigen, die gemäß der Verfassung das Recht (und immer wieder auch die Pflicht) haben, seinen jeweiligen »Willen« für die Staatsangehörigen verbindlich zu interpretieren. Begünstigt durch die völlige inhaltliche Unbestimmtheit der Menschenwürde im Grundgesetz konnte es so eben vergleichsweise rasch zur Ausbildung von *Herrschaft* in den Händen des Bundesverfassungsgerichts kommen. Denn sämtliche Gesetze und Verfassungsbestimmungen – also nicht nur neue! – haben sich ja im Zweifelsfall vor dieser, durch die Karlsruher Richter jeweils interpretierten Würde bzw. der von ihnen daraus abgeleiteten Wertordnung zu rechtfertigen; die entsprechenden Urteile aber werden ihrerseits zu Bestandteilen der Verfassung. Schon dieser Sachverhalt führt zwangsläufig zu immer weiteren Ausdehnungen der *Verbindlichkei*t von Würde und Wertordnung für immer mehr Daseinsbereiche bzw. einzelne Aspekte von ihnen. Längerfristig mindestens genauso wichtig für die weitere Expansion höchstrichterlicher Herrschaft (als eben »Weiterentwicklung« der Verfassung) dürfte jedoch die Grundauffassung des BVerG werden, dass diese Wertordnung, d. h. die davon bestimmten Gesetze bzw. die von *ihm* für diese Gesetze *erteilten Vorgaben* das insgesamt facettenreicher werdende Dasein der Menschen immer besser erfassen und stärker prägen sollten. Zwangsläufig nehmen damit aber auch die personalen und gesellschaftlichen Zustände, die Verhaltensweisen und Verhältnisse, die gegen das immer engmaschigere Netz von Gesetzen und höchstrichterlichen Urteilen verstoßen, ebenfalls zu. In dieselbe Richtung wirkt außerdem die (durch diese Urteile ihrerseits begünstigte) Expansion der politischen *Korrektheit* nach ihrem inhaltlichen Umfang wie ihren politisch-gesellschaftlichen Geltungsansprüchen. Auch hier ist ja eine spiralförmige Entwicklung festzustellen: Dem bereits geschärften sittlichen Bewusstsein der Öffentlichkeit werden Phänomene anstößig, die sozusagen noch gestern als ganz normal oder wenigstens als zu tolerieren galten. Für die Agenten der PK in Politik, Medien und anderen Institutionen bieten sich damit immer neue Anreize, ihre Kämpfe gegen die weiter wachsende Hydra (d. h. »vielköpfiges Ungeheuer«) der Inkorrektheit zu verstärken und dazu für eine wirksamere, überwiegend also verschärfte Praxis der Sanktionierung von alten und neuen Verstößen zu sorgen.

Doch jetzt zu den *Zielgruppen* der forcierten Versittlichungsbemühungen. Was hinsichtlich dieser Gruppen besonders auffällt, ist das unterschiedliche Ausmaß, in dem die in Deutschland lebende Bevölkerung Objekt dieser Bemühungen wird. Wie in Kap. I schon festgestellt, sind die zugewanderten Ausländer bzw. Deutschen mit »ausländischen Wurzeln« nur sehr eingeschränkt ihre Adressaten. Im Wesentlichen begnügt sich nämlich – jedenfalls derzeit noch – die deutsche Politik, und mit ihr die PK, mit dem vor allem an die Adresse der türkischstämmigen Population gerichteten, weitgehend abstrakten Appell, sie und ihre (Kindes-)Kinder sollten die deutschen Gesetze achten und die sie prägenden Grundwerte bejahen. Doch auch innerhalb der deutschen Bevölkerung im engeren Sinne gibt es große Unterschiede. So sind in erster Linie nicht die Angehörigen des Volks, sondern der (oberen) Mittelschichten Objekt der Versittlichungsbemühungen. Und hier wieder vor allem die Kinder und Jugendlichen, die in den weiterführenden Schulen sehr ausgedehnt eine sehr PK-konforme Erziehung genießen[120], die

120 Um dazu nur einen, in diesem Punkt gewiss unverdächtigen Zeugen anzuführen, nämlich wiederum Bernd Ulrich von der »Zeit«. Angesichts des möglichen, von ihm

sich, wenngleich meistens schwächer ausgeprägt, in einem Studium an jedenfalls den sozial-, geistes- und kulturwissenschaftlichen Fakultäten der Universitäten sowie der Mehrheit von (Berufs-)Akademien, Fachhochschulen usw. fortsetzt. Für diejenigen aber, die in diesen Bildungsbereichen, in den großen Medien, gar in den politiknahen staatlichen Institutionen sowie innerhalb der etablierten Parteien Karriere machen wollen, ist die glaubwürdige Selbstdarstellung als im Wesentlichen politisch korrekt eine überwiegend zwingende Grundbedingung des persönlichen Erfolgs.

Interessant und aufschlussreich sind außerdem Unterschiede in den Versittlichungsbemühungen, die unmittelbar der Aufteilung der Menschen nach zwei Geschlechtern geschuldet sind. Sehen die PK und die sie tragenden Institutionen die Männer als das Hauptobjekt der Versittlichung an, so fällt ihre Haltung hinsichtlich der Frauen deutlich anders aus. Sicher, auch hier sollten die einschlägigen Bemühungen nicht einfach entfallen. Sie werden jedoch dadurch sachlich zweitrangig, dass bei den Frauen (gerade in der Auffassung der PK) nicht die Versittlichung, sondern der Fortschritt in der *Emanzipation* das primäre Gebot der Zeit ist. Diese Emanzipation aber stellt zumindest offiziell einen derart hohen Wert dar, dass es gegen sie keine Einwände geben *darf*, die sich auf das (negativ zu bewertende) Verhalten von Frauen selbst und damit verbundene weibliche Eigenschaften stützen. Bezeichnenderweise hat denn auch vor ihr selbst die Kollektivschuldannahme jedenfalls in dem Sinne kapituliert, dass – wie mustergültig der 1985 gehaltenen Rede von v. Weizsäcker zu entnehmen ist – auch die lange vor dem 2. Weltkrieg geborenen Frauen keine Schuld am Holocaust trifft und daher ihnen gegenüber von kollektiver Haftung und Verantwortung nicht oder allenfalls implizit die Rede ist.

Gleichwohl muss, gerade im öffentlichen Raum, selbst diese Emanzipation nach manchen ihrer Aspekte gerechtfertigt werden;

natürlich nicht gewünschten »Verblassens des Holocaust« bemerkt er u. a.: »Erinnerung, Geschichtsbewusstsein, auch Rituale, ja natürlich. Man darf nur eines nicht vergessen, unsere Kinder haben das Gefühl, diese Geschichte in jedem Fach außer Sport zu lernen, beäugt und benotet« (»Die Zeit« vom 30. 8. 12, S. 3).

denn sie geht unvermeidlich ja *auch* (wie derzeit gut am Kampf um Frauenquoten bei Führungspositionen in Politik und Wirtschaft zu sehen ist) auf Kosten von Männern vor sich. Doch das, was für die große Mehrzahl der von der PK inspirierten politischen und medialen Maßnahmen gilt, ist hier ebenfalls zu beobachten: Das Ziel der Bemühungen ist bestenfalls zweitrangig eine *sachorientierte Veränderung* der Dinge, also (etwa) der Abbau spezifischer, inner- wie außerfamiliärer Karrierehindernisse oder die auch finanzielle Förderung von Veranstaltungen zur gezielten Qualifikation von Frauen für Führungspositionen. Vielmehr geht es hauptsächlich um eine Veränderung der in der Öffentlichkeit dominierenden *Bilder* beider Geschlechter. So wird forciert, was als Tendenz schon vorher zu beobachten war: Die medialen Darstellungen von Frauen, besonders im (staatlichen) Fernsehen, und hier vor allem den dort gezeigten Filmen bzw. Filmserien, werden verstärkt positiv, die Darstellungen von Männern dagegen eher, ja überwiegend negativ. Danach sind die Frauen eben nicht nur die in moralischer Hinsicht besseren Menschen, sondern auch tüchtiger, innovativer und jedenfalls in alltags*praktischer* Hinsicht durchsetzungsfähiger als die Männer, während überkommene, teils faktisch vorhandene, teils ihnen nur zugeschriebene Untugenden fast völlig verschwunden sind. Demgegenüber sind die Männer in diesen Darstellungen nicht mehr die zumindest fachlich, nicht selten jedoch auch nach ihrem »menschlichen Format« Überlegenen, sondern eher nur trottelhaft, wenn nicht Schlimmeres. Also beruflich wenig kompetent und auch sonst nur farbloses Mittelmaß – oder immer wieder feig wirkende Jasager und Opportunisten. Ferner (törichte) »Machos« mit auch aggressiven Neigungen oder, älter geworden, gern arrogant-rücksichtslose Darsteller ihres eigenen, meist nur mäßig gehobenen Status. Der angestrebte Machtverlust der Männer, ihre Ablösung aus Führungspositionen wird also nicht nur mit positiven Eigenschaften der (»modernen« und vorzugsweise jüngeren) Frauen, sondern sehr wohl auch mit negativen männlichen Eigenschaften gerechtfertigt.

Was aber sind die *Ziele* der forcierten Versittlichung? Einmal geht es eben darum, jedenfalls die jüngeren Männer als *bußfertige Deut-*

sche teils zu erhalten, teils sie erst dazu zu machen. Und zwar dadurch, dass ihr kollektives Selbstverständnis in erster Linie von der Bejahung einer *allen* Deutschen eigenen, wenn nicht direkten Schuld am Völkermord an den europäischen Juden, dann jedenfalls sie dauerhaft *verpflichtenden*, kollektiven Verantwortung für zumindest die europäischen Juden einschließlich denen des Staates Israel bestimmt ist. Das zweite Ziel besteht darin, gerade die Gebildeteren unter dieser Zielgruppe zu guten Menschen, um nicht zu sagen: zu *Gutmenschen* zu machen, die jedenfalls auf den ersten vier Kampffeldern der PK (vgl. oben, Kap. I, 3) dazu bereit sind, die Verfolgung ihrer Interessen und Ziele, ihrer persönlichen Neigungen und Leidenschaften zugunsten der Befriedigung von »höheren« Interessen anderer zurückzustellen[121]. Ja, wirkliche Leidenschaften sollten sich eigentlich nur noch im Dienst der Durchsetzung des Guten, also der Ziele der PK entfalten, ansonsten aber – wie ihre Träger – doch möglichst den Charakter gut lenkbarer Harmlosigkeit annehmen.

Wie zumindest den Angehörigen der politischen Elite sehr wohl bewusst sein dürfte, kann allerdings die angestrebte Versittlichung auch dieses Bevölkerungsteils in nur sehr mäßigem Umfang erreicht werden. Zu mächtig ist, hier wie sonst, bereits die Vielzahl überkommener, doch auch neuer sozio-ökonomischer Verhältnisse und entsprechender personaler Bedürfnisse, die immer wieder im Widerspruch zu der angesonnenen Realisierung des Guten stehen. Dazu mag es genügen, an bestimmte Folgen des überkommenen Grundcharakters westlicher Gesellschaften zu erinnern. Anhand von ei-

121 Dazu passt nicht nur der Alltagseindruck, dass in jüngeren Familien der oberen Mittelschicht zu ungefähr zwei Dritteln die Frauen das Sagen haben. Sondern auch, und spezifischer, die folgenden Untersuchungsergebnisse: »Fast zwei Drittel aller Männer (64 %) finden einer Umfrage zufolge, dass es mit der Gleichberechtigung der Frauen in Deutschland mittlerweile reicht. Ein Teil davon (28 %) findet sogar, dass übertrieben wird. Das zeigte die repräsentative Allensbach-Studie ›Wie tickt der Mann?‹ im Auftrag von ›Bild der Frau‹, die am Montag in Berlin vorgestellt wurde. Die Untersuchung ergab auch, dass Männer verunsichert sind: 7 % haben das Gefühl, sich gar nicht mehr wie richtige Männer verhalten zu können, weil das nicht akzeptiert würde« (So, unter der Überschrift »Männer: Genug Gleichberechtigung!«, die Txt-Wiedergabe bei SAT.1, T. 116 vom 30. 9. 13). Betrachtet man nicht »alle«, sondern nur die jüngeren und gebildeteren Männer, dürfte gerade bei dem letzten Befund der Prozentsatz der »Verunsicherten« weit höher ausfallen.

gentlich stets vorhandenen, dem eigenen beruflichen Fortkommen abträglichen *Fremd*interessen (und den damit wiederkehrenden Situationen auch harter Konkurrenz) lehrt er ja große Teile, wenn nicht die Mehrheit der Menschen immer wieder neu, dass man sich auch durch einen jedenfalls gelegentlichen Einsatz von schäbigen, von gemeinen Mitteln, ja selbst mit kriminellem Verhalten behaupten müsse und längerfristig nur so behaupten könne. Vor allem deshalb besteht die empirisch häufigste personale und kollektive Wirkung der Versittlichungsbemühungen der PK und des damit verbundenen sozialen Drucks in der Zunahme der gerade öffentlichen *Heuchelei* der Menschen. Das heißt aber nicht, dass diese Bemühungen ansonsten ohne Wirkungen blieben.

Ein Teil von ihnen leidet allerdings schon unter *inneren* Widersprüchen und sonstigen Ungereimtheiten, die sich aus der *näheren* Ausprägung der für die einzelnen Kampffelder vorgegebenen Feindkonzepte und den mit ihnen verbundenen Zielen ergeben. Besonders problematisch, für die jeweiligen Inhalte und praktischen Absichten jedoch durchaus aufschlussreich stellen sich hier die dominierenden Konzepte zum »Rassismus«, der »Demokratiefeindlichkeit« sowie zum »Populismus« dar. Darauf sei in einem letzten Exkurs eingegangen.

Exkurs 3: Rassismus, Demokratiefeindlichkeit und Populismus: Zur Widersprüchlichkeit dieser Konzepte des Bösen

(I) Über die Veränderung des *Rassismus*begriffs in den letzten Jahrzehnten ist oben (Kap. III, 2) im Wesentlichen Folgendes gesagt worden: Zumindest in Deutschland ist der eigentliche Sinn von Rassismus in den letzten Jahrzehnten so weitgehend und mit der Folge verlorengegangen, dass alle *möglichen*, von Deutschen über Nichtdeutsche gefällten negativen Urteile in der Öffentlichkeit häufig oder bereits mehrheitlich als Rassismus gelten – und zwar *unabhängig von* *jeder* ihnen gegebenen Begründung. Es hat sich damit begrifflich ein »Rassismus ohne Rasse« durchgesetzt: Negative Urteile über Ausländer sind nach ihm fast sämtlich so verwerflich, wie das noch vor dreißig Jahren auf diejenigen beschränkt blieb, die tatsächlich mit (quasi)*rassischen* Eigenschaften begründet waren. Diese Ausweitung, die ihren Niederschlag eben auch im törichten Begriff des »kulturellen Rassismus« gefunden hat, eignet sich natürlich besonders gut als Waffe im Kampf gegen die Inkorrektheit. Doch was gilt umgekehrt? Hat man jemals gehört, dass irgendjemand aus dem Heer der PK-Verfechter Ausländer wegen negativer Äußerungen über Deutsche »scharf angegriffen« hätte? Für sich genommen ist dieses Schweigen umso erstaunlicher, als der harte Kern des Rassismus – eben die Annahme einer *von Natur aus* gegebenen Über- oder Unterlegenheit ethnischer Gruppen – sich jedenfalls bei den aus südlichen bzw. außerwestlichen Ländern stammenden Zuwanderern und ihren Nachkommen deutlich häufiger als unter Deutschen findet.

Als Rassismus gilt gewöhnlich, so bleibt verallgemeinernd hinzuzufügen, die Behauptung von *negativen* Eigenschaften bei insbesondere ethnischen Gruppen, denen die Urteilenden *nicht* angehören, und zwar unabhängig von der dazu gegebenen Begründung. Neu ist jedoch, dass selbst der *Nachweis*, dass diese negativen Eigenschaften bzw. ihre behauptete Häufigkeit empirisch zutreffen, gegen den Vorwurf des Rassismus grundsätzlich nichts mehr nützt. Denn die darauf bezogene korrekte Haltung besagt inzwischen zunehmend, dass als Träger *solcher* Eigenschaften nicht die fragliche Gruppe gesehen werden darf, sondern nur einzelne Individuen, die »eigentlich« gar keine Gruppe oder einen nennenswerten Teil von ihr bilden. Damit erhalten solche Gruppen einen Seinszustand, der dem von Flussläufen in großen Wüstengebieten im entscheidenden Punkt sehr ähnelt: Hat es gleichsam ausgiebiger geregnet, ist also von ihnen Positives zu berichten, dann *existieren* sie auch und ihre Angehörigen haben Anspruch auf hohe Wertschätzung durch andere; im entgegengesetzten Fall sind sie jedoch gar nicht vorhanden oder bilden nur eine bloße, annähernd nichts besagende Kategorie. – Für *Deutsche* gilt jedoch weitgehend das Gegenteil: Negative Befunde sind für sie eben ganz typisch und bestätigen meistens nur, was man schon wusste oder doch annehmen konnte; *positive* sind dagegen zweifelhaft, wenn nicht falsch. Treffen diese oder verwandte Annahmen jedoch nachweislich nicht zu, sollte man – sofern der PK verpflichtet – die Auseinandersetzung besser auf »bewährte« negative Befunde oder auf andere Themen lenken.

(II) Der Vorwurf bzw. die politische Sünde der *Demokratiefeindlichkeit* meint im herrschenden Sprachgebrauch ganz überwiegend nicht die Ablehnung der Demokratie, sondern eben der *Herrschaft des »Guten«*. Um dafür nur zwei Indizien anzuführen: Unbefangener Beobachtung fällt auf, dass Deutschland kein Parteienspektrum kennt, wie es sonst in Demokratien üblich ist. Statt »Linken« und Rechten« und damit linken, rechten sowie Parteien der Mitte (und ihren wechselnden Stärkeverhältnissen) gibt es in Deutschland keine Rechten und keine rechte Partei. Nach dem offiziellen Sprachgebrauch wie dem Verständnis der politischen Klasse klafft vielmehr rechts von der Mitte ein breiter und leerer, also weder von Menschen entsprechender politischer Auffassung noch von Parteien besetzter Raum, an dessen Ende dann allerdings noch die kleine Minderheit der »Rechtsextremisten« bzw. »Neonazis« mit ihren als verfassungsfeindlich eingestuften Organisationen sowie die NPD folgen. Ist dieses Bild eine realistische Wiedergabe der Aufteilung der deutschen Bevölkerung nach ihren politischen Grundeinstellungen? Als zweites und härteres Indiz kann gelten, dass »Demokratiefeindlichkeit« nach der korrekten öffentlichen Lesart eigentlich immer nur eine Sache von Rechts-, nicht aber von Linksextremen ist. Das erstaunt umso mehr, als seit den Zeiten Lenins die führenden politischen Vertreter des real existierenden Sozialismus die Demokratie immer wieder als »parlamentarischen Kretinismus« oder Ähnliches geschmäht haben; und auch die aus seiner Konkursmasse hervorgegangenen Parteien der Gegenwart nicht gerade durch die Bejahung der Demokratie als Volks-, also: der Herrschaft der jeweiligen *Mehrheit* der Staatsbürger auffallen (vgl. immerhin unten, Kap. VI, 3 b))[122]. – De-

122 In diesem Zusammenhang sei auch das die Öffentlichkeit beherrschende Bild von den bösartig-gewalttätigen »Rechtsextremisten« und den vielleicht irregeleiteten,

mokratiefeindlichkeit meint so in Wahrheit (1) die Ablehnung des gegebenen politischen Systems oder auch nur (2) die Ablehnung der von den etablierten Parteien bzw. der jeweiligen Regierungskoalition betriebenen Politik. Dass diese Parteien, immer mal wieder, das Wort »Demokratie« für die eigenen politischen Absichten oder auch nur die Aufbesserung des eigenen öffentlichen Images zu vereinnahmen suchen, versteht sich dabei von selbst.

Die Übergänge von diesem Gebrauch zu einer (3) rein *taktischen*, insbesondere parteipolitischen Zwecken dienenden Verwendung des Begriffs Demokratie sind natürlich sehr fließend. Ein gutes Beispiel dafür bildet die Charakterisierung der »Alternative für Deutschland« durch Katja Kipping, die Vorsitzende der Linkspartei, die in einem Zeitungsartikel einen großen Teil der politisch korrekten Sprachkeulen versammelt hat, die für eine Erlegung des damals vierzehn Tage alten politischen Gegners taugen konnten:

»Die Linke-Vorsitzende Kipping hat sich klar von der euroskeptischen Partei ›Alternative für Deutschland‹ abgegrenzt. Die AfD sei ›eine demokratiefeindliche Rechtspartei, die wirtschaftspolitisch neoliberal, außenpolitisch militaristisch und latent rassistisch ist‹, schreibt sie für ›Neues Deutschland‹« (Txt n-tv, T. 106 vom 1. 5. 13).

Diese Stellungnahme dürfte kaum oder gar nicht durch die »Alternative« selbst, d. h. bestimmte ihrer Merkmale oder ihrer Ziele motiviert sein. Sondern in erster Linie durch die Absicht, mithilfe dieser Charakterisierungen, um nicht zu sagen: Diffamierungen, die Entstehung eines neuen und womöglich ernst zu nehmenden Gegners zu verhindern und dazu die AfD auf dem Niveau einer bedeutungslosen Splitterpartei zu halten. Hinzu dürfte noch die Absicht gekom-

aber doch auch das Gute wollenden »Linksextremisten« anhand von einschlägigen Äußerungen des Chefs des deutschen Verfassungsschutzes, Hans-Georg Maaßen, etwas zurechtgerückt. In einem Ende April 2013 der »Welt« gegebenen Interview bemerkte er dazu Folgendes: »›Wir beobachten eine intensive Wechselwirkung zwischen den verschiedenen Extremismusbereichen‹. Es gebe eine regelmäßig eskalierende Gewalt zwischen Rechts- und Linksextremisten. Provokationen und Gegenaktionen könnten sich zu ›Gewaltexzessen‹ aufschaukeln. Hinzu komme spätestens seit den Ausschreitungen in Bonn im Mai 2012 die Eskalation zwischen Salafisten und rechtspopulistischen Islamhassern. Diese Dynamik bereite ihm ›große Sorgen‹« (Txt ZDF, T. 130 vom 29. 4. 13).

men sein, sich bereits vor der Bundestagswahl im Herbst 2013 der SPD und den Grünen als in vielem ganz ähnlich denkender sowie entschlossener Partner in einer entsprechenden Regierungskoalition anzudienen.

Doch welche Bedeutung jeweils dem Gebrauch der »Demokratiefeindlichkeit« hauptsächlich zugrunde liegt – der Begriff soll regelmäßig auch dazu beitragen, die ideologische Seite der Herrschaft des »Guten« in der Öffentlichkeit zu festigen und Deutschland damit *tatsächliche* Demokratie weiter vorzuenthalten. Diese letztere Absicht ist gerade der Bevölkerungsmehrheit nicht (ganz) verborgen geblieben: Die bei ihr vielleicht am häufigsten gebrauchten Sätze politischen Inhalts lauten ja »Das darf man aber nicht mehr sagen« oder »tun« sowie, öfter noch, »Wir können ja doch nichts machen«. Die mehr oder minder ausgeprägte, nicht selten apathische Verdrossenheit in Sachen Politik wird den in Deutschland herrschenden soziopolitischen Zuständen zwar nicht unmittelbar gefährlich, führt aber schon bisher dazu, dass diese Mehrheit als Stütze für die Erhaltung des gegebenen politischen Systems in Zeiten schwerer Krisen weitgehend ausfallen dürfte. Außerdem wächst auch hier die Zahl derer, die auf den verschiedenen Ebenen des politischen Lebens mehr kollektive *Selbst*bestimmung in der Form von Bürgerentscheiden und Volksabstimmungen wollen. Angesichts dieser Konstellation wird in der nächsten Zukunft viel auf die Entwicklung der politischen Haltungen bei den Mittel- und Oberschichten (und nicht zuletzt ihren jüngeren Angehörigen) in Sachen Demokratie ankommen, doch mehr noch auf das Auftreten oder Ausbleiben entsprechender, *gesamt*gesellschaftlich bedeutsamer Ereignisse. Gerade solche Ereignisse könnten den Motiven für eine Demokratisierung Deutschlands »oben« wie »unten« neuen Schub geben. In jedem Fall aber dürften die nächsten Jahre, dürfte vor allem die Krise und womöglich das Ende der – bisherigen – EU die politische Klasse, ihre medialen Verbündeten und geistigen Zuarbeiter immer wieder in Situationen bringen, in denen gegenüber politischen, an mehr Demokratie orientierten Alternativen sich auch der Vorwurf der Demokratiefeindlichkeit rasch verschleißt, wenn nicht zum politischen Bumerang wird. Und zwar besonders in Situationen, die es nicht mehr übersehen lassen, *wer* eigentlich die Demokratie nicht will – die große Mehrheit der Bevölkerung oder das Gros der politischen Klasse.

(III) Schließlich zum *Populismus*. Ein in mehreren Hinsichten gutes Beispiel für diese politische Sünde und ihren sachlichen Hintergrund bietet die Stellungnahme insbesondere der SPD zu, wiederum, der AFD am Tag *vor* ihrer Gründung:

»SPD und Grüne werfen der Alternative für Deutschland (AfD) anti-europäische Stimmungsmache vor. Die AfD versuche, ›aus einer komplizierten europäischen Krisenlage populistisch Nutzen zu ziehen‹, so SPD-Fraktionschef Frank-Walter Steinmeier zur ›Welt am Sonntag‹. Sein grüner Amtskollege Trittin sagte, die AfD ›hat ein Programm für Arbeitsplatzvernichtung in der deutschen Exportindustrie‹ (Txt RTL, T. 121 vom 13. 4. 13).

Der unmittelbare Vorwurf ist also »anti-europäische Stimmungsmache«, wobei schon die Wortwahl zu garantieren scheint, dass diese »Mache« sachlich falsch und Ausdruck tadelnswerter Gesinnung ist. Zugestehen möchte Steinmeier lediglich, dass sich auch Deutschland in »einer komplizierten europäischen Krisenlage« befindet. Diese »Stimmungsmache« ist aber vor allem dadurch übel, dass die neue Partei die Krisenlage nicht nur für sich zu nutzen sucht, sondern dabei auch noch »populistisch« verfährt. Und zwar so, dass sie eben Angehörige des (blöden) Volks vermehrt für sich zu gewinnen sucht, um auf diese Weise bei der Bundestagswahl 2013 ihren Anteil an erwartbaren Stimmen stark zu steigern.

Es gibt nun allerdings mindestens zwei Einwände gegen diese Zurechtweisung der »Alternative« und die sie begleitende sittliche Entrüstung. Hat man von der SPD oder anderen, ganz sicher demokratischen deutschen Parteien jemals gehört, dass sie Wählerstimmen deshalb verschmäht, ja ausdrücklich zurückgewiesen hätten, weil sie von bescheuerten oder gar sittlich verkommenen Leuten stammten? Streben nicht alle Parteien zwecks Übernahme der Regierung oder auch nur einer »starken« Oppositionsrolle nach möglichst viel Stimmen und kümmern sich im Erfolgsfall keinen Deut um deren – auch – zweifelhafte Herkunft? Außerdem, in gleichsam umgekehrter Richtung: Kann eine an die Macht gekommene Partei bereits deshalb keine gute Politik treiben, weil die sie stützende Mehrheit überwiegend aus »Beschränkten« und ähnlichen Leuten besteht?

Was aber die immer wieder suggerierte Blödheit des größten Teils der Wähler angeht, so sind dieser, die Öffentlichkeit jedenfalls inoffiziell beherrschenden Annahme einige historische *Tatsachen* entgegenzuhalten, die anderes lehren: Gab es (um aus der Zeit vor 1945 wenigstens diesen wichtigen Fall zu erwähnen) 1939 eine Mehrheit oder auch nur zwanzig, ja zehn Prozent unter den Deutschen, die *Krieg* wollten? Einen Krieg, der bald schon zum Zweiten Weltkrieg wurde? War es etwa das Volk, das keine fünf Jahre nach 1945 eine Wiederbewaffnung Deutschlands wollte, oder waren es die verantwortlichen Politiker (freilich gedrängt von der US-Regierung)? Eine Wiederbewaffnung, die aufgrund ihres *atomaren* Charakters über Jahrzehnte höchst riskant war, d. h. Millionen von Deutschen das Leben hätte kosten können? War es, später dann, das Volk, das die Mark zugunsten des Euro aufgeben wollte? Oder eine Rechtschreibreform wünschte, die bestenfalls für Schulmeister Vorteile besitzt, einmal mehr aber die Kontinuität und die tatsächliche Einheitlichkeit der deutschen Sprache belastet? Schließlich, hier am wichtigsten: War es das Volk, das entgegen dem Maastrichter Vertrag und ohne wirkliche Not es zuließ, dass Deutschland recht rasch in die Rolle des großen europäischen Zahlmeisters gedrängt wurde, und in den letzten zwei, drei Jahren drohende Verbindlichkeiten in Höhe von derzeit (September 2013) mindestens einer halben, nach anderen Berechnungen von bis über zwei *Billionen* Euro anhäufte? Und ist es das Volk – und nicht etwa die Mehrheit der Bundestagsabgeordneten, die Regierung und die korrekten Medien -, das gewillt scheint, die finanzielle »Solidarität« mit den vermutlich zahlreicher werdenden europäischen Partnerländern, die offen und direkt oder über Umwege nach Hilfszahlungen verlangen, auch bei dadurch nur wachsenden Verlusten des eigenen Staats aufrechtzuerhalten? Wer also ist bei den *großen* politischen Weichenstellungen eigentlich klüger, die Politiker oder das Volk?

Wenn es daher nicht die »Blödheit« oder ähnlich negative Merkmale der deutschen Bevölkerung sind, was ist es dann, das Steinmeier und das Gros der anderen Politiker die politische *Durchsetzung des Mehrheitswillens* so fürchten lässt? In erster Linie offensichtlich die damit unvermeidbar werdende Einführung tatsächlicher Demokratie, in der eben nicht mehr das »Gute«, *also* die Menschenwürde, *also* ihre monopolistischen Interpreten, sondern das d*eutsche Volk* der *Souverän* der Bundesrepublik Deutschland wäre. Denn damit würde auch die sehr komfortable Rolle beschnitten, die das Grundgesetz und seine Weiterentwicklung den etablierten Parteien im deutschen politischen System eingeräumt hat. In diesem wohligen Zustand schon materieller, doch vor allem einer Macht- und Statusprivilegierung bei weitgehender Unabhängigkeit von der sie tragenden Bevölkerung haben sich die verschiedenen Fraktionen der politischen Klasse natürlich gern eingerichtet und möchten ihn schon aus bloßem Eigeninteresse erhalten. – Allerdings verschlechtert sich die Situation der etablierten Parteien – einschließlich der von ihnen gestellten Regierungen – gerade längerfristig durch das zunehmend *expansivere* politische Verhalten des Bundesverfassungsgerichts. Denn durch dessen Strategie einer vermehrten Einverleibung und abschließenden »Klärung« von eigentlich *politischen* Fragen engt es den gesetzgeberischen Gestaltungs- und *Entscheidungs*spielraum des Bundestags (und, in geringerem Maße, auch des Bundesrats) eben immer mehr ein. Es ist die Frage, wie lange diese Tendenz noch anhalten kann, ohne zu ernsten, auch öffentlich ausgetragenen Spannungen zwischen den Beteiligten bis hin zu Verfassungs*krisen* zu führen. Vermutlich nicht mehr lange, sofern die auch öffentlichen Einmischungen gerade des derzeitigen Präsidenten dieses Gerichts selbst in die Tagespolitik weiter zunehmen[123].

123 Einen neuen, schon durch die betulich-korrekte Sprache der Schlagzeile (»Voßkuhle mahnt besonnene Reaktion auf Terror von Boston an«) aufschlussreichen Schritt in diese Richtung gibt das ZDF so wieder: »Bundesverfassungsgerichtspräsident Andreas Voßkuhle hat vor überzogenen Reaktionen auf den Anschlag von Boston gewarnt. Dass nun Forderungen formuliert würden, sei Teil des politischen Geschehens, sagte er der ›Welt am Sonntag‹. ›Bei der Umsetzung sollte dann aber wieder Besonnenheit einkehren‹. Zur Balance von Sicherheit und Freiheit gehöre auch, Gesetze zu überprüfen und gegebenenfalls wieder abzuschaffen. Bundesinnenminister Hans-Peter Friedrich (CSU) hatte sich dafür ausgesprochen, die Videoüberwachung auf öffentlichen Plätzen auszuweiten« (Txt ZDF, T. 122 vom 21. 4. 13).

Populismus als politische Sünde und Vorwurf ist so ein Symptom für ein auch selbst verschuldetes Dilemma, vor dem zumindest die politische Elite seit Langem steht, und das unter der Herrschaft des »Guten« nicht aufzulösen ist: Infolge der NS-Vergangenheit, doch auch dem – wie gewöhnlich angenommen wird – sich weltweit fortsetzenden Siegeszugs der Demokratie sind die Repräsentanten des jetzigen deutschen politischen Systems in den offiziellen Selbstdarstellungen eher noch mehr als andere westliche Länder darauf angewiesen, die Demokratie öffentlich zu lieben und zu loben. Weil die politische Klasse bzw. Elite sie für Deutschland jedoch überwiegend genau nicht will, kann hier, jedenfalls öffentlich, nie *klar* und konsequent die Rede davon sein, *was* Demokratie nach ihrem Kern *ist*, wie es mit der institutionellen Umsetzung dieses Kerns hierzulande aussieht und was somit den *un*demokratischen gesamtstaatlichen Charakter Deutschlands ausmacht. Die von der Obrigkeit und den ihr verbundenen Medien verbreitete »demokratische« Botschaft lautet vielmehr hauptsächlich so: »Wir *haben* Demokratie, wir haben die Menschenwürde und ihre unbedingte Geltung, haben Parlamente und Regierungen, starke Gewerkschaften und die Unabhängigkeit der Justiz; und wir können darauf sogar etwas stolz sein, soweit unsere Geschichte nicht auch hier zur Zurückhaltung mahnt.«

Dieses Dilemma und diese Haltung zwingen nun die politische Elite dazu, es möglichst zu verhindern, dass Bemühungen um eine *Verwirklichung* von Demokratie massenhaft Anklang finden. Dies gilt vor allem im Hinblick auf die derzeit hier besonders wichtigen Angehörigen der Mittel- und Oberschichten. Gerade ihnen gegenüber muss daher die wieder und wieder erneuerte Flüsterbotschaft der Politiker bzw. der staatstragenden Medien nach ihrem Kern ungefähr so lauten: So schön es an sich wäre, wenn die Deutschen in ihrer Mehrheit »reif« für die Demokratie wären, sie sind es nicht. Eine tatsächliche Demokratie, womöglich nach Schweizer Vorbild, würde deshalb nicht nur das weitgehende Ende der Herrschaft des »Guten«, vor allem des Verfassungsgerichts sowie der undemokratischen Machtfülle des Bundesrats bedeuten. Vielmehr würde sie – schon durch die empfindliche öffentliche Schwächung der Institutionen und Botschaften der PK – auch zur Wiederkehr, Neuentstehung und politischen Durchsetzung »gefährlicher« oder sonstwie nicht hinnehmbarer Denk- und Verhaltensweisen sowie daraus entstehender Zustände innerhalb Deutschlands und womöglich darüber hinaus führen. Angesichts dieser Sachlage gilt eben und muss weiter gelten: Deutsche Politiker haben sich darin zu bewähren, dass sie regelmäßig anderes wollen und tun als das, was die geistig und moralisch minderbemittelte Bevölkerungsmehrheit will. Populistische, d. h. es mit dem Volk haltende Abweichler unter ihnen werden daher mit Recht nur sehr ungern geduldet und sind gegebenenfalls so oder anders zu bestrafen. Leider kann das alles (und noch einiges mehr) weder jetzt noch in absehbarer Zukunft in der nötigen Klarheit und mit dem wünschenswerten Nachdruck öffentlich gesagt werden. – Arme politische Elite! Man möchte ihr zurufen, was Bertold Brecht bereits 1952, an die Adresse der DDR-Machthaber gerichtet, gesagt hat: »Wenn der Regierung das Volk nicht passt, dann soll sie es doch auflösen und sich ein neues wählen.«

(Ende des Exkurses)

Doch nun zu den Hauptfeldern und einigen Auswirkungen der seit zehn oder fünfzehn Jahren verstärkten Bemühungen der PK und der sie tragenden sozio-politischen Institutionen, die deutsche Bevölkerung, und hier vor allem: die jüngeren Männer, zu versittlichen. Zunächst zu zwei unmittelbaren Auswirkungen, die in manchem auch als Aspekte dieser Bemühungen selbst zu verstehen sind. Nämlich (1) eine gesteigerte *Moralisierung* des Verständnisses der einzelnen Daseinsbereiche, mit der zwangsläufig vermehrte bzw. verschärfte Handlungsanweisungen verbunden sind, die sich teilweise denn auch im Handeln der durchschnittlichen Person niederschlagen. Sowie (2) eine verstärkte politisch-staatliche *Gängelung* der Bevölkerung, die einerseits direkt und zwar mit der Androhung von Sanktionen im Fall der Verletzung der vermehrten Gesetze und Verordnungen zu erreichen gesucht wird. Langfristig wichtiger wird jedoch möglicherweise diejenige Gängelung, die überwiegend als Teil der großen, sich weiter ausdifferenzierenden Vielfalt von Formen der *Betreuung im engeren Sinne* stattfindet. Auch sie soll, wenngleich gewöhnlich nur nachrangig der Erhöhung der politischen *Lenkbarkeit* der Bevölkerung dienen. Existenz und Ausprägung dieser Wirkung dürften jedoch in erster Linie davon abhängen, ob die Betreuung von den Betroffenen als eher positiv oder eher negativ erfahren wird.

Das auffallendste Feld der *Moralisierung* ist ohne Zweifel der Bereich der Politik, deren Beseitigung nicht nur als überkommene Machtpolitik, sondern tendenziell von Politik (als Verfolgung kollektiver wie subkollektiver Interessen) überhaupt ja bereits im Grundgesetz angelegt ist[124]. Damit werden in Deutschland, um vieles stärker als in anderen westlichen Ländern, traditionell politische zu *ethischen* Fragen und damit dann zu Fragen ihrer ethisch richtigen Behandlung (soweit darüber nicht wieder die unanfechtbare juristische Ableitung der Verfassungsrichter aus der von ihnen geschaffenen »Wertordnung« entscheidet). Dem entspricht ein auffallender Wandel der in der Politik dominierenden Mentalität nicht nur bei den Medien bzw. in der Öffentlichkeit, sondern überwiegend auch bei der politischen Klasse selbst: An die Stelle gleichsam kühler politischer Abwägungen von *Interessen*konstellationen, von Erfolgswahrscheinlichkeiten der eigenen wie der Absichten anderer im Kreis der jeweils Beteiligten sowie von hier vermutlich aufbrechenden Konflikten tritt zunehmend – wie u. a. in seltener Reinheit den deutschen Reaktionen auf das Ausbleiben »positiver« Ergebnisse

124 Auch hier lohnt ein Vergleich mit anderen Verfassungen wie z. B. der US-amerikanischen von 1787. Während sich an deren Anfang ein kleiner Katalog von auch handfesten Zwecken der Verfassung – wie »die Ruhe im Inneren zu sichern« oder »das allgemeine Wohl zu fördern« – findet, kennt die Präambel des Grundgesetzes neben dem »Willen«, »seine nationale und staatliche Einheit zu wahren«, nur zwei mit dieser Verfassung verfochtene Ziele des »Deutschen Volkes«. Nämlich »gleichberechtigtes Glied in einem vereinten Europa« zu werden und als solches »dem Frieden der Welt zu dienen«. Dabei gibt das erste Ziel die äußere Souveränität zugunsten einer höheren Zielsetzung eigentlich schon wieder auf, bevor sie auch nur »kraft … verfassungsgebender Gewalt« beansprucht wurde. Auf die Bemühung um das zweite aber hat »die Welt« wenige Jahre nach 1945 ganz sicher gewartet. Dass nämlich Westdeutschland sich wenigstens verbal in alle (Kriegs)Händel der Erde einmischt – und zwar als wie immer unwürdiger Knecht eines der höchsten Güter.

des 2009 in Kopenhagen stattgefundenen Klimagipfels zu entnehmen war – das durch den (eigentlich absehbaren) Gang der Dinge böse Überraschtwerden, treten mediale sittliche *Entrüstungen* und Bekundungen des eigenen *Empörtseins*, die in den Augen anderer und insbesondere der entscheidenden Mächte nicht eben als »hilfreich« gelten. – Doch auch bei nachrangigen politischen Fragen, wie der von Seehofer geforderten Maut für ausländische Autofahrer auf deutschen Autobahnen, dominiert in der Politik und den korrekten Medien eine, übrigens unaufrichtige moralische Sicht der Angelegenheit. Im Sinne der alten Staatsräson hätten hier nur zwei Fragen interessiert: a) Führt eine solche Maut zur möglichst dauerhaften Vermehrung der Staatseinnahmen (oder verhindern dies – ganz oder weitgehend – die Anfangs- und/oder dauerhaften Begleitkosten ihrer Einführung)? b) Treten mit ihrer Einführung gravierende negative Nebenwirkungen im eigenen Land oder sonstige Nachteile auf, die sich als Folgen von (absehbaren) Reaktionen vor allem der Anrainerstaaten ergeben? Müsste man insbesondere die erste Frage verneinen, wäre die Angelegenheit vergleichsweise rasch entschieden. Dagegen würde eine dritte, nach der politisch korrekten Suggestion entscheidende und immer schon negativ beschiedene Frage, ob nämlich die Maut gegenüber den Anrainerstaaten auch *ethisch gerechtfertigt* sei, angesichts der faktischen Folgen der Mautpraxis *dieser* und anderer Staaten für *deutsche* Autofahrer erst gar nicht auftauchen. So aber war es, erst und wieder einmal, Sache der Mehrheit der deutschen Politiker und der öffentlich dominierenden Medien, sich nicht für deutsche Belange einzusetzen, sondern mit negativen Stellungnahmen, die durch die Orientierung am politisch korrekten »Guten« zustande gekommen sind, faktisch die *Interessen Anderer* zu bedienen. Für die Verfassungstradition von 1949 wie die korrekte Gegenwart ist eben bezeichnend, dass die klassischen oder durch spezifisch nationalstaatliche Interessen modifizierten Ziele der Staatsräson nur noch in den gleichlautenden Amtseiden des Kanzlers und des Bundespräsidenten auftauchen. Führt die hier festgeschriebene Verpflichtung angesichts der *faktischen* Hauptaufgabe des Letzteren, die deutsche Bevölkerung an ihre kollektive Minderwertigkeit immer neu zu erinnern, nicht zumindest bei diesem Amt zu einem grotesken Widerspruch[125]?

Dass diese Moralisierung jedoch auch außerhalb der Politik (im engeren Sinne) beträchtliche Auswirkungen hat, zeigt sich nicht zuletzt am deutlichen Rückgang jedenfalls der öffentlich gebilligten *Meinungsvielfalt*. Inzwischen ist er ja auch in Institutionen gesellschaftlicher Bereiche wie dem Sport zu beobachten, die – nicht zuletzt als Reaktion auf seine Vereinnahmung durch das NS-Regime – als politik*fern* galten und gelten sollten. In einer seit über fünfzig Jahren in (West)Deutschland nicht mehr gekannten Weise demonstrierte diese Veränderung der Fall der Ruderin Nadja Drygalla, genauer: ein Teil der medialen Reaktionen auf ihn. Wie erinnerlich, wurde Drygalla von deutschen Sportfunktionären zum vorzeitigen Verlassen der Olympischen Spiele in London und damit zum Verzicht auf die eigene Teilnahme daran gedrängt. Aber nicht etwa wegen disziplinarischer Vergehen oder sonstigem unerwünschtem Eigensinn, sondern wegen der Gesinnung ihres *Freundes*, eines (schon damals: gewesenen) NPD-Mitglieds. Typisch für die – soll man sagen: nun wirklich? – korrekte Würdigung dieses Vorfalls war dann ein längerer, von J. Zimmermann stammender »Kommentar«, der in der »Frankfurter Rundschau«, einer schließlich doch fortlebenden, allgemein als seriös angesehenen Zeitung erschienen ist. Aus diesem Kommentar mit der Überschrift »Kein Mitleid mit Drygalla« seien doch einige Stellen wiedergegeben, weil sie teilweise drastisch demonstrieren, wohin die Reise der PK, also der Herrschaft des »Guten« nach manchen ihrer Anhänger gehen soll:

(1) »Nadja Drygalla verließ wegen ihres Freundes, einem ehemaligen NPD-Mitglied, die Olympischen Spiele. Viele empfinden Mitleid mit der 23-jährigen – und vergessen, wer die effektivsten Helfer der Neonazis sind: die Untätigen.«

125 Um nur den Kern dieses Eids wiederzugeben, der immer am Beginn der Amtszeit abzulegen ist: Beide haben jeweils zu schwören, dass sie ihre »Kraft dem Wohle des deutschen Volkes widmen, seinen Nutzen mehren (und) Schaden von ihm wenden« werden. Dieser Eid stellt sicher ein Zugeständnis an die Mehrheitsauffassung der Bevölkerung vom Sinn der Politik dar, ist aber – gemessen an den *höchsten* Staatszwecken des Grundgesetzes – zweifellos ein »Rückfall«.

(2) »Nun ist von Gesinnungsschnüffelei die Rede. Aber: Nationalsozialismus ist keine Meinung, keine Gesinnung. Er ist ein Verbrechen. Nach ihm wird nicht geschnüffelt, sondern gefahndet. Er greift den Kern unserer demokratischen Werte an.«

(3) »Beziehungen sollen Privatsache sein. Wer allerdings Neonazis in seinem Umfeld, Freundeskreis oder seiner Familie akzeptiert, unterstützt die rechte Szene mit seinem Wegsehen. ... Nicht umsonst gibt es die Initiative: Kein Sex mit Nazis. Sie zielt auf einen konkreten Punkt bei der Bekämpfung von Neonazis ab – deren akuter Frauenmangel. Für junge Männer wird eine politische Einstellung nun mal unattraktiv, wenn sie ihnen den Zugang zum anderen Geschlecht verwehrt.«

(4) »›Wo die Liebe hinfällt‹, zitieren viele nun schmachtend alte Binsenweisheiten. Eine solche kindliche Bevormundung wird einer erwachsenen Sportlerin nicht gerecht. Schon gar nicht, wenn sie sich zwar zutraut, ganz Deutschland zu vertreten, sich aber bei der Wahl ihres Partners teenagerhaft schicksalsergeben gibt.«

(5) »Sie hat ja nichts getan, lautet eines der beliebtesten Argumente ihrer zahlreichen Verteidiger. ›Alles, was für den Triumph des Bösen notwendig ist, ist, dass gute Menschen nichts tun‹. Das Zitat, das Edmund Burke zugeschrieben wird, trifft den Kern.«

(6) »Olympioniken sollen sich zu den demokratischen Werten unseres Landes bekennen. Sie stehen nicht nur für unsere sportliche Leistung, sie sind für die Spiele die Vertreter unserer Kultur, unseres Fleiß, unseres Ehrgeiz (! – B. E.). Eine Sportlerin, die es schafft, einem Neonazi jahrelang tatenlos bei seinem Treiben zuzusehen, ist schlichtweg ungeeignet und als Repräsentantin untragbar« (FR vom 9. 8. 2012)[126].

Was also wünscht Zimmermann sich und der deutschen Bevölkerung insgesamt? Offensichtlich einen Staat, der die Freiheit des Einzelnen, insbesondere die Meinungsfreiheit weiter einschränkt und mit seinen nicht zuletzt juristischen Zugriffen auf alle, die sie für »Neonazis« oder auch deren »effektivsten Helfer« hält, nicht lange

126 Dass übrigens auch in der offiziellen Sport*politik* die Tendenzen zunehmen, missliebige Elemente, d. h. Andersdenkende aus jedenfalls dem Spitzensport auszusortieren (und das schon früh), ist u. a. der folgenden Nachricht zu entnehmen: »Das Bundesinnenministerium erwägt die Aufnahme eines ›Demokratiebekenntnisses‹ in die Förderrichtlinien für Spitzensportler. Entsprechende Überlegungen gäbe es bereits seit Ende 2011, sagte ein Ministeriumssprecher. Der Diskussionsprozess sei aber ›noch nicht abgeschlossen‹, auch seien die Überlegungen keine Reaktion auf den aktuellen Fall der Ruderin Drygalla« (Txt n-tv, T. 114 vom 7. 8. 12).

fackelt. Näher betrachtet geht es ihr jedoch um drei Zielsetzungen bzw. Veränderungen, von denen zwei auf die »Privatsphäre« der Person gerichtet sind, die herkömmlicherweise gerade die Öffentlichkeit nichts angehen soll. Für die *erste* von ihnen steht die Losung »Kein Sex mit Nazis«, die, positiv gewendet, vor allem von den jüngeren Frauen nach dem Prinzip »Tausche Sex gegen korrekte Gesinnung« praktiziert werden soll. Die *zweite* richtet sich auf die personale Abwertung der Liebe von einem hohen *Selbst*zweck zu einer Sache individueller, und damit zugleich gesellschaftlicher Opportunität. Die Botschaft und zugleich Zumutung, die Zimmermann für Frau Drygalla hier bereithält, sieht so aus: »Erwachsen« geworden, sollte man schon die früheren Verliebtheiten und damit verbundene Glückserwartungen und -erfahrungen als bloß »teenagerhaft« entwerten und damit ein Stück weit verraten. Vor allem aber sollte man Liebe bzw. die Orientierung an ihr als eine Form der »kindlichen« (Selbst-) »Bevormundung« und des unangemessenen »Schmachtens« ganz fahren lassen. Die »Wahl« des »Partners« (die sprachlich zumindest die Älteren an die Wahl eines Autos und dessen spätere Entsorgung erinnern dürfte) ist vielmehr an gesellschaftlichen Opportunitäten bzw. Erwartungen auszurichten: Eine Spitzensportlerin sollte daher ihre großen Chancen gefälligst auch auf dem Partnermarkt erkunden und für die Deutschland ja ebenfalls dienende Erhöhung des eigenen Status nutzen.

Es waren nicht zufällig vor allem die modernen Diktaturen des 20. Jahrhunderts, d. h. des faschistischen und insgesamt mehr noch des sowjetischen Typs, welche die sozio-politische Geltung einer solchen »Privatsphäre« der Person gründlich beseitigt haben. Gerade Stalin hätten daher die *dritte* von Zimmermann verfochtene Zielsetzung und die mit ihr verbundenen staatlich-juristischen Zugriffe besonders gefallen. Denn auf diese Weise hätte er sich wenigstens einen Teil seiner nicht selten umständlich wirkenden Schauprozesse sparen können, die ja immer noch den Nachweis dafür erbringen sollten, dass die Angeklagten persönlich schuldig seien. In Wahrheit bedarf es jedoch, das können »wir alle« von dem Fall Drygalla lernen, für korrigierende öffentliche Eingriffe gar nicht eigener Schuld im hergebrachten Sinne – denn die »effektivsten Helfer« des Bösen sind eben »die Untätigen«. Und da über neunzig Prozent der deutschen Bevölkerung »nichts« tun, »Neonazis«, d. h. Andersdenkende vom rechten Rand nicht bekämpfen, hat die Obrigkeit den jedenfalls moralischen Freibrief, aus der nicht enden wollenden Masse dieser »Helfer« fast nach Belieben Einzelne (und, wenn es politisch nötig erscheint, auch ziemlich viele) herauszugreifen und sie den einschlägigen Maßnahmen zur Versittlichung ihrer Person zuzuführen.

Der Rückgang der öffentlich gebilligten Meinungsvielfalt kann jedoch auch daran abgelesen werden, dass vom *ideologischen Pluralismus*, der noch vor wenigen Jahrzehnten nicht nur innerhalb der Sozialwissenschaften als bejahenswertes *Grundmerkmal* der Moderne galt, jedenfalls in Deutschland nicht mehr die Rede ist. Und daran, dass – damit eng zusammenhängend – die seit Ende der Sechzigerjahre anschwellenden, überwiegend zivilgesellschaftlichen Aufrufe zur *Toleranz*, die zumindest die Angehörigen gehobener sozialer Schichten gegenüber den Ansichten und den damit verbundenen praktisch-politischen Zielen *anderer* Gesellschaftsangehöriger aufweisen sollten, inzwischen weitgehend verstummt sind. Also die Aufrufe zur elementaren Akzeptanz solcher Ansichten usw. schon deshab, als es für ihre Verfechtung fast immer auch legitime oder zumindest verständliche Gründe gebe. Weit mehr auf der Höhe der Zeit sind demgegenüber die oft aggressiven Ankündigungen von »Null Toleranz« gegen diejenigen, die vom »Guten« in dieser oder jener Hinsicht abweichen. Das Schwinden der Meinungs- und, weniger deutlich, der Verhaltensvielfalt ist ohne Zweifel in erster Linie eine Folge des durch die PK erzeugten Konformitätsdrucks sowie der hinter ihr stehenden staatlichen Sanktionsgewalt. Und beide äußern sich teils in einer zunehmend siegessicheren öffentlichen Durchsetzung des »Guten und Richtigen«, teils in vermehrter personalen Heuchelei gerade in der Öffentlichkeit[127].

127 Angesichts von auch eigenen Erfahrungen (öffentlich-mediale Reaktionen auf seine scharfe Kritik an der deutschen Euro-Politik) hat der frühere Präsident des Bundesverbands der Deutschen Industrie, Hans-Olaf Henkel, die öffentliche Ausgrenzung politisch inkorrekter Individuen in einem Zeitungsinterview so umrissen: »Ich habe lernen müssen, daß sich ganz schnell im Abseits wiederfindet, wer allzu sorglos sein

Neben dem Konformitätsdruck, der von den Versittlichungsbemühungen herrührt, ist so auch derjenige zu beachten, den die zahlreiche Phänomene der (halb)staatlichen und anderer öffentlicher *Betreuung* mit sich bringen. Man kann hier zwischen Maßnahmen einer hauptsächlich *lenkenden* Betreuung für die – der Absicht nach – Bevölkerung insgesamt, die sich in der Form einer weiter anschwellenden Fülle entsprechender Gesetze, Verordnungen und (kommunaler) Entscheidungen vollzieht, und einer *organisierten* Betreuung von ihrerseits zunehmenden Kategorien und Gruppen von Menschen unterscheiden, die u. a. auf vermehrt straffällig gewordene Jugendliche oder dauerhaft Pflegebedürftige berechnet ist. Maßnahmen, welche die gesamte Bevölkerung oder beträchtliche Teile von ihr zu lenken suchen oder direkt verpflichten, gibt es für den Bereich der Umwelt schon seit mehreren Jahrzehnten (Mülltrennung bei den Haushalten, Entsorgung von Hausrat und zahlreichen Sondermüllarten). Doch inzwischen eben auch für den Bereich von Ehe und Familie (z. B. in der Form der »Herdprämie«), der Gesundheit (Rauchverbote in Gaststätten, auf öffentlichen Plätzen und, bei Mietern, womöglich dem eigenen Balkon, Verbot des Ladenverkaufs von Alkohol nach 22 Uhr selbst an Erwachsene[128]), dem Glücksspiel bzw.

---

demokratisches Recht in Anspruch nimmt, seine Meinung zu sagen. Man hat etwas geäußert und muss am nächsten Tag entdecken, daß man erledigt ist. Wie man früher Leute, die nicht ins Raster paßten, verschwinden ließ, entfernt man sie heute aus der Öffentlichkeit. Und die Meinung, mit der sie Anstoß erregen, findet sich nicht mehr in der Presse. ... Statt sich mit den Inhalten seiner Position auseinanderzusetzen, zu versuchen, diese zu widerlegen, erledigt man den Menschen persönlich. Man verleumdet ihn, dichtet ihm Schwächen an, gibt ihn der Lächerlichkeit preis« (Junge Freiheit, Nr. 36/13 (30. 08. 13), S. 3.

128 Eine weitere Lenkungsmaßnahme aktuellen Datums richtet sich auf die Freunde des Alkohols unter den *Radfahrern*: »Die Promillegrenze für Deutschlands Radfahrer soll nach dem Willen der Innenminister sinken. ›Mit dem gültigen Grenzwert von 1,6 Promille kann niemand sicher auf zwei Rädern unterwegs sein‹, sagte der Vorsitzende der Innenministerkonferenz, Boris Pistorius (SPD).« Nach dem dazu von der Radfahrervereinigung ADFC gemachten Vorschlag sollte »die Schwelle der absoluten Fahruntüchtigkeit auf 1,1 Promille sinken«, im Übrigen aber weiterhin gelten: »Räder sind leichter zu fahren als Autos«. Pistorius, weniger zögerlich bei der Durchsetzung des Guten, neigt demgegenüber zu einer Absenkung dieser Grenze in Richtung 0,5 Promille. Ihm zufolge ist nämlich vor allem die »gefährliche (und nicht etwa falsche – B. E.) Meinung« zu bekämpfen, »dass Alkohol am Fahrradlenker weniger gefährlich ist als am Steuer« (Txt ZDF, T. 126 und 127 vom 21. 5. 13).

seiner Eindämmung sowie für sonstiges »Gutes« (wie die von den Grünen betriebene Durchsetzung eines fleischlosen Wochentags in (halb)öffentlichen Unternehmens- und anderen Kantinen). Ferner Maßnahmen zur Lenkung der Jugend wie die Abgabe von Spirituosen erst an Volljährige, politische Forderungen nach Beseitigung der zum »Missbrauch« einladenden Zigarettenautomaten oder Maßnahmen gegen das »Komasaufen«. Und natürlich werden trotz sinkender Unfallzahlen inzwischen wieder Forderungen laut, die ohnehin schon auf vielen seiner Strecken geltende Geschwindigkeitsbegrenzung von 120 km/h auf das deutsche Autobahnnetz insgesamt auszudehnen. – Fast von selbst versteht sich jedoch, dass die Zunahme der gängelnden Reglementierungen auch zu Reaktionen in der Form von teils alten, teils neuen *Widersetzlichkeiten* des Alltags führen. So etwa zum Austricksen der erwähnten Automaten, zur Umgehung von Alkoholverboten oder zur Entsorgung von Renovierungsschutt und Elektronikschrott in den sich dafür anbietenden Wäldern der Umgebung.

Zahlreich sind schließlich auch, und keineswegs nur in den (weiterführenden) Schulen, die gängelnden Bemühungen im kulturellen Bereich. Um davon nur einen Aspekt, nämlich die Maßregelung der deutschen Sprache aufzugreifen. Dazu gehört u. a. schon die neuerdings politisch korrekte Vermeidung des Namens Holland zugunsten von »die Niederlande« oder die Verdrängung der überkommenen Aussprache der Landesbezeichnung »Ukraine« zugunsten des so schön klingenden »Ukra-ine«[129]. Direkt übel aber ist die versuchte, und weitgehend gelingende Verbannung missliebig gewordener deutscher Wörter aus dem allgemeinen Sprachgebrauch. Denn sie

129 Um dabei doch kurz zu verweilen: Die traditionelle Aussprache ist ins Deutsche (wie in andere Sprachen) offensichtlich über das Russische gelangt. Denn in ihm wird das als »Ukraine« ausgesprochen, was im *westlichen* Teil dieses Landes tatsächlich Ukraine heißt. Sehr bezeichnend ist nun, dass nur den Deutschen von ihrer Obrigkeit die Aufgabe der überkommenen zugunsten der plötzlich »korrekt« gewordenen ukrainischen Aussprache zugemutet wird und diese Aussprache sich bei der politischen Klasse und ihrem (medialen) Umfeld auch sofort durchgesetzt hat. In Frankreich wie in Großbritannien ist dagegen von entsprechenden staatlichen Bemühungen für eine »korrekte« Aussprache von »L'Ukraine« oder »Ukraine« (»Jukrein«!) nichts zu bemerken und sie hätten hier wohl auch keine Chance auf eine verbreitete oder gar allgemeine Beachtung.

trifft nicht nur – wie das dafür einschlägige Vorgehen der »sprachkritischen Aktion« in Darmstadt zeigt – hässliche oder auch ziemlich wirre Wortschöpfungen wie etwa »Opfer-Abo«, sondern auch wohlklingende und sachgenaue Wörter wie »Überfremdung«. Mit ihr ist, in objektiver Hinsicht, ein Prozess der zum Teil auch wirtschaftlichen, vor allem aber demographischen und kulturellen (Sprache usw.!) *Verdrängung* von Einheimischen aus einem bestimmten Gebiet – Straßenzügen, Stadtvierteln sowie ganzen Gegenden – durch den starken und sich oft recht rasch vollziehenden Zuzug von Fremden gemeint. Außerdem gibt es hier, eher noch wichtiger, auch einen subjektbezogenen Wortsinn: Überfremdung ist danach die jeweilige, gewöhnlich unvollständige und nicht selten verzerrte *Wahrnehmung* der Einheimischen, dass durch die – womöglich rücksichtslose – Ausbreitung der Zugezogenen und ihrer Kultur die eigene Heimat *zur Fremde* wird. Doch warum der Versuch, ein derart triftiges Wort zu verbannen? Die unmittelbare Botschaft an die deutsche Bevölkerung besteht natürlich darin, dass »man« das nicht mehr sagen soll bzw. darf. Doch warum das? Weil, so wird allerdings mehr suggeriert als offen gesagt, Überfremdung auf eine Diskriminierung von Nichtdeutschen hinausläuft, die (um bei größeren Städten zu bleiben) bekanntlich ja nur »scheinbar« oder infolge eigener Schuld der Einheimischen diese aus Straßenzügen, aus ganzen Vierteln verdrängen.

Die politisch korrekte Verbannung der Überfremdung sucht so, näher betrachtet, wenigstens drei Dinge zu erreichen. Erstens soll die deutsche Bevölkerung lernen, dass die Überfremdung selbst, die es »eigentlich« gar nicht gibt, nichts Anrüchiges, ja Schlimmes ist, sondern vielmehr die von Deutschen geäußerte *Meinung*, dass ihnen durch Ausländer Überfremdung droht oder sie schon erfolgt sei. Zweitens soll sie möglichst über kein Wort mehr verfügen, durch das entsprechende Erfahrungen auf den Begriff gebracht werden können. Damit dauert es dann, durchschnittlich, bereits länger, bis ein einsetzender Überfremdungsprozess von den Einheimischen überhaupt wahrgenommen wird. Und es dauert auch länger, bis unter ihnen eine auf das Verständnis des Gesamtprozesses zielende Kommunikation über die hierher gehörenden Einzelphänomene stattfindet, durch die sich dann für sie ein halbwegs einheitliches und stimmiges Gesamtbild ergeben könnte. Und drittens fehlt damit, erst einmal, ein unmittelbar einleuchtender, zugkräftiger Begriff, der es den Betroffenen erleichtern würde, sich zu organisieren und gegen die Überfremdung zur Wehr zu setzen. – Kurz, erfolgreiche Verbannungen überkommener Wörter schränken nicht nur die Wahrnehmungs- und Kommunikationsfähigkeiten der so Beraubten ein, sondern schmälern auch ihre Möglichkeiten eines kollektiven, bis hin zu gemeinsamem Widerstand reichenden Handelns. Ist es nicht das, worum es bei den obrigkeitlich betriebenen oder wenigstens begünstigten Sprachsäuberungen letztlich geht?

Viel größer als der bisher geschilderte fällt indes der Konformitätsdruck bei all denen aus, die vorübergehend (Krankenhauspatienten, die Mehrheit der Arbeitslosen oder Drogenabhängigen) oder gewöhnlich dauerhaft (Insassen psychiatrischer Einrichtungen, körperlich Behinderte, Pflegefälle) auf *organisierte* öffentliche Betreuung angewiesen sind. Ähnlich wie Schüler haben sie mindestens zwei »Lehrpläne« zu lernen, nämlich den offiziellen und denjenigen, der den Betreuern bzw. dem Aufsichtspersonal jenseits dieser Vorschriften den Gehorsam und Respekt der Betreuten sichern soll. Doch oft noch einen dritten, hauptsächlich von früheren Betreuten dieser Art geschaffenen, der sich im Wesentlichen auf ihr kollektives Selbstverständnis und auf das richtige Verhalten gegenüber Leidensgenossen bezieht. – Für die alltägliche Betreuung am wichtigsten ist durchschnittlich gewiss der *offizielle* Lehrplan, der sich vor allem an sachlichen Kriterien wie der Verbesserung der Chancen von Arbeitslosen auf einen Arbeitsplatz, der personalen Minimierung der negativen Effekte von Behinderungen oder an dem erreichbaren Beitrag von Pflegebedürftigen für die Einhaltung hygienischer Standards orientiert. Doch enthalten gerade seine Bestimmungen regelmäßig einen »nichtsachlichen« Überschuss, der die Betreuten auch auf die herrschende Auffassung über die jeweils erstrebenswerte *Normalität* zu verpflichten sucht. Mit ihr kann wiederum beides gemeint sein, nämlich einmal diejenige, um die sich die Bevölkerung insgesamt bemühen soll (und sich in manchen Hinsichten überwiegend auch bemüht). Oder diejenige, die dem jeweiligen Betreutentypus eben als Ziel vorgegeben wird und, im Fall ihrer Erfüllung, den »guten« Patienten oder Obdachlosen, den sein Leben meisternden Blinden oder den »richtigen« Teilnehmer am städtischen Projekt »Betreutes Wohnen« ausmacht. Wichtig ist hier nur, dass die jeweiligen Vorstellungen von Normalität regelmäßig auch Inhalte bzw. Maßstäbe enthalten, die von der PK übernommen oder aus einzelnen ihrer Auffassungen über das jeweils Gute abgeleitet sind. Auch dadurch stellen die zahlreichen Spielarten der organisierten Betreuung zugleich Bemühungen um die *Versittlichung* der betreffenden Menschen dar.

Doch noch einmal zurück zu den Auswirkungen – wie einigen ihrer Gründe – derjenigen (quasi)staatlichen Bemühungen, die hauptsächlich der jüngeren, männlichen Normalbevölkerung gelten. Kaum ein Zweifel besteht daran, dass der öffentliche Druck auf gerade die Meinungskonformität in den letzten fünfzehn oder zwanzig Jahren stark zugenommen hat. Und dieser Druck dürfte auch die soziale Konformität der Bevölkerung durchschnittlich erhöht haben – bei allerdings nach wie vor großen Unterschieden zwischen den sozialen Schichten bzw. Milieus, den beiden Geschlechtern, den verschiedenen Alters- und auch ethnischen Gruppen. Als sicher kann jedenfalls gelten, dass die forcierten Versuche der Versittlichung nicht ohne gewisse Wirkungen geblieben sind (wenn eben auch weit mehr auf der Meinungs- als der Verhaltensebene). Doch warum ist das so? Dazu sollen, in halber Wiederholung, wenigstens drei, vergleichsweise spezifische Ursachen erwähnt werden, deren Wirkung gerade auf die Angehörigen der höheren Schichten insgesamt groß ausfällt.

Einen ersten Grund bildet die gesteigerte Prägekraft gerade der neuen Medien, die durch die gewaltigen Fortschritte der Computer- bzw. Internettechnologie immer neue Schübe erfahren hat. Inzwischen erreichen diese Medien so auch die jüngeren Leute der unteren Schichten oft täglich, doch mehr eben noch diejenigen höherer Schichtzugehörigkeit. Außerdem vergrößert sich ihre prägende Macht noch dadurch, dass sie in den hier interessierenden Hinsichten immer wieder mit (fast) nur mit *einer* Stimme sprechen. Einen zweiten Grund stellt die bereits erwähnte starke Verankerung der PK vor allem in den weiterführenden Schulen dar – wer sollte sich ihrem Einfluss wirklich entziehen können, der ihr acht oder neun Jahre im dafür günstigsten Alter ausgesetzt ist? Schließlich ist noch ein Grund anzuführen, der, in der Öffentlichkeit merkwürdig unbeachtet, eine gewichtige Rolle für bestimmte, gelegentlich schwer zu übersehende Tendenzen der Verweiblichung bei wiederum vor allem den männlichen Jugendlichen aus sozial gehobenen Schichten spielt. Gemeint ist die schlichte Tatsache, dass im Lauf der letzten fünfzig, sechzig Jahren zunächst in den Volksschulen die Männer als Lehrer fast völlig zugunsten von Frauen verschwanden, seit den Siebzigerjahren sich dieser Prozess auf den weiterführenden Schulen wiederholte und seit etwa zwanzig Jahren ein solcher Verdrängungsprozess auch an den Universitäten zu beobachten ist. Die männliche Autorität ist so jedenfalls aus dem *Kern*bereich der *organisierten* Erziehung weitgehend verschwunden, bildet zur weiblichen Autorität hier kein Gegengewicht mehr. Selbst wenn die weiblichen Lehrkräfte es eigentlich genau nicht wollen: Sie teilen zumindest über den »heimlichen Lehrplan«, der niemand unter den Beteiligten voll bewusst ist, bestimmte weibliche bzw. als weiblich geltende Wahrnehmungs-, Empfindungs-, Orientierungs-, Bewertungs- und Handlungsmuster auch ihren männlichen Schülern oder Studenten mit. Und diese Muster decken oder überlappen sich ja weit mehr mit den Inhalten der PK, als dies für ihre tradierten männlichen Ausprägungen gilt.

Hinzugefügt sei, dass es zumindest bei den älteren, männlichen wie weiblichen Jugendlichen jedoch innerpsychische Grenzen der personalen Folgebereitschaft gegenüber der PK bzw. ihren Inhalten gibt. Der wohl wichtigste Grund für die in Manchem erhöhte Konformität der Bevölkerung besteht ja in dem entsprechenden Druck, wie er von staatlichen Instanzen, den staats- und PK-tragenden Medien, aber eben auch von den Schulen ausgeübt wird. Druck erzeugt jedoch Gegendruck bereits über die eigene Bequemlichkeit, die durch ihn gestört wird, aber auch über Bedürfnisse nach Freiheit und Selbstbestimmung. Hinzu kommt der Gegenwind, den die häufige, wenn nicht überwiegende Grundhaltung der Eltern zur Realitätsnähe und/oder Glaubwürdigkeit korrekter Wirklichkeitsdarstellungen und damit verbundener politisch-praktischer Absichten bildet. Nämlich eine Haltung, die in der Form der Redewendung »Aber nur im Fernsehen!« vielfach zum Standardrepertoire innerfamiliärer Auseinandersetzungen über das gehört, was wirklich und wahr sei. Außerdem wird die personale Folgebereitschaft wiederum durch den Charakter der korrekten Botschaften selbst eingeschränkt und gleichsam widerwillig. Denn diese – auch – durch die Methoden des Ignorierens, Verschleierns, Verfälschens und durch mehr als reichliche Zutaten an fragwürdigen Bewertungen zustande gekommenen Botschaften wecken gelegentlich Misstrauen und Argwohn zumindest bei Teilen der Jugendlichen, ohne dass die Mehrheit von ihnen häufiger zu Widerlegungen imstande wäre, die wenigstens sie selbst voll überzeugen würden. – Weiteres, nach seinem Umfang allerdings schwer abschätzbares Unbehagen erzeugen diese Botschaften schließlich dadurch, dass es nach ihnen (und zwar nicht nur auf den Hauptkampffeldern der Korrektheit) regelmäßig keine »vernünftigen« und zugleich »machbaren« *Alternativen* zu dem gibt, was von ihnen als richtig, als sittlich geboten behauptet wird. Dass sie vielmehr immer nur zum »Guten« nach *ihrem* Verständnis und seiner Befolgung mahnen, oft genug Zeichen dauerhafter eigener »Betroffenheit« und Äußerungen bekennender Verantwortung »einfordern«, aber niemals Wege zur Verwirklichung größerer persönlicher Freiheit zeigen und so Aussichten für die Gestaltung einer selbstbestimmten Zukunft, eines erfüllten eigenen Lebens eröffnen.

3. Tendenzen der Entnationalisierung

a) Zur Anglo-Amerikanisierung der deutschen Kultur, insbesondere der Sprache

Amerikanisierung ist ein Prozess, der zwei Seiten voraussetzt. Nämlich die eine, von den USA gebildete, die absichtlich oder nur faktisch amerikanisiert; und die andere, passsive, die sich mehr oder minder bereitwillig amerikanisieren lässt oder auch zwangsweise amerikanisiert wird. Hinsichtlich der US-Seite ist dieser Prozess immer schon von der Absicht der Vereinigten Staaten bzw. ihrer politischen Eliten bestimmt, andere Länder wenn nicht zu beherrschen, so doch nach *ihren* Grundvorstellungen, nach bestimmten Elementen des »American Way of Life« zu formen. Amerikanisierung in diesem Sinne ist als Ziel der Außenpolitik praktisch so alt wie die USA selbst es sind: Wie Zehnpfennig anhand der hauptsächlich von Alexander Hamilton 1787/88 verfaßten »Federalist Papers« in Erinnerung gebracht hat, folgt auf dessen Klage über das ganz ungerechtfertigte Auftreten der Europäer als »Herren der Welt« nämlich seine Prophezeiung, »bald sei es an Amerika, die Bedingungen zu diktieren, unter denen sich alte und neue Welt verbinden'« (Zehnpfennig 2001: 117). 1947 heißt es dann beim Präsidenten Truman noch unverhüllter, doch mit ungewöhnlichen Selbstzweifeln: »Die ganze Welt sollte das amerikanische System übernehmen. Das amerikanische System kann in Amerika nur überleben, wenn es ein Weltsystem wird« (zitiert nach Pieterse 2003: 108).

Dieser Tradition entspricht es, dass auch gegenüber den anderen westlichen Ländern Amerikanisierung keinen Austausch unter wirklich Gleichen darstellt, sondern – jedenfalls unter dem Gesichtspunkt der Verbreitung von »Innovationen« wirtschaftlicher und sonstiger Art – ein hauptsächlich einseitiger *Transfer*. Und zwar dahingehend, dass in den USA beheimatete Produkte, Praktiken, Institutionen, Berufs- und Freizeitorientierungen in andere Länder exportiert werden, in denen sie sich dann mehrheitlich auf Kosten der entsprechenden einheimischen Phänomene und Gepflogenheiten verbreiten und diese ganz oder teilweise verdrängen. Dabei meint »beheimatet« nicht notwendig, dass diese Produkte auch sämtlich in den USA entstanden wären, wohl aber, dass sie von dort aus – und nicht etwa dem eigentlichen, womöglich der Dritten Welt angehörenden Ursprungsland – weitergereicht werden. Zugleich ist der Austausch eben recht einseitig, und zwar nicht selten hochgradig: So haben z. B., wie Peter Ludes am Beginn der Neunzigerjahre festgestellt hat, die US-Fernsehgesellschaften bisher »nie mehr als 2 Prozent ihrer Fernsehprogramme importiert«, also von anderen Ländern übernommen (1991: 81).

Hinsichtlich der näheren Inhalte dieses Transfers denkt man üblicherweise vor allem an die Fülle von *Konsum*gütern, darunter gerade den Strom von Medienprodukten, die von der immer noch wachsenden US-Kulturindustrie hervorgebracht und verbreitet werden. Doch in längerfristiger Hinsicht ist hier ein anderer, vor allem mit den visuellen Produkten – und der weiter wachsenden Internetkommunikation – verbundener Aspekt zu betonen, nämlich die möglichst weltweite Verbreitung bestimmter regulativer *Grundideen* (und entsprechender Institutionen) in den »Farben der USA«. Zu den wichtigsten dieser Ideen gehören gewiss die Menschenrechte, d. h. ein bestimmtes Verständnis der Grundfreiheiten der Person, sowie die Demokratie. Dazu gehören jedoch auch das freie Unternehmertum, das als eigenes Recht in allen Ländern der Erde durchzusetzen ist, sowie die Vorstellung der *Einen Welt*. Deren Kern wiederum bildet, neben einem allgemeinen und freien Austausch, eine entsprechende Kommunikation und Zusammenarbeit sowie, als visionäre Folge davon, ein Zusammenwachsen der Welt unter der Führungsmacht USA, das übrigens auch eine tendenzielle Vereinheitlichung rassisch-ethnischer Gegebenheiten einschließt[130]. Die

130 Bei William T. Stead, mit dessen Buch »The Americanization of the World« (1901) die Amerikanisierungsdebatte in den USA beginnt, findet sich bezeichnenderweise

eigentliche Sünde anderer, von Völkern und Staaten besteht dann darin, all das und den damit gegebenen Fortschritt zu verschmähen, besteht in einer selbst gewählten Isolierung gerade gegenüber den USA. Doch auch schon in ernsthaften Forderungen nach stärker auf die *eigenen* Bedürfnisse oder Gepflogenheiten zugeschnittenen Regeln für die inter- und transnationale Interaktion in den verschiedenen Daseinsbereichen. Denn natürlich haben sich Austausch, Kommunikation, Zusammenarbeit im Wesentlichen nach den Interessen und Gewohnheiten der USA (wie z. B. ihrer Sprache), nach den von ihnen gesetzten Regeln zu vollziehen.

Nun zu der anderen Seite der Amerikanisierung, nämlich – annähernd – allen anderen Gesellschaften bzw. deren Eliten, für die sich der Transfer der US-Produkte als (gewollte oder ungewollte) *Übernahme* darstellt. Amerikanisierung überhaupt meint hier ein oft riesiges Konglomerat von Prozessen, durch die der jeweilige Charakter von Dingen, Verhältnissen und Menschen sich derjenigen Ausprägung annähert, die in den USA dafür jeweils typisch ist (*oder* nach deren öffentlich dominierender Meinung als typisch gilt). In einem *engeren* Sinn meint sie dagegen nur solche Prozesse und deren Resultate, durch die Personen oder ganze Kollektive – wie eben Völker bzw. Nationen, aber auch Berufs- oder Altersgruppen – in den verschiedenen Daseinsbereichen amerikanisiert werden oder sich selbst amerikanisieren. Der logische Endpunkt dieser Vorgänge besteht dann darin, dass Personen und Kollektive *wie* US- bzw. *zu* US-Amerikanern werden. – Die Unterscheidung zwischen amerika-

schon die folgende Argumentation: »Die Verschmelzung ethnisch unterschiedlicher Europäer zu einer amerikanischen Nation werde nicht auf die Amerikaner beschränkt bleiben, sondern trage den Kern einer universalen Tendenz in sich. Amerika war das Laboratorium der Moderne, weil dort in der Einwanderergesellschaft der USA das Aufbrechen traditioneller Milieus erstmals beobachtet werden konnte« (Gassert 2000: 788). In den letzten zwei oder drei Jahrzehnten hat in den USA der Glaube an diese »universale Tendenz« allerdings wieder abgenommen. Denn zu der inzwischen landesweit dominierenden Wahrnehmung, dass der ethnisch-rassische Schmelztiegel der großen Städte zumindest *nicht mehr* funktioniert, gesellt sich gerade bei den US-Minderheiten außereuropäischen Ursprungs eine verstärkte Betonung der *eigenen* Merkmale dieser und verwandter Art (»Ethnizität«). Also eine »kulturelle Balkanisierung« (vgl. Hughes 1992: 869ff.), die inzwischen allerdings wieder viel von ihrer zeitweiligen Brisanz verloren hat.

nisiert werden und sich selbst amerikanisieren soll dabei dem unterschiedlichen Ausmaß von Zwang und Freiwilligkeit gerecht werden, mit dem diese Prozesse jeweils betrieben bzw. hingenommen werden. Allerdings kennzeichnete die Mehrheit der politischen, wirtschaftlichen, kulturellen Amerikanisierungsphänomene schon vor dem ersten Weltkrieg eine Mischung von beidem, auf die dieses Begriffspaar oft nicht ganz passen wollte. Erst recht gilt das für die Austauschbeziehungen zwischen den USA und den anderen westlichen Gesellschaften in der Gegenwart[131]. Demgegenüber hebt die Differenzierung zwischen »wie« und »zu« US-Bürger(n) auf den in vor allem praktischer Hinsicht gravierenden Unterschied zwischen Aspekten der objektiven Amerikanisierung von Menschen und deren subjektiver Amerikanisierung – als zumindest einer gewissen *Identifikation* mit den USA – ab.

Dabei ist das in materialer Hinsicht unübersehbar große Feld der *objektiven* Amerikanisierung seinerseits nach wenigstens zwei Phänomengruppen aufzuteilen, von denen die eine die *kognitive* Amerikanisierung bildet. Mit ihr ist der gern vernachlässigte Sachverhalt gemeint, dass die sozio-ökonomische Orientierung der Angehörigen anderer Gesellschaften oft, und zunehmend, in *erster* Linie auf die Gegebenheiten, Verhältnisse und Entwicklungen in den USA fixiert ist, die *eigenen* nationalen Gegebenheiten folglich regelmäßig mit denjenigen in den USA verglichen und an ihnen gemessen werden. Und dass damit normalerweise die mehr oder minder selbstverständlich gewordene Hintergrundauffassung verknüpft ist, dass den USA eine große, ja entscheidende Rolle für das Wohl und Wehe der

131 Denn in der großen Mehrzahl der Fälle sind diese Beziehungen – und damit die vorherrschenden Typen der Amerikanisierung – primär unter dem Gesichtspunkt von *Markt*beziehungen mit ihrem Grundcharakter der *formellen Freiheit* der daran Beteiligten zu sehen. Überwiegend vollziehen sie sich ja in eingespielten Geschäftsbeziehungen zwischen US-amerikanischen und den einheimischen Unternehmen (Industriekonzerne, Kaufhäuser, Agenturen usw.), nicht zuletzt der Freizeitindustrie. Für sie ist aber nicht die versuchte Ausübung direkten Zwangs das Übliche, sondern die – gewöhnlich latente bzw. nur angedeutete – Drohung mit einem Entzug vorhandener Zusammenarbeit sowie, umgekehrt, die Inaussichtstellung neuer oder verbesserter Kooperationschancen. In erster Linie sind es also bewegliche und in Grenzen ignorierbare bzw. kompensierbare Zwänge, denen die Beteiligten in freilich typisch unterschiedlichem Ausmaß unterliegen.

eigenen Person oder (Berufs-)Gruppe, des eigenen Landes und der Welt insgesamt zukomme[132]. Die empirisch wichtigste Variante ist hier ohne Zweifel die *affirmative* Amerikanisierung, bei der die USA bei tendenziell allen bedeutsameren Fragen technischer, wirtschaftlicher, sozio-politischen und kultureller Veränderungen bzw. Innovationen als das objektive *Vorbild* gelten. Sie eben geben die Maßstäbe vor, an denen die Dinge zu messen sind. Nicht selten steigert sich die vermeintliche generelle Vorbildlichkeit zu der Auffassung, dass hinsichtlich einer Übernahme von US-Produkten (im erwähnten weiten Sinn!) wirkliche Vergleiche zwischen diesen und den einheimischen Beständen gar nicht mehr nötig sind und deshalb auch unterlassen werden sollten. Den schlechthin überlegenen USA ist so auch dann nachzueifern, wenn damit verbundene sachliche Vorteile (»zunächst«) nicht zu sehen sind.

Der andere Hauptaspekt der objektiven Amerikanisierung besteht in der Übernahme von in den USA beheimateten materiellen und ideellen *Produkten* in einzelnen oder gar allen Lebensbereichen. Dazu gehören, besonders in westlichen Gesellschaften, klassischerweise Kaugummis und Lebensmittelkonserven, moderne Fabriken und tayloristische Betriebsorganisation, eine demonstrative Lässigkeit der Kleidung und des alltäglichen Umgangs miteinander. Ferner McDonald's und das Internet, neue Formen der Architektur, der Musik und ganzer Jugendkulturen, doch auch bestimmte Praktiken der Prostitution, landesweiter Wahlkampagnen oder der Organisation des universitären Wissenschaftsbetriebs. Außerdem gehören dazu die Übernahme wenigstens offiziell herrschender *Orientierungen* und *mentaler Eigentümlichkeiten*, wie z. B. eines kaum jemals versiegenden Optimismus, der weitgehend fraglosen Bejahung eines »aktiven«, nach außen gerichteten Lebens oder, zumindest im Prinzip, die »freie und faire« Konkurrenz um alles und jedes. Und schließlich die Übernahme der für die USA typischen Karriereorientierung, be-

132 Angesichts der immer noch wachsenden objektiven Bedeutung der USA für die Mehrheit der übrigen Länder (die durch das Ende des sozialistischen Lagers noch eigens verstärkt wurde), müsste auch diese Form der Amerikanisierung zumindest bei den wirtschaftlichen und politischen Eliten dieser Länder erst einmal weiter zunehmen.

stimmter Prinzipien der Kindererziehung und anderer Elemente der US-amerikanischen Lebensweise im engeren (Mittelschichts-)Sinn sowie eben derjenigen Werte und verwandten Grundauffassungen, welche die »richtigen« Amerikaner ausmachen. – Alle diese Übernahmen fördern, direkt oder über ihre Handlungskonsequenzen, die Amerikanisierung der Menschen nach ihrer objektiven Seite. Denn sie entscheiden über das Ausmaß, in dem diese über eine entsprechende Prägung ihres Alltags-, doch auch Feiertagsverhaltens *wie* Amerikaner werden. Sie entsprechen damit im Wesentlichen denjenigen ethno-kulturellen Vorgängen und ihren Resultaten, die *innerhalb* einer gegebenen Gesellschaft traditionell die *Assimilation* von Zugewanderten bzw. der von ihnen und ihren Nachkommen gebildeten Minderheiten an die Einheimischen ausmachen.

Was nun gerade die europäisch-westlichen Länder von den USA seit dem 2. Weltkrieg übernommen haben und was typischerweise jeweils nicht, ist eine komplexe, doch auch spannende Frage, die auch eine systematische Behandlung verdienen würde. Hier müssen jedoch einige auf (West-)Deutschland bezogene Bemerkungen genügen: Übernahmen, die sich auf breiter Front, ja allgemein durchsetzten, haben in *annähernd allen* Daseinsbereichen, also nicht nur in der Wirtschaft und bei den Gütern des materiellen Konsums stattgefunden. Am stärksten fällt hier, wohl auch im europäischen Vergleich, die alltags-, die *populärkulturelle* Hinwendung zu den USA aus. Darunter ist nicht nur die weitgehende Durchsetzung der anglo-amerikanischen Popkultur unter den Jugendlichen zu verstehen. Sondern auch der allgemeinere Sachverhalt, dass es innerhalb der großenteils verwitterten traditionellen Volks- bzw. Regionalkultur(en), doch auch der überkommenen nationalen Hochkultur nur noch schmale Felder gibt, die sich gegenüber Amerikanisierungstendenzen als bisher relativ resistent erweisen. Gerade mit dieser Hinwendung geht häufig eine ausgesprochene Geringschätzung der überkommenen kulturellen Bestände Deutschlands einher, die gleichsam für einen Apfel und ein Ei – und oft nicht einmal das – zugunsten der Übernahme von vor allem US-Beständen fallen gelassen bzw. verschleudert werden und aus Deutschland in immer noch wachsendem Ausmaß eine kulturelle *Halbkolonie* der USA machen. Eine Kolonie, die sich eben weithin an denjenigen Produkten, Entwicklungen und Lebensstilen orientiert, die nach den Botschaften insbesondere der visuellen US-Medien die USA und ihre überlegene Lebensweise ausmachen[133].

Objektive Übernahmen bilden jedoch auch den durchschnittlich wichtigsten Mechanismus für die *subjektive* Amerikanisierung, die personale oder (sub)kollektive *Identifikation* mit den Vereinigten Staaten. Eine Identifikation, die nicht nur sie und ihre Bürger als in vielen oder doch entscheidenden Daseinsdimensionen überlegen sehen lässt, sondern sich auch in den bewussten Wunsch übersetzt, US-Amerikaner werden und sein zu wollen. Der gewöhnliche Endpunkt dieser Identifikation bildet in *personaler* Hinsicht der nicht oder lediglich nachrangig durch materielle und ähnliche Interessen motivierte Erwerb der US-Staatsbürgerschaft, in *kollektiv-politischer* Hinsicht dagegen eine de-facto-Aufgabe der politisch-staatlichen Selbstständigkeit zugunsten der möglichst engen Bindung an die USA, ja – ginge das nur – einer direkten politischen Aufnahme in sie.

Dass jedoch nicht allein die persönliche, sondern auch die Identifikation *Anderer* mit den USA sich mit Aussicht auf Erfolg für die eigenen Interessen nutzen lässt, ist unter anderem dem folgenden Beispiel aus dem Reich der Wissenschaften zu entnehmen. In seiner Herausgebernotiz (dem »Editorial«, versteht sich) zu Heft 2 / 2004

133 Um hinsichtlich des großen, oft dominierenden Einflusses der US-amerikanischen Unterhaltungsindustrie nur auf Folgendes hinzuweisen: Jahrzehntelang lag der Anteil der im *staatlichen* deutschen Fernsehen (ARD, ZDF) ab ca. 0 bis 4 Uhr morgens – also der Hauptsendezeit von Filmen – ausgestrahlten US-Filme zwischen 80 und 90 %! In den letzten Jahren ist der US-Anteil immerhin etwas, nämlich auf gegenwärtig ca. 70 % abgesunken. Bei den beliebtesten *privaten* deutschen Sendern (wie RTL, Pro 7, Kabel 1 oder SAT.1) liegt der US-Anteil am *Gesamt*programm derzeit bei durchschnittlich über 50 %, wobei jedoch 90 Prozent keine Seltenheit darstellen! Die weiter zunehmende Amerikanisierung vieler und gerade junger Deutscher nach Konsumgewohnheiten, alltagskulturellen Orientierungen usw. dürfte nach wie vor in erster Linie Filmen, Filmserien und ähnlichen US-Unterhaltungssendungen bzw. ihren Botschaften geschuldet sein – die derzeit rapide zunehmende »Denglisierung« ihrer Sprache aber den »deutschen Übersetzungen« der originalen englischen Sprechweisen. Übrigens wird inzwischen die ohnehin schon »denglisierte« Sprache großer Teile der Jungen ihrerseits dazu genutzt, die Übersetzungen noch stärker mit Anglo-Amerikanismen aufzuladen.

der von der Deutschen Gesellschaft für Soziologie unterhaltenen Zeitschrift »Soziologie« wiederholt Georg Vobruba, Vorstandsmitglied dieser Gesellschaft, die altvertrauten Klagen darüber, dass den immensen Leistungen der deutschen Soziologie*professoren* neben anderen universitären Übeln auch ein Mangel an persönlicher »Entlastung« gegenüberstünde:

»Aber wir haben nicht ausreichend viele Seminarräume in der Größe, die ›Seminare‹ bei uns mittlerweile leider haben. Aber Publikations- und Drittmittelerfolge führen zu keinerlei Entlastung von sonstigen Verpflichtungen. (Ein Umstand, den Kolleginnen und Kollegen zum Beispiel aus den USA schlicht nicht fassen können.) Aber wir müssen uns mit behindernden Regelungen herumschlagen ...« (a. a. O., 5).

Auch wenn die Klammern sowie das »zum Beispiel« etwas anderes nahelegen mögen, der Verweis auf die US-Kollegen ist die rhetorisch entscheidende Aussage. Denn einmal kann sich Vobruba – anders als wenn er etwa die Meinung italienischer oder gar russischer Wissenschaftler bemüht hätte – bei *diesem* Beispiel des Einverständnisses der eigenen »Kolleginnen und Kollegen« sicher sein und es in Grenzen auch mobilisieren. Gegenüber der Öffentlichkeit aber und insbesondere dem Staat sieht die Botschaft so aus: »Ungeheuerlich, was hier geschieht! Also es müsste doch wirklich klar sein: Wenn die Amerikaner etwas nicht verstehen, es gar ›schlicht nicht fassen‹ können, dann wird es aber *höchste* Zeit, dass es so geändert wird, *dass* sie es fassen können, will sagen: für gut befinden.« – Ist das nicht ein so hübsches wie typisches Beispiel für die verbreitete Neigung, sich bei annähernd allem und jedem an den USA zu orientieren, sie als Muster und Vorbild zu nehmen? Für die auch oder gerade unter den gehobenen Angehörigen des Wissenschaftsbereichs vorherrschende *Kolonialmentalität*? Und das ausgerechnet bei denjenigen, die berufsmäßig zur kritischen Distanz doch nicht nur gegenüber der eigenen, sondern *sämtlichen* Gesellschaften angehalten sind.

Einiges von dem, was bisher zu den Spielarten und Grundprozessen der Amerikanisierung gesagt wurde, soll nun anhand der Anglisierung der deutschen Sprache konkretisiert werden. Aus einer ganzen Reihe von Gründen bietet sich die Sprache ja für eine solche Konkretisierung an. Erstens können (Wort-)Übernahmen und deren sachlicher Wert bei ihr gut festgestellt werden: Es ist gewöhnlich nicht nur leicht anzugeben, welches deutsche Wort, welche deutschen Wörter denn eigentlich durch das Fremdwort ersetzt wurden, sondern noch leichter, aus welcher Sprache dieses Wort stammt. Auch die Frage einer Überlegenheit des fremden Worts in dem elementaren Sinn, dass es nämlich kein Wort in der eigenen Sprache gibt, welches das damit Gemeinte angemessen wiedergäbe, ist meistens leicht zu klären. Und noch immer nicht schwierig gestaltet sich normalerweise die Antwort auf die doppelte Frage, ob das Fremdwort (wie z. B. das wuchernde »reduzieren« als allzu naheliegende Übersetzung von »reduce«) für *mehrere* einheimische Wörter steht; und ob es, wenn das der Fall ist, eine gute Sinnzusammenfassung dieser Wörter oder eher nur eine sprachliche *Primitivierung* durch einen Verlust an sachlich sinnvoller, in der eigenen Sprache bereits erreichter Differenzierung darstellt. Zweitens, und verallgemeinert gesagt: Die Zahl der Fremdwörter, die aus *einer* Sprache stammend sich in einer *anderen* Sprache durchgesetzt haben, ist ein guter Indikator für den insbesondere kulturellen Einfluss, den in Vergangenheit und Gegenwart das eine Volk auf das andere ausgeübt hat bzw. ausübt. Dies gilt in Verbindung mit anderen Indikatoren der jeweils gegebenen Richtungen der kulturellen Einflussnahme auch dann noch, wenn wie im Falle des Englischen die fragliche Sprache als offizielle Sprache mehrerer Länder nicht mehr nur einem Volk zugeordnet werden kann.

Drittens, und gerade im hiesigen Zusammenhang wichtig, stellt die Sprache einen der wenigen Indikatoren dar, mit dem einigermaßen zuverlässig der Wandel der entsprechenden sozialen Identität der Person, hier also der *subjektiven* Amerikanisierung, *von außen* festgestellt werden kann: Wer nicht oder nur noch sehr gebrochen in der Muttersprache reden kann, denkt auch nicht in ihr. Und wer nicht in ihr denkt, hat keine engere personale Beziehung mehr zu dem Land und Volk, für das sie steht, fühlt sich nicht mehr oder nur noch abstrakt – und damit personal weitgehend *folgenlos* – als dessen Angehöriger. Umgekehrt kommt es nicht von ungefähr, dass in den US-amerikanischen (Volks)Schulen immer großer Wert auf die einwandfreie Erlernung des Englischen durch die Kinder von Einwanderern gelegt wurde. Wie hätten sie denn sonst »gute Amerikaner« werden sollen? Schließlich ist das Symbolsystem Sprache hinsichtlich seines praktischen Gebrauchs immer wieder ein wichtiger Faktor für den Verlauf und Ausgang von Interaktionen: Wer seine Sprache in uneindeutigen bzw. strittigen sozialen Situationen durchzusetzen vermag, genießt damit nicht nur die offenen und versteckten Vorteile, die gerade in der Kommunikation von Sprachungleichen mit ihrer wirklichen Beherrschung verbunden sind. Sondern er demonstriert damit größere Macht, demonstriert seinen höheren Rang bzw. das daran haftende Prestige, und zwar unabhängig davon, womit beide begründet werden[134].

Zunächst zum Ausmaß und den bevorzugten Feldern der »*hemmungslosen Selbstanglisierung*« (so treffend ein Journalist vor bald zehn Jahren) des Deutschen. Kein Zweifel, auf breitester Front, in fast jedem Daseinsbereich hat diese Form der Amerikanisierung Fortschritte gemacht. Doch derjenige Bereich, der sich in den letzten zwanzig bis dreißig Jahren am stürmischsten entwickelt hat, ist eben die Wirtschaft. Und zwar einerseits hinsichtlich der *innerbetrieblichen Kommunikation* der Großunternehmen bzw. transnational gewordenen Konzerne, andererseits der Produktwerbung dieser, doch auch von eher mittelständischen Unternehmen vor allem

134 So konnte der damalige Präsident der USA, Wilson, als er Ende 1918 zu den Friedensverhandlungen in Paris eintraf, seine erste politische »Bitte« an die Gastgeber, Englisch als – de facto dann ausschlaggebende – Verhandlungssprache neben dem unter Diplomaten traditionell dominierenden Französisch anzuerkennen, bezeichnenderweise nur gegen den erbitterten Widerstand der französischen Delegation durchsetzen. Denn allen Beteiligten war klar: Die Erfüllung dieser Bitte lief auf die halboffizielle Anerkennung des Sachverhalts hinaus, dass die USA die wahren Sieger des (Ersten) Weltkriegs und damit zur stärksten europäisch-westlichen Macht herangereift waren. – Für die Gegenwart, d. h. das sprachliche Dominanzstreben in der EU bemerkte Vilmar: »Die massiven Versuche der Engländer, Englisch in der EU mehr und mehr als vorherrschende Verkehrssprache durchzusetzen – bzw. der Franzosen, Französisch mindestens gleichrangig zu behaupten, sind vor unserer Haustür die besten aktuellen Beweise für Sprache als Herrschaftsinstrument: Die in Kategorien der angloamerikanischen Weltdominanz befangenen Politiker bzw. die der Idee der Grande Nation verhafteten Franzosen kämpfen, ohne es laut zu sagen, um soziokulturelle Vorherrschaft in Europa in der Hoffnung: Wer die offizielle EU-Sprache dominiert, wird auch Europa dominieren« (2002: 17).

im Bereich der Hochtechnologie. Dabei wird innerbetrieblich das Deutsche bisher weniger vom Englischen direkt (wie immerhin bei Bertelsmann oder der Allianz), sondern häufiger von der Mischsprache »Denglisch« verdrängt, für die Rolf Breuer, der ehemalige Vorstandsvorsitzende der Deutschen Bank, anläßlich der weit gediehenen Absichten, sein Haus mit der Dresdner Bank zu verschmelzen, 2003 die folgende klassische Kostprobe im Fernsehen gegeben hat: »Sobald wir das logo von den Aufsichtsräten bekommen haben, werden die businesse (sprich: Bisinisse – B. E.) zusammengebracht, dann wird ein gemeinsamer business-plan entwickelt, ein jobprofile verabschiedet und dann wird entschieden: Wer macht den job?« Und Rita Handt, eine Betriebsrätin, schildert für ihren Betrieb, ein großes, von ihr verständlicherweise nicht genanntes Berliner Unternehmen, die Veränderungen so:

»Man arbeitete (früher – B. E.) in Bereichen, Abteilungen und Gruppen, unter deren Namen sich jeder etwas vorstellen konnte. Botschaften von oben hatten Inhalt und wurden ohne Schwierigkeiten verstanden. Aber die Zeiten ändern sich, deutsche Firmen wie ... operieren jetzt ›global‹. Mit der Globalisierung änderte sich auch die Sprache innerhalb der Firma. Viele Arbeitsbereiche haben nur noch englische Namen, die kaum jemand verstehen oder mit Inhalt füllen kann. Die Umgangssprache ist nicht mehr Deutsch, auch nicht etwa Englisch – wer etwas auf sich hält, der spricht ›Denglisch‹, die Kunstsprache, die manche auch ›Dummdeutsch‹ nennen« (zitiert nach Gawlitta und Vilmar 2002: 193; Auslassung im Original).

Eine aggressiv wirkende Amerikanisierung hat in dieser Zeit auch die *Werbung* erfahren. Und zwar schon in der Form der Benennung der in den Kaufhäusern angebotenen Waren:

»Die Werbeplakate und – kataloge großer Warenhäuser werden immer totaler anglisiert: da bekommt man bei Peeck & und Cloppenburg Troyer, Classic Cabane, Basic, Gum-Rib-Stop-Nylon, Worker-Pants, Composé-Look, Pull-up-Struktur, Designer-Sweats, Color-Blocking-Look, Stone- und Bleached-Blue und Aberdutzende ähnlicher Unverständlichkeiten angeboten, und ebenso denglisch tönt es aus der Kosmetik-Ecke ...« (Vilmar 2002: 20f.).

Und, zehn Jahre später, wird unter der Überschrift »›Full of life‹: Karstadt-Chef ist ›Sprachpanscher des Jahres‹« dazu Folgendes berichtet:

»Wegen englischer Werbetexte hat der Verein Deutsche Sprache (VDS) Karstadt-Chef Andrew Jennings zum ›Sprachpanscher des Jahres 2012‹ gekürt. Die Negativ-Auszeichnung geht an ihn, weil das Warenhaus unter seiner Leitung, noch konsequenter als vorher mit Sprüchen wie ›modern and full of life‹ für ›Midseason-Sale‹, ›kidswear‹ und ›home-style‹ werbe, erklärte der VDS. Auf Platz zwei landete ProSiebenSat1 wegen seiner ›denglischen Fernsehproduktionen‹« (Teletext ZDF, T. 144 vom 24. 8. 12).

Ähnlich sieht die fortgeschrittene Werbung im dafür wichtigsten Medium, dem Fernsehen aus, wobei es gelegentlich auch zu kleineren Absurditäten kommt: Der in deutschen Familien recht beliebte Kaffee »Jakobs Krönung mild« wurde im Zuge der Anglisierung eine Zeit lang als »Krönung *maild*« angepriesen, bis man 2003 zu »mild« zurückkehrte. Gleichwohl, gerade die modern-raffiniert wirkende, offensichtlich auf ein jüngeres, gebildeteres und relativ mobiles Publikum berechnete Werbung kommt zunehmend ohne Deutsch aus oder formuliert zumindest die entscheidenden Botschaften auf englisch.

Auf zwei bemerkenswerte Tendenzen in diesem Bereich sei noch eigens hingewiesen: Erstens ist die deutsche Produktwerbung offensichtlich deutlich stärker als in andern Sprachen anglisiert. Als Beispiel mag ein kurzer Werbetext dienen, der sich innerhalb eines Beipackzettels für die vielgekauften Druckerpatronen »45« von Hewlett und Packard findet bzw. fand. Auf Deutsch besteht dieser Text aus 33 Wörtern, darunter *sechs* – sämtlich angloamerikanischen – Fremdwörtern; in Französisch aus 47, darunter *ein* (solches) Fremdwort. Für diese Sprachreinheit dürfte jedoch nicht allein das französische Sprachengesetz verantwortlich sein[135], denn der aus 37 Wörtern bestehende italienische Text weist ebenfalls nur ein Fremdwort auf

135 Apropos Sprachengesetz: Der deutsche Staat tut bekanntlich *nichts* gegen die rasante Entwicklung des Deutschen zum Denglischen oder seiner Verdrängung überhaupt (Kultur ist ja auch Ländersache!). Doch in einer anderen, zweifellos viel wichtigeren Sprachhinsicht gibt es ermutigende Zeichen. So hat das Verkehrsministerium im Zuge der »Bearbeitung des Bußgeldkatalogs« für Verstöße gegen die Straßenverkehrsordnung zugleich deren Wortlaut mit dem Ziel der »Anpassung der Formulierungen an eine geschlechtsneutrale Sprache« überarbeitet. Das Ergebnis kann sich wirklich sehen lassen: »So hieß es in Paragraph 26 der StvO zu Fußgängerüberwegen bisher: Autofahrer müssen ›Fußgängern‹ und ›Fahrern von Rollstühlen‹ das Überqueren der Straße ermöglichen. In der neuen Fassung der StvO werden Fußgänger jetzt zu ›zu Fuß Gehenden‹ und Rollstuhlfahrer zu ›Fahrenden von Rollstühlen‹«

(Der in allen drei Texten auftauchende Ausdruck »E-Mail« wurde übrigens bei den einzelnen Aufstellungen nicht als – entbehrliches – Fremdwort gerechnet). Zweitens werden die Hauptparolen der Werbung internationaler Konzerne zwar noch in andere europäische Sprachen übersetzt, bei den für Deutschland bestimmten Fassungen aber wird zunehmend das Deutsche zugunsten des Englischen vermieden. So etwa beim Konzern Philips (»invent for you«), der sich hierzulande mit »Let's make things better« zu profilieren sucht. Auffallend ist zweitens, wie bereits die Programmübersichten von Fernsehsendern lehren, dass jedenfalls Medienunternehmen der USA und/oder ihre unmittelbaren deutschen Kunden die Titel der englischsprachigen Filme kaum mehr übersetzen. Anders als bei Filmen sonstiger Sprachen bleiben diese also, wie sie sind – oder es werden ihnen gleichsam als Gesten eigentlich unnötiger Großzügigkeit deutsche Untertitel hinzugefügt. – Gibt es bessere Beispiele dafür, welches Prestige Englisch nach der Ansicht von Werbestrategen bei der Masse der Deutschen oder auch nur den »wichtigeren« Gruppen unter ihnen genießt?

Wie hier schon anklingt, gibt es daneben auch eine eigentliche, gegen das Deutsche betriebene Fremdwort*politik*, für die wiederum der Fernsehsender n-tv ein einschlägiges Beispiel bietet. Das Bemühen, durch die Benutzung von Fremdwörtern sich als auf der Höhe der Zeit befindlich und weltweit orientiert zu »präsentieren«, ist natürlich auch bei ihm festzustellen. Doch bleibt es hier nicht bei der sonst verbreiteten, sehr oder überaus großzügigen Übernahme englischer Wörter ins Deutsche. Vielmehr werden in es auch solche Wörter mit Hartnäckigkeit plaziert, die nicht nur sachlich ganz überflüssig sind, sondern auch von Deutschen, die Englisch können, gelegentlich nicht gekannt werden. Offensichtlich sucht n-tv bei seinen Zuschauern auf diese Weise einen gleich mehrfachen Eindruck zu erwecken. Dass nämlich (1) zum Deutschen englische Wörter inzwischen so dazugehören würden, ja müssten wie der wirtschaftliche, politische und natürlich sonstige kulturelle Einfluss der USA

(Teletext ZDF, T. 156 vom 5. 4. 13). Ist das nicht ein echter sprachlicher und emanzipatorischer Fortschritt?

zur deutschen Gesellschaft (und auch nach deren Rückgewinnung der äußeren Souveränität). Dass daher (2) auch in der Sprache die USA so »präsent« zu sein hätten wie in einer lang gewordenen Reihe anderer deutscher Daseinsbereiche bzw. Ausschnitten davon. Dass außerdem, und mehr noch, es (3) zunehmend nicht nur überholt sei, sondern bald auch nicht mehr möglich würde, kompliziertere Sachverhalte nur mit deutschen Wörtern wiederzugeben. Und dass schließlich (4) diese Prozesse, in längerfristiger Sicht, auch in Deutschland selbst nur Vorstufen zur *Ablösung* des Deutschen als der üblichen Verkehrssprache zugunsten des Englischen bilden würden wie sollten, und es damit nur noch als Sprache traditionsverhafteter Kreise neben einigen deutschen Dialekten fortleben werde.

Doch auch im durchschnittlich seriöseren Bereich der Wissenschaften dringt das Englische auf Kosten nicht nur der deutschen Sprache immer weiter vor[136]. Zusammenfassend schildert Ammon die empirischen Befunde hinsichtlich der Veröffentlichungen (wissenschaftlicher Bücher und Zeitschriftenartikel) am Ende des 20. Jahrhunderts so:

»Der Anteil von Englisch an den weltweiten wissenschaftlichen Publikationen steigt in Richtung auf hundert Prozent, der des Französischen und Deutschen sinkt gegen Null. Am weitesten geöffnet ist die Schere in den theoretischen Naturwissenschaften, wo Englisch fast 95 Prozent, Französisch und Deutsch dagegen weniger als 2 Prozent der Publikationen für sich verbuchen können. Nicht ganz so dramatisch ist die Lage in den angewandten Naturwissenschaften, den Sozialwissenschaften und manchen Geisteswissenschaften mit Anteilen von Deutsch und Französisch bis zu zehn Prozent«[137].

136 Das »auf Kosten« sei noch einmal betont. Denn gewiss gibt es auch für eine entwickelte Hochsprache notwendige oder zumindest naheliegende Übernahmen aus anderen Sprachen. Wörter wie Jeans, Laser oder Internet sind Wörter für neue, im Deutschen nicht ohne Schwierigkeiten benennbare Sachverhalte und deshalb Sprachbereicherungen. Dies gilt aber nicht für bodyguard, cop, call center, event, shopping oder auch durch das Englische angestoßene sprachliche Wucherungen wie »korrekt« für richtig oder »präsentieren« für ein halbes Dutzend bessere, weil präzisere Wörter. Genau das aber findet weit überwiegend statt – nämlich die Verdrängung, nicht die Bereicherung des Deutschen.

137 Zitat nach dem Zeitungsartikel »Eine Wiener Tagung über die Dominanz des Englischen in der Wissenschaft«, in: Nürnberger Zeitung vom 6. 8. 2001. Vgl. auch Ammon 1998.

Unter Einbeziehung der Situation der universitären Lehre bemerkt 2013 der Kulturausschuss des Bundestags dazu:

»Politiker und Kulturinstitutionen beklagen den Verlust der deutschen Sprache in der Wissenschaft. Die Vorsitzende des Kulturausschusses des Bundestages, Monika Grütters (CDU), nannte den zunehmenden Gebrauch des Englischen ›ein falsch verstandenes Gleichheitsdenken an der falschen Stelle‹. Jede Sprache habe ein kulturelles Gedächtnis, das dürfe man nicht verspielen.

Deutsch ist allerdings nicht nur in der Forschung auf dem Rückzug. Laut Hochschulrektorenkonferenz gibt es in Deutschland mittlerweile mehr als 800 rein englischsprachige Studiengänge« (Txt ZDF, T. 141 vom 27. 1. 13).

Um dabei wenigstens kurz zu verweilen: So sehr man diese Klage begrüßen kann, so zurückhaltend, ja matt und überdies unrichtig, fällt sie nach ihrer Begründung aus. Eine Sprache »hat« nicht eigentlich ein kulturelles, also die Generationen überdauerndes Gedächtnis, sondern bildet für es die elementare Voraussetzung. Besonders in Verbindung mit der Schriftlichkeit gilt das jedoch auch für die kollektive Identität, also das über die Jahrhunderte sich erhaltende und verändernde Wissen, wer »wir« sind und wer »wir« waren. – Warum wird, andererseits, hier nicht auf den Reichtum der Ausdrucksmöglichkeiten sowie die Schönheit hingewiesen, die das Deutsche (und es nicht allein) gerade in den Werken der hohen, doch in ihrer Weise auch in Teilen der Volksdichtung gewonnen hat? Sollte das alles nicht mehr fortleben? Oder nur noch in englischen Übersetzungen, weil fast niemand mehr Deutsch kann? Und hat sich die im 19. Jahrhundert entwickelte Auffassung wirklich erledigt, dass jede entfaltetere Sprache aufgrund der ihr eigenen Entwicklung in diesem oder jenem (Da-)Seinsbereich besondere Chancen der *Erkenntnis* bietet? Dass also, allgemein gesagt, das Verschwinden von Sprachen für die sonst so gern beschworene »Menschheit« nicht nur eine Verarmung in anderen Hinsichten, sondern auch einen Verlust an bestimmten kognitiven Chancen bedeutet?

Die Anglisierung wissenschaftlicher Arbeiten ist jedoch nicht nur in diesem, langfristig folgenschweren Sinne festzustellen, sondern auch innerhalb der Texte selbst. So ist es z. B. in der deutschen

Soziologie schon längst nicht mehr bei einem gehäuften Fremdwörtergebrauch geblieben. Sondern die Arbeiten insgesamt lesen sich, gerade bei jüngeren Forschern, zunehmend wie schlechte, d. h. allzu grobe und nuancenarme Übersetzungen aus dem Englischen. Dazu passt auch die weitere, zum Teil massive Zunahme englischer Wörter in deutschen Texten sowie die verstärkte Neigung, als *neu* angesehenen wissenschaftlichen Sachverhalten *englische* Bezeichnungen zu geben, auch wenn sie sich problemlos auf Deutsch benennen ließen. Erst auf diese Weise, so die verbreitete Suggestion, erlangen sie wirkliche Existenz und Bedeutung. – Die Übersetzer aber, eigentlich dafür bezahlt, in *einer* Sprache dargestellte Sachverhalte in einer *anderen* mitzuteilen, übertragen jedenfalls englische Texte, die ja mit einigem sachlichem Recht das Gros der Übersetzungen ausmachen, überwiegend nicht mehr in diesem überkommenen Sinn ins Deutsche. Sondern sie blähen das, was dann ein deutscher Text sein soll, mit den vorgefundenen englischen Ausdrücken als immer neuen »Fremdwörtern« auf, die der Leser gefälligst zu akzeptieren habe. Und das geschieht mit einer immer wieder unterwürfig (und sehr bequem) anmutenden Abhängigkeit vom englischen Text, die etwa auch in Büchern des angesehenen Suhrkamp Verlags dazu führt, dass selbst ein Wort wie »organisational« im Deutschen nicht mehr mit »organisatorisch« oder ähnlich wiedergegeben wird, sondern in ihm unverändert wiederkehrt. Ist die Annahme übertrieben oder gar abwegig, die eigentliche kulturelle Botschaft solcher Übersetzungen bestehe darin, dass Deutsch keine europäische Hochsprache mehr neben einer ganzen Reihe anderer sei und damit auch keinen Respekt verdiene? Sondern dass es – mehr und mehr in einen Zustand überführt, in dem jedenfalls die Bezeichnungen für moderne Sachverhalte überwiegend aus dem Englischen stammen – schon in recht naher Zukunft zu einer Haussprache mit einer entsprechenden, nämlich nur noch nachrangigen Daseinsberechtigung werde?

Warum aber diese und ähnliche sprachliche Entwicklungen? Noch ist die naheliegende Vermutung, die englische Sprache sei dem Deutschen sachlich überlegen, *falsch*:

»Englisch hat eklatante Defizite: eine chaotische Orthographie ebenso wie Lücken im Wortschatz. Es gibt nicht einmal ein Einzelwort für ›Mensch‹, und für fast alltägliche Begriffe wie ›Verstaatlichung‹ existiert kein treffender Ausdruck …« (Ammon, in der »Nürnberger Zeitung« vom 6. 8. 2001).

Der unmittelbare Grund ist vielmehr wiederum das hohe Prestige, das Englisch bei den deutschen Mittel- und Oberschichten genießt. Dieses Prestige aber verdankt sich, hinsichtlich der Sprachentwicklung im Reich der Wissenschaft, der weithin führenden Rolle der USA in den Natur- sowie Sozialwissenschaften (die durch ihre diskriminierenden Auswirkungen auf alle diejenigen, die nicht auf Englisch publizieren, noch verstärkt wird). Und in allgemeinsprachlicher Hinsicht eben der mehrfachen, weltweiten Dominanz der USA, die sich in Deutschland durch die jahrzehntelange Anwesenheit von US-Besatzungstruppen und, vergleichsweise früh schon, von US-Konzernen, mehr aber noch durch die von der US-Regierung betriebene Verwestlichung der (späteren) Bundesrepublik besonders aufdrängte. Zugleich traf und trifft diese Dominanz eben auf das verbreitete Bewusstsein der eigenen kollektiven Minderwertigkeit:

»Die weitverbreitete Flucht vieler Deutscher, die ›dazugehören‹, etwas gelten wollen, aus der deutschen Sprache ins Denglisch, ist Folge sozio-ökonomischer Dominanz der USA, aber auch Folge des deutschen (meist uneingestandenen) Schuldbewusstseins und Minderwertigkeitskomplexes nach dem katastrophalen Wüten des Naziregimes in Europa. Auf dieser Flucht vor sich selbst verwandeln sich diese Deutschen in ergebene Gefolgsleute der großen Siegermacht USA: politisch, ökonomisch, kulturell« (Vilmar 2002: 33)[138].

Was aber sind die *Folgen* dieser Sprachentwicklungen, deren wohl auffälligster Ausdruck in den letzten zehn Jahren die von »interessierten« Institutionen des In- und Auslands betriebene und bisher

138 Für Letzteres »gab und gibt es«, wie Vilmar unmittelbar fortfährt, »gute Gründe« und nennt den »freiheitlichen und konsumistischen Way of life der USA, ihre Weltgeltung, ihre ökonomische Macht, ihr wissenschaftlich-technischer Vorsprung« (a. a. O.). Doch sollte man, jedenfalls für die Jüngeren, stärker als die angesprochene Flucht das Bedürfnis nach der eigenen Teilhabe an der (vermeintlichen) Modernität schlechthin bzw. ihrer Demonstration betonen. In den Worten Ammons also »das Bestreben …, an den Verheißungen der angelsächsischen Welt und am Kommunikationspotential ihrer Sprache teilzuhaben« (2000: 877). Die »angelsächsische Welt« ist hier allerdings mit den USA fast gleichzusetzen.

von der Mehrheit der Bevölkerung einfach hingenommene, notorische »Anreicherung« auch und gerade der gehobenen Alltagssprache mit englischen Wörtern gewesen ist? Die wichtigste Folge dürfte darin zu sehen sein, dass durch diese Entwicklungen, wissenschaftlich und selbst außerwissenschaftlich, die Fähigkeit des Deutschen tatsächlich spürbar abnimmt, neue Sachverhalte angemessen auszudrücken[139]. Es droht die Gefahr einer sich verschärfenden Spiralbewegung und damit dann einer weiteren sozio-kulturellen Spaltung der Gesellschaft: Das beschleunigte Vordringen des Englischen gerade bei und im Gefolge neuer technisch-wirtschaftlicher Entwicklungen (wie besonders dem Internet) verstärkt das ohnehin große Prestige dieser Sprache weiter, und lässt zugleich die Annahme, das Deutsche sei für die sprachliche Erfassung solcher Entwicklungen nur bedingt geeignet, zunehmend plausibler werden. Durch beides geht die Bereitschaft, neue Phänomene überhaupt auf Deutsch zu benennen, für sie gelungene deutsche Ausdrücke zu finden oder neue zu bilden, zurück. Und damit schließlich nicht nur die Bereitschaft, sondern auch die objektive Möglichkeit dazu, weil das auf diese Weise zurückbleibende Deutsch dafür dann tatsächlich größere Schwierigkeiten bereitet. In dem Maße aber, wie eine Sprache für ihre Angehörigen die Wirklichkeit nicht mehr in ihrer Komplexität beim Namen nennt bzw. nennen kann, büßt sie ihre elementare Leistung ein, auch komplexe Zusammenhänge kognitiv zu bewältigen und so gedankliche Ordnungen zu stiften. Zugleich wächst damit tatsächlich die Gefahr der auch quasioffiziellen Entmachtung des Deutschen zugunsten des Englischen als (zweiter) Staatssprache sowie, durch diese Entmachtung begünstigt, seines längerfristigen

139 Zwei weitere, im Bereich der Beziehungen zwischen Wissenschaft und Gesellschaft angesiedelte Folgen der Anglisierung seien wenigstens genannt: a) Die Mehrheit der Bevölkerung, die mit ihren Steuergeldern die Forschung und die Wissenschaftler ja im Wesentlichen finanziert, hat nicht oder kaum mehr die wie immer selten genutzte Möglichkeit, sich selbst ein Bild von diesen Forschungen und ihren Ergebnissen zu machen. b) Die ohnehin bestehende, in manchem ja unvermeidbare Fremdheit zwischen der Bevölkerungsmehrheit und den Wissenschaftlern wird mit deren schon sprachlich anderen Orientierung noch zunehmen. Das bedeutet auch, dass die Verpflichtungsgefühle der Letzteren gegenüber dem eigenen Volk wahrscheinlich weiter schrumpfen werden.

Absinkens zu einer bloßen Haus- sowie Privatsprache. Bevor dies in Deutschland eintritt, dürfte es jedoch – setzen sich die vorhandenen Entwicklungen nur fort – zu einer mehr oder minder ausgeprägten sprachlichen Zweiteilung gekommen sein. Und zwar dahingehend, dass das einfache Volk am Deutschen, wenn auch vor allem in Dialektform, erst einmal festhält, während die Angehörigen der Mittel- und Oberschichten gerade in der Arbeitswelt, doch überwiegend auch der Privatsphäre zum Englischen übergegangen sind. *Unmittelbar* aber droht – nicht zuletzt infolge der denglischen Übersetzungen der hierzulande so verbreiteten Produkte der US-Unterhaltungsindustrie, doch auch der faktischen Sprachpolitik gerade der großen Medien – ein sich weiter beschleunigendes Eindringen englischer Wörter, ein nach Intensität wie Verbreitung gesteigertes Denglisch, das stark an das Franzosendeutsch der oberen Stände nach dem Elend des Dreißigjährigen Kriegs erinnert.

b) Personale und kollektive Folgen des herrschenden Minderwertigkeitsglaubens

Als vorletzter Punkt dieser Arbeit sei nun eine Reihe von personalen wie nationalen Folgen der jedenfalls die Öffentlichkeit dominierenden Behauptung einer kollektiven deutschen *Minderwertigkeit* behandelt. Ihren kausalen Kern bilden wie gesehen die beiden ersten der vier »großen« Ereignisse, die ohne Zweifel die nationale Identität der Deutschen seit dem Ende des Zweiten Weltkriegs vor allem geprägt haben. Ihre längerfristig wichtigste politische *Wirkung* aber bestand in einer massiven Begünstigung und allmählichen Verfestigung der Herrschaft des »Guten« und damit in der sich ihrerseits herausbildenden und verstärkenden öffentlichen Dominanz ihrer ideellen Seite, der Ideologie der politischen Korrektheit. Im Folgenden wird es überwiegend um die Bedeutung dieser Ideologie für die Deutschen als Nation und bestimmte, von ihr abgeleitete politische

Zielsetzungen gehen. Zunächst sollen jedoch eine Reihe *personaler* bzw. subkollektiver Auswirkungen der verbreiteten kollektiven Selbstablehnung und verallgemeinerten Geringschätzung des als deutsch Geltenden (als eben »*typisch* deutsch«!) zur Sprache kommen, in die sich die Überzeugung der eigenen Minderwertigkeit unmittelbar übersetzt. Bei diesen Auswirkungen ist jedoch zu beachten, dass sie oft nicht nur Folgen dieser, sondern auch noch anderer Ursachen sind[140], wodurch die Versuche ihrer Erklärung zwangsläufig schwieriger werden.

Die Auswirkungen selbst äußern sich vor allem in zwei personalen Symptomen bzw. Symptomkomplexen. Nämlich, erstens, in einer annähernd allgemeinen oder doch überwiegenden Ablehnung von sowie Unzufriedenheit mit deutschen Traditionen, Zuständen und besonders Verhaltensweisen, welche die personnahe Umgebung immer wieder zu der Frage »Ist denn in Deutschland ewig dir nichts recht?« an derart Unzufriedene einladen. Diese »kritische« Grundhaltung hat zwar den erwähnten Vorteil, dass es für ihr entsprechende öffentliche Äußerungen immer noch Prämien der Anerkennung, manchmal sogar in Form verbesserter Berufschancen oder Ähnlichem gibt. Ihr typischer persönlicher Preis besteht freilich in einer vermehrten, in den PK-konformen Nachrichten und Stellungnah-

140 So geht in die gesamtkollektive wie personenbezogene Selbstablehnung unterschwellig selbst noch die Glaubensspaltung Deutschlands im 16. Jahrhundert mit ein. Genauer gesagt, die Auswirkungen dieser Spaltung auf das Grundverständnis des Menschen überhaupt, für das die »wahre« Bedeutung der Erbsünde im abendländischen Christentum eine große, wenn nicht entscheidende Rolle gespielt und damit auch das religiöse Selbstverständnis der Gläubigen geprägt hat. Während nämlich nach der katholischen Auffassung die »eigentlich« gute Natur des Menschen durch die Erbsünde nur »verwundet« worden ist, hat diese nach lutherischer Auffassung die menschliche Natur insgesamt zum Bösen und der damit verbundenen Schuld verdorben – mit dem von Wilhelm Busch sanft ironisierten Ergebnis »Denn sündhaft ist der Mensch im Ganzen«. Diese religiöse Grundauffassung begünstigt natürlich auch stärker weltliche Annahmen eigener Schuld: So fällt die Kollektivschuldthese bei protestantischen (Mittelschichts-)Deutschen immer noch auf fruchtbaren Boden, was für die vergleichbaren Katholiken deutlich weniger zutrifft. Umgekehrt sind die Neigung wie Fähigkeit zum unbefangenen, ja heiteren Genuss des eigenen Lebens nicht etwa nur bei den katholischen Oberbayern oder Rheinländern, sondern auch im konfessionell engräumigen Baden-Württemberg zu spüren: Wo die Menschen traditionsgemäß katholisch sind, sind die Wirte durchschnittlich immer noch freundlicher – und das Essen besser.

men der Medien stets neue Nahrung findenden Unzufriedenheit, die es kaum noch erlaubt, mit der Welt, in der man *lebt* – und womöglich auch mit sich selbst – zumindest teilweise zufrieden zu sein. Auch vermehrte Auslandsaufenthalte führen hier kaum zu Vergleichen mit anderen Ländern, bei denen Deutschland gut, ja besser abschneidet. Vielmehr bleibt es gewöhnlich bei der Sichtweise, dass zwar auch andere gewisse Schwächen und Ärgernisse aufweisen mögen, sie aber insgesamt bzw. in dem, was wirklich wichtig ist, Deutschland überlegen sind. Selbst einschlägige sozialwissenschaftliche Forschungen, die zu ganz anderen Ergebnissen kommen, können diese Sichtweise daher allenfalls kurzfristig verändern, wenn sie nicht schon von vornherein peinlich berühren und als falsch oder, und häufiger, als an der Oberfläche bleibend, als einseitig usw. abgewehrt werden. Nämlich Untersuchungen wie die bereits oben (Kap. III, 1) erwähnten, 2012 anhand von über 9000 Befragten in acht europäischen Ländern sowie den USA durchgeführten Forschungen des US-Meinungsinstituts Pew Research Center mit dem eben einschlägigen Ergebnis: »Deutschland ist die am meisten bewunderte Nation in der EU …«. Oder die ein Jahr später durchgeführte, noch aufwendigere Untersuchung der BBC mit ihrem Ergebnis, dass Deutschland »das beliebteste Land der Welt« ist[141].

Selbstablehnung und damit verbundene Unzufriedenheit äußern sich jedoch auch in einer Reihe von Symptomen des Glaubens an die eigene kollektive Minderwertigkeit gerade gegenüber den Angehörigen der westlichen Siegermächte des Zweiten Weltkriegs, zu denen insbesondere die schon angesprochenen Haltungen der Unterwür-

141 »Deutschland ist nach einer Umfrage der BBC das beliebteste Land der Welt. Bei einer Befragung von 26.000 Menschen in 25 Ländern habe Deutschland seine Werte gegenüber 2012 noch um drei Punkte auf 59 Prozent steigern können, teilte die BBC mit. Trotz einer aufgeheizten Debatte um die Sparpolitik in Europa fallen auch die Urteile etwa in Spanien (68 Prozent) und Frankreich (78 Prozent) für Deutschland deutlich positiv aus« (Txt RTL, T. 129 vom 23. 5. 13). – Beide Befunde haben umso mehr sachliches Gewicht, als sie Deutschland bzw. den Deutschen bescheinigen, in denjenigen Dimensionen vorn zu sein, die zumindest bei den Angehörigen westlicher Länder die wichtigsten für die Beurteilung anderer Menschen sind. Nämlich möglichst sichtbare Tüchtigkeit (hier: »hartes Arbeiten« sowie »am wenigsten korrupt«), die »Bewunderung« erzeugt, sowie eben Beliebtheit, die sich gewiss aus schlichtem fairem Verhalten, doch auch wohltuender Menschlichkeit speist.

figkeit gehören. Um dazu noch wenigstens ein, und zwar außergewöhnliches Beispiel anzuführen: Wie die Teletexte einer ganzen Reihe von deutschen Fernsehsendern am 27. 7. 2008 übereinstimmend und sehr gleichmütig berichteten, hatte Obama – nach der Meinung von McCain, dem damaligen Gegenkandidaten bei den Präsidentschaftswahlen im September 2008 – auf seiner damaligen Nahost- und Europareise, die ihn auch zur Siegessäule nach Berlin führte, »internationale Spitzenpolitiker und unterwürfige (oder kriecherische – B. E.) Deutsche getroffen«. Wäre es im Ernst möglich gewesen, dass nach dieser Aussage der Kontrahent Obama statt Deutschen »kriecherische« Schweden, Polen oder gar Franzosen getroffen hätte? Waren, andererseits, bei der deutschen Politik und ihren Medien auch nur Ansätze zu denjenigen öffentlichen Abwehrreaktionen zu erkennen, die in diesen Ländern McCains Äußerung mit sich gebracht hätte?

Einen anderen, sehr ausgedehnten Symptomkomplex bilden die zahlreichen *individuellen Versuche* von Deutschen, der eigenen nationalen Zugehörigkeit wenigstens vorübergehend zu entkommen. Das ist nicht selten bereits ihrem Verhalten angesichts entsprechender Personenkontrollen im jedenfalls westlichen Ausland zu entnehmen. So geben gerade Mittelschichtsangehörige an den Grenzen oder bei Hotelübernachtungen immer noch eher mit gewissen Gefühlen der Peinlichkeit als mit gelassener Selbstverständlichkeit an, Deutsche(r) zu sein. Hierher gehören denn auch die nicht ganz verschwundenen Versuche, den Einheimischen gegenüber das eigene Deutschsein zu verbergen und dazu notfalls eine andere nationale Zugehörigkeit vorzuspielen. Im eigenen Land dominieren dagegen die personalen Versuche, sich selbst in erster Linie, wenn nicht ausschließlich, von Zugehörigkeiten her zu verstehen, die der Nation nach dem Grad ihrer Allgemeinheit entweder *über*geordnet oder, und empirisch weit häufiger, ihr *unter*geordnet sind. Also sich entweder als »Europäer«, gar »Weltbürger« zu sehen oder eben als Verkörperung der jeweiligen regionalen bzw. »Stammes«-Eigentümlichkeiten wie, zum Beispiel, der Berliner oder Oberbayern. Dementsprechend stellte sich, am Ende des letzten Jahrhunderts, dem engagierten PK-Verfechter Ulrich Wickert – für den allerdings nicht so selten selten törichte und überdies deutschfeindliche Bemerkungen bzw. Einschätzungen typisch sind[142] – der Vorzug, Europäer anstatt Deutscher zu sein, so dar:

»Denn heute nennt sich schon manch einer an erster Stelle Europäer und erst an zweiter Stelle Deutscher. Als Europäer fühlt er sich frei und selbstbewusst, als Deutscher prägen ihn Schuld und Scham« (a. a. O., 285)[143].

Schließlich bleibt noch der häufig gewordene Fall zu erwähnen, dass die Person sich zwanglos von diesen und anderen kollektiven Teilidentitäten her versteht, in der von ihnen gebildeten Reihe aber die Tatsache, auch Deutsche(r) zu sein, nicht wahrhaben will bzw. zu überspringen sucht. Doch wie immer die versuchten bzw. realisierten Identitätsveränderungen genau aussehen, sie fallen einheitlich in dem zentralen Punkt aus, dass es mit ihnen der Person eben stets auch darum geht, die ungeliebte *nationale* Dimension der eigenen Zugehörigkeit zumindest im Bewusstsein loszuwerden oder sie doch in ihrer subjektiven Bedeutung zu schmälern.

Dementsprechend besteht die hauptsächliche kollektive Wirkung dieser Formen der subjektiven Entnationalisierung in einer Schwächung des gesamtkollektiven *Wir*-Bewusstseins (und damit durchschnittlich auch der Bereitschaft zu nationaler Solidarität). Im Alltag fällt das besonders für den Fall der personalen Zurückdrängung der nationalen zugunsten der *regionalen* Identität auf. Mit deren Betonung geht ja bei der Person die Tendenz einher, sich gegenüber anderen Deutschen – gerade wenn sie ersichtlich orts- bzw.

142 Als Beleg für beides kann die folgende Äußerung Wickerts genügen: »Nachdem die Deutschen mit ihrer Rassentheorie die Unterscheidung zwischen den Menschen bis hin zum Völkermord betrieben haben, gehen sie heute davon aus, dass alle Menschen gleich sind. Selbst kleine, *feine Unterschiede* festzustellen, so besagt das Tabu, könnte ein Rückfall in früheres Denken bedeuten« (1997: 284).

143 Sieht man von eher schmalen Teilen unter denjenigen Jugendlichen ab, die Oberschulen und Universitäten besuchen, gibt auch diese Bemerkung kaum die damit gemeinte Wirklichkeit, sondern hauptsächlich das Wunschdenken Wickerts wieder. Der wichtigste personale Grund für die Neigung, »Europäer« oder »Weltbürger« zu werden und zu sein, dürfte vielmehr die insgesamt weitergehende Internationalisierung bzw. Globalisierung der Wirtschaft sein, die gerade die Jüngeren berufsbedingt immer wieder in andere, darunter zunehmend nichtwestliche Länder führt.

landesfremd sind – mehr oder minder ostentativ nur von dieser, womöglich als notorisch wohlgeraten betonten Teilidentität her zu verstehen und zu zeigen. Es liegt auf der Hand, dass diese Tendenz auch dann, wenn sie Kommunikation und Interaktion nicht von vornherein verhindert, die Entstehung freundlicher, gar solidarischer Gefühle über die jeweiligen regionalen und ähnliche Grenzen hinweg erschwert.

Hinsichtlich der spezifisch *nationalen* Auswirkungen einer eindeutigen Dominanz der regionalen Identität gibt es einen beeindruckende, 1996 in der »Frankfurter Allgemeine« erschienene Schilderung, in der der polnische Schriftsteller Andrzej Szczypiorski bestimmte, von ihm bereits Anfang der Sechzigerjahre in Westdeutschland gemachte Besuchserfahrungen so wiedergibt:

> In Baden-Baden traf er einen »netten älteren Herrn«, der zu ihm sagte: »Wir hier in Baden sind eigentlich keine richtigen Deutschen. Wir ähneln mehr den Franzosen, und das ist auch leicht einzusehen, denn schauen Sie nur, dort auf der anderen Seite des Rheins ist schon Frankreich. Geistig gehören wir mehr dorthin als zu Deutschland.« Und in Hamburg erklärte ihm ein »netter Herr mit Pfeife im Mund«: »Wir hier in Hamburg, in Bremen oder Lübeck, wir sind eigentlich keine richtigen Deutschen. Wir haben andere Sitten und Gebräuche. Wir sind seit alters aufs engste mit England und Skandinavien verbunden, das ist die alte Hanse, eine andere Tradition als in Deutschland, eine andere Art des Denkens« (Wo leben eigentlich die Deutschen?, in: FAZ vom 29. 6. 96).

Leider hat Szczypiorski die im Zusammenhang interessanteste Frage an die beiden Herren vermutlich nicht gestellt. Nämlich ob sie aufgrund ihrer Verbundenheit zu Frankreich bzw. England (und Skandinavien) auch wollten, dass Baden oder die genannten Hansestädte in staatlicher Hinsicht nicht mehr zur Bundesrepublik, sondern eben zu Frankreich oder England gehörten. Als sicher kann immerhin gelten, dass die Betonung der jeweiligen Verbundenheit mit den Siegern des vorausgegangenen Kriegs in psychischer Hinsicht zumindest auch der kollektiven Erhöhung der Badener bzw. Hanseaten und damit zugleich der Selbsterhöhung der beiden Sprecher diente. Doch was waren sie nun nach ihren Schilderungen? Keine Deutschen mehr, sondern Franzosen oder Engländer – oder gar bessere Deutsche, weil sie das genau nicht mehr sein wollten?

Doch welche *nähere* Ausprägung sucht die PK bzw. die sie tragenden Institutionen dieser oft naturwüchsig wirkenden personalen Entnationalisierung zu geben? Einerseits unterstützt oder forciert sie, was ohnehin im Gange ist, nämlich die weitgediehene Preisgabe jedenfalls des traditionellen, seit langem als minderwertige oder reaktionäre »Deutschtümelei« geschmähten Deutschtums (wie man bis 1945 sagte) – und damit dann implizit auch der überkommenen, bei der großen Mehrheit der Bevölkerung immer noch vorherrschenden Orientierung am *eigenen* Land und seinen Leuten. Andererseits, und zugleich, sollte an deren Stelle eine Orientierung treten, in deren Zentrum die USA als westliche Weltmacht schlechthin (mitsamt einem stattlichen Strauß von Produkten ihrer nach wie vor dominierenden Filmindustrie) sowie eine Reihe aufstrebender Schwellenländer wie vor allem die BRIC-Staaten stehen. Doch auch die vielen von Armut usw. geplagten »Entwicklungs«-Länder, an deren Elend natürlich nicht zuletzt Deutschland und die Deutschen schuld sind. Wie es scheint, fällt also bei der PK, d. h. ihren hier einschlägigen Absichten und Stoßrichtungen die angestrebte Entnationalisierung nicht nur in stärkerem Maße politisch, sondern auch konsequenter als bei ihren durchschnittlichen personalen Entsprechungen aus.

Ganz deutlich wird das allerdings erst dann, wenn es für die PK darum geht, nicht einzelne, sondern *Deutsche überhaupt* zu schildern bzw. zu bewerten. Nach der hier gewöhnlich verfolgten Strategie soll möglichst eben nur noch in *negativen* Zusammenhängen, und zwar insbesondere dann, wenn es um die Zurechnung irgendwelcher Schuld oder schlechter Eigenschaften geht, von Deutschen kollektiv die Rede sein, nicht aber mehr in *positiven*. Solche Gegebenheiten oder Ereignisse sind vielmehr – lassen sie sich nicht einfach ignorieren oder schlechtreden – nach Möglichkeit als Folge eines internationalen Zusammenwirkens darzustellen, ja als etwas, das »eigentlich« *Ausländern* zu verdanken ist. Um für diese Strategievariante wenigstens ein Beispiel aus der Zeit nach 1945 anzuführen, nämlich den *Wiederaufbau* der deutschen Städte, der in der ersten Phase des »Wirtschaftswunders«, also etwa von 1948 bis 1955/56 erfolgte. Die in diesem Zeitraum erbrachten Aufbauleistungen kann man auch als Nachgeborener dann halbwegs abschätzen, wenn man die von den Westalliierten gegen und vor allem nach Kriegsende gemachten Luftaufnahmen der größeren, durch Bombenangriffe zum Teil grauenhaft zerstörten deutschen Städte mit entsprechenden Aufnahmen vergleicht, die um die Mitte der fünfziger Jahre entstanden sind. Im Geiste der PK gehaltene Darstellungen betonen hier gern die große, wenn nicht entscheidende Bedeutung der US-amerikanischen Marshallhilfe für diesen Wiederaufbau und nicht den eigentlichen Grund. Nämlich dem entschlossenen Willen der Mehrheit der (west)deutschen Bevölkerung, aus der vielfach bitteren Not und dem teilweise unglaublichen Elend der ersten Nachkriegsjahre wieder, und möglichst rasch herauszukommen[144]. Ein Wille, der allerdings in der politischen Durchsetzung der von Ludwig Erhard stammenden »Sozialen Marktwirtschaft« eine starke institutionelle Stütze fand.

Die *kollektiv* gemeinten Schilderungen von Deutschen durch die PK folgen also dieser allgemeinen Strategie: Sie sollten stets mehr oder weniger negativ ausfallen und so den ohnehin vorhandenen Glauben vieler Deutscher an die eigene Minderwertigkeit bekräftigen. Positive Schilderungen sollte es dagegen erst gar nicht geben oder nur in dem Sinne, dass das Positive in ihnen durch auch vorhandenes Negatives mehr als aufgewogen wird. Die im Geist der PK vorgenommenen, kollektiv orientierten Darstellungen wirken daher psychisch, so ist anzunehmen, allesamt in die Richtung der personalen *Entnationalisierung*, wie sie üblicherweise verstanden wird. Dazu will jedoch nicht recht passen, dass gerade jetzt, da die letzten Zeitzeugen allmählich dahinschwinden, die Botschaft der PK von der dauerhaften Verantwortlichkeit aller Deutschen (die eben die Kollektivschuldannahme voraussetzt!) eher noch intensiver als früher

144 Auch die von PK-konformen Darstellungen gern gemachte Annahme, schon damals sei der Wiederaufbauerfolg nicht zuletzt das Verdienst von Ausländern, hier also: der vor allem aus Italien stammenden »Gastarbeiter«, ist falsch. Denn in der fraglichen Zeit war der Anteil solcher Ausländer in Deutschland noch schlicht zu klein, als dass er diese Rolle hätte spielen können. – Eine weitere Teilstrategie der PK, die manchmal auf die deutsche Wiedervereinigung Anwendung findet, besteht darin, dass man die hässlichen, die kriminellen *Begleiterscheinungen* des Ereignisses für das Wesentliche an ihm auszugeben sucht.

verbreitet wird. Die an sich so begrüßte Tendenz der Entnationalisierung ändert hier also offensichtlich nichts an der Fortdauer einer *kollektiven*, durch gemeinsame Schuld geprägten deutschen Identität, die, inhaltlich ganz geschrumpft, im Wesentlichen *rein negativ* ausfällt. Die naheliegende Frage jedoch, warum »wir Deutschen« (die wir das sonst doch kaum mehr sein sollen), warum insbesondere die Jungen eine solche Identität denn akzeptieren sollten, wird nur ungern zugelassen. Besteht man aber gegenüber PK-Verfechtern bzw. -instanzen auf einer Antwort, so erfolgt sie typischerweise dann doch in der Form der Berufung auf die Verbrechen Hitlers und die daraus folgende kollektive Verantwortlichkeit auch von »uns«.

Spätestens auf dieser Höhe der Erörterung liegt es freilich nahe, nach handfesteren Gründen für die angesonnene Dauerverantwortlichkeit zu suchen. Der jedenfalls auf deutscher Seite wichtigste Grund besteht im Willen der politischen Klasse, die im Lauf der Zeit errungenen Macht- und Statuspositionen zu erhalten und die Interessen der mit ihnen verbundenen Institutionen auch künftig möglichst gut durchzusetzen. Und hier besonders die Interessen der großen *Profiteure* des durch das Grundgesetz geschaffenen *politischen Systems*, nämlich schon der Bundesländer (Rolle des Bundesrats!), ferner der etablierten Parteien sowie vor allem des BVerfG. In der Sicht der korrekten Mehrheit der politischen Klasse und besonders ihrer Teileliten lässt sich die nähere Ausprägung dieses Erhaltungsinteresses kurz so wiedergeben: Ja, die Deutschen sollen sich entnationalisieren, aber nicht in dem Maße, dass in ihrem durchschnittlichen Bewusstsein die Verbindung zum entscheidenden Verbrechen ihrer auch sonst fragwürdigen Tradition wirklich abreißt. Denn damit, d. h. der dann ebenfalls zunehmenden, ausgeprägten Gleichgültigkeit gegenüber der eigenen kollektiven Vergangenheit (»Was geht mich bzw. uns das an?«) würde die doch wichtigste Quelle ihrer bisherigen moralischen Lenkung durch uns, die politische Elite und die uns verbundenen Institutionen, mehr und mehr versiegen. Nämlich die vergleichsweise bequeme Möglichkeit, mithilfe von entsprechend aufbereiteten und dosierten öffentlichen Erinnerungen an »unsere Geschichte« von der Mehrheit der Bevölkerung nach wie vor ein kollektives Wohlverhalten wenigstens insoweit zu erreichen, dass sie mit den an sie gerichteten Botschaften auch die obrigkeitliche Gängelung, ja Entmündigung durch uns bzw. die staatstragenden Medien im Wesentlichen hinnimmt. Zwar sind diese Erinnerungen bisher – und wahrscheinlich auch künftig – nicht imstande, das weit verbreitete resignative, doch oft mit Verärgerung und Groll angereicherte Bewusstsein darüber zu verdrängen, dass »wir ja doch nichts machen können«, mindestens aber dazu, die Motivation für aktivere Bemühungen um kollektive Selbstbestimmung, also eine wirkliche Veränderung der politischen Verhältnisse zu schwächen.

Doch jetzt zu der Sicht der Deutschen und von Deutschland überhaupt, wie sie in den medialen, aber auch Darstellungen anderer PK-Institutionen vermittelt wird. Um wieder mit einigen Bemerkungen über sozio-kulturelle Aspekte dieser Sicht zu beginnen: *Erstens* schreiben die entsprechenden medialen Nachrichten und die damit transportierten Botschaften die dominierende Mittelschichtsauffassung von der kollektiven deutschen Minderwertigkeit gleichsam fort und verstärken sie noch. So findet etwa die Anglisierung der Konsumsphäre, insbesondere der Kaufhauswerbung, ihre Fortsetzung in den oft erfolgreichen, in erster Linie medialen Versuchen, der deutschen Sprache und damit den Deutschen immer neue, der Suggestion nach modernere und bereits durch ihre englische Herkunft überlegene Wörter aufzudrängen. Oder es wird durch die Nichtangabe der Nationalität der Beteiligten dem Zeitungs- und Fernsehpublikum eben regelmäßig suggeriert, die (jugendlichen) Täter begangener Mord- und Totschlagsdelikte seien immer Deutsche – was wieder einmal zu zeigen scheint, wie viel an bösartiger Minderwertigkeit »unter uns« ist. Außerdem fällt auf, dass in deutschen Darstellungen auch längst vergangener *historischer* Ereignisse kaum noch positive, geschweige denn überragende Eigenschaften der an ihnen beteiligten Deutschen auftauchen, wohl aber – und zwar reichlich und oft völlig kritiklos – von an ihnen beteiligten Angehörigen gerade der westlichen Nationen. So ist z. B. der eigentliche Held der im Krieg gegen Napoleon 1815 stattgefundenen Entscheidungsschlacht bei Waterloo der britische Feldherr Wellington, und nicht etwa Blücher und sein Generalstabschef Gneisenau, die, von Wellington im Stich gelassen (!), zwei Tage zuvor von Napoleon bei Ligny geschlagen worden waren. Die aber noch in der Nacht ihres Rückzugs mit den ihnen verbliebenen Truppen umkehrten und so rechtzeitig am Ort des neuen Geschehens eintrafen, dass sie Wellington und seine *noch* standhaltenden Truppen aus ihrer Umklammerung durch Napoleon befreien konnten und, gemeinsam mit ihnen, innerhalb einer Stunde das Kriegsglück »nachhaltig« wendeten. – Auch in diesem Fall spielt eben die dominante Grundabsicht, weder von der deutschen Kultur, noch von sonstigen deutschen Traditionen ein positives Bild zu vermitteln, eine wichtige Rolle. Deutsche(r) im Sinne dieser Traditionen zu sein, ist, so die regelmäßig mitgelieferte Botschaft der PK, nicht nur unmodern, sondern auch spießig und in wichtigen Hinsichten direkt verwerflich. Als gut gilt hier dagegen fast alles, was Deutsche ihren Traditionen *entfremdet* (und zu ihrer weiteren Verwestlichung beiträgt)[145].

Zweitens zielen die Botschaften bzw. die damit verbundenen Absichten der Agenten und Institutionen der PK eben auch, wenn nicht gerade im *politischen* Bereich hauptsächlich darauf ab, Deutschland im Status einer letzten Minderwertigkeit und des Büßertums festzuhalten. Einen Aspekt davon bildet die Denunziation von gelegentlich selbst hierzulande auftauchenden Willensregungen in Richtung verbesserter politischer *Selbst*behauptung und vermehrten Einflusses vor allem innerhalb der Europäischen Union als »Überheblichkeit«, »gefährliche Arroganz« oder Ähnliches. Dieser Vorwurf hat übri-

145 Anderes gilt für lokales und überlokales Brauchtum bis hin zu »Stammes«traditionen. Viele Deutsche, die nationale Traditionen annähernd vollständig ablehnen, begeistern sich stattdessen für Brauchtum ihrer Heimat, das nur dieses ist und sein will. Ähnlich fiel übrigens schon die US-amerikanische Besatzungspolitik nach 1945 aus: Nach relativ kurzer pauschaler Verdammung alles Deutschen begann die Zeit der freundlichen Tolerierung, ja gelegentlichen Unterstützung desjenigen Brauchtums, mit dem sich eben kein überregionaler, womöglich noch politischer Anspruch verband. Demgegenüber duldete, ja protegierte die Sowjetunion aus anderen Gründen in ihrer Zone gerade die *hoch*kulturellen Bestände Deutschlands. – Noch in den fünfziger Jahren begann in Westdeutschland auch die Förderung der Regionalkultur durch die überwiegend wiederhergestellten, teilweise aber auch neuen Länder. Und zwar nicht zuletzt mit der Absicht, das in der Bevölkerung oft kaum vorhandene oder gar abgelehnte Bewusstsein zu fördern, dass man stolz darauf sein solle, diesem und nicht etwa einem anderen Bundesland anzugehören.

gens, wie u. a. den erwähnten, hierin ja gleichlautenden Predigten der Vertreter der hohen deutschen Geistlichkeit zum Nationalfeiertag des Jahres 2012 zu entnehmen ist, inzwischen bereits den Charakter eines Gemeinplatzes in den Beständen der PK angenommen. Das schmälert jedoch, jedenfalls bisher, nicht seine Nutzung als eine der Waffen, in öffentlichen, womöglich uneindeutigen Darstellungen Deutschlands und der Deutschen, die jeweils PK-konforme Sichtweise durchzusetzen. – Ein anderer, ohne Zweifel wichtigerer Aspekt stellt hier die starke *Schrumpfung* der (seit 1945 ohnehin nie mehr voll gegebenen) *äußeren Souveränität* Deutschlands im Gefolge der Verfestigung der Europäischen (Wirtschafts-)Gemeinschaft zur Europäischen Union dar. Gerade innerhalb der Eurozone sind die Bestrebungen unübersehbar, aus dem Staatenbund EU mehr und mehr einen Staatenverbund zu machen, der seinen Gliedern noch ungefähr diejenige Selbstständigkeit zugesteht, die ein deutsches Bundesland gegenüber Parlament und Regierung in Berlin genießt. Getragen werden sie vor allem von der EU-Kommission und, derzeit eher mehr noch, der Europäischen Zentralbank. Nicht grundlos hat der Gerichtspräsident Voßkuhle, der, wie kaum zu übersehen, längerfristig empfindliche Machtverluste des BVerfG befürchtet, in den letzten Jahren mehrmals vor weiteren Schmälerungen der deutschen Souveränität durch entsprechende Brüsseler Tendenzen gewarnt. Es ist in der Tat möglich, dass jedenfalls die Eurozone – so sie bestehen bleibt (vgl. Henkel 2013 sowie Starbatty 2013) – auf dem Weg teils offizieller, teils nur faktischer Vermehrung ihrer Befugnisse weitgehend erreicht, was den deutschen Demokraten auf jedenfalls friedlichem Wege verwehrt bleiben könnte. Nämlich die Abschaffung der Herrschaft des »Guten« zugunsten einer jedenfalls formellen Wiederherstellung der seit 1933 beseitigten Volkssouveränität über, in erster Linie, die Entmachtung der Karlsruher Richter. Allerdings dürfte ein solcher Erfolg wohl mit einem empfindlichen Souveränitätsverlust der einzelnen, die Eurozone bildenden Länder zugunsten eines erheblichen Machtgewinns der Zentrale in Brüssel einhergehen.

Das führt, *drittens*, zu einem längerfristig immer wichtigeren Faktor für das Schicksal des deutschen Minderwertigkeitsglauben, der auch für die weitere, und gerade öffentliche, Geltung der PK große Bedeutung besitzt. Gemeint ist das Fehlen wirklicher Demokratie im und infolge des Grundgesetzes, die – wie ja wiederum von Wickert, doch auch anderen zu lernen ist – »den Deutschen« aufgrund der Hitlerbegeisterung eines Großteils ihrer Urgroßväter (und womöglich sogar mancher Urgroßmutter) noch immer *mit Recht* verweigert wird. Andererseits nehmen die Zeichen zu, dass inzwischen eine Mehrheit der deutschen Bevölkerung Demokratie *will*, mögen auch die Vorstellungen, wie sie denn aussehen sollte, noch unklar und vielfach widersprüchlich ausfallen. Es ist daher nicht nur wissenschaftlich oder sonstwie interessant, sondern auch in praktisch-politischer Hinsicht zu wissen wichtig, wie die verschiedenen im Bundestag vertretenen Parteien denn gegenwärtig zur Frage wirklicher Demokratie auf der gesamtstaatlichen Ebene, also zu Volksabstimmungen stehen, die nach ihren Ergebnissen für die Politik *bindend* sind.

c) Die Haltung der etablierten Parteien zu tatsächlicher Demokratie – und die »vielfältige Gesellschaft« als Zukunftsutopie der Grünen

Hält man sich dazu an die offiziellen Auskünfte, wie sie in den jeweiligen, Parteiprogrammen oder auch in Programmen zur Bundestagswahl 2013 vorliegen, ergibt sich das folgende Bild: Die *CSU*, die durch ihre regionale Beschränkung allerdings einen gewissen Sonderfall bildet, äußert sich in ihrem geltenden Grundsatzprogramm von 2007 gar nicht erst hinsichtlich der Bundesebene, lehnt jedoch auch auf Bayern beschränkte Bürger- bzw. Volksentscheide ab[146]. Entsprechendes gilt eingeschränkt auch für die Schwesterpar-

146 Sowohl auf der Ebene der Kommunal- wie der Landespolitik gilt vielmehr, dass »die gewählten Vertreter« bzw. die Mitglieder des bayerischen Landtags politisch »letztverantwortlich« sind. Im Hinblick auf die Landesebene wird zwar »die Bindekraft der

tei *CDU*, die – jedenfalls bisher – »Elemente unmittelbarer Demokratie« nur auf den regionalen Ebenen, nicht aber der Bundesebene für sinnvolle Ergänzungen hält[147]. Die anderen Parteien befürworten dagegen die Möglichkeit verbindlicher Volksabstimmungen bei allerdings bezeichnenden Unterschieden. Die *SPD* als zweitgrößte deutsche Partei will zwar direkte Demokratie. Doch sollen solche innerhalb bestimmter »Grenzen« möglichen Abstimmungen wiederum nur Ergänzungen zu den parlamentarischen Entscheidungen und genau nicht gleichwertiger oder gar höherrangiger Ausdruck praktizierter Volkssouveränität sein:

»In gesetzlich festzulegenden Grenzen sollen sie (d. h. »Volksbegehren« und »Volksentscheide« – B. E.) die parlamentarische Demokratie ergänzen, und zwar ... auch im Bund. Wo die Verfassung der parlamentarischen Mehrheit Grenzen setzt, gelten diese auch für Bürgerentscheide« (Hamburger Programm der SPD vom 28. 10. 2007, S. 32f. Vgl. allerdings das »Regierungsprogramm« der SPD für die Jahre 2013 – 2017, S. 96f., in dem die Forderung nach »Volksentscheiden« – und zwei Vorstufen davon – wiederholt wird und dazu auch eine Grundgesetzänderung angestrebt wird).

Etwas mutiger zeigt sich da schon die *FDP* mit ihrem neuen Grundsatzprogramm vom Mai 2012 (»Karlsruher Freiheitsthesen«). In ihm heißt es zwar recht vorsichtig, aber nicht gleich wieder mit »klarstellenden« Einschränkungen belastet:

»In den Bundesländern konnten in der Vergangenheit erste Erfahrungen damit (d. h. mit »direktdemokratischen Elementen« – B. E.) gesammelt werden. Diese Verfahren sollten ausgebaut und verbessert werden. Wir Liberalen setzen uns darüber hinaus für die Einführung von Volksbegehren und Volksentscheiden auch auf der Ebene des Bundes ein« (a. a. O., S. 74).

Volksparteien« für eine »stabile Demokratie« betont. Doch bleibt es eben auch für die »parlamentarische Demokratie« Bayerns bei dem Satz: »Die Letztverantwortung haben die gewählten Vertreter in ihrer besonderen Verantwortung als Mandatsträger« (a. a. O., 57f.). – Andererseits gab es Anfang 2013 eine landesweite Volksabstimmung zur Frage der Abschaffung oder Beibehaltung der Studiengebühren, die zur Abschaffung dieser Gebühren führte. Dieses und vor allem bestimmte Vorkommnisse bei den Koalitionsverhandlungen nach der Bundestagswahl 2013 legen die Annahme nahe, dass die Dinge hier doch im Fluss sind.

147 »Repräsentative Demokratie schließt Elemente unmittelbarer Demokratie nicht aus. Diese können das repräsentative System auf den regionalen Ebenen sinnvoll ergänzen« (»Grundsatzprogramm« der CDU vom Dezember 2007, S. 88).

Am weitesten in diese Richtung geht *Die Linke* in ihrem in Erfurt entwickelten Parteiprogramm vom Oktober bzw. Dezember 2011. Auch hier mag das Gesagte hinsichtlich des Ernsts seiner angestrebten Verwirklichung eine Phrase sein. Aber dann wenigstens eine Phrase, die am Grundgedanken der Demokratie festhält:

»Wir setzen uns dafür ein, neue Formen einer Politik von unten zu entwickeln. ... Eine lebendige Demokratie muss erweiterte Möglichkeiten direkter demokratischer Entscheidung und Mitwirkung über Volksinitiativen, Volksbegehren und Volksentscheide sowie Bürgerbegehren und Bürgerentscheide schaffen. Zugleich sollen obligatorische Volksentscheide über die EU-Verträge eingeführt werden« (a. a. O., S. 46).

Um es kurz zusammenzufassen: Am demokratiefreundlichsten ist nach ihrem Programm *Die Linke.* Auf den ersten Blick folgen die gleich näher zu behandelnde *Grünen*, jedoch *nur* auf diesen Blick. Eine Mittelstellung nehmen dann *FDP* und *SPD* ein, während sich als harte Gegner einer gesamtstaatlichen Demokratisierung die CDU/CSU darstellt. Allerdings hat sich im Zusammenhang mit der Bundestagswahl 2013 zumindest bei der CSU (wie übrigens auch der SPD) die Lage doch geändert, sodass derzeit nur noch die CDU für eine klare Ablehnung von Volksabstimmungen steht[148].

Besonders interessant und aufschlussreich ist hier wie in manchen anderen gesellschaftspolitischen Grundfragen jedoch die Haltung der Partei der *Grünen.* Da zumindest ihre (Macht-)Elite schon seit den Achtzigerjahren die am weitesten gehende politische Verfechterin der PK bildet, sei auf einige zentrale Aspekte dieser Haltung näher eingegangen. Um es jedoch schon zu betonen: Entgegen ihren wiederholten öffentlichen Bekundungen will diese Partei nicht wirklich Demokratie, sondern eine Republik, mit der nicht nur deren dauerhafte (?) Verweigerung verbunden ist, sondern auch eine prinzipielle Beseitigung der in Deutschland ohnehin nur prekär vorhandenen *modernen Nation.* Einer vor allem politischen Gemein-

148 Im Zuge der nach Sachgebieten aufgeteilten Koalitionsverhandlungen zwischen CDU/CSU und SPD nach der Bundestagswahl 2013 haben nämlich die dafür bestimmten Vertreter von CSU und SPD beschlossen, sich als Parteien für *gesamtstaatliche* Volksentscheide einzusetzen. Allerdings scheiterte dieser unverhoffte Vorstoß recht rasch am Widerstand der CDU.

schaft also, die seit dem 18. Jahrhundert das große, zunehmend bejahte und verwirklichte Projekt des Westens überhaupt ist. Anhand des von den *Grünen* im April 2013 verabschiedeten Bundestagswahlprogramms sei diese brisante Behauptung näher entfaltet und begründet.

Dazu noch einmal zum *Grundcharakter* der Nation sowie zur Rolle ihrer Außengrenzen: Die moderne Nation als *primär* politisches Projekt ist eine (1) Bevölkerung mit (2) einem traditionell eigenen Siedlungsgebiet und dem Wunsch, auch oder jedenfalls politisch eine eigene Einheit, also (3) einen eigenen (National-)Staat zu bilden bzw. ihn zu behalten. Und zwar in (4) möglichst sicheren Grenzen mit (5) offizieller wie auch faktischer Unabhängigkeit nach außen sowie (6) kollektiver, also demokratischer *Selbst*bestimmung und, jedenfalls im Prinzip, (7) *eigener* Kultur. Diese Grenzen stehen in erster Linie für das auch von anderen anerkannte (oder doch anzuerkennende) Faktum, dass mit ihnen ein eigenständiges staatliches Gebilde an dieser Linie endet und, so der Normalfall, ein anderes mit ebenfalls diesen Grundeigenschaften beginnt. Grenzen regeln den mit anderen Staaten unterhaltenen wirtschaftlichen usw. Verkehr und ermöglichen so – im positiven Normalfall – dem jeweiligen Staatsvolk das Grundgefühl, in einem nach außen zwar durchlässigen, aber nicht völlig offenen Raum in Frieden sowie nach *ihrer* Weise leben zu können. Grenzen kontrollieren demgemäß insbesondere den Zugang zum eigenen Land: Fremde halten sich hier grundsätzlich immer nur mit ausdrücklicher staatlicher Billigung (Visum) und nur eine begrenzte Zeit lang auf, die vom Gaststaat verlängert werden kann, aber keineswegs muss. Annähernd volle Niederlassungsfreiheit gibt es nur innerhalb der Europäischen Union, d. h. für die Angehörigen derjenigen ihrer Staaten, die an entsprechenden Verträgen teilhaben. – Die Bedeutung von Grenzen und der sie steuernden Entscheidungen souveräner Staatlichkeit zeigt sich auch bei der Gewährung von Asyl (und der Aufnahme aktueller Kriegsflüchtlinge). Zwar hat inzwischen weltweit jedermann das Recht, bei einem oder selbst vielen der inzwischen über 190 Staaten der Erde Asyl zu beantragen, sowie das Recht auf eine ordnungsgemäße staatliche Durchführung seines Asylverfahrens. Umgekehrt verbleibt jedoch die Entscheidung, es ihm zu gewähren oder eben nicht, ausschließlich bei dem betreffenden Staat.

Die langfristig vielleicht wichtigste Absicht im »Bundestagswahlprogramm 2013« der *Grünen* besteht nun darin, im Falle Deutschlands diese Grenzen und ihre Funktionen zugunsten der hier schon vorhandenen wie künftiger, Aufnahme begehrender Ausländer zu beseitigen und dazu auch die deutsche Souveränität weiter einzuschränken. Dabei unterscheidet dieses Programm nach zwei Kategorien, nämlich einmal in Deutschland bereits lebende sowie neu »einwandernde Arbeitskräfte« (einschließlich deren »Ehegatten und eingetragenen LebenspartnerInnen«). Ihnen gilt eine »Einbürgerungsoffensive«, die folgende Punkte enthält:

»Wir setzen auf eine Einbürgerungsoffensive, damit MigrantInnen schneller und leichter die deutsche Staatsbürgerschaft erlangen können. Dabei dürfen Frauen nicht benachteiligt werden. … Wir werden den Erwerb der Staatsbürgerschaft durch Geburt stärken: wer mit uns regieren will, muss akzeptieren, dass wir die doppelte Staatsbürgerschaft einführen und den diskriminierenden Optionszwang abschaffen werden. Mehrstaatigkeit muss generell erlaubt sein« (2013: 231).

Und:

»Der Nachzug von ausländischen Ehegatten und eingetragenen LebenspartnerInnen wollen wir wieder erleichtern, denn Deutsch erlernt man am besten im Alltag. Den Sprachtest im Ausland als Vorbedingung schaffen wir ab. … Das Aufenthaltsrecht muss modernisiert werden. Menschen brauchen einen sicheren Aufenthaltsstatus als verlässliche Grundlage, um sich bei uns niederzulassen und eine Perspektive zu haben. … Wir wollen die Einwanderung von Arbeitskräften grundsätzlich erleichtern. Alle einwandernden Arbeitskräfte sollen ihren Aufenthalt einfacher verlängern und verfestigen können« (a. a. O., 232).

Eine zweite, faktische Einbürgerungsoffensive gilt den »Flüchtlingen« aus aller Welt, wozu nicht nur Verfolgte und Vertriebene, sondern auch Menschen gehören, die aufgrund von »Klimaveränderungen«, also: aus wirtschaftlichen Gründen ihr Land verlassen (a. a. O.). Das Programm spricht hier im Wesentlichen von Asylbewerbern und »besonders schutzbedürftigen Flüchtlingen«:

»Wir wollen die Regelung abschaffen, nach der Flüchtlinge nur in denjenigen Staaten aufgenommen werden können, in denen sie als Erstes angekommen sind (DublinII-Abkommen), und setzen uns für einheitliche, hohe Asylstandards in allen Mitgliedsländern ein. Deutschland muss seiner humanitären Verantwortung gerecht werden und die stark betroffenen Aufnahmestaaten unterstützen. Ergänzend zu einem fairen Asylsystem wollen wir eine großzügige Aufnahme einer festgelegten Zahl besonders schutzwürdiger Flüchtlinge (...). Wir setzen uns für eine deutliche Erhöhung der jährlichen Mindestaufnahmequote ein, die Deutschland dem UNHCR dafür zur Verfügung stellt« (a. a. O., 233).

Und da Deutschland bekanntlich über sieben *Milliarden* Einwohner zählt, der Rest der Welt aber nur achtzig *Millionen*, ist es die immer neue moralische Verpflichtung Deutschlands, eben möglichst viele derjenigen aufzunehmen, die irgendwo auf der Welt aufgrund ihrer ethnischen usw. Zugehörigkeit benachteiligt, wenn nicht verfolgt werden oder auch nur ein materiell besseres Leben außerhalb ihres Heimatlands suchen. Dabei darf es für die *Grünen* natürlich keine Rolle spielen, was die zahllosen Hilfen und andere Unterstützungen, die sich aus solchen und verwandten Forderungen ergeben, die deutschen Steuerzahler eigentlich kosten (würden):

»Es ist außerdem unsere humanitäre Pflicht, Flüchtlingen aus Syrien zu helfen. Dazu gehört es, mehr Flüchtlinge aufzunehmen, ihnen die Einreise nach Deutschland zu erleichtern und hier lebenden syrischen Flüchtlingen einen sicheren Aufenthaltsstatus zu geben. ... Abschiebungen von SyrerInnen in andere EU-Länder, die weiterhin nach Syrien abschieben, lehnen wir ab. Darüber hinaus müssen Nachbarländer, die mehr als eine Million Flüchtlinge aufgenommen haben, unsere volle Unterstützung bei der Versorgung der Flüchtlinge bekommen. ... Schutzsuchende dürfen nicht in Staaten zurückgeschoben werden, in denen sie statt eines fairen Asylverfahrens Diskriminierung oder soziales Elend erwarten« (a. a. O.).

Schließlich ist hier die seit Mai 2013 in der deutschen Öffentlichkeit bekannt gewordene Praxis von vor allem rumänischen Gruppen von »Roma« u. a., das heißt – obrigkeitlich betriebene Sprachsäuberung hin oder her – Zigeunern zu erwähnen. Nämlich zunehmend, und eben kollektiv, nach Deutschland überzusiedeln. Und das mit der bisher recht unverhohlen geäußerten Absicht, sich möglichst dauerhaft von deutscher Sozialhilfe ernähren zu lassen, statt von *eigener* Arbeit zu leben. Für diese Absicht bieten sich gegenüber den Jobcentern bzw. Sozialämtern besonders die (normalerweise zu bewilligenden) Anträge auf eigene berufliche *Selbstständigkeit* an[149]. Auf diese Praxis reagiert die grüne Partei, wieder einmal ganz auf der Seite des Guten, mit der sittlichen Verurteilung Deutschlands (!) und der Deutschen, die mit *ihrer* Arbeit den gesellschaftlichen Karren ja auch für Asylbewerber usw. am Laufen halten:

»Besonders beschämend ist die Politik gegenüber Roma und Ashkali. Diese Minderheiten sind in allen Balkanstaaten härtesten Diskriminierungen ausgesetzt. ... Wir wollen, dass die Situation von Roma und die rassistische Diskriminierung, denen sie in ihren Herkunftsländern ausgesetzt sind, in angemessener Weise im Asylverfahren berücksichtigt wird. Zudem muss die Bundesrepublik die EU-Romastrategie durchsetzen. Deutschland muss sich in der EU für ein Programm zur wirksamen Inklusion der Roma in ihren wichtigsten Herkunftsländern einsetzen« (a. a. O., 233f.).

Und, kein Halten mehr kennend:

»Das Bundesverfassungsgericht hat die gekürzten Leistungen nach dem Asylbewerberleistungsgesetz für grundgesetzwidrig erklärt. Jetzt müssen dessen vollständige Aufhebung und die sozialrechtliche Gleichstellung von Flüchtlingen folgen. Wir wollen zudem die Ausbildungs- und Arbeitsverbote für Asylsuchende beseitigen und schaffen den rechtlichen Rahmen, damit sich Flüchtlinge im ganzen Bundesgebiet frei bewegen können. ... Wir setzen uns dafür ein, dass Flüchtlinge menschenwürdig in eigenen Wohnungen leben dürfen. Auch wollen wir Flüchtlingen von Anfang an den Zugang zu Bildung, Gesundheitswesen, Integrationskursen, Spracherwerb und Kommunikationsmedien eröffnen« (a. a. O., 234).

149 Die gesetzliche Regelung zur Arbeitsaufnahme in einem anderen EU-Land sieht zurzeit nämlich so aus: Angehörige eines bestimmten EU-Lands können hier ein Vierteljahr lang Arbeit suchen, erhalten in dieser Zeit aber keine finanzielle Unterstützung vom Aufnahmeland. Verläuft ihre Suche erfolglos, können sie zwar im Land bleiben, doch weiterhin ohne eine solche Unterstützung. Anders dagegen die Situation für Personen, die womöglich gleich nach ihrer Einreise bei den Jobcentern ihre berufliche Selbstständigkeit anmelden. Geben sie dann wenige Tage später oder auch gleich an, damit zu wenig, ja nichts zu verdienen, erhalten sie bei eigener Mittellosigkeit die üblichen Sozialhilfeleistungen, solange sie als an diesem Zustand unschuldig gelten. In manchen Großstädten, insbesondere in Berlin (Neukölln!) hat diese Situation eben schon vor dem Eintritt der EU-Freizügigkeit für auch bulgarische und rumänische Staatsangehörige dazu geführt, dass in alten Mietskasernen *offiziell* jeweils bis über hundert solcher »Selbstständiger« ihrer »Arbeit auf eigene Rechnung« nachgehen!

Doch jetzt zum immer wieder erhobenen demokratischen Anspruch der *Grünen*. Auch für sie ist Demokratie eben nicht der unerläßliche institutionelle Rahmen für das damit gegebene eigentliche Ziel, nämlich die Bildung und politisch-staatliche *Durchsetzung* des *Volks-* als Mehrheitswillens, sondern wesentlich nur ein *Mittel* zur besseren Realisierung ihrer *eigenen* Ziele. Und zwar eines, bei dem schon im Voraus verhindert werden soll, dass es sich gemäß seiner inneren Logik nach nicht nur gegen die verfehlten, ja ethisch minderwertigen Bestrebungen anderer Parteien, sondern auch diese hohen Ziele richtet:

»Wir wollen auch im Bund direkte Demokratie ermöglichen. Sie kann die repräsentative Demokratie gut ergänzen. … Aber wir lassen nicht locker, bis eine dreistufige Volksgesetzgebung mit Volksinitiative, Volksbegehren und Volksentscheid Wirklichkeit wird. Ein wirksamer Minderheitenschutz ist dabei für uns selbstverständlich. So sollen Volksinitiativen, die darauf aus sind, die Rechte einer Minderheit einzuschränken, die sich nach den Kriterien eines verfassungs- und europarechtlichen Gleichheitsartikels definieren (! – B. E.), unzulässig sein. Auch Grundrechte und wesentliche Verfassungsprinzipien dürfen durch Volksentscheide nicht zur Disposition gestellt werden« (a. a. O., 206).

Auch hier soll also die direkte Demokratie eine bloße Ergänzung zur repräsentativen sein. Weit aufschlussreicher und die Demokratie im Kern treffend ist aber der schon im Vorfeld unternommene Versuch, die möglichen *Inhalte* der Volksentscheide massiv einzuschränken. In dem für sie entscheidenden Punkt können sich die maßgeblichen *Grünen* nicht schwammig genug ausdrücken, um mögliche Nachteile für »sich definierende«, im Klartext also: auch lediglich *angemaßte* »Rechte« irgendwelcher »Minderheiten« abzuwehren, die durch die Ausübung der Volkssouveränität entstehen könnten. Außerdem wollen sie weder den im Grundgesetz staatstragend gewordenen Grundrechten den Charakter wirklicher *Menschen*rechte (mitsamt dem Recht auf Widerstand) zurückgeben, noch Verfassungsartikel beseitigen, die Demokratie nur in Kümmerform zulassen. So ist es eben genau *nicht* das Ziel, in Deutschland Demokratie zu verwirklichen, sondern manche ihrer – erst durchzusetzenden – Elemente dafür zu nutzen, die bestehende Herrschaft des »Guten« nach *ihren* Absichten zu verändern. Dazu soll auch in der den Grünen vorschwebenden Herrschaftsordnung die *Souveränität*, also die kollektive Selbstbestimmung des »Deutschen Volkes« auf Dauer beseitigt bleiben. Das oberste »Gute« ist hier allerdings nicht mehr die Menschenwürde, wie sie der verfassungsgebenden Versammlung von 1949 mehrheitlich vorschwebte, als vielmehr die Realisierung einer in ihrer Offenheit nach außen nirgendwo sonst verwirklichten Gesellschaft von Gleichen, die nach ihren Ursprüngen sehr verschieden sind. Diese Spielart der multikulturellen Gesellschaft wird nach ihren *Grund*merkmalen und –zielen am Anfang des Wahlprogramms von 2013 folgendermaßen charakterisiert:

> »Wir müssen heute etwas ändern, damit auch kommende Generationen frei entscheiden können, wie sie leben wollen. Wir wollen heute etwas ändern, um zu einer Wirtschaftsweise zu kommen, die allen nutzt und nicht nur wenigen – die auf Erneuerbare Energien gebaut ist statt auf Öl, Kohle, Atom und Gas, die unsere Umwelt schützt statt sie zu zerstören. Wir müssen dringend etwas ändern, um das Auseinanderfallen unserer Gesellschaft in drinnen und draußen, in arm und reich, oben und unten zu stoppen. Und wir wollen heute etwas ändern, damit wir morgen endlich in einer vielfältigen Gesellschaft leben, in der Kinder, Frauen und Männer, Menschen verschiedener sexueller Identität, verschiedener Religionen, aus unterschiedlichen Kulturen oder unterschiedlicher Herkunft endlich gleichberechtigt leben können und gleiche Möglichkeiten haben« (a. a. O., 8).

Nun ist jedoch gleich der erste Satz in doppelter Hinsicht falsch bzw. unaufrichtig. Denn weder können die jetzigen Generationen »frei entscheiden ..., wie sie leben wollen«, noch sollen eben – sofern jedenfalls die Deutschen unter ihnen noch in der Mehrzahl sind – die »kommenden« *sich selbst* bestimmen. Weit mehr ist dagegen den folgenden Bemerkungen zu glauben: Das Grundziel wenigstens der *grünen* Machtelite ist die gleichsam nachträgliche Errichtung einer modifizierten *multikulturellen Gesellschaft* mit ökologischer und weitgehend antikapitalistischer Wirtschaftsweise. Sachlich neu ist dabei, dass es hinsichtlich der Außenbeziehungen hier nicht mehr nur um engere Zusammenschlüsse von einzelnen oder selbst vielen Ländern (wie im Fall der EU) geht, sondern darum, »das Auseinanderfallen unserer Gesellschaft in drinnen und draußen« überhaupt zu »stoppen«. Dass damit auch die Beseitigung vieler, wenn nicht fast aller Grenzen gemeint ist, die mit den »Gesellschaften« auch die fraglichen Völker und alte wie neue Minderheiten voneinander trennen, ist vor allem der im letzten Satz skizzierten Utopie zu entnehmen. Nämlich der Verwirklichung einer »vielfältigen« Gesellschaft, in der es »Gleichberechtigung« und »gleiche Möglichkeiten« für alle gibt, woher und mit welchen Eigenheiten sie auch kommen mögen. Zu ihr gehört aber auch (und an erster Stelle?!) die Vielfalt »sexueller Identitäten«, darunter die Pädophilie, der – und zwar *entgegen* der von Jürgen Trittin vor der Bundestagswahl 2013 mehrmals wiederholten Behauptung, die politische Abkehr der *Grünen* von ihr sei bereits 1989 erfolgt – offensichtlich auch hier eine Heimstatt geboten werden soll.

Doch wäre eine solche »vielfältige« Gesellschaft überhaupt möglich? Dazu sei zunächst gedanklich das angenommen, was gerade die derzeitige Elite der *Grünen* so ersehnt (»endlich«!) – dass nämlich in ihr auch die eigentlichen, d. h. nach ihrer Abstammung Deutschen nur noch eine Minderheit darstellten. In dieser Gesellschaft würden die Menschen immer noch einen wirtschaftlichen sowie staatlichen Zusammenhang bilden (wenn auch vermutlich mit erheblichen funktionalen Defiziten und entsprechend massiven politischen Spannungen). In *sozialer* Hinsicht wäre die wahrscheinliche Folge jedoch eine *Segmentierung* der Gesellschaft nach einander nicht nur freundlich, sondern auch ablehnend gegenüberstehenden (Quasi-)Gruppen. Dafür gibt es vor allem zwei Gründe. Nämlich einmal eine verschärfte wirtschaftliche *Konkurrenz* zwischen gerade solchen Minderheiten, deren Angehörige aufgrund ihrer traditionell schlechten Ausbildung durchschnittlich ohnehin auf die Übernahme von entsprechenden, nur dürftig bezahlten Arbeitsplätzen angewiesen sind. Ferner, und oft wichtiger, bestimmte *kulturelle Differenzen*, die in den Augen der einzelnen Minderheiten die jeweils anderen Minderheitskulturen immer wieder als nicht nur fremd, sondern auch in bestimmten Punkten, wenn nicht als insgesamt minderwertig erscheinen lassen. Denn die Einwanderer kommen ja, entgegen den korrekten Phrasen, nicht einfach nur als »Menschen« schlechthin nach Deutschland. Sondern, einerseits, als von einer bestimmten Kultur *geprägte* Personen mit bestimmten Grundanschauungen, moralischen, ästhetischen usw. Maßstäben und Orientierungen. Und andererseits als Personen, die sich durchschnittlich von ihrer Herkunftsfamilie sowie der ethnischen bzw. nationalen Gruppe, der sie angehören, her verstehen und beiden gegenüber mehr oder minder loyal sind, zugleich aber aufgrund ihrer kollektiven Tradition (und aktueller Konflikte) manche der anderen Gruppen ablehnen und selbst hassen. Die USA als klassische Einwanderungsgesellschaft, doch auch Frankreich seit dem Ende des 19. Jahrhunderts haben hinsichtlich der (willkommenen) Einwanderer auf diese doppelte Situation mit der Überhöhung der eigenen Nation und damit auch der nationalen Zugehörigkeit reagiert und reagieren noch immer so: Wie ausgeprägt die ethno-kulturellen Unterschiede zwischen Einheimischen und Zugewanderten auch jeweils sein mochten – in dem entscheidenden Punkt, nämlich als Amerikaner oder Franzosen Angehörige einer *großen*, andere überragenden *Nation* zu sein, die eben mit Recht ihre oberste Loyalität verdient, sind sie alle gleich[150]. Eine solche Lösung – wäre sie machbar – stünde jedoch im genauen Widerspruch zur Grundabsicht der (gegenwärtigen) *grünen* Parteielite.

Doch worin lägen sonst die verbindenden Gemeinsamkeiten und davon abgeleitete kollektive Ziele dieser Gesellschaftsangehörigen, worauf könnten sie *gemeinsam* stolz sein? Etwa darauf, dass sie »gleichberechtigt leben« könnten und »gleiche Möglichkeiten« hätten? Anders als gemeinsame Vergangenheit, also: geteilte kollektive Ereignisse und Traditionen sowie gemeinsam angegangene Ziele, stiftet die bloße Gleichberechtigung ein nur dürftiges Band zwischen den Menschen; und dass ihre Möglichkeiten tatsächlich ungefähr gleich wären, dürfte schon ein gesteigertes bzw. beschleunigtes Kommen und Gehen seiner Bewohner verhindern. Außerdem bestünde die vielleicht wichtigste naturwüchsige Folge der vor

150 In überwiegend abgeschwächter Form gilt diese Grundhaltung auch für den Westen insgesamt: Wer in einem seiner Länder auf Dauer bleiben will (und in ihm grundsätzlich willkommen ist), sollte durch die Annahme der entsprechenden Staatsbürgerschaft Teil der Nation werden. Was für ihn aber nur eine Erwartung darstellt, wird für seine im Land geborenen Kinder meistens ein Muss.

allem wirtschaftlichen Rivalität zwischen den sozio-ökonomisch *schwächeren* Gruppen auf der einen, dem nur zeitweise abflauenden Kampf zwischen den *mächtigeren* Gruppen um die innergesellschaftliche Dominanz auf der anderen Seite in der Ausbildung einer nach Einkommen, Bildung, Macht und kollektivem Ansehen stark *geschichteten* Gesellschaft. Sie aber würde sich so in einem ausgeprägtem Widerspruch zu der offiziell noch immer geltenden allgemeinen Gleichheit und ähnlichen Werten befände. Zu wünschen wäre diesem neuen Deutschland wohl, dass die vielen Minderheiten sich allmählich ihrer Herkunftskultur entledigen würden. Und dass sie sich entweder einer schon vorhandenen, inzwischen wie immer reformierten Kultur oder einer neu entstandenen, doch zunehmend als attraktiv bejahten Kultur zuwendeten, die für sie neue, *übergreifende* Gemeinsamkeiten und Ziele stiften und so auch eine gewisse Solidarität zwischen ihnen hervorbringen könnte. Das aber würde mit dem tendenziellen sozio-kulturellen Ende dieser Minderheiten auch das weitgehende Ende des Versuchs »vielfältige Gesellschaft« bedeuten.

Nachwort in praktischer Absicht

Erlauben Sie mir, geneigte Leserin und lieber Leser, dass ich zum Schluss dieses Buchs die Rolle des vorwiegend analysierenden Wissenschaftlers teilweise aufgebe und damit – auch – als politisch interessierter Bürger zu Ihnen als Mitbürgern spreche. Dabei wünsche ich mir zunächst zwei Dinge. Nämlich einmal, dass Sie das Gesagte überwiegend interessant und bedenkenswert fanden, und zwar gelegentlich auch dann, wenn Sie nicht meiner Meinung waren. Außerdem würde es mich freuen, wenn Sie mir hinsichtlich der zentralen Aussagen dieses Buchs zustimmen würden (und gar den Eindruck gewonnen hätten, dass der Verfasser jedenfalls in dieser Sache Verstand bewiesen habe). Wichtiger ist jedoch der zweite Wunsch. Dass nämlich das Buch dazu beiträgt, unter uns Deutschen die öffentliche wie private Diskussion darüber zu fördern, inwiefern und warum wir kein demokratisches Land sind. Aber auch eine Diskussion darüber, was gegenwärtig die näheren Zielsetzungen und die politischen Bemühungen von all denen sein sollten oder doch könnten, welche die kollektive Selbstbestimmung *wollen*. Denn in praktischer Absicht muss es meines Erachtens eben darum gehen, in Deutschland die *Herrschaft* des sittlich »Guten« zu beseitigen und stattdessen die Demokratie, der in Deutschland bisher nur eine Existenz von dreizehn Jahren, nämlich als Weimarer Republik vergönnt war, gesamtstaatlich neu und dauerhaft zu begründen.

Dieser entscheidenden praktischen Absicht soll, zunächst, eine Vergewisserung der gegenwärtigen verfassungspolitischen Lage Deutschlands und ihres historischen Hintergrunds dienen. Den Ausgangspunkt dafür bildet zweckmäßigerweise das Verständnis von kollektiver *Selbst*bestimmung, wie es durch die französische Aufklärung des 18. Jahrhundert und, mehr noch, den revolutionären politischen Denker J. J. Rousseau entwickelt worden ist. Frankreich war denn auch der Vorreiter der entsprechenden *sozio-politischen* Entwicklung, durch welche die traditionelle, christlich begründete Verbindung von Thron und Altar bereits in der Revolution von 1789 zerrissen worden ist. Denn damit wurden Gott bzw. der Glaube an ihn wie die überkommenen christlichen Moralauffassungen zu *Privat*angelegenheiten der einzelnen Staatsbürger, die – für sich genommen – den politisch-staatlichen als spezifisch weltlichen Bereich *grundsätzlich* nicht mehr bestimmen dürfen (Prinzip des *Laizismus*). An ihre Stelle tritt eben die kollektive Selbstbestimmung des Staatsvolks gemäß seinem mehrheitlichen Willen, wie er sich jeweils in politischen Wahlen und Abstimmungen äußert. Natürlich *kann*, und wird nicht selten, dieser Wille mit bestimmten christlichen Lehren übereinstimmen; die *Legitimation* für seine praktische staatliche Durchsetzung ergibt sich in diesem wie in gegenteiligen Fällen jedoch ausschließlich aus ihm als dem Willen des *Souveräns*. Gemäß diesem Charakter der Souveränität kann das französische Volk, können seine unmittelbaren Repräsentanten, der Staatspräsident als »König auf Zeit« und das Pariser Parlament, sich zwar gegenüber äußeren Mächten durch Verträge sowie gesellschaftsintern durch insbesondere die Gesetzgebung binden, doch stets durch den Vorbehalt der eigenen Souveränität begrenzt. Das (Staats-)Volk kann so zwar in dieser und jener Hinsicht bzw. zeitweilig auf die Ausübung seiner Souveränität verzichten, aber nicht auf die Souveränität selbst und darauf, in der Zukunft (wieder) von ihr Gebrauch zu machen. Geschieht das Letztere doch, ist mit der Demokratie die Volkssouveränität und damit der Staat als »Republik« mehr oder weniger vernichtet.

Nach dem hier herrschenden Verfassungsverständnis gibt es nur einen Bereich, in dem sich über dauerhafte, *nicht revidierbare* Selbstbindungen wenigstens reden lässt, nämlich die Menschenrechte. Der moderne französische Staat beruht, wie dargestellt, nach seinem Selbstverständnis auf der von Rousseau entwickelten Vorstellung eines gesellschaftlichen Urvertrags, nach dem die Beteiligten – ihrem elementaren Interesse an der *eigenen* Selbsterhaltung folgend – sich zur Bündelung und damit Vervielfachung ihrer individuellen Kräfte *zusammen*schließen; die gewünschten Wirkungen dieses Zusammenschlusses erfordern aber zugleich den weitgehenden Verzicht auf eine nur durch die Natur bzw. ihre Launen oder auch andere Menschen – als (mögliche) Feinde – begrenzten Freiheit des Einzelnen. Zum wenigstens teilweisen Ausgleich dieses personalen bzw. familiären Verlusts, mehr aber noch zum Schutz jedes Einzelnen vor anderen Angehörigen der entstandenen Gesellschaft (und womöglich der gemeinsamen Regierung) muss es *unantastbare* Menschenrechte geben, deren Geltung durch Katastrophen und ähnliche verheerende Umstände zwar eingeschränkt, aber niemals ganz aufgehoben werden darf. Wenn es daher zwingende, d. h. auch der Souveränitätsausübung künftiger Generationen entzogene Selbstbindungen hier überhaupt geben kann, dann noch am ehesten hinsichtlich dieser Rechte. Denn sie bilden ja die personbezogene Entsprechung zum Gesellschaftsvertrag selbst. Ohne ihn stellen diese Rechte nur ein zum Wesen des Menschen gehörendes Potenzial dar, das durch einen – auch – politischen Zusammenschluss der bisher im Naturzustand lebenden Menschen erst voll aktiviert wird. Zugleich gilt jedoch umgekehrt: Ohne Menschenrechte und ihre kollektive Beachtung entfällt für die Beteiligten gleichsam die Geschäftsgrundlage dafür, eine Gesellschaft zu bilden bzw. sie zu erhalten. Insofern sind diese Rechte eben ein konstitutiver, d. h. zur Gesellschaft als Handlungszusammenhang selbst gehörender Bestandteil. Ansonsten aber sind *unauflösliche* Selbstbindungen an noch so hehre Grundsätze und hochsittliche kollektive Ziele mit der Volkssouveränität schlicht unvereinbar.

Da nun das traditionelle wie das in der Gegenwart fortbestehende Grundverhältnis von Kirche und Staat in Deutschland sehr anders aussieht, sei zur Verdeutlichung des Kontrasts die französische Entwicklung dieses Verhältnisses, und damit des staatlichen *Laizismus*, noch kurz nach ihren Hauptphasen skizziert. Sein Anfang fällt fast genau mit dem Beginn der Revolution von 1789 zusammen, d. h. der Einziehung der zahlreichen Kirchengüter durch den Staat und, ein Jahr später, mit der Verstaatlichung der Kirche selbst: Die jetzt von den Gemeinden *gewählten* Pfarrer werden vom Staat besoldet und müssen ihm gegenüber den (zunächst allerdings mehrheitlich verweigerten) Treueid leisten. Zugleich entsteht rasch ein aggressiver politischer Atheismus, der noch unter Robespierre zur offiziellen *Abschaffung* des Christentums (Schließung der Kirchengebäude!) zugunsten des »Kults der Vernunft«

(1794) führt – eine Entwicklung, die jedoch nach dessen Sturz wieder rückgängig gemacht wird. 1801 wird dann zwischen Napoleon und dem Papst in Rom ein bis 1905 gültiges Konkordat geschlossen, das die eingezogenen Kirchengütern ihren jetzigen Besitzern auch für die Zukunft überlässt, die wichtigsten Merkmale der »Zivilverfassung des Klerus« von 1790 wiederholt und um die staatliche Ernennung der Bischöfe erweitert. Nach dem Ende dieses Konkordats wird, mit gewisser faktischer Verzögerung, der im Groben auch jetzt noch bestehende Zustand hergestellt. Nach ihm hat eben auch die katholische Kirche den rechtlichen Status einer *privaten* Vereinigung, die für ihre materielle Selbsterhaltung durch Spenden der Gläubigen, kirchliche Dienstleistungen unterschiedlicher Art und die Nutzung insbesondere ihres Grundbesitzes (soweit er sich seit der Enteignung von 1789 wieder angesammelt hat!) selbst aufkommen muss.

Demgegenüber ist in Deutschland – sieht man von der Existenz und Dauer der DDR ab – die alte, durch den Westfälischen Frieden von 1648 bekräftigte Beziehung von Staat und Kirche, also die zwar nicht spannungsfreie, doch insgesamt recht gut funktionierende Allianz von Thron und Altar auch im 20. Jahrhundert erhalten geblieben. So ist es hier nach wie vor der Staat, der (jedoch nicht nur!) für die großen Kirchen die Kirchen*steuer*, die es übrigens – anders als den europaweit verbreiteten »Zehnten« des Mittelalters – in Frankreich nie gegeben hat, gegen eine gewisse Vergütung einzieht. Allerdings hat diese Beziehung 1945, d. h. mit dem Ende des NS-Regimes, eine starke Veränderung dadurch erfahren, dass in den ersten Jahren nach 1945 der staatliche Partner und Gegenspieler zugunsten der Herrschaft der Alliierten fast ganz entfallen war, zugleich aber die Kirchen in ihrer sozio-politischen Stellung durch die westlichen Sieger eher noch gestärkt wurden. Denn sie galten ihnen als die einzige große Institution der deutschen Gesellschaft, die durch den Nationalsozialismus nur wenig kompromittiert war, vielmehr gelegentlich auch Widerstand geleistet hatte. In Verbindung mit einem engeren Zusammenrücken der beiden großen Kirchen, das sich politisch vor allem in der noch 1945 erfolgten Gründung der »Christlich-demokratischen Union« niederschlug, war es so möglich, dass mit dem Grundgesetz ein nach seinem Kern neues

Verhältnis von Staat und Kirche Wirklichkeit wurde. Hatte die Dominanz des Laizismus seit 1789 in Frankreich immer wieder die Folge, dass hier der Staat die Kirche sozio-politisch degradierte, so fand in Deutschland nach 1945 eher das Gegenteil statt: An die Stelle der Politik, wie sie bisher vor allem als Orientierung an der Staatsräson oder auch als Herrschaft des Volkswillens verstanden wurde, trat mit dem Grundgesetz eben weitgehend die Herrschaft des sittlich Guten, dessen rechtsförmige Verwirklichung das Bundesverfassungsgericht vor allem mit der ihm eingeräumten abstrakten Normenkontrolle überwachen und betreiben sollte. An den näheren Charakter und die wichtigsten Auswirkungen der *Unterordnung* der Politik unter das »Gute« mit den Mitteln dieser Kontrolle sei, hauptsächlich noch einmal Abromeit folgend, in der Form von drei argumentativen Schritten erinnert:

I. »In allen Fragen der Normenkontrolle wiederum hat das BVerG eine eigenwillige Spruchpraxis entwickelt. Es unterstellt, (1) daß das Grundgesetz eine dauerhafte und geschlossene Wertordnung konstituiert und (2) daß diese Wertordnung auf prinzipiell alle Detailfragen des politisch-gesellschaftlichen Alltagslebens Antworten bereithält …«. Das BVerfG übernimmt damit »die Funktion der Verfassungsergänzung und –weiterentwicklung, mithin zumindest partiell die Rolle der pouvoir constituant; d. h. es tritt an die Stelle des – im Verfassungsstaat fehlenden – Souveräns« (1995: 60).

II. »Die eigentümliche Verfassungssouveränität deutscher Prägung hat« – wie dies jeweils auch für andere Souveränitätskonzepte gilt – »struktur- bzw. politikstilprägende Wirkung.« Ihre unmittelbaren Folgen für das Regierungslager, doch auch die Opposition schildert Abromeit eben so: »Bei der regierenden Mehrheit ist längst die ›Antizipation des verfassungsrechtlichen Risikos‹ (…) zur eingebauten Handlungsbremse geworden, was aber nur bedingt ein geschärftes Normbewusstsein produziert …, sondern vielmehr zu genereller Entscheidungsschwäche und Innovationsscheu führt. Bei der jeweiligen Opposition zeitigt die Tendenz, sich bei den souveränen Verfassungsinterpreten rückzuversichern, fast noch weitergehende Lähmungserscheinungen …« Als Ergebnis dieser wiederkehrenden Konstellation »wird der Korridor ›erlaubten‹ staatlichen Handelns immer schmaler. Politik und Verfassungsjustiz schaukeln sich gewissermaßen gegenseitig auf, um politischen Gestaltungsdrang an die Kette zu legen«[151]. Und dadurch, dass »die Verfassungsauslegung des

151 In diesem Punkt wirkt die Darstellung Abromeits allerdings dadurch veraltet, dass bei diesem Wechselwirkungsverhältnis inzwischen ganz unübersehbar geworden ist, was objektiv von Anfang an der Fall war – nämlich die *Vorherrschaft* des Verfas-

BVerfG ihrerseits zum Bestandteil der Verfassung wird, haben die Klärungsbemühungen beider Seiten den Effekt, künftiger Politik immer engere Schranken zu ziehen« (a. a. O., 60f.).

An diesem Punkt wird übrigens die *Unterordnung* der Politik, d. h. der »Gesetzgebung« (und der »vollziehenden Gewalt«) unter die »Rechtsprechung«, also das BVerfG besonders deutlich: Indem dessen Urteile eben zu Verfassungsbestimmungen werden, besitzen sie regelmäßig einen höheren Rang als die vom Bundestag (mit oder ohne Bundesrat) beschlossenen Gesetze. Gleichwohl müssten durch ihn, so die naheliegende Annahme, diese Verfassungsteile in wenigstens demselben Ausmaß geändert oder ganz beseitigt werden können, wie ihm das bei den im Grundgesetz selbst vorhandenen Bestimmungen möglich ist. Eine solche Annahme verkennt jedoch genau den Grundcharakter dieser *Herrschaft* des »Guten«: Die immer wieder nötige bzw. mögliche Interpretation dessen, was jeweils dieses Gute sei, erfolgt ja *letztverbindlich* nur durch das BVerfG. Der Fluss der regelmäßig auch politischen Vorgaben, der (de-facto-)Anweisungen für aktuelle wie potenzielle Gesetze usw. ergießt sich nach dem Grundgesetz von 1949 so immer nur in eine Richtung. Nämlich vom BVerfG, dem eigentlichen deutschen (Quasi-)Souverän, hin zum Parlament bzw. der Regierung – und niemals umgekehrt.

III. Die auffälligste praktische Folge dieses »Entscheidungssystems« stellt dann der *Mangel an Legitimation* dar, der vor allem, doch nicht nur die Politiker selbst trifft: Sie »zeigen nämlich nicht nur Lähmungserscheinungen; ihr politisches Handeln wird im eigentlichen Sinn verantwortungslos. Wo die Letztentscheidung auf Gerichte abgeschoben ist (bzw. von diesen ungeniert an sich gezogen wird – B. E.), müssen Politiker sich nicht mehr vor ihren Wählern verantworten. Die Politikkontrolle durch die ›unbestechliche‹ Verfassungsgerichtsbarkeit ist darum genau genommen eine der Ursachen der Politik- und Politikerverdrossenheit, als deren Remedur sie ausgegeben wird. Zugleich läuft Partizipation leer; mit dem Verweis auf die quasi ewig-gültige Wertordnung der Verfassung kann gerade politisch (...) erfolgreichen Reformbewegungen jederzeit die Spitze abgebrochen werden« (a. a. O., 61).

Und: »Dieses Defizit ist im übrigen kein unbeabsichtigter Nebeneffekt, sondern im *Konzept der Verfassungssouveränität* so gewollt. *Es intendiert ein poli-*

---

sungsgerichts. Vgl. dazu das oben in Anm. 116 mitgeteilte symptomatische Beispiel, bei dem *ein* 2001 verabschiedetes Gesetz genügte, diesem Gericht die Bahn für bisher schon sechs höchstrichterliche Urteile frei zu machen und das noch weitere erwarten lässt. Auch für die Frage der Gleichstellung homosexueller Paare mit Eheleuten gilt eben, dass die letztverbindlichen Entscheidungen dazu »im Zweifelsfall« nicht von Volksvertretern, sondern vom BVerfG nach *dessen* Ableitungs- bzw. Gestaltungsabsichten getroffen werden. Sollen diese Entscheidungen dann ihrerseits auch Gesetzesform annehmen, teilt das Gericht dem Bundestag die dabei zu beachtenden inhaltlichen *Vorgaben* mit. An sie hat das Parlament sich zu halten.

tisches System, das weitgehend ohne Partizipation auskommt, in dem das Recht als vom Prozess der Rechtserzeugung abgetrennt und über ihn erhoben erscheint, in dem nicht mehr ›entschieden‹, sondern nur noch ›abgeleitet‹ wird (vgl. Maus 1992: 35)« (a. a. O.; Hervorhebungen in den Zitaten Abromeits wiederum von B. E.).

In politisch-praktischer Absicht besteht nun für alle, die kollektive Selbstbestimmung auch auf gesamtstaatlicher Ebene *wollen*, die Grundfrage schlicht darin, wie man von dieser Herrschaft des Guten, von der Souveränität des Grundgesetzes bzw. seiner verbindlichen Interpreten zur Demokratie gelangt. Man sage nicht, dass dies – jedenfalls mit verfassungskonformen Mitteln – unmöglich sei. Denn 1989/90 war mit dem Sieg der friedlichen Revolution in der DDR ja auch die Chance auf eine wirkliche Demokratisierung des wieder zu vereinigenden Deutschland gegeben. Bekanntlich konnte diese Vereinigung auf zwei Wegen, nämlich entweder einem bloßen *Beitritt* des bisherigen DDR-Gebiets zur Bundesrepublik nach Art. 23 GG (und damit zum Geltungsbereich des Grundgesetzes) oder durch Anwendung des dafür eigentlich vorgesehenen Art. 146 erfolgen[152]. Die wichtigste staatsrechtliche Konsequenz des 1990 erfolgten Beitritts war dann die Beibehaltung des Grundgesetzes mit seinen ganzen undemokratischen Bestimmungen (darunter auch seinem Knebelartikel 79). Demgegenüber hätte eine Einigung nach Art. 146 die Erarbeitung einer neuen, *gesamt*deutschen Verfassung nötig gemacht, deren Geltung eine sie mehrheitlich bejahende *Volksabstimmung* erfordert hätte, aber nicht die Aufnahme bisheriger Grundgesetzbestimmungen in die neue Verfassung. Dass diese Möglichkeit jedoch nicht zum Zuge kam, lag vor allem daran, dass die westdeutsche *politische Klasse* nach ihrer eindeutigen Mehrheit recht rasch dazu neigte, die Wiedervereinigung eben als Beitritt zu vollziehen, und damit die Chance einer Demokratisierung der vergrößerten Bundesrepublik erst einmal preisgab. – Dafür

152 In der bis 1990 geltenden Fassung lautete dieser Artikel: »Dieses Grundgesetz verliert seine Gültigkeit an dem Tage, an dem eine Verfassung in Kraft tritt, die von dem deutschen Volke in freier Entscheidung beschlossen worden ist«. Seither gehört zu diesem – vor allem aus Gründen der Rücksichtnahme auf entsprechende Wünsche der DDR-Bürgerrechtsbewegung – dann doch beibehaltenen Artikel der folgende, sich am Anfang findende Zusatz: »Dieses Grundgesetz, *das nach Vollendung der Einheit und Freiheit für das gesamte deutsche Volk gilt*, verliert seine…«.

gab es mehrere Gründe, darunter vor allem – um mit Altkanzler Kohl zu sprechen – die Absicht, die Gunst der (weltpolitischen) Stunde zu nutzen, bevor sie verstrichen war. Einen weiteren gewichtigen Grund bildete jedoch der für die politische Klasse sehr willkommene Umstand, dass das wiedervereinigte Deutschland auf diese Weise an die Beibehaltung des Grundgesetzes gebunden blieb, von der diese Klasse und ihre Verbündeten auch künftig profitieren konnten. Wie hätten dagegen diese Klasse und andere Profiteure des gegebenen Zustands angesichts der unvermeidlichen öffentlichen Diskussion, die der Volksabstimmung über – vermutlich – nicht nur *einen* Verfassungsentwurf vorausgegangen wäre, sicher sein können, eine mehrheitliche Zustimmung für die Weitergeltung des Grundgesetzes mit seinem tiefen Misstrauen gegen kollektive Selbstbestimmung und den Genuss modern-westlicher Freiheitsrechte zu erhalten? Und das nicht nur im Hinblick auf den ostdeutschen Teil der Bevölkerung!

Doch nun noch zu einigen wichtigen Fragen bzw. Aufgaben, für die eine deutsche Demokratiebewegung tragfähige Antworten und Lösungen finden muss:

1. Eine erste wichtige Aufgabe einer solchen Bewegung und schon ihrer Vorstufen besteht darin auszuloten, welche legalen juristischen und sonstigen politischen Möglichkeiten es gibt, die bestehende gesamtstaatliche Verfassung zugunsten einer nicht nur der Phrase nach demokratischen abzulösen – und mit welchen ernsten Schwierigkeiten bei den Versuchen zu rechnen ist, dieses Ziel zu erreichen. Wie vor allem dem modifizierten Art. 146 zu entnehmen ist, dürfte auch nach, wenn nicht erst *seit* der Wiedervereinigung die Möglichkeit bestehen, Entwürfe einer *neuen* Verfassung auszuarbeiten und dem Staatsvolk zur Entscheidung vorzulegen[153]. Die Klärung dieses Punkts durch ju-

153 Staatsrechtlich wird dieser Punkt vor allem bei der Erörterung der Frage zum Thema, ob bzw. welche Bestimmungen des Grundgesetzes nach ihm »auf ewig einer Verfassungsänderung entzogen sein sollen«, d. h. unter die »*Ewigkeitsklausel*« fallen. In einem kurzen, in der »freien Enzyklopädie« *Wikipedia* erschienenen Artikel mit dieser Überschrift ist zunächst davon die Rede, dass »die Unantastbarkeit, die er (nämlich Art. 79, Abs. 3 GG – B. E.) für bestimmte Verfassungsgrundsätze ausspricht, auch für ihn selbst gilt«, also auch er selbst »der Ewigkeitsklausel unterliegt«. Dann aber heißt es im unmittelbaren Anschluss: »Die Ewigkeitsklausel verhindert jedoch nicht, dass sich das deutsche Volk eine das Grundgesetz ablösende Verfassung schaf-

ristische Fachleute, wie dann der aus ihr zu ziehenden praktischen Konsequenzen, ist schon angesichts des in der Bevölkerungsmehrheit wachsenden Wunschs nach Demokratie. von großer Bedeutung,

2. Ferner sollte diese Bewegung sich rechtzeitig und wenigstens im Groben darüber klar werden, *welchen* Demokratietypus sie bevorzugt, welche Typen außerdem noch infrage kämen, und was sie eher oder gerade *nicht* will. Denn auch wenn man von »technisch« schwer machbaren und daher eher exotisch wirkenden Varianten wie der plebiszitären Demokratie (alle politischen Angelegenheiten sind vom Volk möglichst selbst zu entscheiden) oder derjenigen absieht, in der die Abgeordneten an den ihnen von den Wählern jeweils erteilten Abstimmungs*auftrag* (das »*imperative* Mandat«) gebunden sind, bleibt die entscheidende Frage: Welche Ausprägung der modernen Demokratie soll es denn, ungefähr oder überwiegend, sein? Der Schweizer Typus, der französische oder welcher sonst? Eine Bedingung, die hier in jedem Fall erfüllt werden sollte, drängt sich schon im Hinblick auf bessere Chancen der politischen Durchsetzung auf, nämlich ihre Attraktivität für eben die Bevölkerungs*mehrheit*. Schon in einem frühen Stadium sollten also Diskussionen und (schließliche) Verständigungen darüber stattfinden, was »wir«, die möglichst große Mehrheit der Demokraten insgesamt, in denjenigen Hinsichten wollen, die Demokratie hauptsächlich ausmachen.

3. Kann es hier ernste und länger andauernde Schwierigkeiten für eine von Mehrheiten getragene Einigung geben, so dürften die Chancen, hinsichtlich der zentralen Bestimmungen des Grundgesetzes einen breiten Konsens zu erreichen, weit größer sein. Auf der Hand liegt ja, dass die Quasi-Souveränität der Menschenwürde, *also* des sie und die davon abgeleitete »Wertordnung« verbindlich interpretierenden BVerfG zugunsten der *Souveränität des Staatsvolks* beseitigt werden muss. Einer Souveränität, die sich (a) vor allem in der Durchführung gesamtstaatlicher Volks*abstimmungen* über im Prin-

fen könnte, auch wenn diese Veränderungen mit sich bringt, die eigentlich durch die Ewigkeitsklausel verhindert werden sollen. Diese Möglichkeit, eine neue Verfassung zu schaffen, sieht Art. 146 GG in der alten wie der neuen Fassung – hiernach äußerstenfalls als Totalrevision des Grundgesetzes – vor« (a. a.O, S. 3).

zip sämtliche politische Fragen äußert, die (größere) Bevölkerungsteile für wichtig genug halten, um sie durch den Souverän selbst zur Entscheidung bringen zu lassen. Diese schwerwiegende Veränderung schließt natürlich (b) die ersatzlose Abschaffung des Art. 79, insbesondere Abs. 3 GG, doch auch der anderen Verfassungsbestimmungen ein, die bisher als »ewig« gelten (sollen). Eine Ausnahme davon könnten und sollten wohl nur die Grundrechte bilden, die jedoch von sämtlichen, ihnen derzeit angelegten Fesseln – vor allem ihrer notorischen Verpflichtung auf die »freiheitliche demokratische Grundordnung«, doch auch andere höchste Güter – zu befreien sind. Rechte, die so wieder den Charakter von auf die Freiheit der Person konzentrierten *Menschen*rechten annehmen und die ihre natürlichen Grenzen nur an der Freiheit Anderer finden. – Zur Herstellung einer wenigstens annähernden politischen Übereinstimmung der Gewählten mit der Wählermehrheit sollte ferner (c) auch die Wahlordnung zum Bundestag nach dem Beispiel Frankreichs dahingehend geändert werden, dass niemand Abgeordneter werden kann, der nicht von der Bevölkerung eines Wahlkreises dazu eigens gewählt wurde. Außerdem sind (e), gestützt auf ein enger gefaßtes Verständnis von »Länderangelegenheiten« bzw. ihres »Berührtseins«, die Mitspracherechte der Bundesländer bei der gesamtstaatlichen Gesetzgebung deutlich einzuschränken. Denn schon jetzt ist diese Gesetzgebung eben mehr als schwerfällig und insbesondere von Kompromissen geprägt, die immer wieder auf Kosten der Sache gehen. Schließlich (d) zum BVerfG: Auch hier ist die Wahl seiner Angehörigen zumindest dahingehend zu demokratisieren, dass über die vom Bundestag zu bestimmende Hälfte nicht ein aus zwölf »Wahlmännern« bestehender »Wahlausschuß« entscheidet (vgl. besonders § 6 des »Gesetzes über das BVerfG«), sondern der Bundestag in seiner *Gesamtheit*. Doch sollte, ungleich wichtiger, dieses Gericht auch weitgehend entmachtet werden. Und zwar dadurch, dass ihm die Kompetenz der abstrakten Normenkontrolle genommen wird und die von ihm gefällten Urteile den Rang von Verfassungsbestimmungen verlieren, die der Entscheidung des Bundestags (mit oder ohne Bundesrat) *sowie* von Volksabstimmungen entzogen sind.

4. Ein anderer, jedenfalls längerfristig nicht zu umgehender Punkt bildet die Frage, ob bzw. wie aus teils öffentlichen, teils privaten Diskussionen über Demokratie eine Demokratie*bewegung* werden kann. Denn es sei doch gesagt: Wirkliche Demokratie kann auch in Deutschland nicht ohne Millionen von Frauen und Männern durchgesetzt werden, die bereit sind, für die gesamtstaatliche kollektive Selbstbestimmung nicht zuletzt öffentlich und gemeinsam etwas zu tun. Damit stellt sich dann eine ganze Reihe praktischer bzw. taktischer Fragen, deren wichtigste etwa so aussehen: In welchen sozio-politischen Situationen gewinnt man Menschen im größeren Umfang für eine Sache, die es öffentlich bisher nur in der Form verstreuter Gruppen und Grüppchen von Leuten gab? Und, besonders im Fall eines zunehmenden Erfolgs: Welche näheren Inhalte sollten, in breitenwirksamer Absicht, von der sich abzeichnenden demokratischen Bewegung gegenüber der Gesamt- oder doch Mehrheitsbevölkerung dauerhaft propagiert werden und welche eher nur in bestimmten Situationen oder nur gegenüber Teilen von ihr? Welche kommunikativen Merkmale sollte sie im Lauf der Zeit annehmen und welche sozio-kulturellen Typen von Anhängern werden damit – über Gebühr? – begünstigt? In welchen Hinsichten sollte sie sich organisatorisch verfestigen und wie könnte eine dann auch effektive Organisation aussehen? Die Frage bleibt gleichwohl: Sollte es vorerst nicht um die Bildung lockerer demokratischer Gruppierungen gehen, die jedoch im Kontakt miteinander stehen und die das Ziel eint, in der Bevölkerung den Wunsch nach tatsächlicher Demokratie zu verstärken oder erst zu wecken?

5. Wenigstens anzusprechen ist außerdem die recht komplexe Frage der äußeren *Selbstständigkeit* und mehr noch der internen *Neutralität* einer sich bildenden Demokratiebewegung (und bereits ihrer Vorstufen). Selbstständigkeit nach *außen* meint ihre möglichst schon wirtschaftliche, doch vor allem politische sowie ideelle Unabhängigkeit von anderen Großorganisationen, darunter auch den etablierten Parteien. Ihnen gegenüber ist das Festhalten an der Selbstständigkeit auch dann wichtig, wenn in der Frage der Demokratisierung sich die beidseitigen Auffassungen weitgehend decken und in dieser oder jener Hinsicht sich eine begrenzte Zusammenarbeit anbietet. Denn die De-

mokratiebewegung muss ja grundsätzlich für *alle* attraktiv sein, die für Demokratie empfänglich sind. Wie aber wäre das möglich, wenn sie schon bald – und mit einigem Recht – als einer bestimmten Partei »nahestehend« gilt oder – und auch zu Unrecht – von politischen Gegnern mit einigem Erfolg als willfähriger Ableger einer bestimmten Partei denunziert werden kann, dem es bestenfalls eingeschränkt um die Sache geht? Im Übrigen ist klar: Die Beachtung der Frage, welche Beziehungen zu anderen gesellschaftlichen Gruppen bzw. Organisationen aufgebaut, unterhalten oder wieder beendet werden sollten, ist eine Daueraufgabe auch einer Demokratiebewegung.

Interne *Neutralität* meint als Grundhaltung, dass die Einstellungen der Bewegungsanhänger zu *anderen*, mit der Frage der Bestimmung und sozio-politischen Durchsetzung der Demokratie nicht (direkt) verbundenen Fragen grundsätzlich keine Rolle für die politische Arbeit der Bewegung sowie die interne Beurteilung ihrer Angehörigen spielen dürfen. Können die Beteiligten sich auf die verbindliche Bejahung dieser Haltung zunächst auch einigen, dürfte diese Neutralität gleichwohl dann zum Problem werden, wenn die Bemühungen um tatsächliche Demokratie so erfolgreich sind, dass sie (wenigstens vermeintlich) die Chance auf die Entstehung einer sozialen Bewegung von Gewicht eröffnen. Denn mit der Zahl ihrer neuen Anhänger und Sympathisanten nehmen auch die von ihnen vertretenen Auffassungen in *sonstigen*, mit dem Kernthema Demokratie oft nicht oder allenfalls mittelbar verbundenen politischen Fragen zu, sodass es bewegungsintern zu einer ihrerseits wachsenden Vielfalt und Gegensätzlichkeit von Meinungen kommt. Brisant wird diese Situation nun dann, wenn größeren Teilen der alten und neuen Anhänger diese Fragen bzw. die für sie »richtigen« Lösungen wichtiger als die Verwirklichung von Demokratie und ihr gegenüber *vordringlich* werden. Denn damit wächst die Gefahr, dass die Betonung dieser (Streit-)Fragen in einem Ausmaß zu Meinungsgegensätzen, zu Unsachlichkeit gegenüber Dingen und Mitstreitern, zu internen Gräben und Spannungen führt, durch das entstehende Bewegung ernsthaft belastet und womöglich gespalten wird. Dagegen helfen, nicht selten und wenigstens vorübergehend, rechtzeitig ergriffene disziplinarische Maßnahmen bis hin zum auch offiziellen Ausschluss von Personen und Cliquen. Das gilt, längerfristig, wohl auch für überzeugende Darstellungen des mehrfachen *Eigenwerts* einer Demokratisierung Deutschlands, durch welche die Bedeutung der Streitfragen abgeschwächt wird. Doch die größte Wirkung dürfte hier die Betonung des Sachverhalts erzielen, dass ohne tatsächliche Demokratie viele dieser Fragen erst gar nicht zu politischen, schließlich also durch *förmliche öffentliche Beschlüsse* entschiedene Fragen werden. Und dass – unter der Herrschaft des »Guten« – bei den übrigen die Entscheidungen überwiegend nicht im Sinne der Bevölkerungs*mehrheit* ausfallen dürften.

6. Hält man sich an die üblicherweise angelegten Maßstäbe, hat auch die Demokratie Nachteile, sind auch ihre politischen Wohltaten begrenzt. Das gilt gerade unter den Bedingungen der modernen Gegenwart, in der ihre Ausübung von den weiter wachsenden internationalen Verflechtungen besonders wirtschaftlicher und politischer Art eingeengt wird, deren negative Auswirkungen sie nur sehr eingeschränkt und/oder bei Strafe empfindlicher anderer Nachteile beseitigen kann. Gegenüber der staatlichen Herrschaft, wie sie in der Bundesrepublik besteht, bringt die Demokratie bzw. ihre Durchsetzung gleichwohl mindestens vier Vorzüge mit sich. Erstens weitet sich dadurch der *Raum* des Politischen: Dem Staatsvolk, dem Parlament und der Regierung wird es damit möglich, *Entscheidungen* zu treffen, ohne dabei gleichsam auf Schritt und Tritt durch weiter anschwellende Urteilssprüche von Verfassungsrichtern sowie durch Sondergewalten behindert zu werden, die typischerweise für partikulare (Gebiets-)Interessen stehen. Zweitens stellt die Möglichkeit, sich tatsächlich kollektiv *selbst zu bestimmen*, bereits einen *eigenen* und grundsätzlich hohen personalen Wert dar. Denn auch für sie gilt ja, in der Sprache der Tradition: »Und also unterscheidet sich der Freie von dem Knecht«. Zugleich bringt wirkliche Demokratie für ihre Angehörigen durchschnittlich positive Auswirkungen auf das personale wie kollektive Selbstverständnis mit sich. Es ist eine alte Erfahrung, dass die Angehörigen von Völkern, die sich selbst bestimmen, mehr Stolz als Andere besitzen (der mit bloßer Aufgeblasenheit freilich nicht zu verwechseln ist). Und die daher, angesichts massiver äußerer Bedrohungen oder

massiver innerer Schwierigkeiten, mehr Durchhaltevermögen als andere zeigen und selbst nach katastrophalen politischen Mißerfolgen nur wenig zu gesamtkollektiven Selbstanklagen bzw. der Selbstaufgabe neigen (»Geschlagen ziehen wir nach Haus – die Enkel fechten 's besser aus!«).

Der vierte Vorzug besteht in einer deutlichen Schwächung, ja Beseitigung der Herrschaft der spezifisch deutschen Korrektheit. Schon die Möglichkeit zu Abstimmungen, doch mehr noch bestimmte ihrer Ergebnisse werden mit dem Selbstbewusstsein der Bevölkerungsmehrheit auch die öffentliche Äußerung der je eigenen Meinung fördern. Außerdem dürfte es zu ausgeprägten Veränderungen in der sozio-politischen *Geltung* des ideologischen Kerns der PK kommen. Nämlich zu einer überwiegend nur schleichenden Rückbildung, gelegentlich jedoch auch zu spektakulären Brüchen mit der in Politik und Medien immer noch vorherrschenden Tendenz, den deutschen Landsleuten ihre »kollektive Minderwertigkeit« wieder und wieder vor Augen zu führen, um sie so zum »Guten« besser anhalten und damit besser beherrschen zu können. Trifft diese Annahme zu, sollte die zugleich zunehmende Neigung, sich selbst wie die Angehörigen anderer Völker *unbefangener* zu sehen und danach zu handeln, auch der Politik zugute kommen. Zwar ist hier nicht mit einer vollen Beseitigung ihrer Unterordnung unter die Ethik (oder was dafür gilt) zu rechnen, wohl aber mit deren deutlicher Abschwächung und, in manchen Hinsichten, entschiedenen Relativierung. Schon damit müsste sich die *faktische* Bilanz zumindest der deutschen Außenpolitik spürbar verbessern.

Geneigte Leserin und lieber Leser! Damit sind Sie und ich am Ende eines längeren Wegs angekommen, von dem ich hoffe, dass Sie ihn weder als ausgesprochen mühsam noch immer wieder ärgerlich oder gar schlicht langweilig erfahren haben. Ich verabschiede mich jetzt von Ihnen, wünsche mir aber, Sie irgendwann auf einer Veranstaltung, einer Demonstration zu treffen, auf der wir uns gemeinsam für die Verwirklichung von Demokratie einsetzen – und womöglich Spaß daran haben.

Literaturverzeichnis

Abromeit, H.: Volkssouveränität, Parlamentssouveränität, Verfassungssouveränität: Drei Realmodelle der Legitimation staatlichen Handelns, in: Politische Vierteljahresschrift, (36) 1995, 49-66

Adler, B.: Bevor es zu spät ist. Begegnungen mit der Kriegsgeneration, Tübingen 2004

Adorno, T. W. u. a.: The Authoritarian Personality, New York 1950

Ahrendt, H.: Elemente und Ursprünge totalitärer Herrschaft, Frankfurt am Main (1955) 1957^2

Albrecht, C. u. a.: Die intellektuelle Gründung der Bundesrepublik. Eine Wirkungsgeschichte der Frankfurter Schule, Frankfurt – New York 1999

Ammon, U.: Ist Deutsch noch internationale Wissenschaftssprache? Berlin und New York 1998

– ders.: Weltmacht Englisch?, in: Merkur (54) 2000, H. 9/10, 867-877

Bock, M.: Metamorphosen der Vergangenheitsbewältigung, in: Albrecht u. a., a. a. O. 1999, 530-570

Bodin, J.: De la république, Paris 1586

Braun, H.: Sozialwissenschaftliche Forschung als Selbstvergegenwärtigung und Evaluation der amerikanischen Besatzungsherrschaft, in: ders. u. a. (Hg.), a. a. O. 2007, 205-225

Braun, H., Gerhardt, U. und Holtmann, E. (Hg.): Die lange Stunde Null. Gelenkter sozialer Wandel nach 1945, Baden-Baden 2007

– dies.: »Die lange Stunde Null«: Exogene Vorgaben und endogene Kräfte im gesellschaftlichen und politischen Wandel nach 1945, in: dies., a. a. O. 2007, 7-26

Dotterweich, V.: Die ›Entnazifizierung‹, in: Becker, J.; Stammen, T. und Waldmann, P. (Hg.): Vorgeschichte der Bundesrepublik Deutschland, München 1979, 123-161

Dicey, A. V.: An Introduction to the Study of the Law of the Constitution, London (1885) 1959, 10. Aufl.

Dreier, H.: Der freiheitliche Verfassungsstaat als riskante Ordnung, in: Rechtswissenschaft (hg. von J. Rux), 1. Jahrgang 2010, H. 1, 11-38

Dusini, M. und Edlinger, T.: In Anführungszeichen. Glanz und Elend der Political Correctness, Berlin 2012

Estel, B.: Soziale Vorurteile und soziale Urteile, Opladen 1983

– ders.: Grundaspekte der Nation, in: ders. und T. Mayer (Hg.): Das Prinzip Nation in modernen Gesellschaften, Opladen 1994, 13-81

– ders.: Nation und nationale Identität. Versuch einer Rekonstruktion, Wiesbaden 2002

– ders.: Aspekte der Amerikanisierung moderner Gesellschaften. Das Beispiel Deutschlands, in: Schäfers, B. und Stagl, J. (Hg.): Kultur und Religion, Institutionen und Charisma im Zivilisationsprozess, Konstanz 2005, 259-284

Evron, B.: Jewish State or Israeli Nation, Bloomington 1995

Finkelstein, N. G.: Die Holocaust-Industrie. Wie das Leiden der Juden ausgebeutet wird, München – Zürich, 2001a

– ders.: Geschäft mit dem Leid? Die Holocaust-Industrie, in: P. Steinberger (Hg.): Die Finkelstein-Debatte, München und Zürich 2001b, 16-23

Foucault, M.: Überwachen und Strafen. Die Geburt des Gefängnisses, (Paris 1975) Frankfurt am Main 1976

Gassert, P.: Was meint Amerikanisierung?, in: Merkur 54 (2000), 785-796

Gawlitta, K. und Vilmar, F.: »Deutsch nix wichtig«? Engagement für die deutsche Sprache, Paderborn o. J. (2002)

Gehlen, Arnold: Anthropologische Forschung, Reinbek bei Hamburg 1961

Goethe, J. W. von: Goethes Gespräche, hg.von W. Herwig, 2. Band (1805-1817), Zürich und Stuttgart 1969, 866f.

Goldhagen, D.: Hitlers willige Vollstrecker, Berlin 1996

Gornig, G.: Deutschlands aktuelle Verfassungslage. Die Sondertagung der Vereinigung der deutschen Staatsrechtslehrer, Berlin 1990, in: Der Staat, Jg. 29, 370-388

Henkel, H. -O.: Die Euro-Lügner. Unsinnige Rettungspakete, vertuschte Risiken – So werden wir getäuscht, München 2013

Hettling, M.: Umschreiben notwendig? Die Historiker und das Jahr 1989, in: A. Bauerkämper, M. Sabrow und B. Stöver (Hg.): Doppelte Zeitgeschichte. Deutsch-deutsche Beziehungen 1945-1990, Bonn 1998, 391-403

Hughes, R.: Zerfällt Amerika?, in: Merkur 46 (1992), 863-875

Huntington, S. P.: Der Kampf der Kulturen, (New York 1966) München und Wien 1997

Institut für Sozialforschung und Gesellschaftspolitik (Wissenschaftszentrum Berlin für Sozialforschung): Integration in Deutschland, Berlin 2009

Janowitz, M.: German Reactions to Nazi Atrocities, in: The American Journal of Sociology, LII, 1946

Jörges, H. -U. (2008): Zwischenruf. Die vergrabene Bombe, in: Illustrierte »Stern«, Heft 32 / 2008

Kater, M. H.: Hitler-Jugend, Darmstadt 2005

Kirkpatrick, C.: Reactions of Educated Germans to Defeat, in: The American Journal of Sociology, LIV, 1948

Landfried, C.: Bundesverfassungsgericht und Gesetzgeber, Baden-Baden 1984

Locke, J.: Abhandlung über den wahren Ursprung, Umfang und Zweck des menschlichen Gemeinwesens, in ders.: Bürgerliche Gesellschaft und Staatsgewalt (hg. von H. Klenner), Berlin 1986

Mannheim, K.: Ideologie und Utopie, Frankfurt am Main (1929) 1965 (4. Aufl.)

– ders.: Das konservative Denken, in: Wissenssoziologie. Auswahl aus dem Werk, hg. von K. H. Wolff, Berlin und Neuwied 1964, 408-508

Marx, K.: Zur Kritik der Hegelschen Rechtsphilosophie (1843), in: ders. und F. Engels: Werke, Berlin 1988 (15. Aufl.), Bd. 1, 201ff.

Maus, I.: Sinn und Bedeutung der Volkssouveränität in der modernen Gesellschaft, in: Kritische Justiz 24 (1992), 137-150

Mayer-Tasch, P. C.: Politische Theorie des Verfassungsstaates, München 1991

Montesqieu (eigentlich: de Secondat, C. -L.): De l'esprit des lois, Genf 1748

Neusner, J. (Hg.): Judaism in Cold War America 1945-1990, Bd. II: In the Aftermath of the Holocaust, New York 1993

Novick, P.: The Holocaust in American Life, New York 1999

Peak, H.: Observations on the Characteristics and Distribution of German Nazis, in: Psychological Monographs, 59, VI, Special Issue 1945

Pico de la Mirandola, G.: De dignitate hominis (Basel 1557), dt.: Über die Würde des Menschen, Zürich 1988

Pieterse, J. N.: Die Ausnahmestellung der Supermacht: Globalisierung auf Amerikanisch, in: Beck, U., Sznaider, N. und Winter, R. (Hg.): Globales Amerika? Die kulturellen Folgen der Globalisierung, Bielefeld 2003, 93-132

Rousseau, J. J.: Contrat Social, Amsterdam 1762, dt. Ausgabe von K. Weigand (Hg.): Staat und Gesellschaft, München 1959

Sarrazin, T.: Deutschland schafft sich ab. Wie wir unser Land aufs Spiel setzen, München 2010

Sieyes, E. J.: Was ist der dritte Stand? (Paris 1789), Essen 1988 (hg. von O. Dann)

Starbatty, J.: Tatort EURO. Bürger, schützt das Recht, die Demokratie und euer Vermögen, Wien – Berlin – München 2013

Stead, W. T.: The Americanization of the World, New York? 1901

Steinberger, P. (Hg.): Die Finkelstein-Debatte, München – Zürich 2001b

Tenbruck, F. H.: Metamorphosen der Vergangenheitsbewältigung, in: Albrecht u. a., a. a. O. 1999, 78-96

Ulrich, B.: Was ist bloß mit uns los?, in: DIE ZEIT, Nr. 51 vom 16. 12. 2010, S. 9

Vilmar, F.: Sprachimperialismus: Analyse; Widerstand, in: K. Gawlitta und ders. (Hg.), a. a. O. 2002, 12-34

– ders.: Verschwindet das Deutsche als Wissenschaftssprache? Bestandsaufnahme und konstruktive Vorschläge, in: K. Gawlitta und ders. (Hg.), a. a. O. 2002, 78-85

Weber, M.: Der Sinn der »Wertfreiheit« der soziologischen und ökonomischen Wissenschaften (1917b), in: ders.: Gesammelte Aufsätze zur Wissenschaftslehre, Tübingen 1986 (6. Aufl.), 489-540

– ders.: Wirtschaft und Gesellschaft, Tübingen (1921) 1976

Wellmer, A.: Die Bedeutung der Frankfurter Schule heute, in: A. Honneth und ders. (Hg.): Die Frankfurter Schule und die Folgen, Berlin und New York 1986, 25-34

Wickert, U.: Deutschland auf Bewährung. Der schwierige Weg in die Zukunft, Hamburg 1997

Wiesel, E.: … und das Meer wird nicht voll, Hamburg 1999

Zehnpfennig, B.: Vorbild Amerika? Multi-Kulturalismus, Verfassungs-Patriotismus und die Einheit der Nation, in: W. Gellner und G. Strohmeier (Hg.): Identität und Fremdheit, Baden-Baden 2001, 113-119

Zeit für den *Grünen Wandel.* Bundestagswahlprogramm 2013 von *Bündnis 90/ Die Grünen*, April 2013

Ziegler, H. O.: Die moderne Nation, Tübingen 1931